浙江省高等学校课程思政教学研究项目（2022-154）

儿科学专业
课程思政案例集

主审◎王天有　　主编◎褚茂平　张海邻　等

THE IDEOLOGICAL AND POLITICAL CASE COLLECTION OF PEDIATRICS CURRICULUM

ZHEJIANG UNIVERSITY PRESS
浙江大学出版社
·杭州·

图书在版编目(CIP)数据

儿科学专业课程思政案例集/褚茂平等主编. —杭
州:浙江大学出版社,2024.5
ISBN 978-7-308-24920-1

Ⅰ.①儿… Ⅱ.①褚… Ⅲ.①高等学校－思想政治教
育－教案(教育)－中国 Ⅳ.①G641

中国国家版本馆 CIP 数据核字(2024)第 090617 号

儿科学专业课程思政案例集

王天有　主审

褚茂平　张海邻 等 主编

责任编辑	许艺涛	
责任校对	张凌静	
封面设计	雷建军	
出版发行	浙江大学出版社	
	(杭州市天目山路 148 号　邮政编码 310007)	
	(网址:http://www.zjupress.com)	
排　　版	杭州星云光电图文制作有限公司	
印　　刷	杭州捷派印务有限公司	
开　　本	787mm×1092mm　1/16	
印　　张	24.25	
字　　数	461 千	
版 印 次	2024 年 5 月第 1 版　2024 年 5 月第 1 次印刷	
书　　号	ISBN 978-7-308-24920-1	
定　　价	98.00 元	

编　委　会

新疆医科大学	楚古丽克·巴吐尔　刘　毅　罗燕飞
	玛依拉·阿不都热依木　娜迪热·海如拉
	热衣兰木·包尔汉　茹　凉　王　晓
	王亚南　周世杰　朱洪涛
上海卓越睿新数码科技股份有限公司	孙大兵

编写秘书	朱婷婷（温州医科大学）
	袁　翔（温州医科大学）

序

党的二十大对以中国式现代化全面推进中华民族伟大复兴作出了一系列重大部署，首次将教育、科技、人才整合到一起进行系统谋划，具有重要的现实意义和深远的战略考量。教育是国之大计、党之大计，是提高人民综合素质、促进人民全面发展的重要途径，是民族振兴、社会进步的重要基石。强国必先强教，中国式现代化需要教育现代化的支撑。培养什么人、怎样培养人、为谁培养人是教育的根本问题，党的教育方针始终强调德育为先。人才培养是育人和育才相统一的过程，教育之于学生不仅是知识传授，更重要的是价值观塑造、能力锻造、人格养成。教育首先要引导学生树立正确的世界观、人生观、价值观，教会学生有能力、有责任感、有爱心，全面发展、学有所长，培养出党和国家需要、对社会有用的人。

教育部印发的《高等学校课程思政建设指导纲要》明确指出，全面推进课程思政建设，影响甚至决定着接班人问题，影响甚至决定着国家长治久安，影响甚至决定着民族复兴和国家崛起。要紧紧抓住教师队伍"主力军"、课程建设"主战场"、课堂教学"主渠道"，让所有高校、所有教师、所有课程都承担好育人责任，守好一段渠、种好责任田，使各类课程与思政课程同向同行，将显性教育和隐性教育相统一，形成协同效应，构建全员全程全方位育人大格局。在高等医学院校开展课程思政改革，对培养有本领有情怀有担当的人民群众健康守护者和医疗卫生事业接班人，具有深远意义。医学类专业课程要在课程教学中注重加强医德医风教育，着力培养学生"敬佑生命、救死扶伤、甘于奉献、大爱无疆"的医者精神，注重加强医者仁心教育，在培养精湛医术的同时，教育引导学生始终把人民群众的生命安全和身体健康放在首位，尊重患者，善于沟通，提升综合素养和人文修养，提升依法应对重大突发公共卫生事件能力，做党和人民信赖的好医生。

温州医科大学高度重视课程思政工作，学校深入贯彻教育部印发的《高等学校课程思政建设指导纲要》和浙江省教育厅印发的《浙江省高校课程思政建设实施方案》，制订出台了温州医科大学《推进课程思政建设方案》《课程思政教学研究中心建设实施方案》等系列文件，从制度管理、队伍建设、教学设计、特色提炼和质量评价五个方面系统设计课程思政推进过程。深入挖掘医学特色内涵，以"学校—学院—基层教学组织"等组织为建设主体,以"示范课程—研究项目—名师团队—教学案例"等项目为建设抓手,构建起课程思政建设新格局。打造"生命健康教育＋思政育人"的课程示范样板,将知识传授、能力培养与理想信念、价值理念、道德观念教育有机结合,丰富课程育人资源,提升育人成效。"儿科学"课程是浙江省首批课程思政示范课程,设计了基于"一主线四维度五阶梯六模块"的课程思政教学体系,通过顶层设计、全面规划、循序渐进、以点带面,取得了良好的教学效果。

　　全面推进课程思政建设,教师是关键,资源是抓手。要充分发挥教师的主体作用,加强教师课程思政能力建设,建立健全优质资源共享机制,搭建课程思政建设交流平台,促进优质资源在各区域、层次、类型的高校间共享共用。当前儿科学专业领域的课程思政案例教材不能满足教学需求。《儿科学专业课程思政案例集》由温州医科大学联合杭州医学院、贵州医科大学、新疆医科大学、成都医学院和大理大学等 6 所高校的儿科教师共同组织编写,收录儿科学专业 5 门主干课程主要教学内容的课程思政教学案例共 67 个,除了充分挖掘儿科学专业特色,还对各地各校特色思政元素做了展示,有利于促进东西部医学院校儿科专业的交流和课程资源的共建共享。同时,也希望能为全国其他医学院校儿科专业课程思政建设提供一定的借鉴。

中华医学会儿科学分会主任委员
首都医科大学附属北京儿童医院原党委书记
温州医科大学儿科学院院长

前　言

育才造士，为国之本。实现中华民族伟大复兴，教育的地位和作用不可忽视。党的十八大以来，以习近平同志为核心的党中央高度重视学校思想政治工作。围绕培养什么人、怎样培养人、为谁培养人这个根本问题，习近平总书记先后发表一系列重要讲话、作出一系列重要指示批示。教育部于 2020 年 5 月印发的《高等学校课程思政建设指导纲要》指出，全面推进课程思政建设是落实立德树人根本任务的战略举措。教育部吴岩副部长在题为《谋大局 应变局 开新局——加快推进医学教育创新发展》的报告中强调，着眼培养新时代"五术"医学人才，在注重专业课程知识传授的同时，强化医德高尚、关爱病人、敬畏生命的职业操守，构建信任和谐的医患关系。这也对医学院校课程思政工作提出了具体的要求。为了进一步贯彻习近平总书记的重要指示批示，落实教育部文件精神，推进学校课程思政教育教学体系建设，各学校根据各地实际制订了课程思政建设方案，教育部高等学校教学指导委员会也组织有关院校制定了具有各专业特色的课程思政教学指南。课程思政建设在全国各高等院校蓬勃发展、持续推进。

课程思政教学资源的建设和应用是最大限度发挥课程思政作用的基本保障。儿科学专业作为临床医学专业的重要组成部分和延伸，有其学科特殊性。儿童疾病谱和人群的特殊性决定了儿科医生专业素养要求极高，需要儿科医生付出更多的关心、爱心和责任心。因此，儿科学专业课程需要具有儿科医学特色的课程思政教育模式，儿科学教师对课程思政教学案例的需求也非常迫切。同时，我国地域广阔，各医学院校发展各有特色。课程思政元素除了结合专业和课程的特点，还要充分挖掘各地的思政元素，但目前还缺乏一种让不同院校的优秀课程思政元素共享的机制。同一院校不同老师选择课程思政教学案例的思路不同，也容易影响教学效果。

温州医科大学儿科学专业构建了"一主线四维度五阶梯六模块"的课程思政教学体系，培育的"大拇指""童心筑梦""宝贝不哭"等公益项目先后获得全国互联网＋创新创业大赛金奖、浙江省志愿服务大赛金奖、全国卫生健康行业青年志愿服务大赛金奖等奖项。我校的"儿科学"课程入选浙江省首批课程思政示范课程，并在学习强国和新华网推广。在教育部儿科分教指委儿科骨干师资培训班上，我校儿科学课程思政建设经验向全国医学院校推广。

基于上述背景，我们牵头组织编写了《儿科学专业课程思政案例集》。本教材有以下特点。

1.教材收录的课程思政教学案例将理论知识点融于儿科临床案例中,让学生在专业知识教学和临床思维培训的同时,通过生动形象、贴合专业知识的思政案例,将人文情怀、科学精神、专业素养、国际视野具象化,潜移默化地完成世界观、人生观、价值观的正确塑造,促进知识传授、技能培训和价值引领相统一。

2.教材编写以温州医科大学儿科学虚拟教研室为基础,联合杭州医学院、贵州医科大学、新疆医科大学、成都医学院和大理大学等兄弟院校,通过共商确定儿科学课程思政体系,深入挖掘有儿科特色和地方特色的思政教育元素,凝练育人途径,科学归类和整合,共同编写而成,体现了共商、共建、共创、共享、共组"五共一体"的虚拟教研室建设理念。

3.沿用温州医科大学儿科学专业"一主线四维度五阶梯六模块"课程思政教学体系。一主线(育人目标):有情怀有自信,能做事能创新。四维度(育人目标):一个科学脑、一颗人文心、一双工匠手、一张艺术嘴。五阶梯(育人途径):悟医道,析案例,读经典,行大爱,勤沟通。六模块(育人元素):儿科精神熏陶、深化职业认同;学习医学前辈、树立远大理想;讲好中国故事、培养家国情怀;医学经典导读、启发科学精神;参与公益慈善、体验社会担当;医院临床实践、开启从医征途。根据上述教学体系,又充分吸收兄弟院校建设经验,对每个模块的二级和三级思政元素进行充分挖掘,并辅以内涵。比如在第一个模块(儿科精神熏陶 深化职业认同)中,将儿科精神、人文情怀、健全人格和学习意识作为二级元素,而在儿科精神这个二级元素下面,又把专业凝练的"敬畏慈爱、严谨坚守"作进一步的诠释,另外则把"人文沉淀、以人为本""优良品质、健康心理""勤学乐学、善于反思"作为三级元素,成为相应二级元素下的拓展和深化。

4.教材涉及的课程覆盖面广,涵盖儿科学专业"小儿内科学""儿童保健学""小儿传染病学""小儿外科学""新生儿学"等5门专业课程。不仅适用于上述课程的课堂教学,也适合儿科学专业学生的实践教学。

《儿科学专业课程思政案例集》的编写,是加强跨专业、跨校、跨地域的教研交流,推动高校协同打造精品教学资源库、优秀教学案例库、优质教师培训资源库等建设的有益尝试。后续,我们将在此工作基础上持续扩大儿科学课程思政案例库编写,同时建设配套的课程思政教学视频库,并建立共享课程思政教学资源的平台,为提升儿科专业人才培养能力和质量,助力紧缺人才培养,继续做出我们的贡献。

由于编写此类教材的经验不足,涉及多个院校,格式和内容很难做到完全统一,欢迎各位师生提出宝贵意见和建议。

褚茂平　张海邻

目 录

第三章　小儿外科学

第四章　小儿传染病学

第一章 总 论

一、课程思政的由来

党的十八大以来,党中央对培养社会主义建设者和接班人的问题非常重视,系统回答了新时代教育事业发展的战略性、全局性和根本性问题,尤其是习近平总书记关于教育的重要论述是中国特色社会主义教育理论发展的最新成果,开辟了马克思主义教育理论和实践发展的新境界,为课程思政建设提供了理论基础。

立德树人是高等教育的根本任务,课程建设是落实立德树人根本任务的重要载体。习近平总书记强调:"各门课都要守好一段渠、种好责任田,使各类课程与思想政治理论课同向同行,形成协同效应。"①2014 年,上海市率先将"学科德育"引入高校并形成"上海经验",课程思政教育理念逐渐呈现。曹文泽教授于 2016 年 12 月 26 日在《学习时报》第 8 版上发表《以"课程思政"为抓手创新育人手段》一文,这是"课程思政"理念的首次提出。高德毅和宗爱东在《中国高等教育》2017 年第 1 期发表《从思政课程到课程思政:从战略高度构建高校思想政治教育课程体系》一文,对展开"学科德育"和课程思政的探索及其经验做了系统论述。可见,课程思政建设是为落实高校立德树人根本任务而开展的。

党的十九大以后,习近平总书记对立德树人工作做了更加深入的阐释:"人才培养体系涉及学科体系、教学体系、教材体系、管理体系等,而贯通其中的是思想政治工作体系。"他还强调:"要把立德树人内化到大学建设和管理各领域、各方面、各环节,做到以树人为核心,以立德为根本。"②这一系列重要论述进一步深化了对课程思政的理论认识,也确立了高校课程思政建设的基本要求:必须将思想政治工作贯通人才培养的所有环节,把课程思政建设作为落实立德树人的重要抓手,立德树人的理念要内化到人才培养全要素中。随着《高校思想政治工作质量提升工程实施纲要》和《教

---

① 习近平在全国高校思想政治工作会议上强调:把思想政治工作贯穿教育教学全过程 开创我国高等教育事业发展新局面[N].人民日报,2016-12-09(1).

② 习近平.在北京大学师生座谈会上的讲话[N].人民日报,2018-05-03(2).

育部关于加强新时代高校"形势与政策"课建设的若干意见》的推出,全国性课程思政探索逐渐兴起。2020年《高等学校课程思政建设指导纲要》(以下简称《纲要》)的出台,标志着课程思政开启了全面建设阶段。

二、课程思政的概念

有学者从课程思政的内在规定性、学理、育人功能、价值意蕴、基本特征、生成路径(逻辑)、本质(基本内核)、哲学意蕴等角度进行探究,认为课程思政是学校教育之"立德树人"的组成部分,与思政课程及其他育人方式"同向同行",是思想政治教育活动的重要组成部分,与学科和专业有机融合,具有广泛性、渗透性、多维性、生成性、主题性等特征。课程思政是新时代对课程内蕴的价值理性赋予新含义的再生概念,是基于专业课程进行重新设计和架构,把立德树人理念内化到专业课程教学中,在课程中探索和挖掘与专业知识和教学方式联系紧密、对学生养成正确价值观和职业素养至关重要的思政元素,并将这些元素潜移默化地融入课堂教学与实践活动中。因此,高校课程思政建设要聚焦课程建设"主战场",充分发挥各类课程的育人功能;要利用好课堂教学"主渠道",解决专业课和思政课合力育人的问题;要牢牢抓住教师队伍"主力军",促进教育者先受教育,不断提升人才培养能力和育人质量。

三、课程思政建设的重要意义

课程思政建设是高校开展一流大学建设、加强思想政治工作、提高人才培养质量的要求,具有重要的时代价值和现实意义。

课程思政是建设中国特色社会主义一流大学的基本要求。坚持和发展中国特色社会主义是高质量推动我国高等教育实现内涵式发展的制度保障。古今中外,每个国家都是按照自己的政治要求来培养人的,世界一流大学都是在服务自己国家发展中成长起来的。新时代,扎根中国大地办大学,立足我国独特的历史、文化和国情,构建德智体美劳全面培养的教育体系,形成更高水平的人才培养体系是大学发展的根本要求。课程作为人才培养的核心要素,其教学水平和质量的高低直接决定着人才培养水平和质量的高低。课程思政是把思想政治工作体系贯通人才培养体系的重要载体,有利于把中国特色社会主义制度的优势转化为实现高等教育内涵式发展的动力,推动中国特色社会主义一流大学建设。

课程思政是落实立德树人根本任务的战略举措。培养什么人、怎样培养人、为谁培养人是教育的根本问题,立德树人的成效是检验高校一切工作的根本标准。落实立德树人根本任务,必须将价值塑造、知识传授和能力培养三者融为一体、不可割裂。全面推进课程思政建设,就是要寓价值观引导于知识传授和能力培养之中,帮助学生塑造正确的世界观、人生观、价值观,这是人才培养的应有之义,更是必备内容。这一战略举措,影响甚至决定着接班人问题,影响甚至决定着国家长治久安,影响甚至决定着民族复兴和国家崛起。

课程思政是全面提高人才培养质量的重要任务。高等学校人才培养是育人和育才相统一的过程。建设高水平人才培养体系,必须将思想政治工作体系贯通其中,必须抓好课程思政建设,解决好专业教育和思政教育"两张皮"问题。要牢固确立人才培养的中心地位,围绕构建高水平人才培养体系,不断完善课程思政工作体系、教学体系和内容体系。高校要切实把教育教学作为最基础、最根本的工作,深入挖掘各类课程和教学方式中蕴含的思想政治教育资源,让学生通过学习,掌握事物发展规律,通晓天下道理,丰富学识,增长见识,塑造品格,努力成为德智体美劳全面发展的社会主义建设者和接班人。

四、课程思政建设目标和建设内容

(一)建设目标

《纲要》对课程思政提出了明确的建设目标,要求高校课程思政建设工作要围绕全面提高人才培养能力这个核心点,在全国所有高校、所有学科、所有专业全面推进,促使课程思政的理念形成广泛共识。广大教师开展课程思政建设的意识和能力全面提升,协同推进课程思政建设的体制机制基本健全,高校立德树人的成效进一步提高。

(二)建设内容

课程思政建设要紧紧围绕坚定学生理想信念,以爱党、爱国、爱社会主义、爱人民、爱集体为主线,围绕政治认同、家国情怀、文化素养、宪法法治意识、道德修养等重点,优化课程思政内容供给,系统进行中国特色社会主义和中国梦教育、社会主义核心价值观教育、法治教育、劳动教育、心理健康教育、中华优秀传统文化教育。

1. 推进习近平新时代中国特色社会主义思想进教材、进课堂、进头脑。坚持不懈用习近平新时代中国特色社会主义思想铸魂育人,引导学生了解世情、国情、党情、民情,增强对党的创新理论的政治认同、思想认同、情感认同,坚定中国特色社会主义道路自信、理论自信、制度自信、文化自信。

2. 培育和践行社会主义核心价值观。教育引导学生把国家、社会、公民的价值要求融为一体,提高个人的爱国、敬业、诚信、友善修养,自觉把小我融入大我,不断追求国家的富强、民主、文明、和谐和社会的自由、平等、公正、法治,将社会主义核心价值观内化为精神追求、外化为自觉行动。

3.加强中华优秀传统文化教育。大力弘扬以爱国主义为核心的民族精神和以改革创新为核心的时代精神,教育引导学生深刻理解中华优秀传统文化中讲仁爱、重民本、守诚信、崇正义、尚和合、求大同的思想精华和时代价值,教育引导学生传承中华文脉,富有中国心、饱含中国情、充满中国味。

4.深入开展宪法法治教育。教育引导学生学思践悟以习近平同志为核心的党中央提出的一系列全面依法治国新理念、新思想、新战略,牢固树立法治观念,坚定走中国特色社会主义法治道路的理想和信念,深化对法治理念、法治原则、重要法律概念的认知,提高运用法治思维和法治方式维护自身权利、参与社会公共事务、化解矛盾纠纷的意识和能力。

5.深化职业理想和职业道德教育。教育引导学生深刻理解并自觉实践各行业的职业精神和职业规范,增强职业责任感,培养遵纪守法、爱岗敬业、无私奉献、诚实守信、公道办事、开拓创新的职业品格和行为习惯。

五、课程思政教学工作规范

(一)课程体系构建

1.修订专业人才培养方案。根据新时代经济社会发展对人才的要求和专业特点,将思想政治教育贯穿于专业人才培养全过程,进一步优化课程设置,明确各专业人才培养目标,包括专业培养目标和思想政治教育目标。根据学生专业学习的阶梯式成长特征,以及学生遇到的社会问题的复杂性,系统设计课程思政递进式教学路径,构建全面覆盖、类型丰富、层次分明、相互支撑的课程体系。

2.完善课程标准和教学目标。抓好课程这一重要载体,结合课程自身特点和学生思想实际,对课程进行深度开发与系统设计。在建构知识体系的同时,将教学内容从知识维度、能力维度深入价值维度,充分挖掘专业知识所蕴藏的人文精神与科学精神,编制专业知识技能与价值观培养相统一的课程标准,制定涵盖知识、能力、素质和思想政治教育的课程教学目标,将社会主义核心价值观细化到课程育人目标之中,并分解落实到教学计划、教学大纲、教案讲义、课程资源和教学过程之中。

3.规范教材建设和教学资源。坚持正确政治导向,科学选取教材,确保高质量教材进入课堂,杜绝唯西方译著、唯英文原版的取向,杜绝在价值导向、科学性等方面存在问题的教材。完善教材开发制度,突出课程的价值取向,形成特色鲜明、优势突出、交叉互补的教材内容体系。在线教学要注重网络教学资源的甄别筛选,加强师生网络文化鉴别意识和能力的培养。

4.制定课程思政教学指南。努力打造一批有高度、有深度、有温度的课程思政

"金课",推动不同专业课程思政示范课和课程群建设,形成不同专业课程思政教育教学改革的总体纲要和实施路径,编制不同专业类课程的课程思政教学指南,为本专业及同类专业开展课程思政教学提供操作标准和规范。

(二)教学组织实施

1.深入发掘各类课程和教学方式中蕴含的思政元素。教师要转变育人思路,深入挖掘提炼专业课程中所蕴含的文化基因和价值范式,将其转化为社会主义核心价值观具体化、生动化的有效教学载体,在知识学习中融入理想信念教育。对于纯知识性内容,也应注意发掘教学方式方法中的思想政治教育资源。

2.加强课程思政育人方式方法改革。课程思政应结合专业教学,采取灵活多样的方式方法,不断探索课程思政育人方式改革,综合采用理论阐述、案例分析、分组讨论、提问答疑等方式,通过 PPT、视频、动漫等形式,深入阐释课程中所蕴含的思想政治教育元素,促进学生通过参与和思考,实现认知、情感、理性和行为的认同,实现知识传授与价值塑造、能力提升相统一。

3.注重教师自身的示范引领作用。课程思政教学既要坚持动之以情、晓之以理、以理服人,更要注重教师言传身教、潜移默化的示范引领作用。课前、课后,教师要积极主动地与学生进行沟通与交流,尊重、关心、爱护学生,切实帮助学生解决思想、心理、学习、生活中存在的现实问题,促进学生健全人格、先进思想、正确政治观念的养成。

4.积极开展课程思政教育教学研究。加强课程思政教学环节的实践和反思,加强课程思政教育教学的学术交流与探讨,深层次挖掘课程思政的内在规律和时代特征,促进课程思政的理论研究和实践探索。

(三)教学效果及评价

1.建立健全教学评价体系。建立和完善以社会主义核心价值观为统领的专业教学评价体系。思政标准和专业标准两手都要抓、两手都要硬,专业课考核目标应包含专业与思政两个方面。

2.完善课程教学评价标准。将学生的认知、情感、价值观等内容纳入课程教学评价标准,通过对学生的行为特点进行归纳分析,制定更加精细和系统的评价指标,充分、及时反映学生成长成才情况,反映课程中知识传授与价值引领的结合程度,把能否"用好课堂教学这个主渠道"的育人作用作为课程教学评价的重要考量。

3.积极采用多元化的考核方式。将思想道德素质提升作为课程考核的重要目标,将思想政治教育元素列入课程考核关键知识点,落实到课堂测试、课后作业、中期检查、期末考试当中。创新考核评价方式,结合案例分析、情景设计、论述问答等方式,对课程的思想政治教育目标进行科学有效考核。将客观量化评价与主观效度检验结合起来,综合采用结果评价、过程评价、动态评价等方式,以学习成果和行为成效为导向,体现德才兼备、品学双优的育人要求。

4.加强课程思政教学督导。加强对课程思政的教学督导,对课程思政教学中涌现出的教书育人典型,在评先评优、职称评聘中予以优先考虑。对课堂教学中出现违反意识形态和师德师风相关规定的教师,按有关规定作出严肃处理。

六、医学院校课程思政建设的要求和温州医科大学经验

(一)总体要求

《纲要》强调,高校要结合专业特点分类推进课程思政建设专业教育课程。要根据不同学科专业的特色和优势,深入研究不同专业的育人目标,深度挖掘提炼专业知识体系中所蕴含的思想价值和精神内涵,科学合理拓展专业课程的广度、深度和温度,从课程所涉专业、行业、国家、国际、文化、历史等角度,增加课程的知识性、人文性,提升引领性、时代性和开放性。医学类专业课程要在课程教学中注重加强医德医风教育,着力培养学生"敬佑生命、救死扶伤、甘于奉献、大爱无疆"的医者精神,注重加强医者仁心教育,在培养精湛医术的同时,教育引导学生始终把人民群众生命安全和身体健康放在首位,尊重患者,善于沟通,提升综合素养和人文修养,提升依法应对重大突发公共卫生事件能力,做党和人民信赖的好医生。

医学课程思政建设是医学生价值塑造和人才培养的核心环节和关键部分。构建医学课程思政的实践体系,在课程内容、教学形式、考评方式等维度进行设计重组,将思政内容有机融入实体课的每个环节,有效增强医学课程思政的育人效果。医学不是一般意义的科学,它既有客观规律的自然科学属性,又具有人文属性;既要体现科学精神,又要体现仁术仁心。由于医学生的未来职业对医学专业素养、责任感及使命感有高度要求,尽管医学生的课业负担繁重,仍应高度关注医学人文素养涵育。为提升医学人才培养质量,深化立德树人机制在医学教育过程中的落实,医学课程设计尤其应注重课程思政的实施,从而让医学职业和人文素养贯穿育人全过程。

(二)温州医科大学的经验

1.基本情况。温州医科大学是以医学为重点的应用研究型大学,秉持"仁肃勤朴、求是奋发"的校训,坚持特色立校、人才强校、文化兴校,逐渐形成了"以特色学科引领和带动全面发展,以推进国际化进程提升办学水平,以医疗和产学研一体化服务于地方经济社会发展"的办学特色,探索出了一条地方高等院校的强校之路。学校坚

持以社会需求为导向,以百姓满意为宗旨,着力培养有情怀有自信、能做事能创新的优秀医学人才。学校贯彻落实教育部《高等学校课程思政建设指导纲要》(教高〔2020〕3号)和浙江省教育厅《浙江省高校课程思政建设实施方案》(浙教高教〔2020〕61号)精神,先后印发了《温州医科大学推进课程思政实施方案》《温州医科大学课程思政教学工作规范》(温医大党〔2020〕16号)和《温州医科大学课程思政教学研究中心实施方案》(温医大教〔2021〕71号),深入推进学校课程思政教学建设与研究,完善课程思政教育体系,有效发挥各类课程育人功能,强化课程思政教学研究中心在组织管理、队伍建设、平台搭建、教学改革等方面的作用,形成思政课程与课程思政同向同行的良好育人格局。

2.指导思想。全面贯彻党的十九大和党的二十大精神,以习近平新时代中国特色社会主义思想为指导,围绕"培养什么人、怎样培养人、为谁培养人"这个根本问题,以立德树人为根本,以社会主义核心价值观为引领,坚持知识传授与价值引领相结合,通过丰富课程内涵、优化教学设计、创新教学方法,充分发挥课程的德育功能,促进思政课程延伸到课程思政,培养德智体美劳全面发展的社会主义建设者和接班人。

3.工作目标。深入推动习近平新时代中国特色社会主义思想进教材、进课堂、进头脑,深入挖掘拓展学校各门课程思想政治元素,以大力推动课程思政课堂教学改革为抓手,以建设有思想、有内容、有温度的课程思政"金课"为目标,强化医学与人文、医学与文化的结合,实现课程思政在全校课程中的全覆盖,全力推动学校建成有特色、高水平的"双一流"医科大学。

4.建设原则。坚持以生为本,遵循学生身心发展规律和教育教学基本规律,精心设计课程、认真组织教学,促进课程建设的科学性、系统性、高效性,增强育人效果。加强教师课程思政意识培养,充分发挥教师在课程教学中的主导作用,最大限度激发教师课程教学改革热情,促进教师有效开展课程思政建设工作。结合医学行业属性和医科院校特色,深入挖掘校园文化,强化医学教育育人功能,做到思政教育易开展、接地气、有成效。

5.具体做法。健全一个组织机构:校院两级课程思政教学研究中心。搭建两个平台:学术交流的育人平台,教师发展的成长平台。建好三支工作队伍:一支高水平的课程思政教学指导委员会队伍,一支思想政治素质好、学术水平高、教学经验丰富的课程思政特聘研究员队伍,一支育人理念新、教学能力强的课程思政教师队伍。落实四个建设抓手:课程思政示范学院建设,夯实基层教学组织建设,完善教学管理体系,健全成效评价体系。强化五个育人成果:课程培育、教学改革、教材编写、案例建设和师资培养。

6.初步成效。学校通过强化校院两级课程思政教学研究中心的机制体制建设,锚定教师队伍"主力军"、课程建设"主战场"、课堂教学"主渠道",推动课程思政教育教学研究,创新教育教学方法,推进现代信息技术在课堂中的应用,形成全面覆盖、类型丰富、层次分明、互相支撑的课程思政育人体系。学校通过选树一批高质量的思政示范课程与教学研究项目,打造一批高水平的课程思政基层教学组织与研究中心,探索了一条具有温医大特色的课程思政管理模式,形成了特色鲜明、亮点突出、具有一定影响力的课程思政建设经验与做法。

七、儿科学专业课程思政建设经验

(一)总体要求

医学教育课程体系的先天属性,均体现着对生命的尊重意识、对科学的追求精神、对医学的奉献精神和对病人的关怀精神等思政元素。儿科学作为临床医学二级学科,属于一门较为特殊的医学学科,其研究对象是胎儿至青春期的人群。儿童健康事关家庭幸福和民族未来。儿科俗称"哑科",要求医生在具有精湛医术的同时兼顾人文情怀。如何构建具有儿科医学特色的课程思政教育模式,提升思政教育的针对性是急需解决的问题。儿科学专业课程思政教学的总体要求是:将儿科学专业知识、专业技能、价值导向融为一体,塑造医学生正确的人生观、价值观、职业观,培养医学生的家国情怀与社会责任感,树立职业道德理念,建立"敬佑生命、救死扶伤、甘于奉献、大爱无疆"的医者精神,开拓创新积极探索,做党和人民信赖的好医生。

1. 心系家国情怀。儿科学专业课程须体现社会主义核心价值观、民族精神和时代精神,引导医学生深刻理解中国文化思想精华和时代价值,时刻牢记国家、社会、公民的价值一体化,彰显爱国精神,胸怀家国情怀,培养富有中国心、饱含中国情、充满中国味的当代儿科医学学子,把爱国情、强国志、报国行融入人生理想中。

2. 高尚职业素养。新医科背景下,面对日益增长的对医学生职业素养诉求的发展,加之儿科医护人员数量的相对短缺,为加快建设现代高水平儿科医疗体系的进程,须强化儿科职业认同和服务意识,加强儿童疾病防控意识、能力和社会责任感。针对儿科学专业的特殊性,尤其须强化医患沟通技能培训,树立敬畏生命、医者仁心、大医精诚和诚信务实的职业道德,促使医学生树立投身儿科医学发展的自信心、自豪感,增强服务儿童健康事业的使命感和责任感。

3. 深植科学精神。医学技术日新月异、蓬勃发展,势必要求医师专注钻研、探索创新,具有批判性思维,在发展中国新医科的同时开拓国际视野,树立全球卫生观,培养严谨科学和终身学习的职业态度。

(二)温州医科大学"儿科学"课程思政建设经验

1.总体思路。把"以职业情怀为核心,岗位胜任力为导向"设为儿科学专业核心课程思政建设的总体原则。"儿科学"课程教学目标则是:具备获取儿科专业理论和追踪儿科前沿知识的能力;能运用专业知识分析临床病例,从容应对儿科临床实际问题;秉持以病人为中心的理念,养成仁心仁术的品质和细心耐心的素养;认同儿科医师的职业荣誉感和使命感,实现自我价值提升。形象点说,就是具备"四个能力":一个科学脑、一颗人文心、一双工匠手、一张艺术嘴。基于上述考虑,我们构建了基于"一主线四维度五阶梯六模块"的课程思政教学体系。把"两有两能"医学人才培养作为主线,四个能力(一个科学脑、一颗人文心、一双工匠手、一张艺术嘴)作为课程培养目标的四个维度。同时,以专业为基础,将六个模块的思政元素融入"儿科学"课程的每个章节的教学中,六个模块是指"儿科精神熏陶、深化职业认同;学习温医前辈、树立远大理想;讲好中国故事、培养家国情怀;医学经典导读、启发科学精神;参与公益慈善、体验社会担当;医院临床实践、开启从医征途"(图 1.1)。

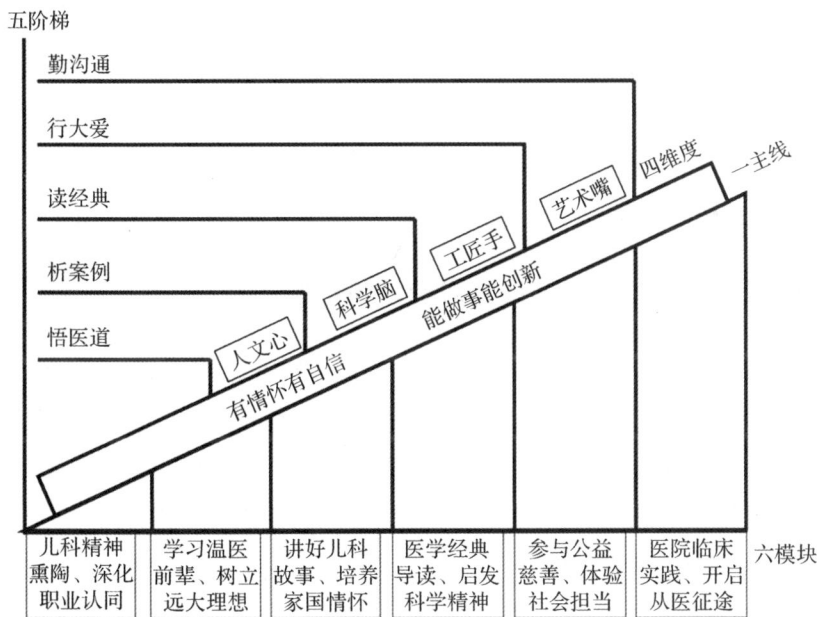

图 1.1　基于"一主线四维度五阶梯六模块"的课程思政教学体系

2.思政元素。我们根据文献查询、专家咨询、教师座谈等方式对每个模块的二级和三级思政元素进行了充分挖掘。比如在第一个模块(儿科精神熏陶、深化职业认同)中,我们将儿科精神、人文情怀、健全人格和学习意识作为二级元素,在儿科精神这个二级元素下面,我们又把专业凝练的"敬畏慈爱、严谨坚守"作为进一步的诠释,另外把"人文沉淀、以人为本""优良品质、健康心理""勤学乐学、善于反思"作为三级元素,成为相应二级元素下的拓展和深化。同样,在第二模块(学习温医前辈、树立远大理想)中,我们凝练了奉献精神、知行合一、大医精诚和工匠精神作为二级元素,并对三级元素做了挖掘。第五模块(参与公益慈善、体验社会担当)是我们的一个特色,我们把我们学院比较成熟的公益项目融合进来,通过介绍并发动同学们参与这些项目,培养和熏陶他们的责任使命、慈善文化、社会实践和团队精神等。

然后我们把每个模块的思政元素有机地融入了"儿科学"课程教学的每个章节中。比如在结核病章节中针对病原学这个知识点,我们通过结核分枝杆菌的发现历程,阐述科学研究的不易和医学前辈百折不挠的毅力,培养大家的科学精神。而针对遗传代谢性疾病治疗这个知识点,我们通过国家对罕见病药物医保政策调整这个时事热点,展现国家制度的优越,培养家国情怀。

3.教学方法。在教学过程中,我们应用"悟医道,析案例,读经典,行大爱,勤沟通"五种育人途径,将第一课堂向第二课堂延伸,从而培养人文与科学精神兼备、情怀与能力并重的医学人才。"悟医道"就是通过介绍医学前辈事迹、访谈名医名家等系列活动,感悟医者仁心、医学真谛;"析案例"就是通过各种以病例为基础的教学方式,将各种思政元素融入临床病例中;"读经典"就是通过医学故事和人文书籍向学生介绍医学发展的轨迹和人文精神;"行大爱"就是通过介绍和组织医学生开展生命救助类活动的宣传及推广,让更多学生加入关爱生命的行列。"勤沟通"就是通过师生之间、医患之间和生生之间的沟通、交流、反馈,培养换位思考的职业素养。

(三)成都医学院"儿科学"课程思政建设经验

成都医学院儿科学专业是2017年四川省首批新增专业,其结合该校"培养适应区域卫生经济发展的应用型医学人才"的办学定位,打造"一老一小"的办学特色,满足儿科学专业"高素质应用型儿科医学人才"的培养要求。本课程的课程思政以培养"高专业素质和政治思想素质的应用型儿科人才"为方向,以"温柔、温馨、温暖、温情"为主线,以培养"高素质、有温度"的儿科人才为建设目标进行课程思政建设。

1.教学定位。课程全面涵盖了儿童各个系统疾病,以"保障儿童健康水平,提升儿科医疗服务"为核心,紧紧围绕儿童各疾病知识点提炼思政元素,避免为思政而思政。

2.教学设计。根据各章节重难点内容及合理的学时分配融入思政内容,注重"四温"主线在"课前—课中—课后—课外—评价"各教学过程中的体现。

3.教学内容。思政内容围绕儿科人才培养,既能在儿科临床、职业价值和伦理、群体健康、信息管理、沟通技能等专业技能方面体现"高素质",又能在家国情怀、科学创新、爱婴意识、医者仁心等方面体现"有温度"。

4.教学过程。思政融入形式多样化，注重"润物细无声"。理论教学应用儿科短视频、小案例、问题讨论等，实践教学采用启发式、互动式等思政融入的教学方法，强调学生价值塑造和立德树人。

成都医学院儿科学课程思政教学体系的主要特色是：（1）探讨了课前—课中—课后—课外—评价的全过程、全方位课程思政教学模式。例如针对先天性心脏病，课前以先心病患儿缺氧等图片提出问题让学生讨论；课中展示四川大学华西第二医院华益民教授35年来为先心病患儿开展了大量的临床、科研及藏区扶贫工作，以真实的案例展示先心病患儿受基金资助后重获新生，以大数据显示产前保健和筛查对先心病的防控意义；课后提供先心病先进手术的专家共识让学生自学；尤其是在实践教学环节设计了经典病例与活动，如小丑医生进病房、"卓儿不群"系列讲座、儿童福利院社会实践等，将思政教育以学生乐于接受的方式融入教学中，并对不同教学形式设计了相应的思政教学评价方法。（2）突出了"四温"为课程思政融入主线，"高素质、有温度"为课程思政建设目标（图1.2）。例如温柔：新生儿的医疗护理要轻柔，医生护士对患儿说话、体格检查、操作等要轻柔、温柔；温暖：手和听诊器要温暖、暖箱要温暖、笑容要温暖；温馨：儿科门诊和病房环境要温馨，医学人文环境也要温馨；温情：中华人民共和国成立后提出的儿童"四病"防治目标早已完成，且由于计划免疫的普及，儿童传染病也得到良好控制，均体现了党和国家对人民的温情，同学们应珍惜当下，爱党爱国爱人民，不断创新并献身祖国医疗卫生事业。

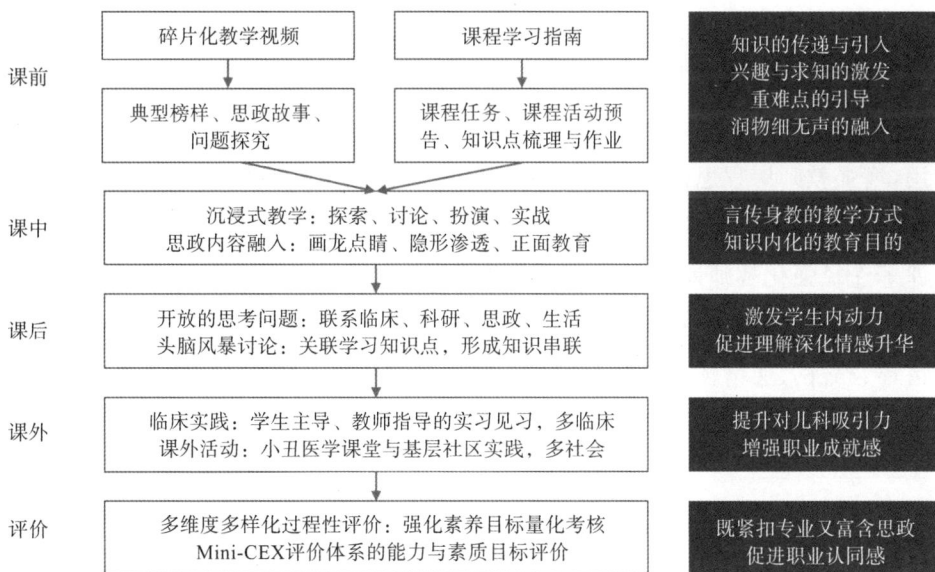

图 1.2 基于"温柔、温馨、温暖、温情"为主线的课程思政教学体系

八、儿科专业教师课程思政建设能力提升

(一)总体要求

教师是教育发展的第一资源,习近平总书记非常重视教师队伍的建设,多次强调教师在课堂教学中应该传播先进思想文化和优秀传统文化,要用社会主义核心价值观教育学生,引导学生扣好人生的"第一粒扣子"[①]。2022年4月25日习近平总书记在中国人民大学考察时向全国高校教师和哲学社会科学工作者提出更高的要求与期许:"培养社会主义建设者和接班人,迫切需要我们的教师既精通专业知识、做好'经师',又涵养德行、成为'人师',努力做精于'传道授业解惑'的'经师'和'人师'的统一者。"[②]

《纲要》指出,要推动广大教师进一步强化育人意识,找准育人角度,提升育人能力,确保课程思政建设落地落实、见功见效。要加强教师课程思政能力建设,建立健全优质资源共享机制,支持各地各高校搭建课程思政建设交流平台,分区域、分学科专业领域开展经常性的典型经验交流、现场教学观摩、教师教学培训等活动,充分利用现代信息技术手段,促进优质资源在各区域、层次、类型的高校间共享共用。支持高校将课程思政纳入教师岗前培训、在岗培训和师德师风、教学能力专题培训等。充分发挥教研室、教学团队、课程组等基层教学组织作用,建立课程思政集体教研制度。

儿科专业教师作为儿科学课程思政建设的主力军,要紧紧抓住"教育者先受教育"这个重点,让所有儿科教师都参与到育人工作中来,担负好育人责任。教师要从转观念、提能力、厚情怀三个方面下功夫。转观念旨在从认识层面切实解决教师"愿不愿"推进课程思政融入儿科专业教学工作的问题,要推进校—院—教研室三级课程思政建设的组织和引导,发挥教学名师在课程思政融入专业教学过程中的引领与促进作用,增强教师课程思政融入的意识。提能力旨在从实践层面解决教师"会不会"推进课程思政融入专业教学工作的问题,要通过课程思政专题研讨、公开示范课、集体备课等途径强化教师课程思政融入能力,提升儿科专业课教师队伍的整体水平和课程思政育人能力。厚情怀旨在从境界提升层面解决教师"能不能"的问题,以强化家国情怀、深耕人文情怀、筑牢职业情怀等方式培育融入情怀,以深入推进新时代课程思政融入儿科专业教学工作。

---

① 习近平.青年要自觉践行社会主义核心价值观——在北京大学师生座谈会上的讲话[N].人民日报,2014-05-05(2).

② 习近平在中国人民大学考察时强调:坚持党的领导传承红色基因扎根中国大地走出一条建设中国特色世界一流大学新路[N].人民日报,2022-04-26(1).

(二)教学方法

课程思政建设要避免"蜻蜓点水式""面面俱到式""生搬硬套式"的做法,增强课程思政实施的主动性和系统性,做到专业知识与思政元素明线暗线交织,互相推动、相辅相成。

教学方法突出以学生为中心、教师为主导,强调教与学的互动和学生的主动参与。要贯彻"早临床、多临床、反复临床"的儿科医学教学理念,通过教学互动将理论讲授融入儿科临床案例讨论等临床实践中,在思考、讨论与实践中启迪学生的儿科临床思维,教会学生从人文的角度对医患关系、医疗改革、健康中国、公共卫生安全等各种医学现象和事件进行思考总结,促进知识传授、技能培训和价值引领相统一,促进学生全面发展。

可以借助现代信息技术手段和网络教学平台,发挥线上课程、线上线下混合式课程的作用,在课程平台链接具有积极价值导向的文档和视频资料,如名医事迹、医德楷模等。开展多元化、个性化、动态化的精准教学,及时反馈、加强师生互动,提升课程育人时效。

可以采取翻转课堂、案例教学、实践教学、情景模拟、现场观摩、师生互动交流、读书报告等多样化的教学方式,将思政元素融入教学,提高学生的参与度,培养主动探究的精神,使学生在掌握理论知识的同时,感悟心系天下的家国情怀,树立敬畏生命的价值观和道德观,理解正确职业道德,自觉实现科学精神与人文关怀的渗透交融。

可以通过致敬"大体老师""小体老师"等有仪式感的活动让儿科专业的学生领会医学教育的特殊性;通过讲好中国儿科医学故事让学生领会职业情怀的崇高性;通过组织经典的正反临床案例讨论让学生领会医学发展的复杂性;通过参与实操模拟训练让学生体会团队合作和人文关怀的重要性。

要充分利用第二课堂提高学生的综合科学和人文素养,比如引导学生通过"读经典""析案例"增强人文素养认知与体验;积极开创第三课堂,组织学生参与各种公益和慈善项目,在实践中践行思政内容,从实践中感悟医者仁心,使学生切身体悟生命救治的真谛。

(三)教案撰写

1.案例基本信息。案例基本信息包括案例名称和对应章节两部分,该部分撰写须遵循以下标准。

(1)案例命名。采用两段式命名,前段以知识点中蕴含思政要素的价值要义命名,后段根据该具体知识点命名。前段价值要义要能够准确表达和概括所融入的思政元素内容,可以适当引申或修饰,与专业相结合。主标题与副标题相结合,题意清晰又耳目一新,字数不超过 25 字为宜。

(2)对应章节。案例不是一门课、一个章节,也不是一堂课的实录及常规案例式教学,而是在对应章节的教学内容中巧妙融入价值、信念、道德、伦理等元素。对应章节即为具体课程思政案例对应教学大纲中"课程主要内容"中的某章节(知识模块)。

2.案例教学目标。课程思政案例教学目标应支撑本讲课程的思政目标,本讲课程思政目标有多项时,可以有多个思政案例进行支撑,也可以由一个案例支撑。课程思政案例教学目标的制定除体现价值引领外,还需要强调思政元素和专业知识的逻辑联系,案例应以专业知识为载体,思政目标应与本章节知识点教学目标相对应,理清知识与思政案例的脉络、梳理能力与思政目标的层析逻辑,充分发挥课堂育人主渠道的作用。

3.案例主要内容。深入挖掘和梳理专业课程中思政元素和资源,是教师开展课程思政的前提和基础,也是课程思政案例内容书写的基石与保障,应提升内容的思想性、协同性、准确性及实用性,为达成学生价值引领目标起到支撑作用。

4.案例撰写原则。课程思政案例撰写应实事求是、与时俱进,体现准确性、实用性。

(1)准确性原则。案例要坚持正确的政治方向,紧紧围绕立德树人根本任务,细化分解课程思政育人主题,深挖知识点中隐含的思政元素,以理想信念和社会主义核心价值观培育为根本目标、以公民素养培育为基本目标、以职业素质培育为职业目标,形成育人功能准确的思政案例。在选取案例内容的基础上准确把握课程思政目标在不同知识体系中的达成路径,本着实事求是的态度把握案例撰写的真实、准确、有效,不可夸大其词。

(2)实用性原则。案例应围绕专业课程育人目标,体现专业思政育人、课程思政育人及课堂思政育人的要求;要提高案例普适性,使更多案例适合于多个专业、多门课程、多种教学内容的课程思政教育,提高案例利用度、应用价值和实用性。

(3)时效性原则。动态补充案例内容,体现党和国家高校思想政治教育的新要求,及时引入行业新进展,做到"因事而化、因时而进、因势而新"。

5.案例教学设计。对课程思政的教学全过程进行教学设计,包括案例导入、案例教学方法、考核评价方案及教学反思等内容,撰写形式可以思维导图等多种方式呈现,也可配有文字介绍。

(1)案例导入。从课程内容讲授其中的某个知识点,通过问题、情景、启发、引申等方式,合理引入思政案例,做到有预设但不突兀。重点突出如何引出案例,案例内容简要概括即可,案例要与专业内容相得益彰,切忌生硬插入案例。可以采用问题创设、事件导入、故事导入、情境导入、比较导入等方法。

（2）教学形式和过程。提倡多元化教学，包括讲（课堂讲授）、查（学生查阅资料）、做（社会实践、调研、课件、微视频、数字故事）、演（学生演讲、报告、编剧演出）、论（论文、讨论、辩论、论坛）。可采用案例式、启发式、探究式、问题式、项目式、情景模拟式、比较式等多种教学方法。

（3）现代信息技术应用。借助信息化的教学技术增强课堂教学的德育效果，推动课程思政同新媒体新技术的高度融合，增强时代感和吸引力。虚拟仿真增强体验感；公众号平台适时传达新信息，传播正能量；智慧树等相关学习软件支持形式多样教学活动的开展；微信群和 QQ 群可以互动讨论。

（4）特色和创新。围绕思政设计、教学方法、虚实结合、实践基地、教学实施、教学评价、考核设计等方面进行总结梳理。

（5）教学反思。教师结束本讲课程授课任务后，应对课程思政案例的教学情况进行合理性反思，总结教学内容与方法的优势与不足，总结学生的参与和接受程度，不断更新课程思政教学内容，为后续教学提供宝贵教学经验，不断总结提升课程思政教学效果。

（张海邻　黄爱蓉）

第二章　小儿内科学

做个有温度的儿科医生——儿科学的特点

学校	温州医科大学	课程	小儿内科学
章节	·绪论	撰写教师	张海邻、褚茂平
教学目标及 知识点	1.知识目标:能清楚表达儿科学的范围和任务、儿科学的特点、儿科学的发展与展望。 2.技能目标:能分析比较儿科学各个分期的特点,清楚儿科医生必须具备的要求。		
课程思政 目标	1.通过介绍特鲁多医生的墓志铭,强调医学不仅是一门技术,还是一门艺术,是科学与人文的结合。 2.通过以黄达枢教授为代表的温医前辈的创业经历以及儿科杰出校友回忆在温医学习的点滴,展示温医儿科人"知行合一"的职业情怀,让医学生体会到儿科医生更需要情怀。		
育人元素	模块一:人文情怀;模块二:知行合一。		
教学方法	案例演示,生讲生评。		

一、典型教学案例

(一)案例1:特鲁多医生墓志铭以及他的从医经历

1.知识点:医学人文的发展和医师人文素养要求。

2.思政目标:通过介绍特鲁多医生的墓志铭,强调医学不仅是一门技术,还是一门艺术,是科学与人文的结合。

3.教学过程

开场设问:作为一名医学生,大家知道什么是医学吗? 请说说你们心目中的医学。

（生讲生评，让学生回答，并展开讨论）

教师对学生的讨论进行点评和总结。医学是一门科学，不仅是研究人体组织、器官、疾病的病因、病历、治疗的自然学科，还是一门渗透着社会学、心理学、伦理学的人文社会科学。医学是一门技术，也是一门艺术，还是一种责任。科学求真，人文求善，艺术求美。因此，医学是科学与人文的结合。通俗而言，医学科学指导什么是正确、有效的治疗，医学人文确保什么是合适的治疗。

依次介绍医学人文的概念、医学人文的发展、医学人文的变迁和医学人文的挑战。接着介绍医学人文教育的重要性，包括国内外医学人文教育的现状、全球医学教育最基本要求中的人文内容、全球医学教育基本要求视角下我国医学人文教育的趋势等。

请同学们用一个词或一句话概括自己对医学人文的理解。

（学生发言）

展示韩启德院士《医学的温度》一书，分享教师自身对医学人文的认识：医学是具有灵魂的，也是具有温度的。它能够点亮人生、照亮人生、温暖人间。

在美国纽约东北部的萨拉纳克湖畔，静卧着一座不起眼的坟墓。近百年来，世界各地一批又一批的医生怀着朝圣之心来到这里，拜谒一位长眠于此的医学同行——爱德华·特鲁多医生（Edward Livingston Trudeau，1848—1915），在此寻找医学人文的踪迹，重温镌刻在他墓碑上的一则墓志铭："To Cure Sometimes，To Relieve Often，To Comfort Always."同学们能否把它翻译成中文？

（学生发言）

特鲁多出生于纽约市的一个医药世家，20 岁进入哥伦比亚大学医学院学习。当他还是个医学生的时候，就被确诊患了肺结核。当时，医学界对肺结核尚无有效的治疗手段，属于不治之症。1873 年，25 岁的特鲁多满含无奈与悲戚，只身来到荒凉的萨拉纳克湖畔，远离城市的喧嚣，静静地回忆自己短暂的生命历程。一段日子过后，他发现自己身体在日益好转。随着健康状况的好转，他的心情也愉悦了。他顺利完成了自己的学业，并一步步获得了博士学位。1882 年，特鲁多全家迁居到了萨拉纳克湖畔，并用朋友捐赠的资金，创建了美国第一家专门的结核病疗养院——阿迪朗代克村舍疗养院，通过在空气新鲜的自然环境里的静养、细致周到的照料以及辅助药物来治疗结核病。随后，他建立了美国第一个肺结核研究实验室，并成为美国第一个分离出结核杆菌的人。他也成为知名结核病学专家。特鲁多对病人生理和心理上的许多人性化的照料方法至今仍被沿用着。

有时，去治愈；常常，去帮助；总是，去安慰。这是特鲁多医生的行医格言，是他一生的职业总结。这是他在面对一个客观现实时的坦率表述，也是直面病患求助而受因于医学局限性时的心灵拷问。其间,蕴含了医者的一份复杂情感,体现了大医超越世俗的理性谦卑和崇高境界。这则墓志铭,既道出了医学科学不完美的现实,又揭示了医疗服务的真谛和医生应尽的人文关怀。简短三句话,看似满含无奈,却格外温情与柔软,从另一个角度对医学进行了诠释,展示了医学的真实面貌,表达了医学对生命的敬畏和对人性的尊重。

医生,面对病患,除了重视其生物属性,更要重视其社会属性和情感属性,用"生物—心理—社会"的新医学模式去开展"人本位医疗",俯下身子去聆听患者的心声,感受其心灵的温度和脉搏的咏叹。特鲁多曾经说过:"医学关注的是在病痛中挣扎、最需要精神关怀和诊疗的人,医疗技术自身的功能是有限的。需要用沟通中体现的人文关怀去弥补。"医术固然重要,但许多时候却很有限。医疗之外,帮助与安慰病人应该成为医学的重要组成部分,这是每个医生都能做的事,完全可以当作衡量好医生的道德标准。在积极治疗的同时,与病人作心与心的沟通,给病人以帮助、鼓励和安慰,应该成为医生的日常行为,其意义远远超过药物及手术治疗。

我们不可能治愈每一个病人,有时甚至无法向患者提供任何医疗的帮助。但是,作为医生,我们可以时时去帮助我们的病人,在治疗、帮助的过程中,可以更多地去安慰他们,使他们病痛的心灵得到慰藉。

(二)案例2:温医儿科精神及其诠释

1.知识点:儿科医师与医学人文。

2.思政目标:通过以黄达枢教授为代表的温医前辈的创业经历以及儿科杰出校友回忆在温医学习的点滴,展示温医儿科人"知行合一"的职业情怀,让医学生体会到儿科医生更需要情怀。

3.教学过程

前一节介绍了医学人文的相关内容,那么儿科人文的发展又有什么特点?介绍中国儿科医学发展的基本情况、儿科前辈的医学人文思想与实践、儿科人文建设和趋势等。

儿科医师的职业又有哪些特点?儿科强,儿童强,中国强。儿童健康事关家庭幸福和民族未来。儿童时期是机体处于不断生长发育的阶段,各个阶段各有特点,差异主要表现在:各器官功能、对疾病的免疫能力、对疾病的反应、药物剂量耐受程度、情绪反应的方式类型、心智发育和运动能力等。因此,我们常说,儿童不是成人的缩影。正因为如此,儿科医师必须具备高超的沟通能力,掌握扎实的操作技能,能用发展的眼光看待疾病,会重视个体化诊疗方案,最重要的是拥有关爱奉献的情怀。因此,儿科医师是个崇高而伟大的职业,值得全社会尊重。

儿科医师的基本职业道德和人文素养又有什么要求呢? 我们一起来看看温医儿科发展历史和黄达枢教授等温医儿科前辈创业的历程,想想是否可以从中获得启示。

观看《丹心励耘 薪火承继——温医儿科系创建 40 周年纪念片》片段。

1958 年,黄达枢教授作为温州医学院首批创校员工中唯一的儿科教师孤身南下创建温州医学院儿科教研室。1978 年,儿科系成立并面向全省招收儿科学本科学生,次年面向全国招收儿科研究生。2000 年,儿科系更名为儿科临床医学院,2005 年 9 月成立临床医学儿科方向班,一直到 2016 年重新恢复儿科专业招生,同时开始招收儿科 5+3 学生。2009 年,开始独立招收儿科全日制博士研究生。2019 年,儿科学专业入选浙江省本科一流专业,2020 年,入选国家一流本科专业建设点。2021 年,温州医科大学儿科学院和儿科研究院先后成立。

黄达枢教授是一位和党同龄的老党员,2021 年恰逢建党百年,也是黄教授的百年诞辰。在他和各位儿科前辈的共同努力下,温医儿科已培养了 1500 余名本科生,500 余名研究生,涌现出众多杰出校友。同学们使用的人卫版《儿科学》和《小儿内科学》的主编之一孙锟老师也是温医毕业生。

一个人的选择,一群人的坚守,黄教授的孤身南下,成就了温医儿科的今天。我们体会到儿科前辈的不易,也从中凝练出温医儿科精神:敬畏、慈爱、严谨、坚守。

展示《儿科情怀》纪念文集,介绍几篇文稿,讲述几则故事。

黄达枢教授站在浙南日报的大楼前踌躇满志地说:"等条件成熟了,要在这里办我们的儿童医院";新生儿开科没有场地,施霖院长当机立断,"把院办搬走";吴荣熙主任回忆起四十年前的那段艰苦创业的岁月,依然像个充满干劲的年轻人,语调轻快;王哲雄主任在上班的途中倒在了医院门口,把一生奉献给了儿科事业;叶松娣老师说起一个个学生,如数家珍,就像自己的孩子;林锦人在美国心系祖国、孙锟学术回巢反哺母校、朱海峤抱病援疆无怨无悔、沈树红"两次回归"、单小鸥"四度转身"……无不是温医儿科精神的体现,也是儿科医师人文素养的最真实的诠释。

二、特色与创新

温州医科大学是以医学为重点的应用研究型大学。儿科学专业课程思政的原则是"思政与专业结合、教书和育人融合、情怀和能力整合"。我们希望医学生具备获取儿科专业理论和追踪儿科前沿知识的能力,能运用专业知识分析临床病例,从容应对儿科临床实际问题,秉持以病人为中心的理念,养成仁心仁术的品质和细心耐心的素养,认同儿科医师的职业荣誉感和使命感,实现自我价值提升。在讲授《小儿内科学》"绪论"这部分内容时,我们在介绍儿科学的特点的同时强调儿科医生必须具备的要求,在介绍儿科学的发展与展望时回顾儿科学前辈的贡献和品格,通过比较实现知识技能目标和思政目标的统一。

三、教学总结和反思

课程思政是为学生点亮一盏心灯,帮助学生全面发展的重要载体。《小儿内科学》"绪论"部分的教学目标是让学生了解专业特点,深化职业认同,初步确立职业规划。本课堂以"大医精诚"为主题,通过生讲、生评和案例演示阐述儿科医师人文素养和儿科情怀。但儿科前辈的"陌生感"和"年代感"会影响学生产生同理心,加上和专业课程比较,这部分内容知识点较抽象,很容易成为一堂单纯的思政课。因此,通过线上呈现"开学第一课"和"儿科情怀"纪录片,让同学们先期观看,同时尽量把儿科前辈的事迹与学生熟悉的内容联系起来,有利于提升课堂教学效果。

争分夺秒,敬佑生命——液体疗法

学校	成都医学院	课程	小儿内科学
章节	液体疗法	撰写教师	贺　静、汪　燕
教学目标及知识点	1.知识目标:能描述脱水性质的定义和低钾血症的临床表现,能阐述小儿水、电解质和酸碱平衡的病理生理,能说明液体疗法常用的溶液配比。 2.技能目标:能根据患儿的临床表现及时识别脱水性质和程度,根据实验室检查判断电解质紊乱、酸碱平衡紊乱类型,并拟定治疗方案。		
课程思政目标	1.通过引入WHO发布的世界卫生统计报告及一则腹泻脱水患儿死亡的报道,启发和警示学生,培养学生的敬业精神及社会责任意识。 2.通过引入重度脱水患儿的病例,让学生认识到熟练掌握技能和团队合作的重要性,培养学生的职业认同度及职业使命感。		
育人元素	模块五:团队精神;模块六:沟通技能,敬业精神。		
教学方法	案例演示;情景模拟。		

一、典型教学案例

(一)案例1:"拉肚子"也会危及生命?

1.知识点:脱水程度及性质、电解质紊乱、酸碱平衡失调的判断,液体疗法方式的选择。

2.思政目标:通过引入WHO发布的世界卫生统计报告及一则腹泻脱水患儿死亡的报道,培养学生的敬业精神及社会责任意识。

3.教学过程

开场提问:

大家有没有腹泻的经历? 腹泻会引起死亡吗?

(学生发言)

引入:2018年6月6日,WHO发布的世界卫生统计报告显示,据2016年5岁以下儿童死亡原因的统计,引起1~59月龄儿童死亡的主要原因为急性呼吸道感染、腹泻和疟疾。作为 5 岁以下儿童死亡第二大原因的腹泻病,每年可造成约 76 万名儿童死亡,曾被国家卫生主管部门确定为儿童需要重点防治的四种疾病之一。

提出问题,引导学生讨论:

腹泻病造成儿童死亡的数目如此触目惊心,其原因是什么?

(讨论要点:腹泻病危及患儿生命中最严重的并发症包括脱水、电解质紊乱、酸碱平衡失调。)

提出问题引起学生思考,引发学生对此问题的关注,培养学生的社会责任意识。对学生的讨论进行总结,引入授课主题,使学生了解到液体疗法在腹泻病治疗中的重要意义。

引入案例:

曾经的希希,是一个爱笑的小姑娘,希希的妈妈是一名医学院校的毕业生,毕业后生了希希就在家成了全职妈妈。

在希希一岁半的时候,也是当年的 11 月,希希出现了腹泻和呕吐,还有点发烧。希希妈妈凭借自己在医学院校“功底”,判断希希就是婴幼儿中非常常见的“轮状病毒性肠炎”。希希妈妈觉得拉肚子就是个小问题,也非常排斥去医院,觉得吃药或者扎针输液都有副作用,于是就在家给希希喂自己配置的糖盐水。希希腹泻和呕吐越来越厉害,精神也越来越不好,还在家出现了惊厥……等到希希爸爸第三天接到电话从外地赶回来的时候,只见到了一个躺在病床上冰冷的希希,再也不能对着他笑了。

多年来,希希妈妈总会在希希的忌日,独自一人坐在希希的墓碑前,看着照片上那个一直对着她笑的小姑娘,伤心地哭泣。

提出问题,引导学生讨论:

①导致希希悲剧发生的原因是什么?

(讨论要点:社会因素、家庭因素、专业因素。)

回顾希希死亡的经过,如果社会层面能有更多疾病的健康宣教让大家所熟知,希希妈妈能及早识别脱水的严重程度、正确地应用液体疗法、及早送医,就可能避免悲剧的发生。加强健康宣教,掌握过硬的专业知识,是作为一名医务人员保障人民健康的基础,作为一名医学生,更加需要认识到自己身上肩负的责任。

②如何判断脱水程度?

根据临床表现判断脱水程度(表 2.1)。

表 2.1 脱水程度情况分析

	轻度 （体重的 5%） （30～50ml/kg）	中度 （体重的 5%～10%） （50～100ml/kg）	重度 （体重的 10% 以上） （100～120ml/kg）
心率增快	无	有	有
脉搏	可触及	可触及（减弱）	明显减弱
血压	正常	体位性低血压	低血压
皮肤灌注	正常	正常	减少,出现花纹
皮肤弹性	正常	轻度降低	降低
前囟	正常	轻度凹陷	凹陷
黏膜	湿润	干燥	非常干燥
眼泪	有	有或无	无
呼吸	正常	深,也可快	深和快
尿量	正常	少尿	无尿或严重少尿

③如何确定门诊还是住院治疗?

轻至中度脱水治疗,无休克表现,可选择口服补液治疗(门诊);

中至重度脱水,有休克的表现,需静脉补液治疗(住院)。

④如何选择液体的张力?

判断脱水的性质,选择不同的液体张力,高渗性脱水以 1/3 张的液体为主,等渗性脱水以 1/2 张的液体为主,低渗性脱水以 2/3 张的液体为主。

⑤电解质紊乱、酸碱失衡的判断及治疗。

见尿补钾、见酸补碱、见惊补钙(镁)。

通过提问、分组讨论,使学生掌握脱水程度及性质、电解质紊乱、酸碱平衡失调的判断及治疗,液体疗法方式的选择。通过引入 WHO 发布的世界卫生统计报告及 1 例腹泻脱水患儿死亡的案例,引起学生的警示,激发学生的同情同理心,使其对生命产生敬畏之心,培养学生的敬业精神及社会责任意识。

(二)案例 2:危在旦夕的小军军

1. 知识点:液体疗法的实施。

2. 思政目标:通过引入一例重度脱水患儿的病例,激发学生的敬业精神,医者仁心、以人为本的职业态度,培养其职业认同度及职业使命感。

3. 教学过程

引入临床案例：

小军军是一个 8 个月的小男孩，出生在一户农村家庭，父母外出打工，家中只有一名年迈的爷爷。小军军平时吃的都是米糊，长得又黑又瘦。2 天前小军军出现了呕吐，把爷爷喂的米糊全吐了，伴随着腹泻，大便全是黄色的水，一天 10 多次。小军军的爷爷抱他去了当地的一个小诊所，开了一些口服药，小军军根本吃不下。早晨爷爷发现小军军不对劲了，喊他也不答应，脸色发青，一晚上没吃过东西，也没解过小便，爷爷吓坏了，立即把小军军送到了医院。

来院后医生检查：T 38.2℃，P 152 次/分，R 48 次/分，BP 55/30mmHg，体重 6.2kg，精神萎靡，面色发绀，呼吸深大，皮肤弹性极差，全身可见花斑，前囟、眼眶明显凹陷，双肺呼吸音清，心音低钝，律齐，腹胀，肠鸣音减弱，四肢凉，甲床发绀，血管充盈时间延长。

提出问题，引导学生讨论：

(1)如果你是首诊医生，面对小军军这样一个病人，应该如何选择治疗方式？

(讨论要点：判断脱水程度，选择住院进行静脉补液治疗。)

(2)液体疗法中常用的溶液有哪些？

(讨论要点：常用溶液包括电解质、非电解质溶液，几种常用溶液的配制方式。)

(3)液体疗法的组成

(讨论要点：生理需要量、累积损失量、继续丢失量的计算。)

①生理需要量

体表面积法、100/50/20 法、4/2/1 法、不显性失水＋测量损失法。

②累积损失量

轻度脱水 30~50ml/kg，中度脱水 50~100ml/kg，重度脱水 100~120ml/kg。

③继续丢失量

根据实际损失量用类似的溶液补充。

(4)目前最紧要的处理是什么？

(讨论要点：重度脱水静脉补液第一阶段，扩容的方法。)

静脉补液第一阶段：改善循环(扩容)，2：1 等张含钠液或生理盐水 20ml/kg，0.5~1h 静脉输入。

通过提问、讨论的方式，使学生掌握对脱水程度的判断、液体疗法中常用溶液的配制、重度脱水静脉补液第一阶段(扩容)的方法。

经过第一阶段的扩容，小军军全身花斑明显减少，精神较前略有好转，能睁开眼睛，测血压为 75/50mmHg，肢端较前转暖。

辅助检查提示：

血常规：白细胞计数（WBC）$10.1×10^9/L$，中性粒细胞比率0.12，淋巴细胞比率0.83，血红蛋白（Hb）$102g/L$，血小板计数（PLT）$178×10^9/L$，C反应蛋白（CRP）$<3\ mg/L$。大便常规：白细胞0～1个/HP，红细胞未见，吞噬细胞未见。大便轮状病毒抗原：阳性。血气分析：pH 7.25，PCO_2 32mmHg，PO_2 80mmHg，SO_2 98%，HCO_3^- 10mmol/L，BE－12mmol/L。肝肾功、心肌酶谱、电解质：K^+ 3.1mmol/L，Na^+ 137mmol/L，Cl^- 96mmol/L，余（一）。

提出问题，引导学生讨论：

（1）接下来进一步的治疗是什么？

（讨论要点：液体疗法第二阶段，继续纠正累计损失量，酸碱失衡及电解质紊乱。）

①静脉补液第二阶段：继续纠正累计损失量，8～12h；

三定（定量、定性、定速）；三先（先盐后糖、先浓后淡、先快后慢）；三见（见尿补钾、见酸补碱、见惊补钙/镁）。

②电解质紊乱的判断及处理，液体张力的选择；

③血气分析的解读，酸碱失衡的判断及处理。

（2）补液后需要观察的重点是什么？

（讨论要点：液体疗法的疗效评估。）

通过提问、讨论的方式，使学生掌握液体疗法第二阶段的方法、电解质及酸碱失衡的判断、血气分析的解读。

经过前两阶段的补液，小军军脱水症状明显纠正，未再呕吐，腹泻黄色蛋花样便10＋次/日，精神较前明显好转，面色转红润，手脚温暖，小便了2次，量中等，颜色稍黄。爷爷抹着眼泪，露出了久违的笑容，颤巍巍地抓着医生的手，连声说："感谢，感谢，感谢救命的医生啊！"

提出问题，引导学生讨论：

接下来进一步的治疗是什么？

（讨论要点：液体疗法第三阶段，继续补液阶段。）

静脉补液第三阶段：补充继续损失的和生理需要量，1/3～1/2张含钠液，12～16小时。

通过提问、讨论的方式，使学生掌握液体疗法第三阶段的方法。

治疗1周后，小军军不再腹泻，精神好了，爷爷喂米糊也不吐了。小军军暂时的问题解决了，但住院医疗费用及家庭生活困难的问题仍然存在。主管医生联系了医院小丑医生团队寻求帮助。小丑医生团队成员们，穿着小丑医生专有的服装走进了病房,坐到了爷爷身边,倾听爷爷讲述了家庭的困难,给爷爷带来了爱心人士的捐款,给小军军送来了奶粉,还给家里送去了棉被、食物等生活日用品,并且联系了当地的村委会,给予了长期的救助。

提出问题,引导学生讨论:

对于小军军这样的病人,除了治疗疾病本身,我们还需要关注什么?

(学生发言)

医者仁心,是医务人员的最高境界。作为医务工作人员,我们除了治疗疾病本身,还要关注患者的精神、心理需要,对于儿童,更要关注其成长环境。在需要的时候给予力所能及的帮助,帮助患者缓解病痛、增强抵御病魔的信心,还能打开一些病人的心结,使其重拾生活的信心。小小的一个善举,也许就能改变一个孩子甚至一个家庭的命运。

通过提问、讨论的方式,引导学生思考,让学生掌握重度脱水的补液方法,了解医者仁心的意义,激发学生以人为本的职业态度,认识到医生责任的重大,培养学生的敬业精神及职业使命感。

采用分组、场景模拟的方式,选用标准化家属,以小组为单位进行场景模拟,制订具体的补液方案。

通过分组场景模拟的方式,使学生掌握液体疗法,让学生在场景模拟过程中切身感受家属痛苦的心情,亲身体验重度脱水患儿急救处理的紧迫感,从而培养学生的积极思考能力、医患沟通能力和团队合作能力,激发学生以人为本的职业态度,敬佑生命、救死扶伤的敬业精神,让其成为一名有温度的儿科医生。

二、特色与创新

本课程运用案例教学的方法,帮助学生掌握液体疗法。教学过程中始终以学生为主体,适时、适度地引入课程思政内容。

采用场景模拟的方式,引入标准化家属,使学生切身感受到患儿家属的心情,医生诊治过程中的紧张和严谨,培养学生的积极思考能力、医患沟通能力和团队合作精神,激发学生的医者仁心、以人为本的职业态度,加强学生对医生行业的职业认同和使命感。

整个教学过程中,将学习诚信纳入个人表现与团队表现考核,考核内容包括考勤签到的真实性、是否按时完成作业等方面。让学生明白,诚信应该从小事做起,从点滴做起。

三、教学总结和反思

本课程在教学过程中将液体疗法相关理论知识点与思政目标相结合,依托案例演示、情景模拟的方式,锻炼学生的沟通技巧,同时使学生产生共情,激发其医者仁心,培养其职业认同度及职业使命感。

液体疗法理论知识相对较枯燥,通过融入思政目标,采用情景模拟,加强了学生和教师的交流,提高了学生的课堂参与度和课堂教学效果,使学生对知识点的掌握更加牢固,运用更加灵活。

不食人间烟火的天使——苯丙酮尿症

学校	温州医科大学	课程	小儿内科学
章节	遗传性疾病	撰写教师	苏海燕
教学目标及知识点	1.知识目标:能清楚阐述苯丙酮尿症的临床特点和防治原则,能简单描述遗传病的分类及诊断方法。 2.技能目标:能通过案例的临床表现和检查结果进行判断及鉴别,对苯丙酮尿症做出临床诊断。		
课程思政目标	1.通过介绍我国内分泌、代谢性疾病筛查的发展历程,介绍国家为罕见病群体竭尽全力所做的努力,展示党和国家以人为本、人民至上的理念,培养爱国之心、政治认同。 2.通过介绍罕见病诊疗发展的曲折经历,反映科学家坚持不懈的科研精神。		
育人元素	模块三:政治认同;模块四:科学精神。		
教学方法	案例演示,研讨辩论。		

一、典型教学案例

(一)案例1:苯丙酮尿症儿童——不食人间烟火的天使

1.知识目标:苯丙酮尿症的临床表现及防治。

2.思政目标:通过引入新生儿筛查的经典病种案例,介绍我国内分泌、代谢性疾病筛查的发展历程,展示国家对于罕见病群体竭尽全力所做的努力,树立爱国思想,培养民族自豪感。

3.教学过程

介绍案例:

虎虎是一个9岁的男孩子,出生于偏远山村,生后未进行新生儿筛查。刚出生时皮肤颜色红润、头发乌黑、分布均匀,6月龄以前生长发育基本正常,是个人见人爱的大胖小子。但是6月龄后逐渐出现兴奋不安、点头样动作、癫痫样发作等异常行为,近2年开始出现咬人、打人等伤人行为,智力严重低下,头发逐渐变黄,肤色变白,尿液及汗液有鼠尿臭味。

入院体格检查 神志清,精神亢奋,全身皮肤白皙,头发稀少淡黄色,表情呆滞,头颅正常,双侧瞳孔等大等圆,对光反射灵敏,呼吸平稳,咽部无充血,口腔黏膜光滑,两肺呼吸音粗,对称,未及干湿啰音,心率92次/分,心律齐,未及杂音,腹软,未及包块,肝脾肋下未及,颈软,四肢肌力正常,肌张力增高,生理反射存在,病理征、脑膜刺激征阴性。

实验室检查 头颅 CT 示脑发育不全。脑电图示尖慢波发放。苯丙氨酸浓度测定＞1200 μmol/L。

(学生总结病史特点:虎虎 9 岁,出生于偏远地区,未进行新生儿筛查,6 月龄前正常,6 月龄后逐渐出现行为异常,智力明显低下,提示存在神经精神异常;皮肤白皙,头发淡黄色,鼠尿臭味,提示皮肤颜色异常及特殊体味;入院后检查提示脑发育不全,有癫痫样表现,苯丙氨酸浓度测定＞1200 μmol/L。)

老师引导讨论:

(1)你认为最可能的疾病是什么?

(2)该疾病如何治疗? 可以预防吗?

通过提问及讨论的方式,使学生掌握苯丙酮尿症(phenylketonuri,PKU)的临床表现和防治。

PKU 是由于苯丙氨酸羟化酶缺乏引起血苯丙氨酸浓度增高,并引起一系列临床症状的常染色体隐性遗传病,我国的总体发病率 1:11000,属于罕见病种。

PKU 临床表现。患儿出生时正常,通常在 3～6 月开始出现症状,1 岁时症状明显,表现为:①神经系统。智力发育落后最为突出,智商低于正常。行为异常,如兴奋不安、忧郁、多动、孤僻等。可有癫痫发作,少数呈肌张力增高和腱反射亢进。②皮肤毛发。患儿出生在数月后因色素合成不足,头发由黑变黄,皮肤白皙。皮肤湿疹较常见。③体味。由于尿和汗液中排出较多苯乙酸,身上有明显鼠尿臭味。④PKU 母亲在未控制血苯丙氨酸浓度的情况下怀孕,其子女即使不是 PKU,也常伴有小脑畸形和智力低下。

PKU 的治疗和预防:PKU 是遗传代谢病领域少数几个早期发现可控的罕见病种之一。应力取早诊断、早治疗。PKU 患儿需要限制苯丙氨酸的摄入量,使用低苯丙氨酸奶粉,远离食用如鱼、肉等含蛋白质较高的食物,因此又被称为"不食人间烟火的天使"。PKU 患儿若能够在症状出现之前进行诊断和治疗,即通过新生儿筛查诊断的 PKU 患儿,及早进行饮食干预及治疗,近 90% 智力可达到正常,可显著改善该病的预后。

(学生经过讨论,考虑虎虎诊断为 PKU。由于虎虎出生于偏远地区,未进行新生儿筛查,错过了早诊断、早治疗的最佳时机,造成了不可逆的神经系统损害,给家庭造成了极大的负担。)

继续介绍案例:虎虎妈妈后来生了二胎,妹妹瑞瑞接受新生儿筛查,最后也确诊为 PKU。但妹妹经过积极的治疗,现在 5 岁和正常同龄儿童一样调皮可爱,并非常懂事地帮助妈妈照顾智力障碍的哥哥,她也成为了这个家庭的重要支柱和希望。

新生儿疾病筛查可以为新生儿时期一些症状尚未出现的疾病提供早期的诊断、干预的方法,妹妹接受了筛查并及早得到干预,因此两兄妹的命运截然不同。

提出问题:列入我国新生儿疾病筛查的有哪些疾病?新生儿疾病筛查属于疾病防治的几级预防?

介绍我国新生儿代谢性疾病筛查至今开展已近40年,1981年陈瑞冠教授率先在中国开展先天性甲状腺功能减退症和PKU筛查。1982年左启华教授课题组对全国11省20万新生儿进行筛查,调查苯丙酮尿症在中国的发病率。1994年将新生儿筛查写入《中华人民共和国母婴保健法》。随着筛查技术的提高,新生儿疾病筛查的方法由最初Guthrie发明的细菌抑制法发展到免疫学方法、酶学评定、DNA序列检测方法、高压液相色谱等。这些技术进展使新生儿疾病的筛查范围和水平得到显著提高。现已发展为能对内分泌系统疾病、先天性代谢病等在内的50余种病种进行筛查。我国每年约90万出生缺陷的新生儿降临于世上,逐渐成为我国婴儿死亡和儿童残疾的主要因素。新生儿筛查的普及为提高人口素质、减少智能低下儿童数量做出了巨大贡献。

介绍我国内分泌、代谢性疾病筛查的发展历程,体现我国科技发展、国力提升后对先天性疾病诊治的长足进步,提出新生儿筛查为提高人口素质、减少智能低下儿童数量做出巨大贡献。

(二)案例2:罕见病不罕见

1.知识点:遗传性代谢病的分类及预防。

2.思政目标:通过介绍罕见病诊疗发展的曲折经历,反映科学家坚持不懈的科研精神。通过介绍国家为罕见病群体竭尽全力所做的努力,展示党和国家以人为本、人民至上的理念,培养爱国之心、政治认同。

3.教学过程

临床案例引入:

小天是一个12岁的小男孩,长着蓝色巩膜的双眼非常可爱,但是他却非常脆弱,全身多处反复骨折,第1次看到他的诊断结果时太让人震惊了:"左尺骨鹰嘴骨折术后,右尺骨鹰嘴骨折术后,左桡骨远端骨折术后,左胫骨结节撕脱性骨折术后"。身上尺骨鹰嘴处、左前臂及左肘等多处均可见骨折手术瘢痕,牙齿发育不全,所幸其他方面的发育基本正常,其母亲亦有牙齿发育不良、蓝巩膜的表现。小天多次骨折及多次手术,让人不禁心疼。小天3年前在温州医科大学附属育英儿童医院骨科行骨折手术治疗,经内分泌遗传代谢科会诊后考虑为"成骨不全症",在手术恢复以后来内分泌遗传代谢科进行后续治疗。经过治疗后小天现已将近2年未再发生骨折,再也不是那个小心翼翼的"瓷娃娃"了。

提出问题,引导学生讨论:

通过提问及讨论的方式,使学生熟悉常见的遗传代谢病及其分类及实验室检查方法。

(1)"瓷娃娃、黏宝宝、肚子住着大饿魔"这些听起来很可爱的称呼,带来的却是病痛的折磨,它们都是什么疾病?

(它们都属于遗传代谢病,是由于遗传物质结构或功能改变所导致的疾病,分别是"成骨不全症、黏多糖贮积症、小胖威利综合征"。)

(2)按遗传物质的结构和功能改变的不同,可将遗传病做哪些分类?

(染色体病、单基因遗传病、多基因遗传病、线粒体病、基因组印记。)

(3)目前遗传病诊断的实验室检查方法主要有哪些?

(染色体核型分析、荧光原位杂交技术、DNA 分析、生物化学测定等。)

讨论过程中介绍罕见病并不罕见。罕见病是发病率极低,严重影响个人及家庭生活治疗的一类疾病,又称"孤儿病",我国将发病率定义为小于 1/50 万或新生儿发病率小于 1/10000 的疾病。目前国际确认的罕见病有 8000 多种,约 80% 为遗传性疾病,约 50% 在出生时或者儿童期发病,约 30% 的罕见病儿童寿命不超过 15 岁。我国目前各类罕见病患者超过 2000 万人,因此罕见病其实并不罕见。但罕见病的诊断、治疗却困难重重,仅有不到 10% 的罕见病能得到有效的药物(孤儿药)治疗,超 60% 的患者甚至无法得到明确诊断。

介绍罕见病诊疗发展的曲折经历以及科学家坚持不懈研发"孤儿药"的科研精神。罕见病的诊治是世界级难题。在全世界公共卫生组织及科学家坚持不懈的努力下,罕见病及"孤儿药"的研究也取得了突破性的成就。美国在 1983 年《罕见病药法案》实施之前仅有不足 10 个罕见病药物上市,到了 2008 年 12 月,登记的罕见病药物已达 1951 种,获得上市批准的罕见药产品达到 325 种。目前在《第一批罕见病目录》中共计有 72 种罕见病是有药可治的,像戈谢病、庞贝病、多发性硬化等疾病都出现了可以控制甚至治愈的药物。从无药可医到有药可医,是数十年来科学家坚持不懈研发"孤儿药"的成果。

介绍我国在治疗罕见病领域的投入与治疗前景,培养爱国之心、政治认同及仁爱之心。关注罕见病,不放弃每一个小群体,我们的国家也在持续努力中。2018 年 5 月,国家 5 部门联合发布了《第一批罕见病》目录,共涉及 121 种罕见疾病。2019 年 2 月,国家卫生健康委宣布建立全国罕见病诊疗协作网。然而面对价格高昂的"孤儿药",罕见病家庭面临新的困境:有药不可及。针对此情况,我国先后发布多项政策支持罕见病药物的研发,逐渐将部分孤儿药纳入医保或社会救助系统中。据统计,目前已在我国上市且有适应证的 50 余种罕见病药品中,已有 40 余种纳入了国家医保药品目录。2018 年,全国共向包括罕见病在内的人员实施临时救助 917.7 万人次。2021 年,国家医保局罕见病药物"灵魂砍价"的谈判视频多次冲上热搜,"天价药"诺西那生从 70 万/支砍到 3.3 万/支,多种天价罕见病药、抗艾新药被纳入医保。从这些事件中我们也能感受到国家对于罕见病群体竭尽全力所做的努力及人民健康至上的决心。攻克罕见病需要全社会一起努力,相信希望,相信爱,携手共进,让我们一起为罕见病患者谱写生命赞歌。

罕见病群体的父母在确诊后承受着巨大的心理压力,甚至对这些疾病一片茫然,作为医学生的你可以为这些父母做哪些事(如科普宣讲、志愿者关爱活动等)。

课后作业:以小组为单位撰写罕见病相关科普文,增进人们对罕见病的了解。

二、特色与创新

遗传性代谢病较为罕见且内容复杂,本课通过运用案例教学法,引导学生提问、讨论,适时、适度地引入课程思政内容,使学生在学习遗传性代谢病苯丙酮尿症的诊断、治疗及防治的过程中与职业价值观相结合,理论与实践相结合,全面提高医学生临床思维能力,培养学生的仁爱之心,加强学生对医生行业的职业认同和使命感,同时激发学生的民族自豪感和爱国情怀。案例、图片实例展示及互动交流等教学方法可以充分调动学生的学习兴趣及积极性,让学生主动参与讨论,增加互动,有效提升课堂气氛及活跃度。作为未来的一名医生,如何对社会大众科普宣教也是我们的必修技能。以小组为单位让学生完成科普课后作业,培养学生的团队合作精神,增强集体荣誉感,同时培养学生的爱伤观念,做有温度的医学生。

三、教学总结和反思

本课程思政的实施提高了学生们的学习兴趣,课堂气氛活跃,起到了一定的积极作用,因此后期的思政教学中会继续挖掘医者仁心、文化传承等实际案例并融入教学课件。但仍有不足之处,遗传代谢性疾病复杂,诊断方法前沿,如何在短课时内将课程思政和专业理论内容适度分配是上好本次课的关键。老师课间、课后与学生的交流时间有限。因此今后要对教案进行更加精密的设计,采用现代教育技术如雨课堂等,进一步优化课程设计,提高学生的课堂参与度和课堂教学效果,同时加强学生和教师的课后交流和指导。

"天才"也烦恼——唐氏综合征

学校	温州医科大学	课程	小儿内科学
章节	遗传性疾病	撰写教师	王　丹
教学目标及知识点	1.知识目标:能描述唐氏综合征的临床表现,能说明其病因及发病机理。 2.技能目标:能通过临床表现识别唐氏综合征并通过必要的辅助检查明确。		
课程思政目标	1.通过对唐氏综合征患者舟舟的介绍,培养学生仁心仁爱、尊重生命的价值观,培养他们对生命生物属性的科学认识,启发生命及其价值和意义的深刻思考。 2.通过介绍唐氏综合征历史、CRISPR基因编辑技术和无创产前检查的开拓者卢煜明,激发同学们的国际视野。 3.通过介绍中国科学院杨辉研究组的"定点染色体剪切技术",激发同学们的文化自信。		
育人元素	模块四:国际视野;模块六:敬佑生命。		
教学方法	案例演示,生讲生评。		

一、典型教学案例

(一)案例1:"天才指挥家"的故事

1.知识点:唐氏综合征的发病机制、临床表现、诊断及鉴别诊断。

2.思政目标:通过对唐氏综合征患者舟舟的介绍,培养学生仁心仁爱、尊重生命的价值观,培养他们对生命生物属性的科学认识,启发生命及其价值和意义的深刻思考。

3.教学过程

介绍背景,引出主题。在我国全面放开三孩政策下,高龄产妇日渐增多,儿童先天性遗传学异常疾病发生率也发生改变。

图片展示遗传性疾病致残率高且存在家族再发风险的特点,让学生意识到遗传性疾病在儿科学中的意义及重要性。

介绍案例:

小豆豆,男,1天,因"吸吮差1天"入院。生后半小时开奶后发现患儿吸吮差,伴全身松软。系 G_1P_1 孕 38^{+3} 周剖宫产出生,出生体重 3050g,1分钟 Apgar 为 9 分,5分钟 Apgar 为 1 分。入院体格检查:神志清,反应一般,前囟平软,1.5cm×1.5cm,眼距宽,眼角上斜,鼻梁低平,两肺呼吸音清、对称,未及啰音,心率135次/分,律齐,胸骨左缘3~4肋间可及3/6收缩期杂音,腹软,肝脾未及,四肢活动少,肌张力低,双侧通贯手。母孕史:母亲41周岁,孕期无正规产检。

讲解唐氏综合征的流行病学特点,并且引导学生根据遗传学特点阐述唐氏综合征的临床表现,并与正常儿童生长发育水平比较。

(学生发言)

通过图片向学生展示唐氏综合征的特殊面容和相关体征。

本病主要特征为智能落后、特殊面容和生长发育迟缓,并可伴有多种畸形。临床表现的严重程度因异常细胞核型所占百分比而异。

特殊面容:出生时即有明显的特殊面容,表情呆滞。眼裂小、眼距宽、双眼外眦上斜,可有内眦赘皮,鼻梁低平、外耳小、硬腭窄小,常张口伸舌,流涎多,头小而圆、前囟大而关闭延迟,颈短而宽,常呈嗜睡和喂养困难。

智能落后:这是本病最突出、最严重的临床表现。绝大部分患儿都有不同程度的智能发育障碍,随年龄的增大日益明显。嵌合体型患儿临床表现因嵌合比例以及21号染色体三体细胞在中枢神经中的分布不同而有很大差异。其行为动作倾向于定型化,抽象思维能力受损最大。

生长发育迟缓:患儿出生的身长和体重均较正常儿低,生后体格发育、动作发育均迟缓,身材矮小,骨龄落后于实际年龄,出牙迟且顺序异常;四肢短,韧带松弛,关节可过度弯曲;肌张力低下,腹膨隆,可伴有脐部疝;手指粗短,小指尤短,中间指骨宽短,且向内弯曲。

伴发畸形:部分男孩可有隐睾,成年后大多无生育能力。女孩无例假,仅少数可有生育能力。约50%的患儿伴有先天性心脏病,其次是消化道畸形。先天性甲状腺功能减退症和急性淋巴细胞白血病的发生率明显高于正常人群,免疫功能低下,易患感染性疾病。如存活至成人期,则常在30岁以后即出现老年性痴呆症状。

皮纹特点:手掌出现猿线(俗称通贯手),轴三角的atd角度一般大于45°。
(介绍"天才指挥家"舟舟的烦恼,加深对唐氏综合征的印象。)

(二)案例2:唐氏综合征的前世、今生和未来

1.知识点:唐氏综合征的发生机制。

2.思政目标:通过介绍唐氏综合征历史、CRISPR基因编辑技术和定点染色体剪切技术,开阔同学们的国际视野。

3.教学过程

通过图片讲述唐氏综合征的历史。1866年,英国医师Langdon Down首次描述

了唐氏综合征。1938年,法国精神病学家Esquirol通过对智力障碍和精神病表型之间的差异进行研究,成为首位描述唐氏综合征表型的人。1959年,法国遗传学家Lejeune等人证实21号染色体三体是该综合征的病因。2011年12月,联合国大会将3月21日定为"世界唐氏综合征日",意指唐氏患者的独特性——具有3条21号染色体。

(结合上述唐氏儿"小豆豆"的病例,引导学生讨论唐氏综合征实验室检查,诊断与鉴别诊断。)

播放视频和图片介绍唐氏综合征的遗传学发生机理。根据细胞遗传学机制,唐氏综合征分为三种类型,即标准型、易位型和嵌合型。标准型:此型约占95%,核型为47,XX(XY),+21。由21号染色体在减数分裂中不分离或姐妹染色单体提前分离所导致,95%发生在减数分裂过程中,其中约90%发生在母源配子的减数分裂过程中,约10%发生在父源配子的减数分裂过程中。易位型:此型占2.5%~5.0%,多为罗伯逊易位,通常由一条D组或G组染色体与一条21号染色体长臂通过着丝粒融合而成,分为非同源和同源罗氏易位。非同源罗氏易位型最常见核型为46,XX(XY),der(14;21)(q10;q10),+21;同源罗氏易位型最常见核型为46,XX(XY),der(21;21)(q10;q10),+21。嵌合型:此型占2%~4%,是受精后体细胞有丝分裂染色体不分离的结果,临床表现的严重程度与正常细胞所占比例有关,21-三体细胞株比例越高,智力落后及畸形的程度越重。易位型的发生机制最难理解。通过视频和图片清晰地演绎唐氏综合征遗传学机制,并且根据遗传学特点阐述唐氏综合征的临床表现,加深学生对唐氏综合征发生机制和临床特征知识的掌握。

介绍诊断进展:用于临床和科研的分子诊断策略,如染色体核型分析、基因芯片、全外显子测序、全基因组测序和联合转录组测序技术等。

目前,唐氏综合征尚无有效的治疗手段。华人科学家张锋发明的基因组编辑技术CRISPR/Cas9被《科学》杂志列为2013年年度十大科技进展之一,受到人们的高度关注。张锋首次将CRISPR/Cas9成功用于高等生物的基因编辑。2017年,中国科学院神经科学研究所杨辉研究组,将敲除21号染色体的CRISPR系统转入唐氏综合征动物模型的细胞后发现,这些细胞的21号染色体数量逐渐恢复了正常,实现了定点删除整个一条染色体,为唐氏综合征等疾病的靶向基因治疗提供了新思路。

(三)案例3:无创产前检查的先驱——卢煜明

1.知识点:出生缺陷三级预防。

2.思政目标:通过介绍无创产前检查的开拓者卢煜明,激发同学们的科学探索精神。

3.教学过程

观看 2022 年"拉斯克奖"颁奖典礼视频片段。

自 1945 年以来,拉斯克奖(Lasker Award)每年颁发给对医学科学做出重大贡献的在世人士,素有"美国的诺贝尔奖"之美誉,是美国最具声望的医学生物奖项;更被喻为"诺奖风向标",已有 86 位拉斯克奖得主获得了诺贝尔奖。香港中文大学的卢煜明教授获得临床医学研究奖,以奖励其"在母体血液中检测胎儿 DNA,从而对唐氏综合征等进行无创产前检查"。

提出问题,引导学生讨论:

如何进行唐氏综合征的产前筛查和遗传咨询?通过对"案例 1"母亲孕期情况的剖析,提出母亲高龄(年龄≥35 周岁)是唐氏综合征的危险因素,强调孕期唐氏综合征筛查和产前遗传咨询的重要性。对于唐氏综合征产前筛查,传统方法为母血清学检查,即唐氏筛查。早孕期联合超声波 NT 的唐氏筛查染色体异常的检出率为 70%～80%,中孕期筛查的检出率为 65%～70%。NIPT 的唐氏综合征检出率达 99.3%～99.5%。讨论过程中介绍卢煜明教授为无创产前筛查做出的贡献。

引发思考,深化主题。严重遗传性疾病给家庭和社会带来沉重负担,介绍出生缺陷的三级预防,让学生加盟"健康生育"科普宣传大军。此外由于产前筛查和遗传咨询的介入,唐氏综合征的流行病特点发生改变。唐氏儿,是否该来到人间呢?引发学生对生命权,医疗制度与社保体系,医疗决策中伦理问题的思考。

每一个生命都有其存在的意义和价值,每一个生命都值得被尊重。在这包容多样的世界中,需要有一片属于唐氏综合征儿童的生存空间,但长期以来,这些儿童被置于社会边缘,被大众所忽视,没有健全的医疗保障制度和充足的医疗资源来满足他们的生存需求,改善他们的生活质量。社会对唐氏综合征儿童歧视,使得他们被剥夺了许多与其他社会成员同等的权利和权益,并且造成了家庭巨大的精神压力。医生是除了唐氏综合征儿童家属外,最熟悉、了解他们的一批人。特鲁多曾说"有时,去治愈;常常,去帮助;总是,去安慰",对于唐氏综合征儿童家庭,医生能做到的更多是帮助和安慰,医生看的不仅仅是"病",看的更是患儿和患儿背后的家庭,倾听每一个家庭的经历,向每一位家属解释唐氏综合征儿童出生的原因和预后,缓解他们内心的压抑,为他们提供精神上的支持。每一个唐氏综合征儿童都有属于自己的无限可能,因此尊重每一个生命,积极救治每一位唐氏综合征儿童,提供专业康复训练,促进患儿运动功能及智力水平的改善是医生的职责。愿每一个唐氏综合征儿童都能被这个世界温柔以待。

二、特色与创新

尊重生命,医疗卫生中"卫生"一词本义即为"维护生命","卫"即"护卫","生"即生命。通过以上三个案例,培养学生对生命生物属性的科学认识、对生命及其价值和意义的深刻思考。教学过程中结合真实医学案例,引发学生思考,调动学生参与的积极性,让学生成为课堂的主人公,积极主动参与课堂,在探讨中学习、领会尊重生命的重要性。教师和学生相互交流,相互学习,共同进步。同时,案例将思政教学和医学专业课程相结合,形成结构合理、知识与价值并行的教学内容体系,深化交叉育人,让学生掌握专业知识的同时,树立正确的价值观、人生观,塑造健全的人格,成为符合时代需求的人才。

三、教学总结和反思

教学设计时,通过提问切入知识点这一环节还须仔细推敲,所提的问题应让学生有话可说。在教学过程中,可以利用讨论等形式,提高学生的学习积极性和课堂参与度。学生深入学习教学内容后分享自己的观点,不仅对教学内容进行了巩固,而且还能在分享中发现问题,提升学生的自主学习能力。此外,思政内容与专业课程的融合还应更加自然并且多样化,例如设立情景,让学生在角色扮演中领悟尊重生命的重要性,潜移默化地树立正确的价值观、人生观。

"泡泡男孩"的故事——原发性免疫缺陷病

学校	温州医科大学	课程	小儿内科学
章节	免疫缺陷病	撰写教师	项蔷薇
教学目标及知识点	1.知识目标:能阐述儿童原发性免疫缺陷病的分类和治疗原则;能说明儿童原发性免疫缺陷病的临床表现和实验室检查方法。 2.技能目标:能运用所学知识,根据具体病例识别原发性免疫缺陷病。		
课程思政目标	1.通过介绍泡泡男孩的案例和医护人员为之所做的努力,让学生了解医学是有温度的,知识和技能固然重要,人文和关怀更为重要。 2.通过编辑婴儿事件和 Jeffrey Modell 原发性免疫缺陷基金会,介绍医疗活动中的伦理、法律法规和医学慈善精神。		
育人元素	模块一:人文情怀;模块六:法治意识,规则意识。		
教学方法	案例演示,微视频,生讲生评。		

一、典型教学案例

(一)案例1:重症联合免疫缺陷的"泡泡男孩"

1.知识点:原发性免疫缺陷病的临床表现及诊断。

2.思政目标:通过免疫缺陷病儿童"泡泡男孩"及医疗工作者为之付出的努力,以及 Jeffrey Modell 原发性免疫缺陷基金会来阐明医学人文精神熏陶和培养的重要性。

3.教学过程

微视频展示,介绍"泡泡男孩"的故事:一个名叫大卫的男孩,因为患有重症联合免疫缺陷病,为了防止他被感染,医生为他特制了一个无菌的环境让其生活。

设问:大家知道什么是免疫缺陷病吗?原发性免疫缺陷病的共同临床表现是什么?

(学生发言、讨论)

教师对学生的讨论进行点评和总结。原发性免疫缺陷病是指由于先天因素(这些先天因素多为遗传因素)引起免疫器官、免疫细胞和免疫活性分子等发生缺陷,致使免疫反应缺如或降低,导致机体抗感染免疫功能低下的一组临床综合征。视频中这个名叫大卫的孩子,因为患有严重联合免疫缺陷,对于病原体的抗感染能力缺失,因此只能住在特制的"泡泡"当中。

通过这个视频,大家对于原发性免疫缺陷病的临床表现有了一定的印象,请简单概括一下。

(学生发言)

原发性免疫缺陷病的临床表现由于病因不同而极为复杂,但其共同的表现却非常一致,主要是以下几点:反复感染,易患肿瘤以及自身免疫性疾病的发病率增高。多数原发性免疫缺陷病有家族史。

感染是免疫缺陷最常见的表现,常为反复、严重、持久的感染。许多患儿需要持续使用抗菌药物预防感染。感染的部位包括呼吸道、胃肠道、皮肤,以呼吸道最常见,如复发性或慢性中耳炎、鼻窦炎、结合膜炎、支气管炎或肺炎;其次为胃肠道,如慢性肠炎。皮肤感染可为脓疖、脓肿或肉芽肿;也可为全身性感染,如败血症、脓毒血症、脑膜炎和骨关节感染。

一般而言,抗体缺陷易发生化脓性感染。T 细胞缺陷则易发生病毒、结核杆菌和沙门菌属等细胞内病原体感染;此外,也易感染真菌和原虫。补体成分缺陷好发奈瑟菌属感染。中性粒细胞功能缺陷时的病原体常为金黄色葡萄球菌。发生感染的病原体的毒力可能并不很强,常呈机会感染,也容易出现多重病原体的感染。

感染发生的年龄对于疾病的鉴别也有意义:T 细胞缺陷和联合免疫缺陷病于出生后不久发病。以抗体缺陷为主者,因存在母体抗体,在生后 6～12 个月发生感染。成人期发病者多为普通变异型免疫缺陷病(CVID)。

除感染外,免疫缺陷病儿童还会发生什么并发症?

(学生发言)

除感染外,免疫缺陷病儿童自身免疫性疾病和肿瘤性疾病的发病率也较一般人群高。

此外,有些患儿会出现生长发育迟缓甚至停滞。有些免疫缺陷病患儿会有特别的临床特征,了解这些特征有助于疾病的诊断。如湿疹、血小板减少伴免疫缺陷(WAS)的湿疹和出血倾向、胸腺发育不全患儿的特殊面容、先天性心脏病和难以控制的低钙惊厥等。

由于免疫成分的缺失,原发性免疫缺陷的患儿常常反复感染,除了长期的治疗,日常的学习、生活也会受到一些影响,这些都给患儿和家属的精神和心理带来沉重的负担。

从"泡泡男孩"的故事中,同学们还有怎样的启示或思考?

(学生发言)

除了疾病的表现,泡泡男孩的故事也带给我们一些深度的思考,由此引入医学人文精神的介绍。

在积极治疗的同时,与病人作心与心的沟通,给病人以帮助、鼓励和安慰,应该成为医生的日常行为,其意义远远超过药物及手术治疗。

尽管基因治疗取得了重大进展,但目前我们还不可能治愈每一个病人,有时甚至无法向患者提供任何治疗上的帮助。但是,作为医生,我们可以时时去帮助我们的病人,在照护的过程中,去安慰他们,使他们病痛的心灵得到慰藉。

1985 年,一对美国夫妇(Fred Modell 和 Vicki Modell)失去了他们身患原发性免疫缺陷病的孩子。悲痛中,他们做出了一个将爱扩展到更多患儿身上的决定,于次年共同创立了世界上第一个原发性免疫缺陷基金会,并以他们爱子的名字 Jeffrey Modell 命名。美国 Jeffrey Modell 原发性免疫缺陷基金会是全球性非营利性慈善基金会,其目的是帮助和支持原发性免疫缺陷病的诊断和研究,并支持组织各种关于原发性免疫缺陷患者的公益活动。

(二)案例 2:反复感染的小男孩

1.知识点:原发性免疫缺陷病的治疗。

2.思政目标:通过 CCR5 婴儿编辑事件,来探讨医疗和医学研究中的道德伦理、法律法规的意义。

3.教学过程

介绍案例:

4 个月的晨晨是一个可爱的小男孩,但是,从满月开始,晨晨已经反复进出医院很多次了。刚开始表现为皮肤化脓性感染,一般的口服药物治疗效果不好,需要住院,长时间静脉使用抗生素抗菌药物。出院没多久,又因为严重的肺炎再次住院,医生经过仔细问诊、体格检查,考虑晨晨存在免疫缺陷。

设问:同学们,为了帮助晨晨获得明确的诊断,需要给晨晨做什么检查?

(学生发言)

首先,要对晨晨的免疫功能进行检查,包括血常规中淋巴细胞计数、B 细胞的功能、T 细胞的功能、补体功能等。基因诊断是免疫缺陷病确诊的金标准,如果晨晨的免疫功能检查异常,结合晨晨临床表现,建议进行基因筛查。

晨晨的化验室检查报告如下:

(1)血常规:白细胞计数(WBC)8.78×10^9/L,嗜中性粒细胞比率 0.414,淋巴细胞比率 0.318,单核细胞比率 0.245,嗜酸性粒细胞比率 0.024,嗜中性粒细胞 3.626×10^9/L,淋巴细胞 2.792×10^9/L,血红蛋白(Hb)118g/L,红细胞计数(RBC)4.21×10^{12}/L,血小板计数 166×10^9/L。

（2）免疫球蛋白：总 IgE＜0.01IU/ml，IgG 173mg/dl，IgA＜6.47mg/dl，IgM＜16.8mg/dl。

（3）T 细胞亚群：CD3(28.11%)，CD4(5.52%)，CD8(18.93%)，CD4/CD8(0.29)，CD16＋56(4.62%)，CD9(67.17%)。

化验报告显示晨晨免疫球蛋白和 CD3、CD4 细胞含量均明显降低，于是医生给晨晨做了全外显子基因检测，结果显示 IL－2R 基因缺陷（图 2.1）。

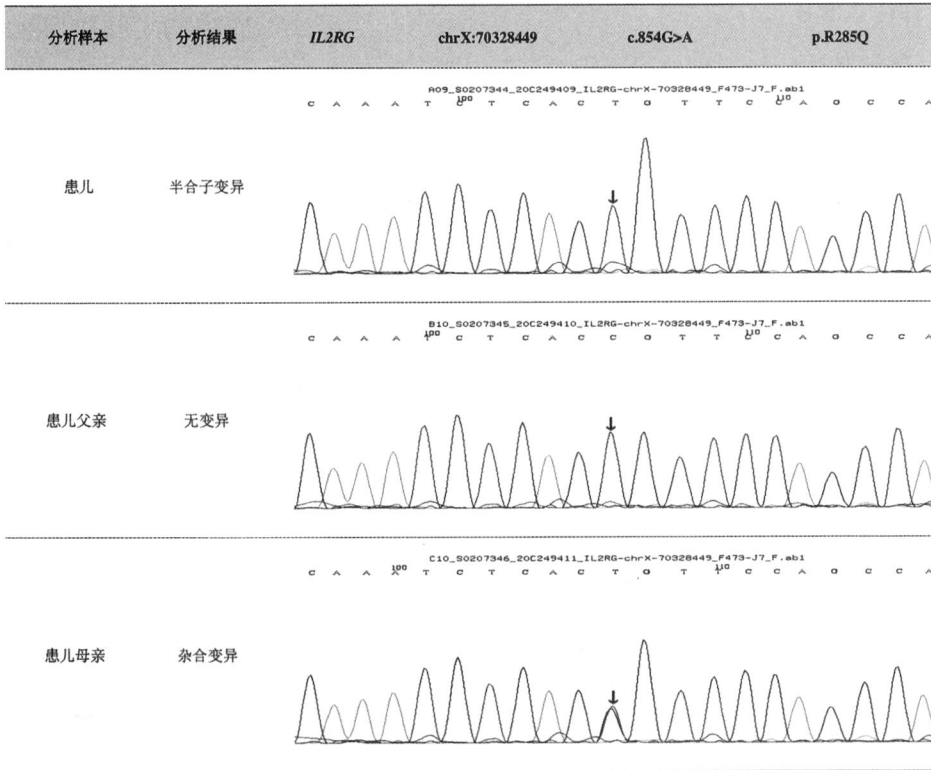

图 2.1　晨晨的基因检测，显示 IL－2R 缺陷

设问：结合晨晨的病史和免疫学检查报告，晨晨的诊断考虑是什么？该如何进行治疗？

（学生发言）

结合晨晨的临床表现及化验检查，考虑严重联合免疫缺陷病（SCID）。该病临床表现为频繁发生中耳炎、肺炎、败血症、腹泻和皮肤感染，易发生白色念珠菌、卡氏肺囊虫和 CMV 感染，也可发生致死性疫苗病。该病发病早，病情重，需要及早发现，进行造血干细胞移植，否则常于 1～2 岁死亡。除此之外，原发性免疫缺陷病的治疗包括一般治疗、替代治疗，比如对 X 连锁无丙种球蛋白血症的患儿进行丙种球蛋白替代治疗。

免疫重建是采用正常细胞或基因片段植入患者体内,使之发挥功能,以持久地纠正免疫缺陷病。骨髓多能造血干细胞具有多种分化潜能,在骨髓微环境中能分化成不同的终末细胞,因此可用于治疗原发性免疫缺陷病。目前有越来越多的原发性免疫缺陷病患儿受益于此。

但这种治疗手段也不能被无限制使用。2018 年 11 月 26 日,贺建奎宣布,一对 HIV 辅助受体"CCR5 基因"经过编辑,能天然抵抗艾滋病的婴儿诞生。此事引发了重要激烈的生物医学伦理问题讨论,成为"2018 年度十大热点事件"。同学们对这个事件有什么看法?

(学生发言)

基因编辑技术是现代医学的一项重大突破,为严重的单基因遗传疾病的治疗提供新的路径。但同时这也是一把双刃剑,要严格把握指征,避免滥用。在选择治疗方案的时候,需要兼顾安全性、有效性及必要性,在充分评估该方法与其他方法的优劣或者严格做好风险—受益评估之后作出综合的选择。但贺建奎无视基因编辑技术的安全性、有效性及其他伦理问题,对患者进行了尚不成熟并且毫无必要的医学程序,严重违反了国际伦理准则和中国的禁止性规定。

自然状态下的个体有着生命健康的自然伦理,包括生命的组成部分不可以按照他人的意志被创制。因此,作为医学工作者,在维护健康的同时,也要维护人类的生命尊严,开展医疗活动和医学研究必须按照法律法规和伦理准则进行。

二、特色与创新

在原发性免疫缺陷病这节课上,我们引入两个案例:泡泡男孩的案例让学生对原发性免疫缺陷病的临床表现和防治有一个直观的了解,同时激发学生的医学人文和医学关怀,Jeffrey Modell 原发性免疫缺陷基金会则让大家感受慈善的意义;小男孩晨晨的案例,让大家思考原发性免疫缺陷病的治疗;编辑婴儿事件引发学生对医疗工作中道德伦理和法律法规的思考。在授课方式上,充分利用现代化技术,引入微视频、真实案例、图片和热点新闻,进行多元化展示,提升教与学的自由度、灵活性和创新性。

三、教学总结和反思

原发性免疫缺陷病不是一种病,而是一类病的总称,因此知识点非常多,在课堂中引入泡泡男孩的故事,可以激起学生对这堂课的兴趣,激发学生的职业责任感,同时对于原发性免疫缺陷病的临床表现和治疗有一个直观的认识。之后,在课堂中引入小男孩晨晨的案例和编辑婴儿事件,可以让学生思考原发性免疫缺陷病的治疗,同时激发对医疗活动中的法律法规和医学伦理的思考。以"互联网+跨学科+思政"模式将课程思政融入教育教学全过程。传授知识的同时融入医学人文情怀,将"立德"贯穿于"传道"整个过程。

蝴蝶女孩——系统性红斑狼疮

学校	贵州医科大学	课程	小儿内科学
章节	风湿性疾病	撰写教师	周　燕、杨　彬
教学目标及 知识点	1.知识目标:能清楚阐述儿童系统性红斑狼疮的诊断标准和治疗措施。 2.技能目标:能进行皮疹的鉴别诊断,熟悉肾脏穿刺术在狼疮性肾炎中的适应证和注意事项,学习如何进行医患沟通。		
课程思政 目标	1.通过案例学习,让学生学习儿童系统性红斑狼疮的诊治,学习皮疹的鉴别,培养勤学乐学、善于反思的学习意识,增强职业认同感和使命感。 2.通过介绍国产生物制剂(泰它西普)研发过程,激发学生勇于探索、传承创新的科研精神。		
育人元素	模块一:学习意识;模块三:国家认同。		
教学方法	案例教学,研讨辩论。		

一、典型教学案例

(一)案例1:"蝶形红斑"是病吗?

1.知识点:儿童系统性红斑狼疮的诊断。

2.思政目标:通过学习儿童系统性红斑狼疮典型皮疹表现,激发鼓励学生建立扎实的学识基础,提高学习兴趣和学习意识,促进独立思考和主动学习,培养学生的职业认同、责任感和使命感。

3.教学过程

介绍案例:

小姜,女,12岁,因"颜面部皮疹1月"入院。1月前患儿无明显诱因出现颜面部皮疹,分布于脸颊和鼻梁,为红色皮疹,团块样,边缘清晰,伴有轻微肿胀。有间断发热,最高体温38.2℃,无咳嗽、吐泻、尿色改变及尿少。病来患儿精神、睡眠尚可,饮食欠佳,体重较之前减少2.5kg。出生史、既往史无特殊。母孕期体健,父母非近亲婚配,但其奶奶有系统性红斑狼疮病史。

入院体格检查　体重32kg,双侧脸颊出现蝶形红斑,心肺(一),腹平软,肝于肋下4cm可扪及,质软,边锐,表面光滑,脾于左肋下3cm可扪及,质软,边锐,表面光滑,余查无特殊。

辅助检查 血常规:白细胞计数(WBC)10.6×10⁹/L,中性粒细胞比率0.638,淋巴细胞比率0.284,红细胞计数(RBC)4.55×10⁹/L,血红蛋白(Hb)121g/L,血小板计数(PLT)400×10¹²/L;肝功能:谷丙转氨酶7.1U/L,谷草转氨酶13U/L,白蛋白40.63g/L;甘油三酯1.25mmol/L,血清总胆固醇3.23mmol/L。尿常规为红细胞386个/μL,白细胞120个/μL,尿蛋白(++)。

(学生讨论)

小姜因"蝶形红斑"就诊,伴肝脾肿大,尿常规提示镜下血尿及蛋白尿,现针对以下问题进行讨论。

(1)皮疹需要与哪些儿科常见出疹性疾病鉴别?

(2)你认为最可能的疾病是什么?需要进行哪些检查呢?

(3)如何解读尿常规?有何临床意义?

(学生发言)

皮疹是许多疾病的常见伴随体征之一,儿童时期皮疹尤其多见,是临床诊断疾病的重要依据。皮疹的种类很多,根据有无出血疹,可以将皮疹分为出血疹和非出血疹两大类。出血性皮疹主要分瘀点、瘀斑,非出血性皮疹包括斑疹、斑丘疹、丘疹、水疱、脓疱、风团、结节或多形性红斑。根据皮疹的病因可以将皮疹分为感染性疾病和非感染性疾病引起的皮疹,前者包括细菌、病毒、真菌、立克次体和螺旋体等感染,后者主要是以过敏性疾病、风湿性疾病和结缔组织病较为多见。不同疾病可伴随不同皮疹,但也可以出现相同类型的皮疹,不同类型的皮疹也可能出现于同类疾病。因此,观察皮疹要注意性质、大小、色泽、数目、分布、边界等,皮疹的演变和发展、皮疹出现和消退的顺序、皮疹消退后有无色素沉着和脱屑、皮疹与发热的关系等(图2.2至图2.9)。蝶形红斑是指两侧面颊对称性的面部红斑,通过鼻梁相连,颜色呈淡红色或鲜红色,如一只蝴蝶覆之,是系统性红斑狼疮中特异性较高的一种皮损。

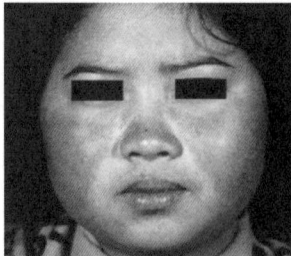

图2.2 蝶形红斑

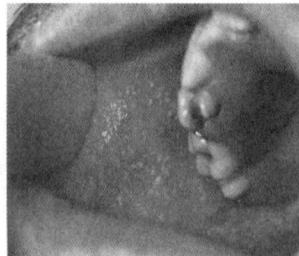

图2.3 柯氏斑(Koplik's spots)

图 2.4 斑丘疹

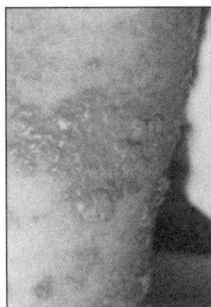

图 2.5 疱疹

图 2.6 风团

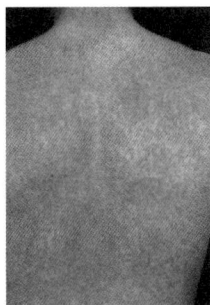

图 2.7 风疹

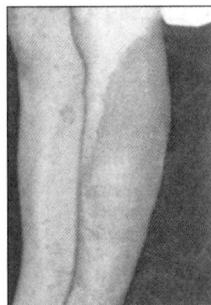

图 2.8 红斑

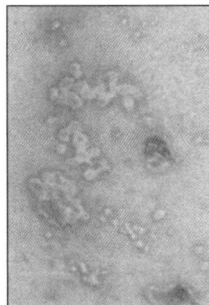

图 2.9 脓疱

通过提问和讨论,让学生掌握皮疹的分类和鉴别诊断。介绍尿液检查的意义。除尿常规外,进一步完善尿微量蛋白、24 小时尿蛋白定量可提高检测阳性率和灵敏度。通过案例分析,提高学生学习兴趣和学习意识,促进学生独立思考和主动学习。

入院第 2 天,24 小时尿蛋白定量 4032mg/24h[126.9mg/(kg·24h)]。尿微量白蛋白 864mg/dl。尿转铁蛋白 65mg/dl。尿免疫球蛋白 9.72mg/dl。α1-微球蛋白 3.56mg/dl。ANA 抗体谱:抗核抗体滴度 1∶10000 阳性,抗 Sm 抗体、抗双链 DNA 抗体、抗 nRNP/Sm 抗体、抗 SS-A 抗体、抗 SS-A52 抗体阳性,补体C₃ 0.238g/L,补体C₄ 0.7g/L。初步诊断:系统性红斑狼疮(重型,重度活动);狼疮性肾炎。与家长沟通,目前患儿主要受累靶器官为肾脏,须进一步完善肾脏穿刺活检明确病理类型指导治疗及评估预后。

引导学生讨论以下问题:

(1)肾脏穿刺的适应证、禁忌证有哪些?

(2)肾脏穿刺对于系统性红斑狼疮的诊治有何意义?

(3)如何解读 ANA 抗体谱?

(学生发言)

第 3 天医生给小姜做了 B 超引导下经皮肾脏穿刺。肾活检病理报告如下。镜下所见为免疫荧光:肾小球,IgG(+++)、IgA(++)、IgM(++)、C3(++)、C1q(+

＋＋）、Fib（＋）,GCW 线样及 Ms 团块沉积,HbsAg（一）,HbcAg（一）。特殊染色:刚果红（一）。光镜检查:20G,2S,球性硬化之肾小球占比约 10％,余下肾小球系膜细胞及系膜基质轻中度弥漫性增生,局灶节段性重度加重,GBM 空泡变性、增厚、弥漫性钉突及双轨征形成,系膜区、上皮下、内皮下嗜复红蛋白沉积并白金耳形成,其中 5 个细胞性新月体,2 个细胞纤维性新月体,1 个纤维性新月体形成(新月体占约 40％),另见 1 个节段性硬化之肾小球(1SS),RT 灶状萎缩,上皮细胞空泡及颗粒变性,灶性管腔扩张、刷毛缘脱落,管腔内蛋白管型及 RBC 管型形成,RI 片状及灶状淋巴、单核细胞伴嗜酸性粒细胞浸润伴纤维化。小动脉增厚。病理诊断:符合弥漫性球性增生性和硬化性 LN 并膜性[IV−G(A/C)＋V]伴新月体形成(新月体占比约 40％)并亚急性肾小管间质肾炎。AI＝12/24,CI＝6/12(图 2.10 至图 2.13)。

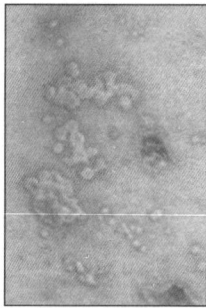

图 2.10 Masson 染色,放大 200

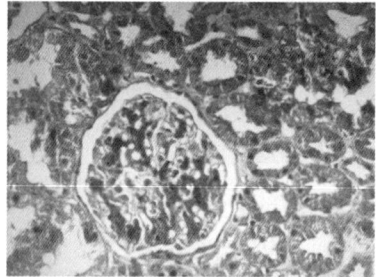

图 2.11 PAS 染色,放大 200

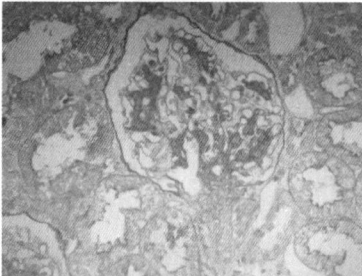

图 2.12 荧光染色,放大 400

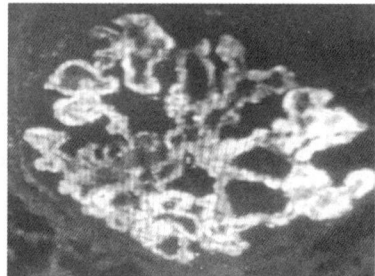

图 2.13 Masson 染色,放大 400

小姜的 ANA 抗体谱和肾脏病理诊断符合系统性红斑狼疮,小姜诊断为"儿童系统性红斑狼疮",引导学生讨论:如何诊断系统性红斑狼疮?

(学生发言)

老师结合本病例讲解儿童系统性红斑狼疮的诊断标准,包括严重程度分型和活动度评分。儿童系统性红斑狼疮(childhood systemic lupus erythematosus,cSLE)分类标准主要是在成人 SLE 中制定的,目的是确定一个相对同质的患者人群,以纳入临床试验。1997 年 ACR 标准为最普遍应用的分类标准,另一个分类标准为系统性红斑狼疮国际合作临床组织(SLICC)分类标准,基于 ACR 标准制定并于 2012 年发表,欧洲儿科风湿病学的单一枢纽和接入点(single hub and access point for pediatric rheumatology in Europe,SHARE)推荐 SLICC 标准可用于儿童狼疮的诊疗中。2019 年欧洲抗风湿病联盟(EULAR)/ACR 分类标准,要求 ANA 阳性作为基本入组标准,根据各种项目进行加权,医师根据临床或实验室特征,判断 SLE 的相对可能性(相对于其他疾病),总分≥10 分归为 SLE。2012 年 SLICC 标准的敏感性更高,1997 年 ACR 标准的特异性更高。Fonseca 等提出(EULAR)/ACR—2019 标准的替代分界点用于 cSLE,该分界点分值≥13 分具有更高的特异性、阳性预测值和分界点准确性。联合应用三种标准进行诊断,以免漏诊,推荐有如下临床表现,须注意单基因狼疮:儿童早期发病小于 5 岁;父母有血缘关系;一级亲属有自身免疫性疾病家族史。根据 2019 年欧洲抗风湿病联盟(EULAR)/ACR 分类标准,此患儿有发热(2 分)、蝶形红斑(4 分)、尿蛋白(4 分)、肾活检 LN 并膜性[IV-G(A/C)+V](10 分)、低 C3 和 C4(4 分),目前总评分 24 分,大于 13 分,诊断为 cSLE,奶奶有狼疮病史,建议完善基因检查,了解有无单基因狼疮可能。

狼疮疾病活动度评估:提示疾病活动的症状可为皮疹加重、关节肿痛和大量脱发。实验室指标可为红细胞沉降率加快、白细胞和/或血小板减少、溶血性贫血(血红蛋白下降、网织红细胞增高及 Coombs 试验阳性)和补体降低、抗双链 DNA 抗体阳性。疾病活动性可定义为基础炎症性疾病过程的可逆表现。疾病活动性增加,更常被称为疾病发作,定义为至少 1 个器官系统中"可测量的 SLE 疾病活动恶化",导致新增或临床体征加重,可能与新的或恶化的 SLE 症状相关;根据症状的严重程度,可能需要强化治疗。疾病损伤是指疾病活动或 SLE 治疗引起的不可逆的组织和器官改变。评分包括系统性红斑狼疮评分指数(systemic lupus erythematosus disease activity index,SLEDAI)和 SLICC/ACR 损伤指数(SDI)。SDI 的儿科版本也可用于 cSLE 的临床实践,包括 2 个额外的领域:生长障碍和继发性性征延迟。每年应使用标准化损伤参数进行累积损伤评估。建议所有 cSLE 患儿在临床实践中应定期评估疾病活动参数,使用 2 种标准化验证的疾病活动指标之一:SLEDAI 2000 或儿科英国狼疮评估小组(BILAG)指数 2004(pBILAG—2004)评估儿童狼疮的病情活动度,每年应使用 SDI(主要使用儿童 SDI)对儿童 SLE 疾病活动度及疾病损伤进行评分。

低疾病活动状态(LLDAS)的定义:SLEDAI 2000 评分≤4,主要器官无任何疾病活动,与以往疾病评估相比无新的疾病活动特征,SLEDAI 医师全球评估得分≤1;泼尼松剂量≤7.5 mg/d,免疫抑制剂和生物制剂应用量为标准维持剂量。目前该患儿有血尿(4 分),蛋白尿(4 分),脓尿(4 分),皮疹(2 分),低补体(2 分),抗双链 DNA 抗体(2 分),发热(1 分),SLEDAI 评分 19 分,大于 15 分,为重度活动。同时累及肾脏,为重型。

(二)案例2:攻克"不死的癌症"

1. 知识点:系统性红斑狼疮的药物治疗。
2. 思政目标:通过介绍生物制剂激发学生勇于探究、传承创新的科研精神。
3. 教学过程

首先提出问题:cSLE达标治疗的理念需要考虑哪些方面的内容?

(学生发言)

讨论中引导学生强化cSLE是一种侵犯多系统和多脏器的自身免疫性疾病,患儿体内存在以抗核抗体为代表的多种自身抗体。中国SLE的犯病率为30/10万～70/10万,cSLE占总SLE病例数的10%～20%,cSLE占儿童风湿病的15%～25%。与成年人发病相比,儿童更易出现肾脏、血液以及神经系统受累,cSLE病情更为凶险,具有更高的疾病活动度和药物负担,脏器损伤更严重。重要器官,如肾脏、心血管和神经精神疾病的发病率更高,导致与疾病相关的致残和致死率更高,带来非常沉重的家庭和社会负担。培养学生的仁爱之心,增强对儿科职业的认同感和使命感。

然后提出问题:儿童系统性红斑狼疮的治疗措施是什么?

(学生发言)

一般治疗:急性期应卧床休息,加强营养,避免日光暴晒;缓解期应逐步恢复日常活动及学习,但避免过度劳累;积极防治感染诱发因素,治疗中还须注意儿童生长和发育有关的特殊问题以及疾病和治疗对儿童心理带来的不良影响。

药物治疗:①抗疟药物。抗疟药物是治疗cSLE患儿的免疫治疗方案的基础用药,与糖皮质激素联用可减少激素的剂量及SDI评分。推荐所有cSLE患儿须加用羟氯喹(HCQ)治疗,剂量为5mg/(kg·d),可1次或分2次服用。②糖皮质激素。糖皮质激素是治疗SLE的主要药物。因其强大的抗炎作用,能较快地控制一般症状,待病情稳定后以最小剂量长期维持,在长期用药过程中应注意激素的不良反应,如严重细菌感染、肺结核扩散、霉菌感染、病毒感染或混合感染。③免疫抑制剂。常用药物有环磷酰胺、霉酚酸酯、钙调磷酸酶抑制剂(他克莫司、环孢素)和甲氨蝶呤等。④免疫球蛋白。静脉滴注大剂量丙种(免疫)球蛋白主要用于重症SLE。⑤靶向性生物制剂。贝利尤单抗。贝利尤单抗是B淋巴细胞刺激因子(BLys)的特异性抑制剂,能与可溶性BLys结合,阻止其与B淋巴细胞表面受体结合,从而抑制B淋巴细胞存活增殖并分化成产生免疫球蛋白的浆细胞。可减低严重复发风险和激素用量,提高临床缓解率,延缓器官受伤。活动期患者应尽早加用贝利尤单抗可能会改善预后。利妥昔单抗。利妥昔单抗是一种人鼠嵌合的抗CD20单克隆抗体,可用于肾脏、血液及神经系统受累者,也可用于重度或难治性 SLE 患儿的治疗。

进一步提出问题:我国目前有哪些治疗系统性红斑狼疮的新药?

(学生发言)

目前国外研究治疗系统性红斑狼疮的生物制剂有贝利尤单抗和利妥昔单抗。我国荣昌生物公司自 2008 年以来,瞄准重大疾病领域,以十年磨一剑的精神专注于新药研发,创制出一批具有重大临床价值的新药,研发的泰它西普是 60 多年来首款在中国获批上市的治疗系统性红斑狼疮的国产新药,也是全球唯一获批治疗狼疮的双靶生物制剂。基于泰它西普显著的临床效果,国家药品审评中心授予其优先审评资格并附条件批准上市,作为"最新突破性进展"在美国风湿病年会主会场报告,登上纽约时代广场。泰它西普研发历时 13 年,获得国家"十一五""十二五""十三五"期间"重大新药创制"科技重大专项支持。

泰它西普是中国自主研制的新一代 SLE 双靶点生物制剂,是一种 BLys(BAFF)和 APRIL 的双靶点靶向抑制剂。B 细胞是 SLE 发病机制的核心,BLyS(淋巴细胞刺激因子)和 APRIL(增殖诱导配体)是 B 细胞成熟分化的关键因子,系统性红斑狼疮患者 BLyS/APRIL 细胞因子水平异常升高。两个细胞因子分别作用于 B 细胞发育的不同阶段,泰它西普能够有效抑制 BLyS 和 APRIL 与 B 细胞膜受体(BAFF-R、TACI、BCMA)之间的相互作用,从而达到抑制 B 细胞过度增殖分化的作用。当泰它西普阻断 BLyS 时,能够抑制未成熟 B 细胞进一步发育成熟,有助于控制未来病情发展;当泰它西普阻断 APRIL 时,能够抑制成熟 B 细胞分化为浆细胞,并抑制浆细胞分泌自身抗体,从而更好地控制疾病活动;因此,同时抑制 BLyS 和 APRIL 细胞因子,可以同时达到抑制成熟 B 细胞的生成、浆细胞的生成、减少自身抗体分泌的目的。适用于常规治疗后仍有高疾病活动性、自身免疫抗体阳性的 SLE 患者。

课后作业:系统性红斑狼疮患儿出院后在心理及融入社会生活等方面有哪些注意事项?

系统性红斑狼疮作为一个慢性疾病,患儿须长期口服药物及门诊定期随诊,疗程长、易复发为该病特点,且相关药物长期治疗有一定副作用,导致患儿须承受较大心理负担。家属和患儿均渴望能融入正常的生活、学习、工作,甚至结婚、生育。因此,对这一类儿童及其家长进行健康教育,有效提高他们的生活质量,这也是临床需要进一步深入和完善的地方。通过对系统性红斑狼疮的认识和融入社会生活应注意的事项等的学习,可以更好地培养学生的爱伤观念,培养有温度的医学生。

二、特色与创新

运用案例教学法,将 cSLE 所学的知识进行融合。教学过程中始终以学生为主体,教师进行辅助答疑。课堂讨论过程中,适时、适度地引入课程思政内容,通过介绍我国科研人员在系统性红斑狼疮治疗方面的贡献,激发同学们勇于探究、传承创新的科研精神。培养学生的仁爱之心,加强学生对医生行业的职业认同和使命感,同时激发学生的民族自豪感和爱国情怀。

三、教学总结和反思

本课程教学过程中充分挖掘思政元素,将思政教学目标与理论知识点相结合。以系统性红斑狼疮典型临床表现(蝶形红斑)为切入点,循序渐进、润物无声地鼓励学生努力学习、自主思考,增强职业认同感,激发爱国主义情感及民族自豪感,并注重培养自主学习能力、医患沟通技能和同理心,以培养德智体美劳全面发展、有温度的医学生。系统性红斑狼疮为侵犯多系统、多脏器的自身免疫性疾病,部分病例较隐匿,无典型临床表现,易误诊,教学案例较典型,却难以全面概括该病。由于学生数量较多,不是每一个人都能参与课堂师生互动,教学过程中应进一步加强对雨课堂平台的运用和数据分析,在课堂教学中及时检查课前预习情况,并及时调整教学方式。

乘风破浪的少年——幼年特发性关节炎

学校	温州医科大学	课程	小儿内科学
章节	风湿性疾病	撰写教师	郑雯洁
教学目标及知识点			
课程思政目标			
育人元素	模块一:儿科精神;模块六:沟通技能。		
教学方法	TBL,CBL,情景模拟。		

教学目标及知识点:
1.知识目标:能清楚阐述幼年特发性关节炎的诊断步骤、分类标准和治疗原则。
2.技能目标:能熟悉儿童关节查体方法,分析比较幼年特发性关节炎的不同类型特点,制订相应的治疗方案。

课程思政目标:
1.通过一位单车少年因病卧床,经过正规治疗,重新疾驰在赛场的案例,树立治病首先是治人的理念,培养学生对医生职业的使命感和荣誉感。
2.从药物制定原则、经济效益比、预后随访等角度讨论问题,学习有效的医患沟通技巧。并通过党员先锋岗的各项科普和爱心活动,培养学生的人文关怀意识,增强社会责任感。

一、典型教学案例

(一)案例1:单车少年因病卧床的曲折求医之路

1.知识点:幼年特发性关节炎的诊断步骤、分类标准。

2.思政目标:树立正确医师职业价值观,培养职业使命感和荣誉感。

3.教学过程

开场通过视频和图片导入案例:小嘉,14岁,酷爱骑单车,是学校里的风云人物,在业余自行车大赛中屡屡夺冠,但自从出现关节疼痛以后,别说骑车了,就连正常行走都出现困难,尤其是早上起来全身僵硬动弹不得,持续半小时后才慢慢好转。起初家人以为是运动引起的扭伤,到骨科拍了X线片提示没有骨折,考虑"生长痛",建议回家热敷、平躺休息,结果休息了3个月仍没有好转,病情反而越来越重,夜间都会痛醒。

引导学生讨论:

(1)关节痛和关节炎的区别是什么?

(2)小嘉这种情况是"关节痛"还是"关节炎"? 如何与平常儿童生长发育过程中常见的生长痛进行鉴别?

(3)早上起来关节僵硬的情况医学上称为什么?

(学生发言)

通过分组讨论的方式,使学生掌握儿童关节痛诊断过程的第一步骤,对学生的讨论进行点评和总结,归纳总结出第一步骤需要鉴别的几种常见情况如生长痛、急性髋关节滑膜炎、创伤性关节炎等。

小嘉关节肿痛越来越严重,随后出现发热,住进了儿童骨科,血沉、C反应蛋白明显升高,考虑"化脓性关节炎"给予手术治疗,术后万古霉素治疗,但体温仍反复,进一步出现右膝、右肘关节肿痛。

小嘉的病情出现变化,引导学生讨论:

(1)根据上述情况,可否用"化脓性关节炎"解释疾病全貌?

(2)还需要考虑其他哪些疾病?接下来还需要进一步行哪些主要检查?

(学生发言)

通过病情分析引导学生掌握儿童关节痛诊断过程的第二步骤,强调排他性诊断在风湿性疾病诊断中的重要性,须排除感染、肿瘤等情况后方可诊断"幼年特发性关节炎";强调幼年特发性关节炎虽无法根治,但早期诊断、早期治疗,能显著改善患儿的生存质量。树立治病首先是治人的理念,培养学生对医生职业的使命感和荣誉感。

骨科邀请儿童风湿科会诊,此时小嘉已经卧床2个月,家属认为孩子今后可能残废,再也站不起来,风湿科医师须告知家属以及小嘉关节炎相关预后以及做好慢性疾病长期治疗准备。那么如何与家属沟通告知关节炎的相关事宜(如住院时间,预后,并发症等)?如何缓解家属和孩子的焦虑情绪?进行有效沟通后,小嘉转入儿童风湿科病房,进行了关节炎的一系列检查,确诊为"幼年特发性关节炎"。

进入诊断步骤第三步,根据2001国际风湿病联盟制定的分类标准,共分为7个类型,分别是哪7个类型?各自有哪些临床特点?小嘉属于哪一个类型?

(学生发言)

采用TBL分组讨论方式,分别派代表发言,提出各自的观点,有哪些支持点和不支持点?与大家进行分析讨论,总结各型临床特点。最后指出作为一名儿科医生,应该具备识别儿童关节痛常见原因的能力,给予这些孩子正确的诊断,才能提供准确的治疗。

(二)案例2:单车少年重获新生的治疗过程

1.知识点:幼年特发性关节炎的达标治疗原则和策略。

2.思政目标:加强医患沟通能力,增强社会责任感。

3.教学过程

经过案例分析讨论后,最终确定小嘉的诊断为"幼年特发性关节炎:与附着点炎症相关关节炎",制订治疗方案时需要使用非甾体类抗炎药、慢作用抗风湿药和生物制剂。幼年特发性关节炎属于慢性疾病而且无法根治,需要长期治疗,家属担心药物副作用以及治疗费用,应如何与家属沟通,帮助患儿制订个性化的治疗方案?

课堂思考 2 分钟后扫描手机二维码进入答题界面,提供多选题进行回答,选项有:①首选的慢作用抗风湿药是甲氨蝶呤或柳氮磺胺吡啶。②药物有一定副作用,但通过规范随访和检查,能及时发现,及时调整治疗,孩子获益远远大于弊端。③与疾病共生存,规范治疗可恢复正常学习及生活。④告知家属疾病虽无法根治,但不意味着终身用药,部分孩子可达到临床缓解,停止药物治疗。⑤告知可能出现相关并发症如葡萄膜炎、巨噬细胞活化综合征。⑥需巨额医疗费用,长时间住院,费用只能自己想办法。⑦告知目前生物制剂的医保政策,可以报销比例,大概所需年费用。⑧为了减少药物副作用,关节一旦不痛以后,就可以停止药物治疗。

答题结束后进入答案分析界面,教师引导学生进行分析讨论,在制订治疗方案的时候除了药物的选择,还要考虑到家庭经济、经济效益比,药物使用便捷程度等。进行病情沟通时,要将疾病的危害和预后通俗讲解,让家属和孩子充分了解规范治疗的重要性,但同时也要给予他们信心,规范治疗可以恢复正常的生活状态,并且有希望停药。另外,强调规律随访,不要擅自停药,告知温州医科大学附属育英儿童医院儿童风湿科关节炎儿童缓解率及随访情况。随后进一步介绍温州医科大学附属育英儿童医院儿童风湿科"育英风信子"党员先锋岗项目,通过公众微信号、抖音号宣传相关疾病知识和关节康复锻炼方案。党员先锋岗的岗位口号是"让每位关节炎的孩子都能快乐地奔跑",通过一系列爱心互动活动(观看活动照片),比如邀请已停药患儿及家庭担任"爱心使者",录制成功诊治经过视频;医护人员轮流科普宣讲,担任"关节守护者";患儿入群参加"我爱做操"打卡活动,进行每日关节操康复锻炼打卡等系列活动,增强关节炎家庭的诊治信心,增进医患关系,提高患者依从性。

幼年特发性关节炎号称"不死的癌症",但经过正规的治疗,大部分患儿最终能够实现快乐奔跑的愿望,恢复正常生活和运动。

(展示小嘉 3 个月后重新恢复自行车训练,疾驰赛场,以及在规律治疗后,疾病得到缓解,停药 3 年后考上大学特意来医院门诊与医生合影的照片。)

二、特色与创新

幼年特发性关节炎相对比较罕见,通过 CBL 案例引导提问,采用情景模拟形式,将该节理论知识点与思政目标串联起来,使学生在学习幼年特发性关节炎诊断步骤、达标治疗与职业价值观、社会责任相融合,全面提高医学生诊断思维决策力,理论与实践相结合、基础与临床联合,树立治病首先是治人的理念。通过视频播放、运用"问卷星"进行手机二维码扫描答题及分组答题,课堂上学生主动思考、讨论,提高师生互动率及学生参与度。治疗前后对比鲜明的图片,有效提高课堂气氛及活跃度,并且加强了医患沟通技巧的培训。通过该案例的课程思政融合教学,大部分同学认为此课程有助于培养思维决策能力,以及学习如何进行有效医患沟通。对于党员老师们利用业余时间开展各项活动表示敬佩,并要求加入党员先锋岗志愿者团队。帮助学生了解作为一名医务人员,除了对患者进行诊治上的帮助,还须肩负社会责任感,如何对社会大众科普宣教,以及通过各种活动鼓励安慰患儿及家庭,增强治疗信心,提高患者依从性都是必修技能。

三、教学总结和反思

幼年特发性关节炎课程将理论知识点与思政教学目标相结合,依托 TBL、CBL多种教学方法,通过案例讨论、情景模拟进行医学人文关怀教育,从而加强医患沟通、提高患者依从性。引导学生树立正确的职业价值观,不畏惧疑难杂症,增强职业使命感及荣誉感,帮助学生成为一名德才兼备的医者。通过多种教学方式,大量的视频和图片展示提高了学生们的互动性,起到了积极作用。不足之处是关节炎的基础知识学生相对陌生,课堂中部分学生难以全面掌握,以及课程思政与专业理论课时间如何合理分配等。如果能在课前提供课堂案例题干、关节查体教学视频、思考题,要求学生提前准备并在课堂上交思考题作业,将有助于提高课堂效率及增加讨论深度。

学科带头人的风采——儿童支气管肺炎

学校	温州医科大学	课程	小儿内科学
章节	呼吸系统疾病	撰写教师	苏苗赏
教学目标	1.知识目标:能描述儿童支气管肺炎的病理生理、临床表现、诊断与治疗原则;能阐述儿童重症肺炎及几种常见病原肺炎的临床特点。 2.技能目标:能够根据临床特点熟练诊断儿童肺炎并判断疾病的严重程度,分析可能的病原。		
课程思政目标	1.通过讲述黄达枢教授在国内首次命名"喘憋性肺炎",并带领团队开展儿童肺炎发病机制及诊疗研究的案例,培养学生爱岗敬业的奉献精神,激励开拓创新的科学精神。 2.通过介绍李昌崇教授在国内牵头修订《中国儿童社区获得性肺炎管理指南》,并带领团队创建国家临床重点专科,增强学生的专业认同感,领悟育英儿科的人文情怀。		
育人元素	模块二:大医精诚;模块四:科学精神。		
教学方法	案例演示,生讲生评。		

一、典型教学案例

(一)案例1:黄达枢教授和"喘憋性肺炎"

1.知识点:儿童肺炎的概述(分类及流行病学、病理生理机制与临床表现、诊断程序与治疗原则);重点掌握儿童重症肺炎的临床特点及判断标准。

2.思政目标:通过讲述黄达枢教授在国内首次命名"喘憋性肺炎"等事迹,培养爱岗敬业的奉献精神,激励开拓创新的科学精神。

3.教学过程

介绍"喘憋性肺炎"命名的历史:

20世纪70年代,温州乐清地区暴发流行小儿呼吸道疾病,病原未明。温州医科大学附属育英儿童医院儿科创始人黄达枢教授赶往疫区开展救治工作,流行病学调查发现,此病多发于2岁以下儿童,临床表现以喘憋为特征,多数起病即严重喘憋,表现为呼气性呼吸困难,呼气延长,鼻翼扇动,三凹征明显。基于以上特点,黄教授在国内首次提出并命名"流行性喘憋性肺炎"。随后,黄教授带领团队在其致病机制和诊疗方面开展研究,结果发现呼吸道合胞病毒(RSV)是引起喘憋的主要病原,由于临床上较难发现未累及肺泡与肺泡间壁的纯粹的毛细支气管炎,故国内认为它是一种特殊类型的肺炎,称之为"喘憋性肺炎",其成果写入《诸福棠实用儿科学》。为指导基层医院进行临床规范化诊治,黄教授参与制定《流行性喘憋性肺炎诊疗常规(试行)》。(张梓荆执笔. 黄达枢等参编. 中华儿科杂志,1988年第1期,第42页)。

学生讨论:

(1)围绕儿科创始人黄达枢教授在疫情暴发期间深入基层调研并在国内首次提出并命名"流行性喘憋性肺炎"的事迹展开讨论。结合新冠疫情、世界肺炎日和温州医科大学附属育英儿童医院呼吸科公益项目"苗苗乐",引导学生了解儿童肺炎的流行病学、危害和预防措施;熟悉儿童肺炎的定义和不同分类方法以及临床意义。

(2)结合黄达枢教授带领团队开展儿童肺炎致病机制和诊疗研究成果,探讨儿童肺炎的病因、病理生理机制;结合儿童呼吸解剖生理和免疫特点,引出儿童肺炎的临床表现,并重点讨论儿童肺炎的诊断程序和鉴别诊断,以及重症肺炎判断标准(本节重点)。

(学生发言)

师生交流互动:

(1)儿童肺炎的病理生理和临床表现的"前因"和"后果"关系

肺炎的病理生理与临床表现息息相关,了解肺炎的病理生理过程,能够更好地帮助肺炎的治疗。通过示意图讲述病原进入呼吸道以后,是如何导致肺部病理生理改变的,以及出现怎样的临床表现。

结合案例1,患儿表现为"严重喘憋",主要由于缺氧和CO_2潴留得不到改善,除了导致呼吸衰竭的临床表现,还可以导致肺外其他系统的改变。

(2)儿童肺炎的诊断程序和鉴别诊断

儿童肺炎的诊断程序,即诊断"四问":第一,有否存在肺炎?这涉及肺炎鉴别诊断。第二,肺炎严重吗?这涉及严重度判断。第三,是哪种病原引起的?这涉及病原学诊断。第四,有否存在并发症?

结合案例1,根据临床表现和流行病学,诊断为"流行性喘憋性肺炎",病情评估为重症肺炎;随后根据实验室结果,可确诊RSV肺炎(重症),引起呼吸衰竭。

(3)儿童重症肺炎的判断标准

怎样判断肺炎严重还是不严重?临床上有一个简易的判断标准。2月龄~5岁儿童出现胸壁吸气性凹陷或鼻翼扇动或呻吟之一表现者,提示有低氧血症,为重度肺炎;如果出现中心性紫绀、严重呼吸窘迫、意识障碍包括嗜睡、昏迷、惊厥之一表现者为极重度肺炎,这是肺炎严重度的简易判断标准。对于住院患儿或医疗条件比较好的地区,肺炎的严重度评估还应依据肺部的病变范围、有无低氧血症、有无肺内外并发症表现等判断,详见李昌崇教授牵头修订的《儿童社区获得性肺炎管理指南(2013年)》。

(二)案例2:李昌崇教授和《儿童社区获得性肺炎管理指南》

1.知识点:儿童不同病原肺炎(RSV肺炎、腺病毒肺炎、肺炎链球菌肺炎、金黄色葡萄球菌、支原体肺炎和衣原体肺炎)的临床特点;重点掌握儿童肺炎的病原学诊断方法和治疗原则。

2.思政目标:通过介绍李昌崇教授在国内牵头修订"中国儿童社区获得性肺炎管理指南"等事迹,增强学生的专业认同感,领悟育英儿科的人文情怀。

3.教学过程

介绍"社区获得性肺炎":

社区获得性肺炎(CAP)是儿童期常见的感染性疾病,是儿童住院的最常见原因,也是5岁以下儿童死亡的首位病因。由于CAP病原体变迁、细菌病原抗菌药物耐药率升高、医学界对肺炎并发症的认识不断加深,CAP的诊治面临许多新问题。在综合分析国内外有关儿童CAP病原学、临床特征、严重度评估、放射学诊断评估、实验室检查、治疗、特异性预防等最新进展的基础上,李昌崇教授牵头对原有指南进行重新审议和修订。他善于将学科研究前沿和临床经验内化到教学过程中,在传授学生专业知识的同时,倡导学生掌握科学方法。他创建温州医科大学首个国家临床重点专科(儿童呼吸)并赋予"传承、创新、严谨、包容"的学科精神。

首先,我们来看两个病例:

病例1:患儿,男,6个月,咳嗽、喘息3天。咳嗽不剧,伴有喘息,但精神良好,吃得好睡得好,胖嘟嘟的脸,有些小湿疹。体格检查显示患儿体温正常,呼吸稍费力,胸片提示两下肺透亮度增强伴有肺不张。

病例2:患儿,女,8周岁,发热、咳嗽1周。持续高热,咳嗽较剧烈,有时会咳出黄色的痰液。体格检查显示患儿体温最高可达40℃,热高时有畏寒,呼吸和心率增快,胸片提示右上肺实变阴影。

提问:对于这两个病例,我们可否初步诊断是哪种病原引起的肺炎?

(学生发言)

有人认为病原学诊断一定得有病原学的证据,仅靠临床表现是很困难的。但是病原学诊断未必就要等到病原学检查的结果,临床的征象往往就是来自病人的呼唤,因此我们需要熟练掌握不同病原肺炎的临床特点。以至于在获得病原学检查结果前,就能够通过临床征象对病原进行初步判断并指导临床用药。这部分内容可以参考李昌崇教授牵头修订的《儿童社区获得性肺炎管理指南》。结合指南的标准,回到刚才的病例,我们可初步判断上述的病例 1 为病毒性肺炎,病例 2 为细菌性肺炎。

引导学生讨论:

(1)结合李昌崇教授牵头修订《儿童社区获得性肺炎管理指南》,带领团队创建国家临床重点专科(儿童呼吸)的事迹,引导学生结合自身情况谈谈对自己的启发或感想。

(2)通过自主学习《儿童社区获得性肺炎管理指南》的重点内容,引出本节重点:掌握几种不同病原肺炎(RSV 肺炎、腺病毒肺炎、肺炎链球菌肺炎、金黄色葡萄球菌、支原体肺炎和衣原体肺炎)的临床特点,以及儿童肺炎的病原学诊断方法和治疗原则(本节难点)。

(3)汇总各组讨论结果列出学习目标,再次强调儿童肺炎这节课程学习的重点和难点。布置课后作业,围绕儿童肺炎的诊治过程,绘制思维导图。最后通过现场问卷收集教学评价进行教学反思。

(学生发言)

通过课堂讨论及课后作业等培养学生自主学习能力,激发学生对儿童肺炎诊治的科研兴趣,培养开拓创新的科学精神,传承大医精诚的人文素养,为健康中国贡献力量,树立正确的人生观和价值观,帮助学生全面健康成长。

二、特色与创新

通过讲述温州医科大学儿科创始人黄达枢教授国内首次提出并命名"喘憋性肺炎"并写入经典著作《诸福棠实用儿科学》;儿童呼吸学科带头人李昌崇教授带领团队创建国家临床重点专科(儿童呼吸)并牵头修订《儿童社区获得性肺炎管理指南》的事迹,了解学习两位标杆人物为健康中国和学科发展做出突出贡献,将人文素养、科学精神和人生价值观融入教学中,启发学生掌握扎实的专业知识和技术。

思政案例的设计和引导,有助于学生掌握儿童肺炎的学习重点和难点。有利于增强学生的专业认同感,促进自主学习能力。以标杆人物的科学精神作为动力,激发学生的自主创新能力。课后汇总讨论结果列出学习目标,布置绘制思维导图课后作业,组织问卷调查收集教学反馈,开展教学反思可持续改进教学效果。

三、教学总结和反思

　　本课堂以"大医精诚"为主题,讲述温州医科大学两位功勋人物的卓越成就,言传身教最震撼人的心灵。黄达枢教授和李昌崇教授的创新创业故事深受学生喜欢。通过巧妙引入思政,引导学生高效掌握儿童肺炎学习的重点和难点。问卷调查可反映对教学的认可度,用于教学分析和持续课程改进。教学策略方面,通过课前自主预习、课时互动学习、课后实践练习,促进知识、能力和价值观全面提升。教学过程方面,采用多种混合式教学模式,引入临床案例,在教师引领和带动下开展沉浸式交互学习(思考、提问、交流和互动),可达到问题剖析和知识讲解融会贯通的效果。

奥运冠军的"哮喘往事"——支气管哮喘

学校	温州医科大学	课程	小儿内科学
章节	呼吸系统疾病	撰写教师	项蔷薇
教学目标及知识点	1.知识目标:能用支气管哮喘发病机制解释临床表现,能描述支气管哮喘的临床表现、诊断标准和治疗原则。 2.技能目标:能根据病例的临床表现及辅助检查诊断支气管哮喘,拟定治疗方案;指导哮喘儿童及其家属预防支气管哮喘复发。		
课程思政目标	1.通过哮喘患者自强不息战胜疾病并获得奥运冠军的故事,强调治疗哮喘需要克服疾病的勇气,还需要科学规范的管理。 2.通过"哮喘之家"公益讲座及活动介绍,培养学生的仁爱之心,加强学生对医生行业的职业认同和使命感。		
育人元素	模块一:健全人格;模块六:沟通技能。		
教学方法	案例演示,微课程教学法,生讲生评。		

一、典型教学案例

(一)案例1:奥运冠军和哮喘

1.知识点:儿童支气管哮喘的临床表现和诊断。

2.思政目标:花样滑冰运动员羽生结弦与他的哮喘故事,阐述疾病对人的影响和人类对疾病的抗争,引导学生思考医生这个职业的责任感和医学人文精神。

3.教学过程

介绍案例:

8岁的果果放暑假了,开心地去老家看望爷爷奶奶。爷爷奶奶住在乡下,家里有只小猫,房顶还有个非常陈旧的阁楼。果果很开心地和小猫玩耍。一人一猫一整天都跑来跑去,经常在阁楼上玩捉迷藏和寻宝游戏。吃饭的时候果果咳嗽了几声,并且打喷嚏,奶奶说肯定是阁楼上有灰尘呛着了,改天找个时间好好打扫,好让果果下次玩得尽兴一些。回来的路上,果果在车上累得睡着了,妈妈觉得果果的呼吸比平时重一些,也没有太在意。然而到了晚上,平时该睡觉的时间,果果却睡不着了,在床上滚来滚去,怎么都不舒服。因为果果曾经有喘息,家里还有雾化用的药物和雾化机,妈妈给果果做了一次雾化,果果觉得舒服一些了。妈妈拿了床被子给果果垫在背部,让果果半靠着睡觉,果果勉强睡着了。到了半夜,果果又醒了,告诉妈妈难受,不舒服,肚子痛。妈妈打开灯一看,吓了一跳,果果正在喘气,很明显的呼吸困难,脸色都白了,整个人无精打采的。妈妈立刻带着果果去医院就诊。

到了医院急诊室,医生立刻给果果鼻导管吸氧,仔细询问病情。医生了解到果果曾经在老旧的阁楼玩耍,后来出现咳嗽,喘息,并且逐渐加重,夜里睡觉都受到影响,脸色发白,腹痛,没有发热。医生进一步做了详细检查,发现果果精神欠佳,呼吸急促,脸色苍白,气管居中,肺部听诊呼吸音粗,呼气相延长,两肺广泛哮鸣音,心律齐,心率增快,腹软,脐周轻压痛,无反跳痛,NS(－)。

医生了解情况之后又给果果做了胸部 X 线、血常规、血气分析等检查。

果果的化验结果如下:血常规＋C 反应蛋白(CRP):CRP 12.24mg/L,白细胞计数(WBC) 8.50×10^9/L,中性粒细胞比率 0.690,淋巴细胞比率 0.254,嗜酸性粒细胞比率 0.007,血红蛋白(Hb) 176g/L,红细胞计数(RBC) 5.70×10^{12}/L,血小板计数(PLT) 212×10^9/L。血气分析:pH 7.383,PO_2 89.5mmHg,PCO_2 37.7mmHg,HCO_3^- 19.6mmHg,BE－4.5。降钙素原(PCT) 0.02ng/ml。

胸部 X 线提示两肺透亮度增加。

引导学生讨论:

(1)根据案例描述,果果咳嗽、喘息的原因是什么?

(2)上述体格检查和实验室检查有什么意义?

(3)根据以上资料,果果的诊断考虑什么?

(4)还有什么病史、体格检查、辅助检查需要补充?

(学生发言)

教师对学生的讨论进行点评和总结:支气管哮喘是由许多炎性细胞和细胞组分参与的慢性气道炎症性疾病,这种慢性炎症可引起气道高反应性,可引起患儿反复发作的喘息、气促、胸闷和(或)咳嗽等症状。依次介绍支气管哮喘发作的临床表现及诊断。

教师继续介绍案例:

医生询问过后发现,果果以前也有喘息病史,1 年有三四次,用过咳嗽药和进行雾化以后就好转,但是容易反复,多是感冒或者受凉之后出现,平时也容易咳嗽,一次咳嗽持续的时间比较长。果果小时候有严重湿疹,还有鸡蛋过敏。果果的爸爸也有过敏性鼻炎。

结合以上病史,医生考虑果果此次喘息为支气管哮喘急性发作,请同学们思考,果果此时需要怎么治疗?

（学生发言）

哮喘急性发作期首选治疗药物为吸入型速效 β_2 受体激动剂,严重哮喘发作时第 1 小时可每 20 分钟吸入 1 次,以后每 1～4 小时可重复吸入。

（学生发言）

哮喘急性发作期的治疗还包括吸氧(必要时)使血氧饱和度≥0.94,补液、纠正酸中毒。如果患儿合并细菌感染或肺炎支原体感染,需要选用针对病原体敏感的抗菌药物。

教师总结：

儿童支气管哮喘的治疗包括急性发作期:快速缓解症状,如平喘、抗炎治疗;慢性持续期和临床缓解期:防止症状加重和预防复发,并做好自我管理。

在哮喘急性发作期,要注意评估哮喘发作的严重程度,根据严重程度进行相应的治疗。并在药物应用之后进行重新评估,根据药物治疗反应调整治疗方案,根据患儿的表现进行后续治疗,后续治疗包括回家观察、住院治疗以及转入 ICU 等。

果果的哮喘已经反复发作好多次了,这次发作直接去了急诊,妈妈非常担心,果果这样反复喘息,长大以后会不会好呢?

医生给果果讲了奥运冠军羽生结弦的故事。2020 年 2 月 7 日,羽生结弦获得职业生涯首枚花滑锦标赛四大洲冠军。由此成为首位在青少年与成年组别主要国际赛事获得全满贯的男单选手和花样滑冰历史上包揽奥运会、世锦赛、大奖赛总决赛、四大洲锦标赛及世青赛、青年组总决赛等国际大赛男单项目冠军的超级全满贯第一人。然而,你知道羽生结弦从 2 岁开始就被诊断为哮喘吗?事实上,不止羽生结弦,我们熟悉的游泳冠军傅园慧、菲尔普斯、NBA 球星詹姆斯·哈登等,也都是哮喘患者。

果果和妈妈听了以后,认识到哮喘反复发作虽然非常烦恼,但并非不可控制,很多名人都得过哮喘,但是通过规范治疗充足使哮喘得到了良好的控制,心里得到了很大安慰。

医学生不应仅仅从书本掌握医学理论知识,教师通过示范那些真实案例、讲述名人的鲜活故事,可以起到一个标杆的作用,让学生们知道如何与患者进行沟通,加强他们的自信心和治疗依从性,在获得专业知识的同时,提升专业素养,让"医者仁心"的职业精神入脑、入心。作为医生,不只是纯粹地诊断和治疗,更应时时与病人沟通,了解他们的顾虑,缓解他们的担心,时时去安慰、去帮助病人。在治疗、帮助的过程中,借助正面的案例加以说明和安慰,使他们病痛的心灵得到慰藉。

（二）案例 2:"哮喘之家"的精神力量

1. 知识点:儿童哮喘的防治与长期管理。

2.思政目标:介绍我国儿科医生在儿童支气管哮喘治疗和管理中所做的努力,及本院儿童过敏与免疫科历年举办"哮喘之家"公益讲座及活动情况,培养学生的仁爱之心,加强学生对医生行业的职业认同和使命感,激发同学们对于医生的身份认同感和治疗责任感。

3.教学过程

介绍案例:

果果是一名儿童哮喘患者,长期在医生的门诊复诊,哮喘一直控制得挺好,但是3个月后的某一天,果果又因为哮喘急性发作住院了。

医生了解后发现,因为果果妈妈担心治疗哮喘的药物有副作用,等果果情况稍微好转一些就停药了,这次刚好碰上天气变化受凉,所以哮喘再次发作了。

结合果果这样的案例,引导学生讨论:

(1)果果早就诊断为支气管哮喘,但是仍然反复发作的原因有哪些?

(2)对于果果妈妈这种对药物依从性不高的家长,如何解释和沟通?

(学生发言)

让学生进一步了解哮喘的临床特点和长期管理,以及学会如何与家长沟通,加强医学生医患沟通能力的培养。

教师继续介绍:

支气管哮喘是一种慢性气道炎症性疾病,因此需要长期预防治疗,很多家长在治疗过程中因为各种原因(比如担心药物副作用,对哮喘的发病机制不了解,因为繁忙不能规范使用药物或者就诊不方便药物用完之后无法及时获得下一剂药物)不愿意或无法按医生建议规范治疗,为此一代又一代儿科医生付出了很多努力。比如我国的"中国儿童哮喘行动计划",是我国儿科医生为了更好地对儿童支气管哮喘规范化治疗而采取的措施。

温州医科大学附属育英儿童医院儿童过敏与免疫科及儿童呼吸科亦每年举办的"儿童哮喘之家"公益讲座及活动,对儿童哮喘进行科普宣传,医生定期介绍儿童支气管哮喘的发病原因、治疗方法、注意事项,让更多患者及家长了解哮喘及其防治。

果果妈妈在活动中认识了一些和果果症状类似的小朋友,通过医生介绍以及在和家长的交流中,果果妈妈渐渐认识了儿童支气管哮喘的真面目,也发现了自己认识上的一些误区,其他孩子用药和治愈的情况也给了果果妈妈很大的信心,这一次果果妈妈定期规范地用药复诊,终于控制住了果果哮喘的发作。

同时,医生也考虑到果果妈妈对于吸入性皮质激素的抵触情绪,医生采用白三烯受体拮抗剂作为果果的长期控制药物,并处方吸入型糖皮质激素加长效支气管扩张剂按需治疗,叮嘱果果妈妈做好环境的清洁,去除环境中的尘螨过敏原。并建议果果进行尘螨过敏原特异性免疫治疗。医生与果果进行长期的随访互动,动态了解果果的哮喘控制及药物使用情况。经过医生长期的跟踪治疗,果果的哮喘终于得到了控制。

提出问题:为什么支气管哮喘需要长期管理治疗? 医生、家长及社会相关人员在其中所起的作用是什么?

(学生发言)

教师总结:

儿童支气管哮喘容易反复发作,规范的药物治疗与心理因素都是哮喘良好控制的关键因素。因此,除了在医院的诊治,各种形式的哮喘宣教也是治疗的一部分。我们的儿科前辈们用自己的行动给我们树立了良好的典范,他们牺牲自己的休息时间,利用各种机会向广大哮喘患者科普哮喘的诊断、防治,日复一日、年复一年。此时,历史的接力棒传到了我们的手中,我们又将如何行动,更好地为患者服务?

二、特色与创新

本案例引入奥运冠军羽生结弦的故事,通过名人的案例让学生对哮喘及其预后有一个直观的了解,通过生讲生评和案例演示阐述儿童支气管哮喘的临床表现、诊断及其防治办法。同时介绍温州医科大学附属育英儿童医院儿童过敏与免疫科及儿童呼吸科历年举办"哮喘之家",进行哮喘防治知识科普的活动情况,培养学生的仁爱之心,加强学生对医生行业的职业认同和使命感。

三、教学总结和反思

儿童支气管哮喘是儿童时期常见的慢性气道炎症性疾病,其难点在于知识点特别多,2学时的课程不可能每个知识点都讲得透彻。通过引入案例,让学生对于支气管哮喘有一个直观的了解,对于其临床表现、治疗和预后有直观的认识。同时,课堂上讲解历年儿科前辈及温州医科大学附属育英儿童医院医生对哮喘防治所做的努力及工作,有助于激发学生对于医生这个工作的职业认同和使命感,同时激发学生的仁爱之心。

川崎富作及以他名字命名的疾病——川崎病

学校	温州医科大学	课程	小儿内科学
章节	心血管系统疾病	撰写教师	荣　星
教学目标及 知识点	1.知识目标:能清楚阐述川崎病的诊断要点及治疗方案,能描述不完全川崎病及川崎病休克综合征的诊断标准。 2.技能目标:能通过案例的临床表现及辅助检查结果识别川崎病,并进行必要的鉴别诊断,能制订不同类型川崎病的治疗方案。		
课程思政 目标	1.通过介绍川崎富作先生发现并报道川崎病的故事,让同学们认识到作为儿科医师,不仅需要有一双善于观察的眼睛,更需要有善于总结、敢为人先的勇气。 2.通过介绍川崎病流行病学、临床表现及我国在川崎病领域的研究成果,提升国际影响力,穿插介绍"敢为人先"的温州人精神。		
育人元素	模块四:创新精神,批判思维。		
教学方法	案例教学,生讲生评。		

一、典型教学案例

(一)案例1:川崎病的名称由来

1.知识点:川崎病的发现过程对医学生的启发。

2.思政目标:通过介绍川崎病的发现者川崎富作先生如何通过细微的观察,总结分析、力排众议、发表论文,使川崎病引起全世界的广泛关注,让同学们认识到作为儿科医师,不仅需要有一双善于观察的眼睛,更需要有善于总结、敢为人先的勇气。

3.教学过程

介绍案例:

小西瓜是一个刚满 6 个月的可爱男孩,5 天前无任何征兆下在家中出现发热,体温波动于 38℃ 左右,最高体温 40.2℃,热高时偶有寒战、无抽搐,家长自行给予服用退热药后体温仍反复。2 天前患儿躯干部出现散在红色皮疹,无抓挠,同时伴双眼球发红,无分泌物。有轻微咳嗽,伴鼻塞,无流涕,无呕吐、腹泻,无排尿时哭闹不安,曾在外院使用"头孢曲松""美林""鱼腥草颗粒"等药物治疗,病情无缓解。

入院体格检查　体温 38.5℃,神清,精神尚可,前囟平软,双眼球结膜充血,未见分泌物,躯干部可见散在多形性红色丘疹,压之褪色;颈部可及多发淋巴结肿大,最大 2.0cm×1.5cm,活动尚可,表面无红,无波动感,口唇干红,咽部充血,杨梅舌明显,双肺呼吸音粗,未闻及干湿性啰音,心率 122 次/分,心律齐,各瓣膜听诊区未闻及杂音。腹软,肝肋下 2.0cm,质软边锐,脾肋下未及,指趾端稍肿胀,无脱皮,肛周可见膜状脱皮,NS(一)。

实验室检查 血常规:白细胞计数(WBC) 18.5×10⁹/L,中性粒细胞比率 0.82,淋巴细胞比率 0.11,血红蛋白(Hb) 123g/L,血小板计数(PLT) 368×10⁹/L。C 反应蛋白(CRP) 120mg/dl;血生化:谷丙转氨酶 132U/L,谷草转氨酶 140U/L,肌酸激酶 289U/L;血沉 42mm/h;脑钠肽 350pg/ml。

提问:家长看着自己的宝贝体温如此反复,焦急万分,如果你是当班医师,请问你考虑什么病? 需要和哪些疾病鉴别? 如何向家长解释病情?

(学生发言)

50 多年前,日本的一位医师也碰到了类似症状的病人,那么今天就让我们一起学习这个儿童中比较常见的发热出疹性疾病——川崎病。

提问:同学们,你们听说过川崎病吗? 这个病的名字是怎么来的?

(学生发言)

有的同学说:"是不是吃多了川崎火锅底料得了这个病?"答案当然是否定的。川崎病是 1967 年日本儿科医生川崎富作发现的,多发生于婴幼儿的急性发热出疹性疾病,容易累及冠脉,表现为冠状动脉瘤、冠状动脉血栓形成、冠状动脉狭窄甚至闭塞,最终引起缺血性心脏病,目前是最常见的获得性心血管疾病之一。

1961 年,在日本千叶县的一家医院担任主治医师的川崎富作,发现儿科病房收住了一个 4 岁的男孩,发热有 2 周了,经过了青霉素、四环素、泼尼松龙等药物治疗却很不顺利。经过他细心观察,注意到该患儿除了持续高热,还有眼结膜充血、嘴唇干裂甚至出血、全身出现红疹、退热后指尖脱皮的症状。后续在病房,他又发现了相似症状的 22 名儿童。1964 年,日本东部儿科分会上报道了他的观察结果,提出这是一种新的疾病,并命名为"皮肤黏膜眼综合征",但当时与会的儿科医师均否认他的想法,认为是不典型的 Stevens-Johnson 综合征。川崎富作医生并没有气馁,他将 1961—1967 年累计的 50 多病例进行了细心分析和总结,最终撰写成论文,于 1967 年发表于日本医学专业杂志《免疫学》上。同时,他将这一新发现的疾病重新命名为"小儿急性热性皮肤黏膜淋巴结症候群"。该文章的发表在日本医学界引起了广泛的讨论及关注,因后续在日本各地及全世界的多个国家都发现了该疾病,才得到了广泛的认可。目前全球累计确诊川崎病 30 多万例。该病的及时诊断治疗,可使冠脉并发症从早期的 25% 降至 4% 以下,死亡率由原来的近 2% 降低至 0.1% 以下。由于该病是川崎富作医生发现的,因此,被称作"川崎病"。

该疾病的发现及命名,对我们医学生有很多的启发,川崎病多发生于5岁以下的儿童,诊断目前主要靠临床表现确诊,无特异性的实验室标志物,因此如何发现症状极为重要。大家知道,该年龄阶段的儿童语言发育尚不成熟,很多症状无法自己描述,监护人的描述往往不全面,因此,需要儿科医生有一双发现细微症状的眼睛,同时要善于总结,勇于探究,无论职称高低、别人如何反对,都要勇敢坚持自己的观点。另外,要善于撰写学术论文,学术论文是知识传播的重要途径,只有发表论文,才能让自己的经验为别人所知晓,得到广泛认可及关注。

医学是不断更新的科学,现代的科学手段对疾病的认识也在逐渐刷新。作为合格的医生,需要有开阔的思维及独到的见解,利用最新的科技手段不断加深对疾病的认识,同时改良治疗方案,为儿童健康保驾护航。

同学们,你们还知道哪些病是以发现者的名字命名的吗?

(学生发言)

全世界以发现者命名的疾病有很多,包括以德国精神病学家 Alois Alzheimer 命名的"阿尔茨海默病",也称"老年痴呆症";英国内科医生 James Parkinson 命名的"帕金森综合征",又称"震颤麻痹";德国病理学家 Friedrich Wegener 命名的"韦格纳肉芽肿病";日本医生桥本策命名的"桥本氏甲状腺炎"等。我国得到世界公认的疾病名称,如"贺—赵缺陷症",是由贺林院士与陕西赵万里医生共同命名的,以恒齿缺失为表现的疾病;最近以华中科技大学师生梁丽娜博士、王擎教授的姓氏命名的"梁—王综合征",是由于 KCNMA1 基因突变导致的先天性多系统畸形综合征。同学们,希望大家不断努力,细心研究,期待在世界医学长河中留下你们的名字!

(二)案例2:川崎病的研究进展

1.知识点:川崎病的流行病学、病因学、临床表现。

2.思政目标:通过介绍川崎病的流行病学及病因学,引起同学们对该疾病研究的兴趣,并通过介绍我国在川崎病领域的研究成果增强自信心及民族自豪感。通过穿插介绍"敢为人先"的温州人精神,增强川崎病研究的打拼精神,提升内在动力。

3.教学过程

通过比较不同国家川崎病流行病学,找出我国川崎病流行病学尚存的不足。

川崎病的流行病学很有特点,最突出的是种族的差异。在全球报道的60多个国家中,亚裔人口发病率最高,尤其以日本为著,据美国的一项研究发现,日本裔>夏威夷原住民>其他亚裔>汉族>非洲裔黑人>白人(发病率分别为210.5、86.9、84.9、83.2、24.6和14.7/10万5岁以下儿童)。此外,川崎病主要发生于5岁以下的儿童,男孩多于女孩，并有一定的季节分布，如在北美的冬季和早春更加常见。兄弟姐妹中的相对风险较其他人群高10倍，尤其是双胞胎患病风险更高。该病在日本2018年统计发病率为359/10万，复发率约3%，韩国2014年统计发病率为194.7/10万。我国由于幅员辽阔，目前尚缺乏全国的流行病学数据，上海2017年统计发病率为104.6/10万，北京2004年统计发病率为55.1/10万，因此建立全国的川崎病网络，精确统计我国川崎病儿童的发病率很有必要。

提问：同学们知道川崎病的病因吗？

（学生发言）

虽然川崎病发现到现在已经50多年了，但病因依旧不明，可能和感染相关，如病毒（EB病毒、腺病毒、疱疹病毒、Retro病毒、微小病毒）；细菌（链球菌、金黄色葡萄球菌、耶尔森菌、沙门氏菌）、立克次体、支原体等，但无法解释全貌，且抗生素使用无效。流行病学研究表明，川崎病与之前感染呼吸疾病和接触地毯清洗有一定相关性，但并未得到一致证实。此外，研究显示导致川崎病的因素可能与围产期接触有关，包括孕妇年龄较大、母亲B组链球菌定植和因细菌性疾病住院治疗的早期婴幼儿。因此川崎病的病因学研究还有很大的空间，同学们可以参与该方向的研究。

提问：川崎病的主要临床表现有哪些呢？

（学生发言）

川崎病的临床表现包括 ①发热：38～40℃，稽留热或弛张热，1～2周或更长；②球结膜充血；③口唇及口腔的改变：口唇干红甚至皲裂、杨梅舌、咽后壁充血；④多形性的皮疹，肛周发红、脱皮，卡疤发红；⑤急性期指趾端硬性水肿，恢复期脱皮；⑥非化脓性颈部淋巴结肿大。有以上5～6条临床表现的称为完全性川崎病，但有些患儿临床表现不典型，只有上述表现中的3～4条甚至更少，需要结合实验室检查明确，该类病人称为不完全川崎病。介绍不完全川崎病诊断流程。

介绍我国及温州医科大学附属育英儿童医院在川崎病研究不断取得的进展，扩大了国际影响力。穿插介绍温州人精神。

我国1978年开始认识该疾病，起步虽晚，但研究成果丰硕，目前有关川崎病的国家自然科学基金40余项，发布了符合我国国情的《川崎病诊断和急性期治疗专家共识》，为我国川崎病患儿的治疗提供了较好的指导意见。

坐落在浙南闽北赣东的温州，有着"敢想、敢干、敢闯、敢试，勇于把各种不可能变为可能"的温州人精神。温州医科大学眼视光学缪天荣教授发明了"标准对数视力表"成了国家标准，在全国实施；温医儿科领路人黄达枢教授，孤身南下，成就了温医儿科的今天。褚茂平教授领衔的团队也厚积薄发，获批川崎病相关国家自然科学基金近 5 项,在非编码 RNA、细胞焦亡、铁死亡和川崎病的研究中排在前列。

期盼同学们学习前辈们的精神,发挥"敢闯、敢拼、敢为人先"的精神,在川崎病及相关研究领域不断刻苦钻研,结出丰硕的成果。

最后请同学们以小组为单位,讨论小西瓜诊断是否明确,还需要与哪些疾病进行鉴别。

二、特色与创新

本课程运用案例教学法,并通过如何发现川崎病,将川崎病的诊断及鉴别诊断与基础阶段所学的知识进行融合。教学过程中坚持 PBL 教学,以问题为引导,增强课堂活跃度。课堂讨论过程中,适时、适度地引入课程思政内容,培养学生的勇于探究、传承创新精神,加强学生对医生行业的职业认同和使命感,同时通过介绍以国人命名的疾病及我国在川崎病领域的研究成果,激发学生的民族自豪感和爱国情怀。

三、教学总结和反思

课程思政的实施提高了学生的学习兴趣,起到了积极作用。但仍有不足之处:川崎病内容多,课时短,如过度穿插德育元素,势必需要缩减其他内容,因此,教师能够适度把握课程思政和专业理论内容的时间分配是上好本课程的关键。

爱佑童心——先天性心脏病

学校	成都医学院	课程	小儿内科学
章节	心血管系统疾病	撰写教师	鲁利群、周　月
教学目标及 知识点	1.知识目标:能描述常见先天性心脏病的临床表现和常见并发症,能说明常见先天性心脏病的病因、预防及分类,能分析其治疗原则。 2.技能目标:能运用病理生理知识分析常见先天性心脏病的临床表现;能通过临床表现和辅助检查等来诊断常见先天性心脏病。		
课程思政 目标	1.通过介绍先天性心脏病患儿的就诊经历,培养医学生的使命感、责任感及同理心。 2.通过介绍华益民教授的公益事迹,培养医学生以大国良医为榜样的职业荣誉感、仁爱之心以及敬畏生命的高尚品德。		
育人元素	模块一:儿科精神;模块五:慈善文化。		
教学方法	案例分享,互动讨论。		

一、典型教学案例

(一)案例1:星星的心脏怎么变大了

1.知识点:先天性心脏病的病理生理、分类、临床表现及诊治。

2.思政目标:通过介绍先天性心脏病患儿的就诊经历,培养医学生的使命感、责任感及同理心。

3.教学过程

介绍案例:

星星是一个可爱的小姑娘,4岁半了,她本应和其他同龄孩子一样,在学校快乐地学习、玩耍,无忧无虑地享受童年时光。不幸的是,她的心脏极度扩张和衰竭,甚至连打喷嚏、喝水,都有可能导致心脏骤停。

星星的主管医生说,孩子的病情已经到了终末期,不治疗可能就活不下去了。她的心脏大小是同体重孩子的4个那么大,比成年人的心脏还要大得多。心脏极度扩张,已经撑得星星左侧胸腔明显隆起,右侧胸腔塌陷,星星的身体也会随着这颗巨大心脏的跳动而不由自主地颤动。星星的父母从她1岁半就开始带着她到处求医,3年期间星星经常生病,星星的父母已签署过6次病危通知书了。

一个 4 岁半的小女孩,究竟是什么原因,使她的心脏扩张到比成年男性还大 2 倍呢?

提问:

(1)星星得的可能是什么病?

(2)什么是先天性心脏病(congenital heart disease)?

(3)儿童先天性心脏病主要的症状和体征是什么?

(学生发言)

通过提问方式引导学生快速进入学习,通过分组讨论的方式,培养学生团队合作的能力。对学生的讨论进行点评和总结,引入授课主题,使学生掌握先天性心脏病的概述及临床表现。

星星可能患的是先天性心脏病。先天性心脏病是先天性畸形中最常见的一类,指在胚胎发育期由于心脏及大血管的形成障碍或发育异常而引起的解剖结构异常,或出生后应自动关闭的通道未能闭合(在胎儿属正常)的情形。其临床表现主要取决于畸形的大小和复杂程度,轻者可无症状而在体检时发现,重者可有活动后呼吸困难、紫绀和晕厥等。

通过提问,结合视频、图片讲解,使学生掌握先天性心脏病的病理生理、分类、诊断和治疗等。

(1)为什么会得先天性心脏病? 心脏是如何发育的? 哪些阶段可能导致心脏发育异常?

大家一起观看视频:心脏的发生(摘自视频——心脏的发生.MP4)。通过观看视频,了解心脏的结构及发育。

(2)小儿心脏增长速度在不同年龄期是否相同? 什么时候达到成人水平?

出生时心脏的迷走神经发育尚未完善,交感神经占优势,故交感神经对心脏作用较强。至 5 岁时,心脏的神经支配开始具有成人的特征,10 岁时完全成熟。

再结合图片,讲解胎儿至新生儿循环的变化。

(3)星星究竟是不是患了先天性心脏病呢? 如何诊断呢?

在进行心脏超声检查后,结合星星的病史特点、体格检查,医生诊断星星为比较复杂的先天性心脏病,有重度肺动脉高压、二尖瓣重度反流、三尖瓣重度反流、右室流出道梗阻,左心房横径达 84 mm。

(4)星星确诊为先天性心脏病,其具体的分类有哪些?

讲解先天性心脏病的分类,即左向右分流型(潜伏青紫型):室间隔缺损、动脉导管未闭、房间隔缺损。右向左分流型(青紫型):法洛四联症、大动脉转位。无分流型:肺动脉狭窄、主动脉狭窄。

（5）同学们，大家知道先心病目前有哪些治疗手段吗？

结合《先天性心脏病外科治疗中国专家共识》，讲解先心病的治疗手段，包括药物治疗、介入治疗和外科手术。

（6）现在我们又该如何对星星进行治疗呢？

学生分组讨论并进行总结阐述，相互点评，并结合讨论结果，最后由教师点评给出明确答案。

星星的心脏随时都可能停止跳动，而且肺动脉高压还会造成她的肺功能严重受损，星星亟须治疗。但手术难度很大，手术对星星的心脏又会产生新的不良影响，如果手术出了问题，星星很难活下来，这是星星治疗中的最大障碍。医生向星星父母解释了手术难度及风险，星星父母仍不愿意放弃治疗，但高昂的手术费用又让他们举步维艰。星星的主管医生了解到星星家庭的困难后，为了帮助这个可怜的小女孩，在科室内部进行了捐款，并向医院申请减免了星星的部分费用，同时协助星星父母申请社会捐赠，解决了星星的治疗费用。

随即，专家们通过讨论，确定了星星的治疗方案，先治疗心力衰竭再手术。经过20多天的治疗，星星的心功能得到改善，迎来手术机会，但其中最大的困难仍是过高的肺动脉高压，手术过程中仍有生命危险，术后也可能出现肺高压危象。最后，经过7个多小时的努力，星星手术获得成功，术后第10天，她顺利出院了。

（7）星星是不幸的，她在那么小的年纪就受尽了病痛的折磨，家庭的贫困也导致其治疗受阻；但星星也是幸运的，在几乎绝望的时候，获得了各方帮助，最终星星手术顺利，成功获救。星星的重生，与她父母坚持不懈的努力及整个社会的帮助息息相关，同学们对此有什么感想呢？

作为医务工作人员，我们不仅要有过硬的专业知识，还要有治病救人的高尚品德；对生命爱惜，对病人充满同情心、同理心。医生是病人最大的希望，对于疑难杂症，要有坚持不懈的毅力，努力学习先进技术，才能保证给予患者最好的治疗。作为医学生的你们，应该明白掌握专业知识的重要性，具备作为一名医生的使命感与责任感。

星星最终重新获得了活下去的机会，但目前全球仍有很多患儿因为先天性心脏病失去了生存的机会，有些可能是因为疾病过于复杂没有治疗机会，有些可能是因为经济压力放弃了机会。如果我们能够早期发现和诊断这些患有先心病的孩子，给予他们治疗，就可能彻底改变一个家庭、一个孩子的命运。

（二）案例2：小卓玛为啥长得比别的孩子慢

1. 知识点：室间隔缺损的临床表现及诊治。

2.思政目标:培养医学生以大国良医为榜样的职业荣誉感、仁爱之心以及敬畏生命的美好品德。

3.教学过程

介绍案例:

2岁7个月的小卓玛是个藏族小姑娘,生活在四川省阿坝州偏远藏区,长得比别的同龄孩子都慢,爸爸妈妈带她来成都医学院第一附属医院就诊时,小卓玛看起来像1岁左右的孩子,发育迟缓且智力落后,不能正确对答,仅能喊"妈妈"。医生做体格检查时发现小卓玛表情淡漠,面容呈先天愚型,发育不良,步态不稳,心前区隆起,胸骨左缘第3~4肋间听诊闻及粗糙的收缩期杂音,伴震颤。卓玛的父母回忆,卓玛妈妈在孕早期曾经感冒过,去诊所拿了一些药吃,具体药物也记不清楚了,而且除了孕早期做过彩超检查,整个孕期都没有进行过产检。自出生以来,小卓玛哭闹后总会出现口唇和面色发绀,父母只以为卓玛是一个脾气大的孩子,哭闹时表现比较激烈,没怎么重视。

小时候的卓玛经常因为发烧、咳嗽到当地小诊所看病,每次医生都说得了肺炎。这次小卓玛又患肺炎了,情况非常不好,在一次哭闹后甚至出现了短暂的昏厥,小诊所的医生建议卓玛父母赶紧带她去大医院就诊。卓玛一家随后到了当地的县医院就诊,医生查体时发现卓玛瘦小而且面容特殊,心脏区域可听到粗糙的收缩期杂音,建议他们等肺炎好了之后到大医院做一个心脏彩超检查。后来正是在成都医学院第一附属医院的这次心脏彩超检查,才找到了卓玛不同于其他小朋友的原因。心脏彩超提示小卓玛的心脏结构异常:"室间隔缺损(嵴内型,直径约5 mm)、肺动脉高压"。由于卓玛有特殊先天愚型面容,母亲孕期有服药史,且未规律产检,所以医生此次也建议完善了染色体检测,结果提示卓玛患有21-三体综合征。

这样的结果对卓玛的父母无异于双重打击。医生说卓玛的心脏病很严重,需要专业的心脏专家尽快给予治疗,否则卓玛不仅容易反复肺部感染,而且严重的阵发性缺氧发作可能导致死亡。但卓玛家庭非常困难,根本无力承担高昂的治疗费用,卓玛的父母十分想救孩子,面对治疗费用却束手无策。为此,成都医学院第一附属医院的医生将小卓玛介绍到了四川大学华西第二医院心血管内科住院治疗。考虑到小卓玛家的困难,主管医生将小卓玛的治疗纳入了由华益民教授牵头的针对藏区先心病患儿的公益救治项目中。完善了相关术前检查之后,在全麻下行室间隔缺损介入封堵术。手术非常顺利,术后5天,卓玛生命体征平稳,相关检查指标好转后出院了。

卓玛的心脏病手术很成功,但术后的卓玛仍然存在发育上的问题。到3岁7个月,卓玛仍然无法正常说话及与人交流,卓玛的未来会如何,家庭将继续承受多大的经济压力,谁也不知道。但卓玛的父母很爱她,积极地带着她去做康复治疗,卓玛每一个微小的进步都饱含着父母的无限希望。现在卓玛已经 4 岁半了,没有特殊的手术后遗症,心脏情况也在逐渐康复。

案例点评:

(1)同学们,你们觉得卓玛的心脏病情况能否预防呢?

回顾卓玛的相关病史,她的妈妈在孕早期有感冒服药史,也未进行规律产检,可能是因为家庭贫困,也可能是因为当地医院孕期保健工作开展不足。如果卓玛妈妈在孕期进行了规律产检,小卓玛的结局或许会有不同。优生优育对整个国民素质极为重要,其中孕期产检尤其关键。而对于缺医少药的偏远藏区少数民族地区,先心病发病率较高,孕期保健知识的宣传和普及迫在眉睫。

(2)同学们对于医疗团队免费救治卓玛的事件有什么感悟呢?

(学生发言)

教师总结:卓玛的成功救治离不开医疗团队的无私付出。四川大学华西第二人民医院心血管内科华益民教授致力于先心病的救治工作,长期免费为藏区先天性心脏病患儿手术治疗,曾多次被公益节目采访报道。"大国良医,心怀大爱",华益民教授重视作为医生的职业荣誉感,有为儿童健康保驾护航的信心和决心,是我们学习的榜样。作为儿科医生,我们也应该有仁爱之心、敬畏生命、珍惜生命的美好品德。父母不轻言放弃的决心也是小卓玛获得救治的关键。作为儿科医生也应该做好人文关怀,对患儿及家属有同理心,尽量做到感同身受,全心全意为患儿恢复健康而努力。正如华益民教授对藏区先心病患儿的无私奉献,对于家庭困难的病患,我们也应该尝试从多种渠道给予帮助,心怀大爱,治病救人。

互动提问:卓玛的诊断是室间隔缺损,同学们回想一下我们之前提到的先天性心脏病的分类,室间隔缺损属于哪种类型呢?

(学生发言)

教师总结讲解:室间隔缺损是最常见的左向右分流型先天性心脏病,约占先心病的 20%,可单独存在,也可与其他畸形并存。缺损常在 0.1~3 cm,位于膜部者则较大,肌部者则较小,后者又称 Roger 病。缺损若<0.5 cm 则分流量较小,多无临床症状。缺损小者心脏大小可正常,缺损大者左心室较右心室增大。

熟悉了室间隔缺损的病理解剖、血流动力学变化,我们再看看先天性心脏病的临床表现,请问同学们,你们在现实生活中遇到过这样的小朋友吗?(结合图片,生动形象地展示先心病的临床表现)

(学生发言)

如何治疗?

（学生发言）

目前室间隔缺损的治疗主要为内科保守治疗及外科手术治疗。分享 2020 年 1 月发表在《中国胸心血管外科临床杂志》的《先天性心脏病外科治疗中国专家共识》，目前术后早期死亡率可＜1％，手术方式及手术时机选择多样，术后并发症的处置更为成熟和规范。

课后作业：

（1）先天性心脏病患儿出院后的家庭照护、社会生活、临床随访中有哪些注意事项？

（2）是不是所有先天性心脏病患儿都需要进行手术治疗，手术治疗的利与弊分别是什么？

二、特色与创新

本次课在教学过程中，始终以学生为主体，教师辅助答疑。通过案例分享、视频观看、老师提问引导、学生讨论等教学方法，将先天性心脏病的诊治与儿童心脏解剖等基础知识有机结合，不断引导学生加深对先天性心脏病的认识。课堂讨论过程中，自然、适时、适度地引入课程思政内容，增强学生敬畏生命、珍惜生命的使命感、责任感及同理心，以及以大国良医为榜样的职业荣誉感。同时，以小组为单位进行讨论，完成课堂问题及课后作业，检验学生对新知识的掌握程度，培养学生的团队合作精神，增强集体荣誉感，让医学生意识到提高先心病患儿的生存质量可以有更多选择性，体会到医生终身学习能力及探索精神的重要性。

三、教学总结和反思

本课程教学过程中发现，学生是否能有效融入课堂教学，关键在于教师的引导，以扎实的专业技术知识和灵活的教育方法，引导和培养学生坚定的职业理想信念，服务社会、服务百姓。本堂课应用案例法、提问法等多元化教学手段，力求将思政教育润物细无声地融于课堂，结合现实案例以及思政元素的导入，帮助学生掌握和了解儿童先天性心脏病的相关专业知识，同时培养其敬业奉献、救死扶伤和医者仁心的高尚品德。

课堂教学过程中也存在不足，例如学生课前的线上学习不够充分，导致其在课堂教学的参与度不够高，讨论部分不够活跃，一定程度上影响了学习效果。后期将进一步丰富线上教学资源，例如增加临床真实案例，录制微课、微视频等，并给出问题引导学生思考，提高学生线上学习效果；同时做好课堂设计，提前预演，使学生在线下能紧跟教师思路，有效进行师生互动和生生互动等。

童心筑梦——先天性心脏病

学校	温州医科大学	课程	小儿内科学
章节	心血管系统疾病	撰写教师	仇慧仙
教学目标及知识点	1.知识目标:能描述心脏胚胎发育过程和先天性心脏病病理生理表现;能说明常见先天性心脏病的病因及分类。 2.技能目标:能运用病理生理知识分析常见先天性心脏病的临床表现;能通过临床表现和辅助检查等来诊断常见先天性心脏病;能对常见先天性心脏病治疗原则提出建议。		
课程思政目标	1.通过视频观看了解心脏胚胎发育过程,进而介绍先天性心脏病病因及发病情况,让同学了解优生优育的重要性。 2.通过对"童心筑梦"工程的介绍,培养同学们关注弱势儿童的大爱精神,做一个有温度的医生,增强学生的人文关怀精神。 3.通过先天性心脏病治疗方法的介绍,让同学了解团队合作及敬业精神的重要性。		
育人元素	模块五:慈善文化,团队精神;模块六:敬业精神。		
教学方法	视频观看,小组讨论。		

一、典型教学案例

(一)案例1:心脏胚胎发育过程及优生优育的重要性

1.知识点:心脏发育及先天性心脏病的病因。

2.思政目标:通过先天性心脏病的预防,让学生了解优生优育的重要性;通过介绍我国对出生缺陷的预防及筛查,增强民族自豪感。

3.教学过程

心脏的作用是推动血液流动,向器官、组织提供充足的血流量,以供应氧和各种营养物质,并带走代谢的终产物(如二氧化碳、无机盐、尿素和尿酸等),使细胞维持正常的代谢和功能。因此,心脏是人体最重要的器官之一。

我们首先通过观看一段视频了解心脏的胚胎发育过程。

心脏发生于生心区,胚胎第8~19天时生心区的中胚层细胞密集,形成一对长索即生心板,生心板中央变空、逐渐形成一对原始心管,原始心管通过扭曲、生长,于第5周末形成心房、心室,初具心脏外形,但内部尚未完全分隔。第4周开始出现心内膜垫生长,第6周末完成心房及心室的分隔,2个月时完成左右心室的分隔。此外动脉干内面内膜增生,形成嵴并向心室方向呈螺旋形生长,逐渐在中线融合形成隔膜,将动脉干分隔成主动脉及肺动脉(图2.14)。妊娠12周时心脏已发育完善具有循环功能。此期间任何发育异常都将导致先天性心脏病的发生。

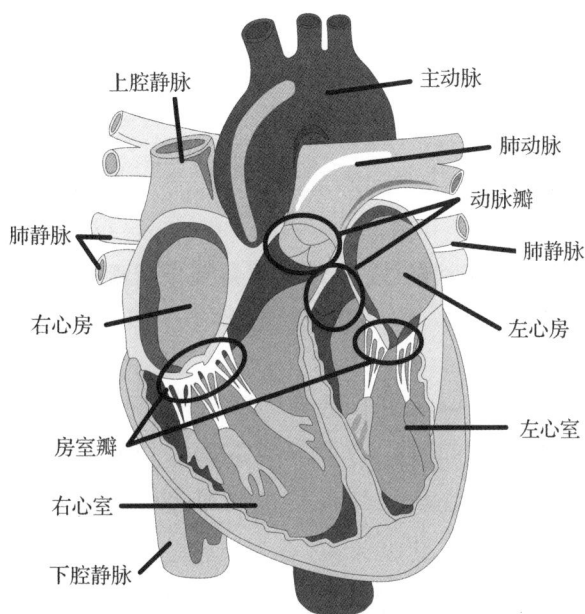

图 2.14　正常心脏结构示意

心脏的结构异常包括房室连接异常、房室间隔发育不完整、瓣膜发育异常及动脉干分隔、连接异常等。心脏的房室腔、瓣膜及血管是心脏的各个团队,心脏发挥泵血功能需要各个部位协同工作,因此任何一个部位的发育异常均可导致心脏不能发挥正常功能,因此团队合作非常重要,心脏如此、人体如此,我们的社会如此、国家如此,每一个集体都如此。

设问:有哪些原因会导致心脏发育异常呢?

(学生发言)

先天性心脏病的发病原因很多,大部分是遗传和环境因素共同作用的结果。遗传因素方面:先天性心脏病具有一定的家族遗传倾向,可能和父母生殖细胞、染色体畸变有关,常见的21-三体综合征及18号染色体异常的患儿常合并存在先天性心脏病。环境因素包括：①感染，妊娠前3个月病毒或者细菌感染，尤其是风疹病毒感染，出生婴儿先天性心脏病的发病率较高。②放射线接触。③母体因素，母亲营养不良、年龄过大、糖尿病、肿瘤等，也使出生的婴儿先天性心脏病的发病率升高。④其他，高原地区先心病的发病率较平原地区高，低氧可能也是心脏发育异常的原因之一。

设问：我们国家目前先天性心脏病的发生情况怎么样呢？

先天性心脏病是我国最常见的出生缺陷，在全国多地均位居新生儿出生缺陷的首位，根据"中国心血管健康与疾病报告"及各地先天性心脏病筛查及监测资料，我国先天性心脏病发病率多在0.4‰～1‰、每年新增先天性心脏病患儿15万～20万，目前我国先天性心脏病患者约200万。先天性心脏病给患者家庭带来了巨大的不幸及经济负担。

设问：要减少先天性心脏病的发生，你觉得需要采取哪些措施？

（学生发言）

先天性心脏病是一种可防可治的疾病，《健康中国行动（2019—2023年）》中将有效控制出生缺陷列入行动目标。为有效降低先天性心脏病的发病率，我国已采取一系列措施，如免费婚前检查；妇幼保健机构通过妊娠风险筛查与评估、按照不同风险管理要求进行孕产期保健服务，对有先天性心脏病家族史、既往有不明原因死胎等病史的孕产妇可在孕中期对胎儿进行心脏超声检查，可筛选出绝大部分严重的心脏畸形；产后3～7天和42天社区医生进行新生儿访视，以便及早发现异常、及时采取干预措施。

我国幅员辽阔，各地经济及医疗水平发展差距大，仍有不少经济及医疗相对落后的地区及特殊群体的儿童未能得到及时诊断或者诊断后由于经济原因未能及时治疗，这些弱势群体更需要社会的关注和帮助。

温州医科大学的慈善公益活动"童心筑梦"就是关心关爱先天性心脏病儿童的慈善项目之一。"童心筑梦"工程是聚焦现今社会密切关注的弱势儿童群体身心健康问题，依托"互联网医＋"平台，针对群体中三种主要类别，即残障儿童、流动及留守儿童、贫困儿童，开展先心筛查、心理干预及先心病知识科普。

观看近年来我们在先天性心脏病筛查方面的工作："院士西藏行——先天性心脏病筛查"（图2.15）、特殊学校体检及先心筛查等资料。

图 2.15　"童心筑梦"团队在西藏开展公益活动

(二)案例 2:"童心筑梦"慈善项目

1.知识点:先天性心脏病的临床表现、诊断和治疗。

2.思政目标:通过介绍"童心筑梦"慈善项目捐助的案例,培养同学关爱弱势群体的大爱精神,做一个有温度的医生;通过先天性心脏病治疗方法的介绍,培养学生秉持以病人为中心的理念,明白团队合作精神及敬业精神的重要性。

3.教学过程

引入"童心筑梦"曾资助过的案例:

来自农村 8 个月的妞妞是家里的第一个孩子,生后一直比别的同龄孩子小,平时经常感冒、肺炎,因为家里比较偏远,去最近的县城都要 2 个小时,加上父母残疾、经济条件差,每次都是在家附近的诊所治疗。这次又出现咳嗽,但比以前重、吃了药也不见效,而且呼吸越来越费力了。

入院后体检:消瘦,体重 5.5kg,安静状态下呼吸急促,65 次/分,可见三凹征,血压为 78/40mmHg(1mmHg≈0.133kPa),口唇欠红润,心前区有隆起,心尖搏动有力,心率 140 次/分,心音响,律齐,心前区可以听到Ⅱ～Ⅲ级连续性杂音。

学生小组讨论:

(1)从妞妞的病史和体格检查中,我们发现存在什么异常?有没有什么需要补充的病史?

总结病史特点及先天性心脏病病史询问的要点,如平素是否有吃奶停顿、多汗、面色苍白、发绀等表现及病因方面的询问,如母孕早期是否感染病史、是否有先天性心脏病家族史。

（2）根据妞妞的病史及体格检查,首先考虑什么疾病? 引起这种改变的原因是什么? 通过讨论,使学生掌握左向右分流型先天性心脏病的临床表现。

左向右分流型先天性心脏病主要表现为体循环少血和肺循环多血。体循环少血表现为营养不良、生长发育落后,由于体循环供血不足导致交感神经兴奋致血管收缩出现面色苍白及多汗等。肺循环多血表现为气促、反复呼吸道感染、肺炎。

（3）根据妞妞的病情,你认为接下来应该做些什么检查? 通过讨论的方式引导学生掌握先天性心脏病常用的辅助检查手段。

先天性心脏病常规的辅助检查包括心脏B超、胸部X线和心电图。首先心脏B超是诊断先天性心脏病最为重要的方法之一,能直接显示各心腔的大小、结构及血流情况,为诊断先天性心脏病的首选方法;其次是胸部X线,能显示心脏的大小,心胸比是反映心脏大小的重要指标之一,此外胸部X线还能显示肺血的情况,可区别肺多血型先心及肺少血型先心;最后是心电图,能发现先心是否合并存在心律失常;对于复杂青紫型先心,我们还可进行有创的心导管检查,可以检查心脏各部位的血氧情况,了解血液分流情况及远端血管的发育、走形等。

第二天医生给妞妞做了心脏超声检查,超声结果提示动脉导管未闭达5mm,肺动脉压力60mmHg;胸部X线提示肺血增多,心影增大,心胸比70%。

（4）妞妞目前的情况该怎么处理? 引导学生通过讨论制定左向右分流型先天性心脏病的治疗原则。

左向右分流型先心的主要并发症是肺炎,内科主要是针对各种并发症的处理;对心脏缺损大、血流动力学改变明显的患儿在肺部炎症控制后可及早采取外科开胸手术治疗或介入治疗。

（5）如果你是妞妞的主治医师,妞妞可能需要尽早手术、手术风险大、费用高,你如何向家长做病情告知呢? 通过病情告知培养学生的人文关怀精神和医患沟通能力。

患儿年龄小,病情重,营养状况差,手术风险较大,手术费用高,而患儿来自偏远的农村且父母残疾、经济条件差,在向家长告知病情时除扎实的医学知识外还需要有人文关怀精神,设身处地地为病人考虑、以病人为中心,培养良好的医患沟通能力。

（6）是不是所有的先天性心脏病都需要治疗? 如果要治疗的话有哪些方法?

先天性心脏病的治疗包括内科治疗和外科治疗。内科治疗主要是针对各自并发症的治疗,如对并发肺炎、心功能不全、感染性心内膜炎及缺氧发作等的处理。外科处理包括介入封堵及开胸手术。目前绝大部分动脉导管未闭、继发孔型房间隔缺损都可采取微创的介入封堵;而干下型室间隔缺损及复杂青紫型先天性心脏病须开胸矫治。根据不同的先心类型、缺损大小、血流动力学改变等选择不同时机进行干预和处理。

观看介入及外科手术的资料和视频,了解手术过程。

对于妞妞,我们通过"童心筑梦"慈善工程帮她解决了治疗费用,接受了导管介入封堵了动脉导管,手术全过程有手术医生、麻醉师、血管造影技师、手术护士等共同参与,回到病房也得到医生和护士的细心照料,成功度过了"血小板减少"等难关,恢复良好。

通过对妞妞诊断、治疗及术后处理过程的介绍,让学生了解一个先天性心脏病患儿救治成功和手术医生、麻醉医生及术后医生护士辛苦工作密不可分,让学生明白团队合作及敬业精神在工作中的重要性。

二、特色与创新

此案例将先天性心脏病的病因、临床表现及诊治方法和思政元素——先天性心脏病筛查及救治"童心筑梦"慈善项目有机地融合在一起,对培养学生的社会责任感和使命感有很好的推动作用;然后通过对先天性心脏病诊断及治疗过程的介绍,让学生了解敬业精神及团队合作在工作中的重要性。此外心血管系统疾病"先天性心脏病"为各专业学生的必修课,因而可以在各专业教学过程中实施应用。后续我们将通过情景表演或师生互动等方式将这一思政课程拍摄成微视频,实现知识传授、能力培养和价值观塑造三者有机融合。

三、教学总结和反思

本课堂以"慈善文化、团队合作"为主题,通过对案例的分析和讨论,使学生掌握先天性心脏病的病因、临床表现、诊断和治疗方法,但课程专业性较强,若无前期的自学难以引导学生进行步步深入的讨论。因此,上课前,让学生先自学线上课程,学习先天性心脏病的诊断及检查方法及常见先天性心脏病的表现,使学生对上课的内容有初步了解,有利于活跃课堂讨论气氛、增强课堂教学效果。

"一带一路"建设中的大国担当——先天性心脏病

学校	新疆医科大学	课程	小儿内科学
章节	心血管系统疾病	撰写教师	罗燕飞、热衣兰木·包尔汉
教学目标及知识点	1.知识目标:能描述常见先天性心脏病的临床表现和常见并发症,能说明其病理生理表现;能说明常见先天性心脏病的病因、预防及分类;能描述其治疗原则。 2.技能目标:能运用病理生理知识分析常见先天性心脏病的临床表现;能通过临床表现和辅助检查等来诊断常见先天性心脏病;能通过先天性心脏病的分类和相应的临床表现、辅助检查等,来制定其治疗方案。		
课程思政目标	1.通过介绍天使之旅——"一带一路"大病儿童人道救助计划,激发同学们的爱国主义情怀,增强政治认同、国家认同。 2.通过介绍阿富汗先天性心脏病患儿比拉尔的就诊经历,弘扬精益求精、整体思维的工匠精神,勇于探究、无私奉献的创新精神。		
育人元素	模块二:工匠精神;模块三:政治认同;模块五:责任使命。		
教学方法	讲授法,讨论法,直观演示法,任务驱动法等。		

一、典型教学案例

(一)案例1:打造"健康丝绸之路"

1.知识点:先天性心脏病的概述及病因。

2.思政目标:通过视频"一带一路的故事——笑从心中来"引发学生对课程兴趣,介绍阿富汗先心病男孩比拉尔来到中国,在新疆医科大学第一附属医院进行先心病手术康复的真实故事,彰显中国在"一带一路"的大国担当,激发同学们的爱国主义情怀,增强政治认同、国家认同。

3.教学过程

首先,观看视频"一带一路的故事——笑从心中来"(来源:大西北网 作者:新华社 2019-04-25),引出课程内容,在"妈妈不让我出去玩儿"——阿富汗男孩比拉尔的奇妙之旅中进行课程内容学习。

先天性心脏病(congenital heart disease,CHD)是胚胎期心脏及大血管发育异常所致的先天性畸形。先天性心脏病是最常见的出生缺陷,发达国家活产婴儿发病率为 6‰～10‰(重症先天性心脏病 2‰～3‰)。我国活产婴儿发病率为 8.94‰(重症先天性心脏病 2.91‰)。

先天性心脏病严重危害儿童健康,若未及时诊治,约 1/3 患儿在生后 1 年内因严重缺氧、心力衰竭、肺炎等并发症而死亡。很多贫困家庭先心病孩子长期忍受着病痛折磨,随时面临死亡的威胁,急需进行手术治疗。而病情严重的孩子有的因家庭贫困无法接受手术救治,正被病魔一个个夺去生命,阿富汗先天性心脏病男孩比拉尔就是其中的一员。

为了让阿富汗的先心病患儿能够得到及时治疗,在中国红十字会"一带一路"人道救助计划的统筹安排下,医疗队冒着硝烟,对阿富汗各地先心病患儿进行免费筛查并接到新疆医科大学第一附属医院进行免费手术,展现时代精神,医者"敬佑生命、救死扶伤"的敬业精神,引发学生职业共鸣,增强职业认同感;同时通过战乱中的阿富汗,折射出我们现在幸福安宁的生活,鼓励同学们珍惜当下,努力奋斗,我们并非生活在和平的世界,只是幸运地生活在和平的中国。

引导学生讨论:先天性心脏病的病因有哪些,该如何预防?

(学生绘制思维导图并讨论)

遗传因素:
　　染色体畸变(数目异常、结构异常);单基因遗传缺陷;多基因遗传缺陷;

环境因素:

化学因素 { 药物 { 治疗性药物暴露(沙利度胺、VitA、抗癫痫药、非甾体类抗炎药、叶酸拮抗剂、皮质类固醇、去氧肾上腺素、抗肿瘤药、治疗不孕的药物、抗哮喘药等) ; 其他因素暴露(乙醇、烟草、可卡因、咖啡因) } ; 环境化学物质(空气污染、水污染、化学制剂) }

物理因素(辐射、噪声)

生物因素 { 感染(TORCH、微小病毒等) ; 母亲状况(糖尿病、苯丙酮尿症、叶酸水平、年龄、生育史、妊娠合并症) ; 父亲状况(年龄、职业暴露、精子质量) }

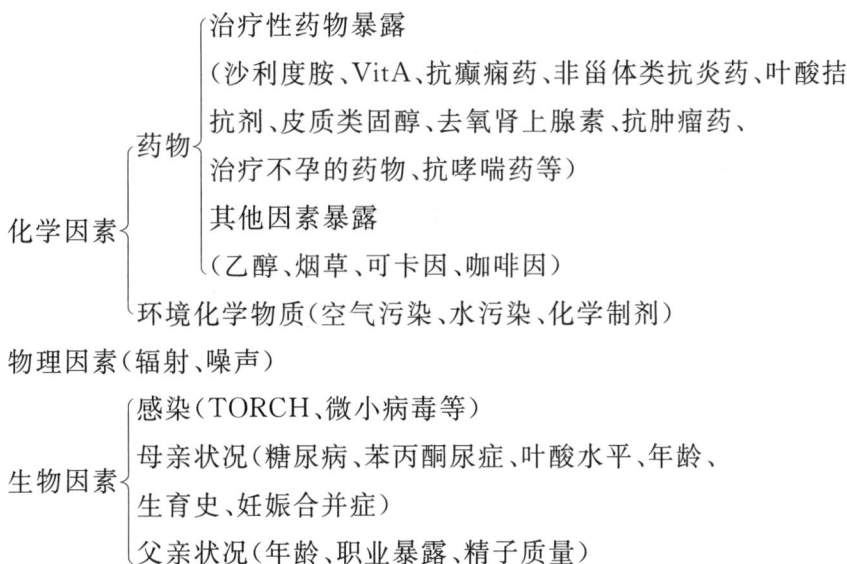

社会心理因素

大多数先天性心脏病患者的病因尚不清楚,目前认为 85% 以上可能是胎儿遗传因素与周围环境因素相互作用的结果。环境因素主要为母体的感染、接触有害物质和疾病,特别是妊娠早期患病毒感染,或母体罹患代谢性疾病、孕母接触放射线、有机化学物质、服用药物(抗癌药、抗癫痫药等)、缺乏叶酸、宫内缺氧等均可能与发病有关。在部分不发达的地区,孕期保健工作存在很大不足,先天性心脏病的发病率较高。因此,加强孕妇的保健,特别是在妊娠早期积极预防风疹、流感等病毒性疾病,以及避免与发病有关的因素接触,保持健康的生活方式等都对预防先天性心脏病具有积极的意义,引入预防为主的健康理念。

通过学生发言、讨论的方式,使学生掌握先天性心脏病的病因,通过病因讨论掌握预防措施。通过故事展现中国的大国担当,激发同学们的爱国主义情怀,增强政治认同、国家认同,引发学生职业共鸣,增强职业认同感。

(二)案例2:"精益求精 整体思维"的工匠精神

1. 知识点:法洛四联症的临床表现和治疗。

2. 思政目标:通过比拉尔治疗前的状态,讲解法洛四联症的临床表现,展现医生的精益求精和整体思维;通过介绍先天性心脏病的介入治疗方法的改进和成功,展现医学前辈勇于探究、不断创新的精神,增加学生的职业认同感。

3. 教学过程

在学习先天性心脏病的概述、病因、病理生理等基础上引出法洛四联症的临床表现,通过阿富汗先天性心脏病患儿比拉尔在治疗前的状态,细心的主管医生对比拉尔详细地查体,不漏下蛛丝马迹,讲解法洛四联症的临床表现,逐步引入学生讨论——结合病理生理解释相应临床表现的机理。

引导学生讨论:

法洛四联症的临床表现有哪些?

青紫:①程度,取决于右室流出道梗阻程度。

②时间,常见生后 3 至 4 个月,1 岁明显加重。

③部位,毛细血管丰富的浅表部位。

蹲踞位(squatting position):80%年长儿有此症状。

杵状指(趾):长期缺氧 6 个月至 2 岁可出现。

阵发性脑缺氧发作:年长儿表现为头痛、头晕、智力落后;婴儿吃奶或哭闹时,出现晕厥、抽搐。

通过教师讲解后进行临床表现及体格检查内容的提问,考核学生体格检查及心脏听诊,评价学生的掌握程度。

近年来,随着前辈们不懈努力,医学事业得以发展,先天性心脏病的微创介入治疗已广泛应用于先天性心脏病的治疗。心脏外科手术方面,体外循环、深低温麻醉下心脏直视手术的发展以及带瓣管道的使用使手术成功率不断提高,先天性心脏病的预后已大为改观。

内科治疗:

(1)一般护理:平时应经常饮水,预防感染,及时补液,防治脱水和并发症。婴幼儿则须特别注意护理,以免引起阵发性缺氧发作。

(2)缺氧发作的治疗:发作轻者使其取胸膝位即可缓解,重者应立即吸氧,给予去氧肾上腺素每次 0.05mg/kg 静脉注射,或普萘洛尔每次 0.1mg/kg。必要时也可皮下注射吗啡每次 0.1~0.2mg/kg。纠正酸中毒:给予 5% 碳酸氢钠 1.5~5.0ml/kg 静脉注射。以往有缺氧发作者,可口服普萘洛尔 1~3mg/(kg·d)。平时应去除引起缺氧发作的诱因,如贫血、感染,尽量保持患儿安静,经上述处理后仍不能有效控制发作者,应考虑急症外科手术修补。

外科治疗:

(1)轻症患者可考虑于学龄前行一期根治手术,但临床症状明显者应在生后 6 个月内行根治术。

(2)对重症患儿也可先行姑息手术,待一般情况改善,肺血管发育好转后,再行根治术。

教学过程:综合比拉尔的病情和目前所学知识,如何进行病情交代? 提出问题进行讨论,强调注重医患沟通及人文关怀。

通过治疗,先心病患儿比拉尔得到了康复,回到自己的国家,和小朋友们开心地玩耍,在心中埋下理想的种子,要来中国留学,成为一名医生。

课后任务:

(1)以小组为单位完成课堂微故事:挖掘"儿童先天性心脏病的救助"相关素材,在见习课课堂汇报,并阐述感想。

(2)案例分析:13 岁女孩,10 岁前无症状,后自觉体力不如同学,剧烈运动后胸闷气短。此次因高热 1 天门诊收住院。查体:心前区未触及震颤,胸骨左缘第 2~3 肋间Ⅱ/Ⅵ级收缩期喷射性杂音,第二心音固定分裂,肺动脉瓣第二心音稍增强。对该患儿的病情进行分析,作出诊断并说明诊断依据,制订治疗方案。

二、特色与创新

本课程通过视频"一带一路的故事——笑从心中来"引入,围绕阿富汗先天性心脏病男孩比拉尔在中国的奇妙之旅进行学习。课程中抽丝剥茧引入相关内容,从概述到病因,使学生掌握法洛四联症的血液循环异常及其典型的临床表现和常见并发症。培养学生自学能力,学会归纳、分析问题及解决问题,为以后的临床实践工作打下良好的基础。通过故事贯穿整个课程将知识传授与价值引领相结合,激发同学们的爱国主义情怀,增强政治认同、职业认同。将"初心使命、仁心仁术、恒心持久、耐心沟通、创新攀高"等"五心"元素内化于心。

三、教学总结和反思

本课程学习过程中,融合应用了讲授法、讨论法、直观演示法、任务驱动法等多种教学方法,使学生对知识点有直观认识的同时提升学生思考讨论、归纳总结、分析问题及解决问题的能力。教学过程中学生能够理解比拉尔的故事,但是对于推进"一带一路"建设,打造"健康丝绸之路"认识的高度和深度不够,须通过向学生解释"一带一路",课后发布相关的文件、视频等方式增加学生对"一带一路"的认识。同时教师需要查阅更多的资料、故事等,增加素材,运用更加通俗易懂的方式润物细无声地让同学们理解"一带一路"建设,让他们理解"一带一路"建设需要大家共同的努力,才能够促进共同发展、实现共同繁荣。

默默无闻的你——急性肾损伤

学校	温州医科大学	课程	小儿内科学
章节	泌尿系统疾病	撰写教师	余灵芳
教学目标			
课程思政目标			
育人元素	模块二:奉献精神;模块三:国家认同,文化自信。		
教学方法	案例教学。		

教学目标:
1.知识目标:能清楚阐述儿童急性肾损伤的定义、分级、常见病因、临床特点和治疗原则;能描述急性肾损伤的并发症特点及处理原则。
2.技能目标:能通过案例的临床表现和检查结果识别急性肾损伤并进行病因诊断;通过案例学习,培养自主学习的能力,提高医患沟通能力。

课程思政目标:
1.以"人民利益高于一切——汶川大地震救援"事迹为引导,激发学生爱国情怀,培养学生的民族自豪感。
2.通过肾脏"高调排毒、低调做肾,小损无语、中损不语、大损轻语"的特点,总结肾脏的"性格""默默无闻、肾藏不露",既引起学生的兴趣,深化学生对肾病专业的认识,也暗示同学们做人做事的道理,培养学生踏实工作、甘于奉献的精神。

一、典型教学案例

(一)案例1:汶川大地震举国大救援

1.知识点:急性肾损伤的定义、分级、病因。

2.思政目标:汶川大地震,举国大救援;救援中以"人民利益高于一切"为宗旨,用事件中许多感人的事迹,激发学生的爱国情怀和民族自豪感。

3.教学过程

首先回顾众所周知的汶川大地震,展示相关图片,当时中国政府、中国共产党以"人民高于一切"为宗旨,展开火速救援,一方有难、八方支援,全国各个救援队及志愿者与死神赛跑,在救援中出现了很多感人的事迹。

以一张现场开放静脉输液的照片为引导,提出问题:为什么要早期输液? 地震受伤人员最容易出现什么损害?

(学生发言)

肢体被挤压后出现肌肉坏死,会释放大量的肌红蛋白、钾等电解质,可迅速引起心肾衰竭而死亡。而且地震导致的失血以及长时间的饥饿、缺水也是导致肾损害的原因。因此早期就要为伤者补充液体,进行水化,促进排泄,减少肾损伤。以此事件引出急性肾损伤的概念,是指多种原因引起短期内肾功能急剧下降或丧失的综合征,阐述急性肾损伤的定义及分级。

引起急性肾损伤的常见病因有哪些?

(学生发言)

讲述过程中穿插以前人民生活水平落后,生病了往往无钱医治,只能找一些草药来治疗,常常引起肾脏的损害。在中国共产党的领导下,我们的国家日益强大,人民的生活水平得到了质的飞跃,医保政策的实施,让大家享受到了很好的医疗救治,人民健康得到保障。然而,随着生活的变迁,高血压、糖尿病等疾病发病率越来越高,我们的肾脏又面临新的挑战。

以往人们常认为儿童肾脏病少见,因此对肾脏疾病并不重视,一些儿童肾脏病发现为时已晚。而医疗水平的落后,让他们得不到很好的救治,病死率高。如今人们对儿童健康非常重视,常规的体检可早期发现泌尿系畸形、早期病变,早期的干预可以减少肾脏的损害。国内曾进行多中心大样本的"两阶段双向筛查"公益性活动,一是对新生儿泌尿系 B 超早期筛查;二是对学生进行尿液筛查,旨在早期发现肾脏疾病。

通过讨论、提问,让学生学习急性肾损伤的定义、分级、病因,同时让学生体会我们国家从以前贫穷落后到现在强大安定生活的巨变。医疗水平突飞猛进给人民的健康提供了保障,提升学生爱国情怀及民族自豪感。

(二)案例 2:默默无闻的你

1.知识点:急性肾损伤评估、治疗。

2.思政目标:告诉同学们肾脏"高调排毒、低调做肾,小损无语、中损不语、大损轻语"的特点,总结肾脏"默默无闻、肾藏不露"的性格,既引起了学生的极大兴趣,深化了学生对肾病专业的认识,也暗示同学们做人做事的道理。

3.教学过程

介绍案例:

小馨,9岁,留守儿童,父母长期在外务工,跟奶奶一起生活,最近她常常腹痛,伴有呕吐,胃口变差,奶奶带她到诊所看病,说是胃肠炎,药吃了还不好。近几天,奶奶见她脸色也难看了,赶紧叫小馨爸爸回家。爸爸回家看小馨脸色是苍白了些,不过精神状态还不错,于是带她去医院查了血,结果不仅发现贫血,血肌酐也上升了(血红蛋白 80g/L;肌酐 526μmol/L)。当地医生说小馨病情严重,爸爸赶紧带着小馨来到了育英儿童医院。小馨的爸爸怎么也想不通,怎么没有预兆就肾功能衰竭了呢? 都怪自己常年在外,没有好好照顾孩子。门诊医生该如何解释? 怎么安慰焦虑自责的父亲呢?

学生讨论:

经过沟通,父亲情绪缓和了一些,急诊收住入院。

此时,通过讲述肾脏器官特点,告诉同学们肾脏"高调排毒、低调做肾,小损无语、中损不语、大损轻语"的特点,所以肾脏病起病隐匿,往往会以其他系统的症状为表现,不易发现,容易忽略、漏诊。

提问:

(1)儿童血肌酐正常值如何判断?

(2)急性肾损伤的临床表现如何? 如何确定肾损伤是急性还是慢性?

(3)入院后医生应该怎么询问病史及查体,做什么检查? 需要肾活检吗? 肾活检的适应证是什么? 有什么风险?

(4)急性肾损伤有哪些并发症? 如何评估病情?

(学生发言)

入院后追问病史,小馨最近尿量有减少,尿中有泡沫。体格检查:体温 36.7℃,呼吸 22 次/分,脉搏 110 次/分,血压 128/98mmHg(1mmHg≈0.133kPa),面色、口唇苍白,无脱水貌,双下肢轻度水肿,两肺呼吸音清,未闻及啰音,心律齐,心音中,腹软,肝脾脏肋下未及,神经系统检查阴性。辅助检查:血红蛋白(Hb) 78g/L;尿素氮 44.3mmol/L,肌酐 740μmol/L,钙 1.81mmol/L,磷 2.71mmol/L,血钾 6.63mmol/L,钠 139.8mmol/L。血气分析:酸碱度(pH) 7.30,HCO_3^- 15.3mmol/L,碱剩余(BE)－6.7;ASO、补体、乙肝免疫、ANA 系列阴性;P-ANCA(＋),MPO(＋)。尿常规:血尿,红细胞(＋＋),蛋白(＋＋＋),比重1.010;B超提示双肾偏大。

提问:

(1)急性肾损伤的治疗原则是什么? 如何指导饮食、维持出入量平衡及电解质、酸碱平衡?

(2)高钾血症的表现是什么? 如何紧急处理?

(3)需要急诊透析吗?

(学生发言)

高昂的费用让小馨的爸爸为难,对预后的不确定性让爸爸焦虑,奶奶更是悄悄抹眼泪。

这个时候作为医生该如何处理? 分小组讨论,并派代表发言。

医生联系血液透析,并向医院申请了慈善捐助。向学生介绍本院职工慈善一日捐,可以帮助需要的患儿渡过难关。让学生了解,作为一名医务工作者,除了掌握精通的技术外,还要有医者仁心。对患者及家长做到感同身受,真正和患者站在一起,并给予患者充分的理解和人文关怀。

最终,小馨确诊为 ANCA 相关性血管炎,经过针对原发病、对症及肾替代等治疗,血肌酐逐渐恢复到正常范围。

急性肾损伤如果处理不当,往往会导致疾病慢性化,最终进展至终末肾,给个人、家庭、社会带来极大的精神和经济负担。如今先进的医疗措施与时俱进,急性期血液透析、CRRT 等血液净化开展大大提高了救治水平。而对于慢性患儿,儿童腹膜透析、血液透析、肾移植等技术越来越普及,肾脏病儿童的救治充满希望,大病医保很大地减轻了家庭的心理、经济负担。

通过教学,不仅在身临其境的病例中学习急性肾损伤的并发症评估及处理,同时穿插做人的道理、慈善公益元素,让学生知道作为医生不仅需要兢兢业业、无私奉献,还要有仁爱之心、社会责任感。

二、特色与创新

本课程运用公共事件引入法,逐步阐述急性肾损伤的定义、分级、病因;通过案例,步步引入急性肾损伤的评估和治疗。教学采取以学生为主,教师加以引导的方式。在讨论过程中,自然地引入课程思政内容,激发学生爱国情怀和民族自豪感;引导学生要踏实学习,工作中须兢兢业业,不图名利,要有无私奉献的精神;告知学生除了要有精湛的医学技术,还须有良好的医德医风,需要肩负社会责任感,更好地为病患服务。课堂中以小组为单位进行讨论及发言,培养学生的团队合作精神,增强集体荣誉感。以问卷星的形式检验学生对新知识的掌握程度,分析教学效果,促使高效课堂的形成。

三、教学总结和反思

本课程通过儿童急性肾损伤知识点与思政要素相结合,依托案例为引导,培养学生刻苦踏实的敬业精神、医者仁心的素养。学生们普遍对课程思政兴趣较高,较好引发学生的学习积极性,课堂气氛活跃。但仍有不足之处,有时候思政讨论会占用较多时间,导致理论课时间不足,老师该如何合理分配及引导非常关键。部分学生理论知识学习未能很好地跟上课堂节奏。因此,鼓励学生课前做好专业知识的预习及学习,老师可以通过课前考核了解学生的掌握程度,上课进行更有针对性授课,提高课堂学习及讨论效率。

重返校园的小胖墩——肾病综合征

学校	贵州医科大学	课程	小儿内科学
章节	泌尿系统疾病	撰写教师	张　涛、饶　静
教学目标	1.知识目标:能清楚阐述肾病综合征的临床表现和诊断,能说明肾病综合征的治疗原则和激素中长程疗法。 2.技能目标:能初步判读主要实验室检查结果,能分析和鉴别肾病综合征的不同类型,制订相应的检查和治疗方案。		
课程思政目标	1.通过肾病综合征治疗方案学习,让学生了解到肾病综合征病程长、病情迁延反复,需要规范长程管理和良好的医患沟通,增强职业认同和责任感、使命感。 2.介绍慢特病及我国罕见病相关医保政策,让学生切身体会社会主义制度的优越性,激发爱国主义精神。		
育人元素	模块一:学习意识;模块三:国家认同。		
教学方法	案例教学,研讨辩论,混合式教学。		

一、典型教学案例

(一)案例1:浮肿的宝宝

1.知识点:肾病综合征的诊断分类。

2.思政目标:通过学习肾病综合征的诊断分类,激发学生的学习兴趣,提高学习意识,促进独立思考和主动学习,培养学生的职业认同、责任感和使命感。

3.教学过程

首先通过图片引入案例。

尹大宝,男,5岁,因双眼睑浮肿1月入院,晨起明显,午后好转。病初未引起家长重视,双眼睑浮肿逐渐加重,并蔓延至双下肢及足背,伴尿量减少(不详),尿液泡沫多,尿色清亮。无发热、皮疹、咳嗽、吐泻等。在当地医院诊断"肾病综合征",口服醋酸泼尼松片10mg,每天3次,治疗1月,病情无好转,曾加用中药治疗无好转。父母非近亲婚配,无肾病、肾炎家族史。

入院后体格检查　体重16kg,血压108/67mmHg(1mmHg≈0.133kPa),心率90次/分,神清,颜面及眼睑浮肿明显,全身皮肤未见皮疹,头颅五官无畸形,心肺(一),腹膨隆,肝脾扣诊不满意,移动性浊音阳性,阴囊及阴茎水肿,双下肢凹陷性水肿。

辅助检查 血常规无异常。血生化:电解质、肝酶正常,白蛋白 20.83g/L,尿素 6.41mmol/L,肌酐 36.54umol/L,胱抑素 C 1.87mg/L,甘油三酯 4.33mmol/L,总胆固醇 10.24mmol/L,低密度脂蛋白 5.68mmol/L。尿常规:尿比重 1.020,尿蛋白(+++),红细胞 0;24 小时尿蛋白定量 3036mg/24h;尿微量白蛋白 258mg/dl,尿转铁蛋白 26.4mg/dl,尿免疫球蛋白 9.89mg/dl,α_1-微球蛋白 2.23mg/dl。

提问:你认为最可能的疾病是什么? 下一步需要进行哪些检查呢?

(学生发言)

初步诊断:肾病综合征。入院后即行胸部 CT 和泌尿系超声等检查,并予利尿消肿等都对症治疗。治疗 3 天后浮肿明显消退,尿量增多。

肾病综合征(nephropathy syndrome,NS)是儿童时期常见的泌尿系统疾病,是一组由多种病因引起肾小球基底膜通透性增加、血浆内大量蛋白质从尿中丢失的临床综合征。

通过提问、讨论的方式,使学生掌握肾病综合征的诊断要点、临床分类。

提问:为什么尹大宝口服泼尼松治疗 1 月病情无好转?

(学生发言)

肾病综合征诊断程序:包括确定肾病综合征诊断(与急性肾小球肾炎鉴别)、确定肾病综合征病因、确定原发性肾病综合征临床分型、确定激素效应、确定有无肾脏穿刺指征及有无预后不良因素。肾病综合征病因诊断重要,应尽可能明确,包括原发、继发、遗传和其他病因。肾脏病理检查有助于病因诊断、指导治疗及评估预后,其他检查包括遗传代谢病筛查、染色体检查、基因分析等。

大多数肾病综合征在学龄前期起病,少数幼儿期起病,病程长,病情迁延,易反复,所以儿科医生应熟知肾病综合征的诊治和长程管理。贵州地区经济欠发达,基层医院缺乏儿童肾脏专科医师。尹大宝在诊断肾病综合征后予激素治疗 1 月余疗效不佳,应对激素效应进行评估,并进一步寻找病因。说明基层儿科医生对肾病综合征的长程管理认识不足。鼓励同学们努力学习儿科疾病知识,为儿童健康保驾护航,并认识到在儿童慢病管理中,健康教育宣传是医生的重要职责。通过学习儿童肾脏病相关知识培养医学生的责任感和使命感。

入院第二天尹大宝的血 ANA 抗体、乙肝两对半、EB 病毒抗体、肺炎支原体抗体、巨细胞病毒抗体均正常,泌尿系超声提示:双肾回声改变。右肾 76mm×33mm,左肾 78mm×34mm,双肾皮髓质分界欠清,回声稍增强,集合系统及血管超声无特殊。胸部 CT 正常。结合临床表现和辅助检查,该患儿具备肾病综合征的四大特点:大量蛋白尿、低蛋白血症、高脂血症及浮肿,无继发性和先天性病因,临床分类为单纯型,激素效应为耐药型肾病综合征,达到肾脏穿刺指征。与家长沟通肾脏穿刺病理检查的必要性,取得家长的理解及配合后完成 B 超引导下经皮肾脏穿刺。入院第 2 周肾脏病理光镜提示:局灶节段性肾小球硬化(Focal segmental glomerulosclerosis, FSGS)伴亚急性肾小管间质损伤。电镜提示:基底膜弥漫性变薄、撕裂状,考虑:Alport syndrome,伴 FSGS 及亚急性肾小管间质损伤(图 2.16、图 2.17)。

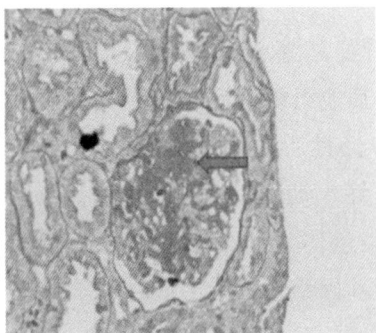

图 2.16　PAS 染色,×200

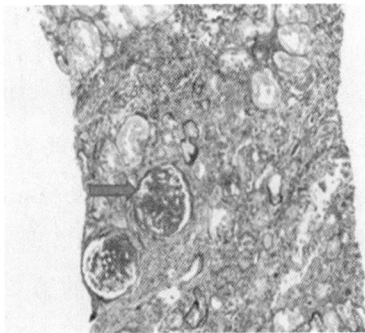

图 2.17　六氨银染色,×100

肾脏病理:局灶节段性肾小球硬化症(非特殊型)伴亚急性肾小管间质损伤。备注:肾小球硬化约 26%(6/23);肾小管萎缩及间质纤维化比例约 50%。

根据尹大宝的临床表现和上述检查结果,诊断"①肾病综合征,原发性,单纯型,激素耐药型,局灶节段性肾小球硬化;②遗传性肾病:Alport 综合征?"与患儿家长充分沟通后外送全外显子基因测序。基因测序结果(图 2.18)。

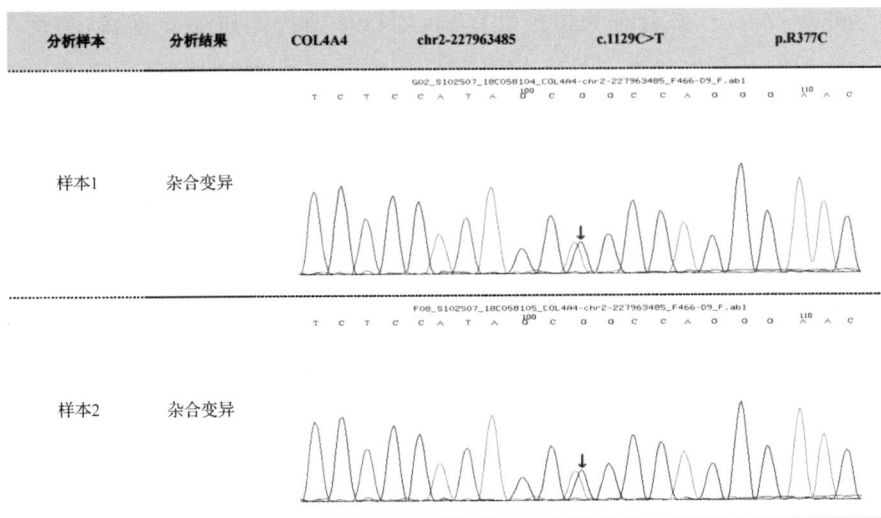

分析样本	分析结果	COL4A4	chr2-227963485	c.1129C>T	p.R377C

图 2.18　COL4A4 基因突变

根据基因检测结果尹大宝最终诊断为"遗传性肾病:Alport 综合征"。

提问:

(1)激素耐药型肾病综合征的诊治思路是什么?

(2)肾脏穿刺的适应证、禁忌证有哪些?

(3)结合本病例了解 Alport 综合征的诊断标准、遗传方式。

(学生发言)

Alport 综合征为一种遗传性肾脏疾病,其特征是肾小球基底膜(glomerular basement membrane,GBM)以及包括眼和耳在内的其他组织基底膜的结构异常和功能障碍,患者通常会出现进行性肾功能丧失、感音神经性听力损失和各种眼部异常。AS 的患病率估计为 1/10000~1/5000,占成人新发终末期肾病(end stage renal disease,ESRD)病例的 0.5% 和儿童的 12.9%,是继常染色体显性多囊肾病之后慢性肾脏病(chronic kidney disease,CKD)的第二大常见单基因病。AS 儿童时期临床表现多不典型,缺乏特异性,后期多进展至终末期肾功能不全。当 COL4A3、COL4A4 及 COL4A5 发生突变导致 α3、α4 及 α5 链结构异常时,这些三螺旋结构会被破坏,从而导致 AS 一系列临床表现的发生。AS 遗传方式有三种,约 85% 的 AS 是由 COL4A5 基因突变导致的 X 连锁显性遗传,约 15% 的 AS 是 COL4A3 或 COL4A4 基因突变引起的常染色体遗传,其中以常染色体隐性遗传最为常见,有极少数为常染色体显性遗传。本病例结合患儿临床表现和肾病综合征诊断程序,可确诊 Alport 综合征。由于 Alport 综合征导致肾病综合征表现,伴随蛋白尿持续不缓解,逐渐出现进行性肾功能不全,提示伴随严重泌尿系统功能损害。

课后作业: Alport 综合征为遗传性疾病,须行基因检测进一步确诊,如何与家长沟通基因检测的必要性和重要性? 如果家长拒绝基因检测,如何进行拒绝接受医疗措施的病情告知? 通过本病例学习,培养医学生的医患沟通技能。

(二)案例 2:谈"激素"色变,你对激素的误解有多深?

1.知识点:肾病综合征的激素治疗。

2.思政目标:通过介绍激素中长程疗法及长程管理,强调规则意识的重要性;通过介绍慢特病及我国罕见病相关医保政策,让学生切身体会健康中国建设的成绩。

3.教学过程

提出问题:激素长期使用有哪些不良反应?

(学生发言)

讨论过程中介绍肾病综合征的并发症及了解泌尿系统疾病可伴有特征性肾外表现:眼睛、听力及脑改变。肾病综合征常见并发症是感染(导致肾病综合征复发和难治的诱因）、电解质紊乱、低血容量休克、血栓、急性肾功能衰竭。引导学生思考在治疗过程中如何防治以上并发症？如肾功能异常伴进行性感音神经性耳聋、前圆锥形晶状体、后囊下白内障、后多形性萎缩和视网膜斑点、食管弥漫性平滑肌瘤提示 Alport 综合征，先天性白内障、智力低下、肾功能异常提示眼脑肾综合征（Lowe 综合征），小脑和脑干畸形、发育迟缓、视网膜营养不良、肾脏疾病多提示 Joubert 综合征等。另外，还应注意家族遗传史。

讨论中介绍激素中长程疗法及注意事项。让学生认识到儿童与成人肾病综合征的病理及治疗有一定的差异性，并初步了解激素耐药型肾病综合征的诊疗。

（1）激素治疗强调规范、长程、减量慢、维持长。该患儿足量激素治疗 4 周以上，尿蛋白仍阳性，故为激素耐药型肾病综合征，应进一步寻找病因：①感染；②血栓；③漏服药物；④行肾脏穿刺明确病理分型指导治疗及评估预后；⑤基因检测了解有无基因突变。

（2）肾病综合征肾穿刺指征：①对糖皮质激素治疗耐药或频繁复发者；②对临床或实验室证据支持肾炎型肾病或慢性肾小球肾炎者。绝对禁忌证：出血倾向、抗凝治疗中、孤立肾、小肾、肾内肿瘤、肾动脉瘤。相对禁忌证：肾盂积水、肾周围脓肿、多囊肾、游走肾，严重高血压、显著肥胖、腹水、全身性感染等。

（3）在激素长期治疗中须注意观察副作用。

糖皮质激素是肾病综合征的首选治疗，如疗效不佳或频复发时酌情加用免疫抑制剂。

提出问题：

（1）肾病综合征有哪些免疫抑制剂可选择？

（2）Alport 综合征属于罕见病，可选用什么药物？是否有特效治疗措施呢？

（学生发言）

肾病综合征频繁复发，糖皮质激素依赖、耐药或出现严重副作用者，在小剂量糖皮质激素隔日使用的同时可选择联用下列免疫抑制剂：环磷酰胺、他克莫司、吗替麦考酚酯、苯丁酸氮芥、环孢素 A、硫唑嘌呤等药物治疗。结合该患儿诊断明确肾病综合征表现的 Alport 综合征，激素治疗无效，停用激素，在对症治疗、保护肾脏的基础上选用环孢素 A 治疗后尿蛋白明显下降，治疗 3 个月后 24 小时尿蛋白定量降至 470.93mg/24h（较前下降 84.5%）。虽然随着环孢素 A 的减量，尿蛋白反复，病情不能完全缓解，但已经能重返校园上课。

环孢素 A 是一种 T 细胞特异性免疫抑制剂，有降低尿蛋白的作用，治疗 Alport 综合征有一定作用，但长期使用可能会导致肾间质纤维化，须谨慎使用。甲基巴多索隆（bardoxolone methyl）是一种口服抗氧化和炎症调节药物，其通过激活 Keap1-Nrf2 通路，抑制 NF-κB 炎症途径发挥作用，目前已有多项临床试验正在进行中，有望改善

AS 预后。进展至终末期肾病的 AS 患者，肾移植是一种有效的治愈性手段，大多数患者移植效果较好，20 年生存率为 70.2%，移植生存率为 46.8%，约 2%～5% 的病例中会产生抗 GBM 抗体，导致移植物快速丢失。干细胞移植及基因—遗传水平治疗为 AS 治疗的研究带来了新的契机。

儿童肾病综合征系慢性病，病程长达 1 年以上，大多数患儿可长达数年，甚至延续至成人，严重者可发展为终末期肾病，病情迁延、反复，给患者及家庭带来经济及思想负担。随着国家医保和药改政策的建立和完善，已将其纳入慢特病范畴，国家药品政策改革加速下降药价，使肾病综合征患儿治疗的依从性、延续性有很大改善。

介绍罕见病定义和罕见病目录。中国政府重视和关注罕见病群体，2018 年国家卫生健康委员会联合五部门发布《第一批罕见病目录》，共涉及 121 种疾病，泌尿系统罕见病包括先天性肾病综合征、先天性肾上腺发育不良、Alport 综合征等。其中部分疾病治疗药物已纳入医保目录。

通过介绍罕见病目录和相关医保、药改政策，让同学们充分认识到"人民至上"的执政理念，激发爱国主义情怀。

最后，以雨课堂形式对本节课的重点难点进行考核，同时调查学生对课程的满意度。课后以小组为单位完成作业。

二、特色与创新

以案例教学结合小组讨论，将临床知识与基础知识进行融合。教学过程中始终以学生为主体，教师辅助答疑进行，在专业知识的讲授和讨论中自然引入课程思政内容，达到"润物细无声"的课程思政目标，并结合疾病病因拓展知识，让学生了解罕见病诊治进展和国家相关政策。通过雨课堂信息化教学平台开展混合式教学，可以了解学生课前、课中和课后对新知识的学习情况，并分析教学效果，建设高效课堂，及时总结经验和不足，以调整教学，提升教学效果。

三、教学总结和反思

本课程教学过程中充分挖掘思政元素，将课程思政与知识培养、能力塑造有机融合。教学中注重培养自主学习能力、医患沟通技能和同理心，以培养德智体美劳全面发展、有温度的医学生。教学过程中也存在不足之处：肾病综合征的发病机制及病理学生相对陌生，部分学生可能难以全面掌握；学生数量较多，课堂师生互动不足等；以及需要思考课程思政与专业理论课时间如何合理分配，如何加强对雨课堂平台的运用和数据分析。如果能在课前提供课堂案例题干、思考题，要求学生提前准备并在课堂上交思考题作业，将有助提高课堂效率及增加讨论深度，依托 CBL 教学及情景模拟加深学生对知识点及难点的掌握。

"水肿宝宝"的消肿历程——肾病综合征

学校	杭州医学院	课程	小儿内科学
章节	泌尿系统疾病	撰写教师	周　琴
教学目标及知识点			
课程思政目标			
育人元素	模块一:学习意识;模块六:沟通技能。		
教学方法	CBL,生评生讲,情景模拟。		

学校	杭州医学院	课程	小儿内科学
章节	泌尿系统疾病	撰写教师	周　琴
教学目标及 知识点	1.知识目标:能清楚阐述儿童肾病综合征的临床特点、诊断和治疗要点;能解读分析儿童肾病综合征的常见实验室检查结果。 2.技能目标:能通过案例的临床表现和检查结果识别肾病综合征并进行鉴别诊断;通过案例学习和小组讨论,培养团队合作能力,提高医患沟通水平。		
课程思政 目标	1.通过一例儿童肾病综合征复发案例的介绍,让学生了解肾病综合征病程长、病情迁延反复,需要规范长程管理和良好的医患沟通,激发学生的学习兴趣,提高学习意识。 2.以小组为单位进行讨论,采用角色扮演的形式来进行医患沟通,学习进行有效医患沟通的技巧,培养学生团队合作精神。		
育人元素	模块一:学习意识;模块六:沟通技能。		
教学方法	CBL,生评生讲,情景模拟。		

一、典型教学案例

(一)案例1:水肿宝宝

1.知识点:肾病综合征的诊断、鉴别诊断。

2.思政目标:通过一例儿童肾病综合征案例的介绍,激发学生的学习兴趣,提高学习意识,培养自主学习的能力。

3.教学过程

介绍案例:

妈妈发现4岁的小杰最近似乎长胖了,原来下巴尖尖的,近2周感觉下巴都圆润了,妈妈觉得孩子可能吃得多,开始长肉了,没有太在意。4天前孩子有点喉咙痛,少许咳嗽,没有发热,带去当地医院看,医生考虑是"感冒",可是吃了2天头孢克洛,咳嗽没有好转,孩子的眼睛越来越肿,脚也开始肿了,小便越来越少了,小便里还会有泡泡,妈妈这才开始紧张,带孩子到上级医院就诊,医生给孩子查了尿常规,发现尿蛋白(＋＋＋),建议马上住院治疗。

入院后体格检查 体温 36.2℃,心率 84 次/分,呼吸 25 次/分,血压 101/58mmHg (1mmHg≈0.133kPa),体重 16kg,皮肤巩膜无黄染,颜面及眼睑浮肿明显,全身浅表淋巴结未及明显肿大,咽部充血,扁桃体Ⅰ度肿大,双肺呼吸音低,未闻及啰音,心律齐,未及明显病理性杂音,腹膨隆,肝脾触诊不满意,未及明显压痛及反跳痛,肾区无叩痛,移动性浊音阳性,阴囊及阴茎水肿,双下肢凹陷性水肿。

辅助检查 ①血常规:白细胞计数(WBC) $10.9×10^9$/L,中性粒细胞比率 0.63,淋巴细胞比率 0.22,血红蛋白(Hb) 135g/L,血小板计数(PLT) $361×10^9$/L;②尿常规:尿蛋白(+++);③生化:谷丙转氨酶 24U/L,白蛋白 21.2g/L,甘油三酯 4.20mmol/L,总胆固醇 13.43mmol/L,高密度脂蛋白 2.81mmol/L,低密度脂蛋白 8.71mmol/L,尿素 6.8mmol/L,肌酐 39.1μmol/L。

小杰因"浮肿 2 周,咽痛 4 天"入院,体格检查发现颜面、眼睑、阴囊阴茎及双下肢水肿,尿常规提示尿蛋白(+++)。

(1)你认为最可能的疾病是什么? 需要和哪些疾病进行鉴别?

(2)"大量蛋白尿;低白蛋白血症;高脂血症;明显水肿"的病理生理机制是什么?

(3)还需要做哪些辅助检查来协助诊断?

(学生发言)

通过提问、讨论的方式,使学生掌握肾病综合征的诊断、鉴别诊断的关键问题。

入院后进一步检查 ①尿蛋白定量 3941mg/24h,尿蛋白/尿肌酐 5.29;②抗核抗体:阴性;③乙肝三系:HBsAb 阳性,余阴性;④EB 病毒、肺炎支原体抗体、TORCH:均阴性;⑤免疫球蛋白+补体:补体 C3 1.12g/L,补体 C4 0.24g/L;⑥胸片:双侧胸腔积液;⑦超声检查:右肾 88mm×59mm,左肾 88mm×55mm,肾实质回声未见明显异常,集合系统及血管超声无特殊。腹腔可见积液。

以肾病综合征诊断程序引导学生开展讨论:包括确定肾病综合征诊断、确定肾病综合征病因、确定原发性肾病综合征临床分型、确定激素治疗后反应、确定有无肾脏穿刺指征及有无预后不良因素。

小杰生病初期未进行及时、有效诊治,与基层医生、家长对肾病综合征认识不足有关,培养医学生的责任感和使命感。

(二)案例 2:水肿宝宝的治疗过程

1.知识点:肾病综合征的治疗原则和沟通策略。

2.思政目标:让学生了解肾病综合征病程长、病情迁延反复,需要规范长程管理和良好的医患沟通。

3.教学过程

前一节经过案例分析讨论后,小杰诊断为"原发性肾病综合征(单纯型)",入院后给予完善相关化验检查,给予抗感染、醋酸泼尼松口服等治疗,患儿1周后复查尿常规提示尿蛋白＋,2周后尿蛋白完全转阴,好转出院。出院时主管医生告知激素治疗的重要性,嘱定期门诊随访,定期监测尿常规,口服激素逐渐减量。

提问:

(1)儿童肾病综合征必须选用糖皮质激素治疗吗?

(2)激素长期使用有哪些不良反应? 在治疗过程中如何防治以上并发症?

(学生发言)

该患儿出院后未按期到门诊复诊,1月后电话随访,反复追问家长才告知,出院后一开始有遵医嘱按时用药,但家长发现孩子胃口越来越大,毛发越来越浓密,孩子的脸和肚子像吹气球一样大起来,再听家里的亲戚和邻居说这么小的孩子怎么可以吃激素呢,对孩子肯定不好,家长越想越害怕,所以在出院半个月后,就擅自把药停了。现在停药才半个月,孩子的小便泡泡又多起来,眼睛又肿起来了。

小杰因"诊断肾病综合征2月,双眼睑水肿1周"再次就诊。门诊体格检查:双眼睑水肿,面部轻度水肿。尿常规提示尿蛋白(＋＋＋),尿蛋白定量3026mg/24h。诊断"肾病综合征"再次收住入院。

小杰第一次入院的治疗效果是非常理想的,但现在是属于复发的病例,提问:

(1)引起肾病综合征复发或者治疗效果不佳的常见原因有哪些?

(2)小杰在第一次治疗时,主管医生已经告知了激素治疗的重要性,嘱定期门诊随访,家长仍然擅自给孩子停药,没有坚持定期随访,问题主要在哪里? 此次入院,你作为主管医师应该如何进行谈话? 如果病情再次缓解后出院,你可以采取哪些措施来尽量避免患儿家长再次自行停药或不遵医嘱?

(在此环节,可以让学生进行分组讨论,采取角色扮演的形式进行,让同学们站在家长和主管医师的不同立场来思考问题,通过案例学习和小组讨论,培养团队合作能力,提高医患沟通水平)。

针对该病情反复的"水肿宝宝",我们要进行反思:

在肾病综合征患儿治疗的过程中,使用的激素量是比较大的,疗程也比较长的,在治疗过程中还会出现诸多的不良反应,所以很多患儿出院以后,会出现不能按时用药及减量过快过早,甚至擅自停药的情况,由于这些患儿对服用激素的依从性非常差,不仅会延长疗程,加重患儿的生理负担和家庭经济负担,还是导致疾病复发的主要原因之一。

因此,在患儿入院期间,医护人员应该不定期地向患儿及家长讲解疾病的临床特点、诱发因素及防治措施,坚持服药的重要性和复查的必要性;通过发放书面资料或集中健康讲座的形式讲解疾病知识及传授护理技巧,再进行相互交流,根据监护人文化层次、经济背景等个别指导,使其认识到药物巩固维持治疗的重要性及采取防护措施。

肾病综合征患儿在出院以后,在继续服用激素的治疗过程中,为了更精细化地治疗,需要医护人员整个团队进行合作,对患儿及其家长进行用药指导和定期随访,帮助患儿及家长解决一些实际性问题。指导患儿及家长掌握正确的服用方法、剂量和时间,以及避免可能出现的一些药物的副作用。

可以建立医患随访卡,在卡上标注患儿的姓名以及联系方式、每天激素的使用量和时间、复诊的时间、主治医生的联系方式等。如患儿没有按时复诊,可对患儿家庭进行电话随访,询问原因。

通过该病例我们可以发现,对于肾病综合征患儿的及时诊断和合理治疗固然非常重要,但是出院后的坚持用药和随访也是治疗成功的关键。在这过程中,良好的医患沟通和团队合作非常重要,以患儿为中心,对肾病综合征患儿及家长进行健康教育,树立"治病先治人"的理念,加强医患沟通,提高依从性,更好地培养学生的爱伤观念和沟通能力。

二、特色与创新

本课程运用案例教学法,将肾病综合征的诊断、鉴别诊断、治疗与基础阶段所学的知识进行融合,同时,让同学们对这个病例诊治过程中出现的问题进行深入的探讨和分析。教学过程始终以学生为主体,教师辅助答疑。在课堂讨论过程中,适时、适度地引入课程思政内容,让学生采取角色扮演、团队合作的形式进行医患沟通,让同学们树立"治病先治人"的理念,从"以患儿为中心"的角度进行医患沟通,培养学生的爱伤观念和沟通能力。

三、教学总结和反思

本课程的设计依托于线上线下结合,需要学生提前掌握肾病综合征的基本知识点,在线下教学过程中,教师才有足够的时间引入思政案例,并让学生们进行充分的思考和探讨。同学们对于思政案例的兴趣往往会比较高,课堂气氛会比较活跃,教师需要注意合理分配课程思政与专业理论课时间,适当提问和引导节奏,尽量让同学们在互动问答中更多地掌握知识点。

课堂教学过程中也会存在一些问题,比如学生在课前对线上学习的重要性认识不足,对于疾病的提前预习不足,绝大多数同学还是停留在上课只是听老师讲解的阶段,师生互动少,角色扮演进行医患沟通可能难以进行。因此,课前可以将思政病例下发,让学生们提前预习分组讨论,课间可请一组同学演示医患沟通,可根据学生课堂的反响,进一步优化课程设计,提高学生的课堂参与度和课堂教学效果,同时加大学生和教师的课后交流和指导。

"肾"藏不露,不容小觑——肾小球疾病

学校	温州医科大学	课程	小儿内科学
章节	泌尿系统疾病	撰写教师	陈敏广
教学目标及知识点	1.知识目标:能描述急性肾炎典型病例和严重病例的临床特点;能描述肾病综合征的临床表现;能阐述肾病综合征的治疗原则。 2.技能目标:能识别急性肾小球肾炎和原发性肾病综合征,并选择诊断方法,制订初步的治疗方案。		
课程思政目标	1.通过介绍"两弹元勋"邓稼先的事迹,阐明默默无闻并不等于无足轻重,正如肾脏虽不起眼,但对人体贡献巨大,从而培养学生的奉献精神和工匠精神。 2.通过介绍温州医科大学育英儿童医院肾内科老专家王哲雄教授战斗到生命最后一刻的故事,培养学生"知行合一"的职业精神。 3.通过讲述我国杰出的肾脏病学家钱家麒教授开展血液净化等技术的历程,培养学生的批判思维。		
育人元素	模块二:奉献精神,知行合一;模块四:批判思维。		
教学方法	案例演示,生平介绍,研讨辩论。		

一、典型教学案例

(一)案例1:"肾"藏不露,用心守护

1.知识点:原发性肾病综合征的诊断、鉴别诊断、并发症及治疗。

2.思政目标:肾脏虽小但贡献巨大,用"两弹元勋"邓稼先事迹为例,阐明默默无闻并不等于无足轻重,从而培养学生默默奉献、用心守护的奉献精神和工匠精神。

3.教学过程

介绍案例:

小宇是个聪明活泼的男孩,今年 6 岁,1 周前起床时妈妈突然发现小宇的双眼睑有轻度水肿,开始以为是晚上没睡好的原因,没有引起重视。最近妈妈发现小宇经常说口渴,要喝水,偶尔有腹痛,尿量比平时少了许多,尿液中还有许多泡泡,双下肢也出现了水肿,按下去有一个深深的压痕。妈妈意识到情况不好,于是赶紧带着小宇去了医院。在医院里,医生量了血压,查了血生化和尿常规,说病情比较重,收住入院。

入院后体格检查 血压 88/45mmHg(1mmHg≈0.133kPa),心率 106 次/分,眼

睑、颜面部及双下肢都有中度水肿,水肿的地方按压后有明显凹陷,两肺呼吸音清,未闻及干湿啰音,心音响,心律齐,腹软,肝脾肋下未及,移动性浊音阳性,神经系统没有发现异常体征。

辅助检查 尿常规:白细胞 2/HP,红细胞(一),隐血(＋＋＋＋),尿蛋白(＋＋＋＋),血白蛋白 15.2g/L,总胆固醇 15.0mmol/L。

设问:请同学们总结下小宇的病史特点。

小宇因眼睑、颜面部及双下肢水肿伴少尿 1 周就诊,体格检查血压正常,尿常规提示大量蛋白尿,血白蛋白显著下降,总胆固醇明显升高。

学生讨论:

(1)小宇的水肿有什么特点,需要和哪些疾病引起的水肿进行鉴别?

(2)小宇为什么会口渴喜饮,他的血白蛋白很低,为什么血压还能维持正常?

(3)小宇的病情如果不能得到有效控制,接下来可能会出现哪些变化?

(4)针对小宇的病情,我们应该采取哪些治疗措施?

通过讨论,让学生逐渐认识到小宇所患疾病为肾病综合征,肾病综合征是一组由多种原因引起的肾小球基底膜通透性增加,导致血浆内大量蛋白质从尿中丢失的临床综合征。该病可由多种疾病诱发,存在多种并发症,如果不能得到及时有效的治疗,可发生低血容量性休克、肺动脉栓塞等严重并发症。

肾脏虽不起眼,但贡献巨大。肾脏在人体内是一个很普通的器官,但并不意味着它不重要。现代医学的发展充分证实肾脏不仅仅是一个简单的排泄器官,它更是一个重要的调节器官,正如它不仅仅是一个下水的通道,更像是一座精妙绝伦的污水处理厂。肾脏结构精微,具有强大的调节功能,在维持人体水、电解质、酸碱平衡等方面发挥着极其重要的作用,它 24 小时不间断、无私地用心守护着机体的内环境稳态。小宇得了肾病综合征后,大量蛋白从尿中丢失,导致入院时血白蛋白下降到 15.2g/L,胶体渗透压显著下降。一方面,体循环内大量液体进入组织间隙,出现全身性水肿;另一方面,由于体循环液体丢失,机体面临着低容量休克及血液高凝而发生血栓的风险。此时,肾脏快速启动了一系列的抗休克保护机制,潴水保钠,有效地维持了体循环容量和血压的平稳。正是因为肾脏的默默奉献和用心守护,保证了小宇至今未发生休克和血管栓塞等严重并发症。

我们国家也有很多人默默奉献、用心守护着国家安全与人民安康,犹如肾脏"深藏不露",他们是中华民族的脊梁。"两弹元勋"邓稼先就是其中的杰出代表,他的一生是"默默无闻并不等于无足轻重"的生动诠释!

中华人民共和国成立初期,面临着内忧外患的巨大压力,为了祖国的强盛,为了中国国防科研事业的发展,邓稼先积极响应上级号召,隐姓埋名,不计个人得失,甘当无名英雄,默默无闻地在荒凉无人的戈壁滩奋斗长达数十年。通过不懈努力,取得累累硕果,但因为他的研究内容涉及国家机密,无人知道他的名字。他本人则常常在关键时刻,不顾安危地奋战在最危险的岗位上,充分展现了他崇高无私的奉献精神。最终凭借着默默奉献、用心守护的高尚品格,为中国强大的国防事业做出了卓越的贡献。默默无闻并不意味着无足轻重,在他逝世多年后,人们终于从解密的资料中得知了他的感人事迹。

学生继续讨论:

(1)小宇的肾病综合征是原发的还是继发的?如何鉴别?需要选择哪些检查?

①肾病综合征可分为原发性肾病综合征和继发性肾病综合征,其中原发性病因不清,约占90%,继发性可由感染后疾病(如急性链球菌感染、乙肝病毒感染等)、系统性疾病(如系统性红斑狼疮、过敏性紫癜等)、代谢性疾病(如糖尿病)、肿瘤、中毒药物等原因诱发。

②小宇年龄6岁,是原发性肾病综合征的好发年龄,首先应考虑原发性。为排除继发性因素,需要做一系列的相关检查,包括:ASO、血补体 C3/C4、乙肝免疫、ANA及 ANCA 系列、血 TORCH 等。

(2)小宇可能会出现哪些并发症?

小宇的病情如果持续不缓解,可能出现多种并发症,主要包括:感染(呼吸道最常见,皮肤、泌尿道、腹膜炎等);水电解质紊乱(低钠血症、低钾血症、低钙血症、低血容量);血栓、栓塞性并发症;急性肾功能衰竭;肾小管功能障碍(主要累及近端小管,出现肾性糖尿、氨基酸尿等)。

(3)为明确小宇的病情,需要做肾活检吗?

中国人的原发性肾病综合征在肾病理改变上绝大多数为微小病变,而微小病变患者绝大多数对激素治疗敏感,因此,小宇目前不需要肾活检,如果足量激素治疗 4 周无效,考虑非微小病变性肾病可能,才考虑行肾活检。

(4)针对小宇目前的病情,应如何治疗?

①完善相关辅助检查,明确肾病综合征类型,排除激素使用禁忌证。

②饮食上:限盐、限水,适量蛋白饮食,补充钙剂、维生素 D 支持治疗。

③对症处理:如果水肿、少尿明显,可予扩容利尿治疗。

④足量激素中长程治疗:选用泼尼松片,起始剂量 2.0mg/(kg·d),最大剂量为 60mg/d,分次口服,尿蛋白转阴性,改晨起顿服,至少巩固治疗 2 周,再同样剂量隔日口服,每 2 周减 2.5mg 或每 4 周减 5mg,直至停药。

⑤抗凝及纤溶药物治疗:潘生丁、低分子肝素 60~80U/(kg·d)等。

(5)长期激素治疗对小宇的可能影响及处理。

代谢紊乱(库欣貌、蛋白质营养不良、高血糖、水钠潴留、高血压、骨质疏松等);消化性溃疡、精神欣快感、兴奋、失眠、精神病、癫痫发作、白内障、高眼压、无菌性股骨头坏死、高凝状态、生长停滞;易发生感染或诱发结核灶活动;急性肾上腺皮质功能不全、戒断综合征。

处理上应监测激素的不良反应,并根据小宇用药出现的症状选择针对性的治疗,如高血压予硝苯地平片降压,消化道溃疡给予奥美拉唑制酸,高眼压予派立明眼药水降眼压等。

(二)案例2:仁心仁术、勇于创新的肾脏病前辈

1.知识点:急性链球菌感染后肾小球肾炎的诊断、鉴别诊断及治疗。

2.思政目标:通过介绍温州医科大学育英儿童医院肾内科老专家王哲雄教授战斗到生命最后一刻的故事,培养学生"知行合一"的职业精神;通过讲述我国杰出的肾脏病学家钱家麒教授开展血液净化等技术的历程,培养学生的批判思维。

3.教学过程

介绍案例:

8岁的小倩是一个可爱的小姑娘。3周前小倩得了皮肤脓疱疮,后来自己好了。3天前妈妈发现她早上起床时眼睛有点肿,当时未重视,因此没带她去看医生。慢慢地,妈妈察觉出不对劲。小倩的颜面、双下肢都出现了水肿,尿量比平时明显减少,小便的颜色也变红了,今天小倩说自己头痛,吐了1次,妈妈赶紧带着小倩在当地医院做了检查,验了尿,医生看了报告单说小倩的病很严重。所以妈妈就带她来了大医院,医生为小倩量了血压,复查了尿常规,立即让小倩住院。

入院后体格检查　血压140/95mmHg(1mmHg≈0.133kPa),心率98次/分,眼睑、颜面部及双下肢都有中重度水肿,水肿的地方按压后没有明显凹陷,右手及右下肢见多处陈旧性皮疹,两肺呼吸音稍粗,未闻及湿啰音,心音响,心律齐,神经系统查体没有发现异常体征。

辅助检查　尿常规:白细胞48/HP,中性粒细胞酯酶(+++),红细胞2886.2/HP,隐血(++++),蛋白(++)。

入院后患儿出现进行性少尿,查补体C3显著下降,抗链球菌溶血素O抗体(ASO)明显升高。

设问:请同学们总结下小倩的病史特点。

小倩因水肿、头痛初诊,体格检查血压显著升高,尿常规提示大量红细胞尿、少量蛋白及白细胞,补体C3显著下降,(ASO)明显升高。

学生讨论:

(1)小倩的水肿是全身性水肿还是局限性水肿,这种水肿有什么特点?需要和哪

些疾病引起的水肿进行鉴别？

（2）3周前小倩曾得了皮肤脓疱疮，和她这次发病有相关性吗？

（3）目前小倩的血补体 C3 显著下降，在今后很可能会出现什么样的变化？

（学生发言）

学生继续讨论：

（4）你认为小倩最可能得的疾病是什么？还需要和哪些疾病进行鉴别？

急性肾炎典型病例可根据急性起病、前驱链球菌感染史、典型症状（血尿、水肿、高血压、蛋白尿），急性期 ASO 滴度增高，C3 浓度下降，6～8 周血补体 C3 恢复正常得出诊断。小倩急性起病，有水肿、高血压、血尿、蛋白尿，ASO 滴度增高，C3 浓度下降，临床符合急性肾小球肾炎的诊断。当然还需要进一步随访，看临床变化及 C3 是否能在 6～8 周恢复正常。

本病应与其他病原体感染后的肾小球肾炎、IgA 肾病、慢性肾炎急性发作、原发性肾病综合征肾炎型及其他肾炎（如急进性肾炎、过敏性紫癜性肾炎、狼疮性肾炎等）相鉴别。

（5）急性链球菌感染后肾小球肾炎的病理生理是什么？

急性链球菌感染后肾小球肾炎的特征性病理改变为肾小球毛细血管内增生性肾小球肾炎（弥漫性），主要由 A 组 β 溶血性链球菌致肾炎菌株诱发，激活补体旁路途径，形成以循环免疫复合物为主的免疫应答，进而造成肾脏损害。

（6）小倩该如何治疗？预后会怎么样？

急性肾小球肾炎为自限性疾病，总体预后良好，但在急性期有约 1% 的死亡率。治疗上重在对症支持治疗，临床上可采用呋塞米针强效利尿、钙通道阻滞剂降压，对严重少尿伴循环充血且利尿效果不理想者，可行血液透析支持。

根据检查结果，小倩最终被确诊患了急性链球菌感染后肾小球肾炎。医生马上使用了呋塞米针利尿，硝苯地平片降压。经过治疗，患儿仍持续少尿，血肌酐进行性升高，血钾高达 6.6mmol/L。医生采用了血液透析支持，经过 1 周的治疗，小倩尿量恢复正常，尿色转黄，血压下降，肾功能和血钾恢复正常，终于渡过了难关。

（7）如果坚持不进行血液透析治疗，小倩会面临怎样的风险？

（学生发言）

通过上述提问、讨论的方式，使学生逐渐认识到小倩所患疾病是急性肾小球肾炎。这种疾病初期可能因为伴发严重循环充血、高血压脑病或急性肾功能衰竭而危及患儿的生命，临床上有 1% 的死亡率。

小倩是育英儿童医院肾脏科开展血液透析治疗技术以后的第一个孩子，她让我想起了我们的老主任王哲雄教授。王哲雄教授是温州医科大学育英儿童医院肾脏科的创始人，1983 年建科后担任了学科第一任科主任。他非常好学，坚持阅读外文文献，数十年来从不间断。在临床上，他对待每一位病人尽心尽责，一丝不苟，深受家长信任。他的专业知识扎实丰富,在与病人交流中,常常能从几句不起眼的询问中发掘到有价值的线索。在他带领下,学科开展了小儿肾活检、自动化腹膜透析、血液透析、血液滤过、血液灌流、血浆置换、持续肾脏替代疗法(CRRT)等治疗措施,成功挽救了许多肾脏病儿童的生命。退休后的王哲雄主任明知自己患有严重的高血压、心脏病等多种疾病,退而不休,坚守在忙碌的临床一线。有一天在来医院出门诊的途中,感到胸痛不适,为了不让就诊病人失望,他坚持上班,不幸倒在医院门口,真正做到了"鞠躬尽瘁、死而后已"。

小倩病情进展到急性肾功能衰竭,最终靠血液透析才挺过了难关。谈到血液净化这项先进技术,我们不能不提到另一位杰出的肾脏病专家,他就是上海交通大学医学院附属仁济医院钱家麒教授。20世纪70年代,钱家麒教授通过参与平板式血透机的研发,在国内肾脏病领域率先开展血液净化技术的临床应用,通过规范化的血液净化,患者的生存期得以显著延长,同时有效减少了并发症的发生。

任何一项开创性成果的取得,都需要勇于创新的勇气,而"勇于创新"恰恰是钱家麒教授的一贯风格。钱家麒教授是一个具有批判性思维的人,他于20世纪90年代率先将腹膜透析技术引入中国,但他并不是照搬国外现成的资料,而是根据国情,尤其是中国人的人群特点加以批判性地接受并创新。如国际标准建议尿素清除指数达到2.0为清除充分标准,通过研究,钱家麒教授证明实尿素清除指数达到1.7即可满足中国人的临床治疗需要,这不仅大大减少了腹透液的使用,保护了患者的腹膜功能,还有效地降低了腹膜透析的治疗费用,减少了并发腹膜炎的风险,被国际国内广泛认可,最终成为判断腹膜透析充分性的国际标准,成为中国原创的临床医学研究成果。

二、特色与创新

本课程运用案例教学法,将急性肾小球肾炎与肾病综合征的诊断、病理生理机制及治疗要点进行有效融合。教学过程中始终以学生为主体,教师辅助答疑。课堂讨论过程中,适时、适度地引入课程思政内容,培养学生的无私奉献和仁爱之心,加强学生对医生行业的职业认同和使命感,同时激发学生的民族自豪感和爱国情怀。课堂中以小组为单位进行讨论及发言,培养学生的团队合作精神,增强集体荣誉感。

三、教学总结和反思

学生对思政案例的兴趣比较高,课堂气氛活跃,因此后期的思政教学中会继续挖掘医者仁心、勇于创新等实际案例并融入教学课件。课堂教学过程中也会存在一些问题,比如学生在课前没有预习,对学习的内容不熟悉,发言不积极等,课堂上难以进行深入有效的交流。此外思政讨论会占用较多时间,导致理论课时间不足。因此,今后有必要进一步优化课程设计,提高学生的课堂参与度和课堂教学效果。

发生在血液科的故事——儿童急性白血病

学校	温州医科大学	课程	小儿内科学
章节	血液系统疾病	撰写教师	黄　珍
教学目标及知识点	1.知识目标:能清楚阐述儿童急性白血病的临床特点、诊断和治疗要点;能解读分析儿童急性白血病的常见实验室检查的临床价值;能明确儿童急性白血病输血的适应证及注意事项。 2.技能目标:能通过案例的临床表现和检查结果识别急性白血病并进行必要的鉴别诊断。		
课程思政目标	1.通过"血液银行"公益项目的介绍,培养学生的仁爱之心,加强学生对医生行业的职业认同和使命感。 2.介绍我国科学家在急性白血病治疗方面的贡献,激发学生的民族自豪感和爱国情怀。		
育人元素	模块三:国家认同;模块五:慈善文化。		
教学方法	研讨辩论,情景模拟。		

一、典型教学案例

(一)案例1:幸运的"熊猫宝宝"

1.知识点:急性白血病的诊断、鉴别诊断。

2.思政目标:通过"血液银行"公益项目的介绍,培养学生的仁爱之心,加强学生对医生行业的职业认同和使命感。

3.教学过程

介绍案例:

2岁的小雪是一个可爱的小姑娘。1个月前妈妈发现她的皮肤开始变白了,当时还以为孩子长大了,皮肤白起来变好看了,因此没带她去看医生。慢慢地,妈妈察觉出不对劲。小雪不仅是皮肤白,嘴唇看起来也没有血色,身上还出现了一个个红色的小点点,稍微碰撞一下就一块大乌青。在当地卫生院验了血,医生看了报告单说小雪的病很严重。所以妈妈就带她来了医院。

入院后体格检查　体温36.7℃,呼吸28次/分,心率146次/分,血压88/46mmHg(1mmHg≈0.133kPa),面色、口唇苍白,皮肤巩膜无黄染,全身散在针尖大小出血点和瘀斑,颈部可及数颗黄豆大小淋巴结,质中、活动可、无触痛,两肺呼吸音清,未闻及啰音,心律齐,心音中,腹膨隆,肝脏肋下 4.0cm,质软边锐,脾脏肋下 3.0cm,质软边锐,神经系统检查阴性。

辅助检查　血常规:白细胞计数(WBC) $2.09×10^9/L$,中性粒细胞比率 0.03,淋巴细胞比率 0.22,血红蛋白(Hb) 48g/L,红细胞计数(RBC) $2.78×10^{12}/L$,血小板计数(PLT) $11×10^9/L$。

入院后医生立即给小雪预约输注红细胞和血小板。但不幸的是,小雪的血型竟然是 AB 型 Rh 阴性,也就是大家常说的"熊猫血"。本身血源紧张,再加上这特殊的血型,使小雪的治疗变得更为棘手。一筹莫展之际,医生告诉小雪父母一个重要信息:温州医科大学第二临床医学院的青年志愿者们于 2012 年成立了浙江省首家"血液银行",以保障紧急情况下的医疗用血。至今累计献血近 237 万毫升,捐献血小板600 单位,已参与 19 起紧急救援事件。抱着试试看的心态,小雪爸爸联系了"血液银行"的志愿者。在大家的努力下,适合给小雪使用的红细胞和血小板终于送到了病房。

学生讨论:

小雪因贫血、出血初诊,体格检查肝脾肿大,血常规提示三系降低。

(1)血常规的解读,血细胞发育分化过程及分化抗原表达谱。

(2)输血的适应证及注意事项;国家为什么要提倡无偿献血制度?

(3)你认为最可能的疾病是什么? 需要进行哪些疾病的鉴别?

通过提问、讨论的方式,使学生掌握急性白血病诊断、鉴别诊断的关键问题。介绍"血液银行"公益项目,通过身边学生的例子,培养学生的仁爱之心,加强学生对医生行业的职业认同和使命感。

第 2 天医生给小雪做了骨髓穿刺。MICM 分型结果:骨髓常规提示急性早幼粒细胞白血病(Acute Promyelocytic Leukemia,APL)(图 2.19);骨髓免疫分型示急性髓系白血病,免疫表型提示 M3,幼稚细胞主要表达 CD33(99.32%)、CD38(52.65%)、CD117(75.67%)、CD9(54.95%)、cMPO(98.14%),部分表达 CD64(20.40%)、CD2(26.73%)(图 2.20);融合基因:PML/RARα 融合基因阳性;染色体:46,XX,t(15;17)(q22;q12)。综合各项检查结果,医生诊断小雪患急性早幼粒细胞白血病(APL)。

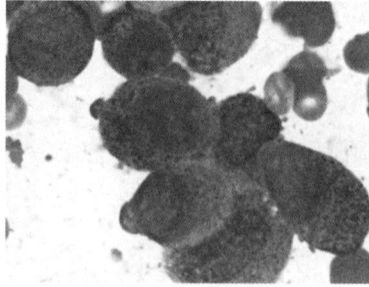

图 2.19　骨髓常规

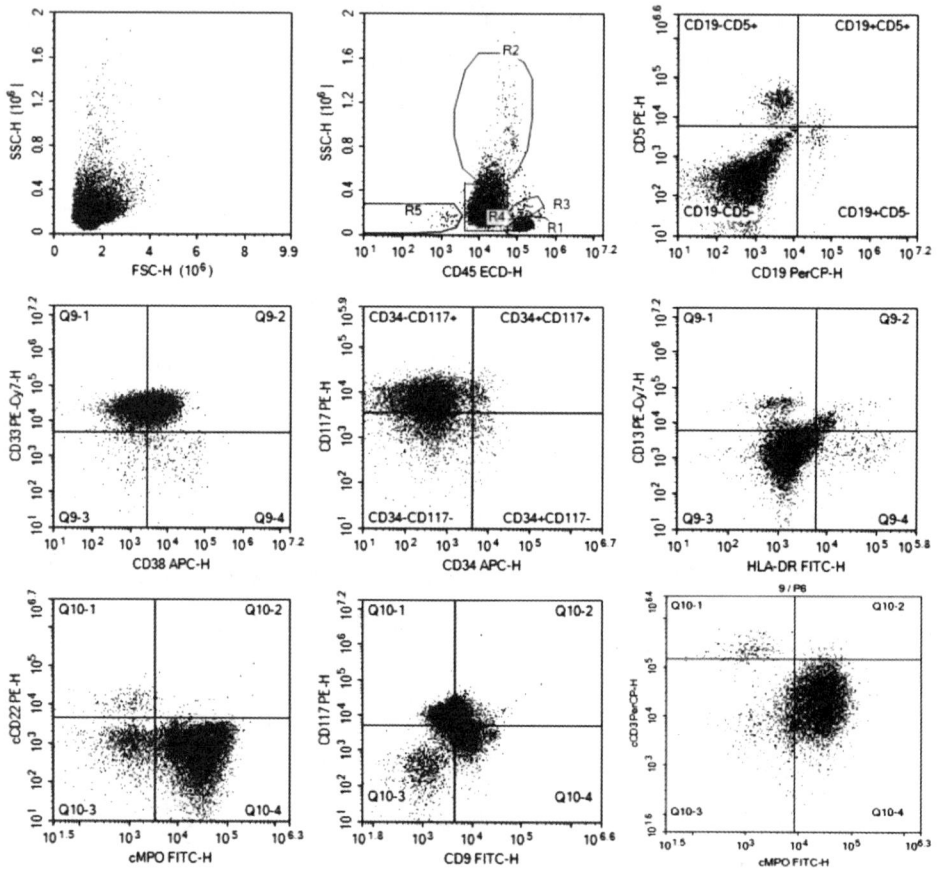

图 2.20　免疫分型

小雪经骨髓穿刺诊断急性早幼粒细胞白血病,据此,学生讨论并回答以下问题:

(1)骨髓穿刺的适应证、禁忌证有哪些?

(2)骨髓 MICM 分型对于急性早幼粒细胞白血病诊治有何意义?

同时可以更进一步讨论:"如果家长拒绝骨髓穿刺及相应治疗措施,在这种情况下,如何进行拒绝接受医疗措施的病情告知?"从而加强医学生医患沟通能力的培养。

(二)案例2:"以毒攻毒"不是传说

1.知识点:急性白血病的治疗。

2.思政目标:激发同学们的文化自信。以小组为单位进行讨论并完成课后作业,培养学生团队合作精神,增强集体荣誉感。

3.教学过程

观看《2020未来科学大奖颁奖典礼》。未来科学大奖是中国首个由非政府组织颁发的一个世界级的科学大奖,创立于2016年,设立生命科学奖、物质科学奖、数学与计算机科学奖三个奖项。2020年12月30日,2020未来科学大奖颁奖典礼在北京举行。上海交通大学王振义教授凭借发现全反式维甲酸对急性早幼粒细胞白血病的治疗作用,摘得"生命科学奖"。

提出问题:为什么全反式维甲酸可以有效治疗急性早幼粒细胞白血病? 作用机制是什么? 全反式维甲酸使用后会出现什么副作用?

讨论过程中介绍王振义教授为急性白血病治疗所做出的贡献。1948年,王振义以优异的成绩博士毕业后,进入上海广慈医院(瑞金医院前身)工作。当时急性白血病在全世界都是绝症,自从1957年被国外专家正式研究出发病机理以来,全世界的专家虽然都在研究治疗方案,却都没有结果。14年后,1971年德国科学家发现,某些物质在动物体内或许可以隔离掉癌细胞,但是最终还是没有明确的结果,德国科学家放弃了。又过了9年,1980年美国国家癌症研究所的专家详细研究了癌细胞的分化,可惜最终也没能形成治疗方案,美国科学家也放弃了。王振义教授向医院申请了一间原来食堂用来做饭的小房间,带领着几名研究生在这个小房间里,开始了白血病细胞诱导分化的研究。不过几平方米大的屋子,是他的培养室、操作室兼办公室。就是在这样简陋的环境和条件下,王振义教授默默进行自己的研究。在当时,中国还没有药厂能合成13顺式维甲酸,国内唯一能找到的维甲酸,是上海第六制药厂生产的"全反式维甲酸"。王振义教授决定,就用全反式维甲酸进行试验。

1986年,一位5岁小女孩得了这个病,绝望的家属怀着白发人送黑发人的悲痛心情,都准备好了后事。但王振义努力说服孩子的父母,不试病情肯定会持续恶化,试了还有一线希望。用药几天后,孩子的各项指标开始恢复。1个月后,孩子的生化、凝血指标全部恢复正常!

王医生带着女孩从鬼门关中走了回来! 这是世界上第一例急性白血病治愈的案例! 也是世界公认的诱导分化理论让癌细胞"改邪归正"的第一个成功案例。有了这个良好的开始,当年就有24位急性早幼粒细胞性白血病患者得到治疗并好转。

1987年,《全反式维甲酸治疗急性早幼粒细胞白血病的研究》发表,震惊全世界!

这个"上海方案"让患者 5 年生存率从 10％提高到 93％，让急性早幼粒细胞白血病成为第一个可基本治愈的成人白血病。

通过介绍我国科学家在急性白血病治疗方面的贡献，激发同学们的民族自豪感和爱国情怀。那么除了全反式维甲酸，急性早幼粒细胞白血病是否还有其他的药物治疗？如果有，作用机制是什么？治疗过程中需要注意什么？通过一环接一环的问题，使学生掌握儿童急性白血病的治疗。

二、特色与创新

急性白血病患儿作为一个特殊的群体，不仅要忍受疾病本身所带来的身体上的巨大伤痛，还要承受心理上的伤害。他们渴望像一个正常孩子一样，可以学习和生活。因此，在课程教学中努力将急性白血病的诊治与基础阶段所学的知识进行融合，将专业知识和人文关怀融合，将治病救人和公益项目融合，将国际视野和民族情怀融合。通过融合，培养学生的仁爱之心，加强学生对医生行业的职业认同和使命感，激发同学们的民族自豪感和爱国情怀，同时培养他们团队合作的精神。

三、教学总结和反思

本课程教学过程中发现学生对于思政案例的兴趣比较高，课堂气氛活跃，因此，后期的思政教学中会继续挖掘医者仁心、文化传承等实际案例并融入教学课件。

但课堂教学过程中也存在一些问题，比如学生在课前对线上学习的重要性认识不足，绝大多数同学只是做到了上课认真听；老师课间、课后与学生的交流时间并不多。因此今后将采用现代教育技术如雨课堂等，进一步优化课程设计，提高学生的课堂参与度和课堂教学效果，同时加强学生和教师的课后交流和指导。

守护成长——营养性缺铁性贫血

学校	贵州医科大学	课程	小儿内科学
章节	血液系统疾病	撰写教师	庹媛媛、金 皎
教学目标及 知识点	1.知识目标:能清晰阐述儿童缺铁性贫血的诊断及防治原则,简要描述儿童缺铁性贫血的发病机制。 2.技能目标:能熟悉儿童贫血症状的问诊及体验技巧,分析儿童贫血的病因诊断思路,制订相应的检查及治疗方案。		
课程思政 目标	1.介绍"贵州省生命小战士会""人文爱心活动""科普公益"等活动,激发学生仁心爱心,提高社会责任感。 2.通过讲述廖清奎教授在铁代谢领域的研究贡献,让学生意识到医学进步是在前辈对科学的艰苦探索过程中实现的,激发学生对医学科学进步的追求,培养学生的科学精神,加强学生对医生行业的职业认同和使命感。		
育人元素	模块四:创新精神;模块五:慈善文化。		
教学方法	PBL,CBL,TBL,实景教学。		

一、典型教学案例

(一)案例1 "白"就是美吗?

1.知识点:缺铁性贫血的临床表现及防治措施。

2.思政目标:通过介绍"贵州省生命小战士会""人文爱心活动""科普公益"等活动,使医学生了解到疾病的认识和管理应遵循生物—心理—社会医学模式,培养仁心,提高学生的社会责任感。

3.教学过程

介绍案例:

10月龄的小森是一个白白胖胖的男宝宝,在常人眼中,皮肤白皙的婴儿是漂亮可爱的。但是1天前社区体检报告让小森妈妈大为吃惊,小森血常规检查提示血红蛋白97g/L,属于轻度贫血。小森妈妈十分担心,立即带小森前往医院儿童血液科就诊。在医生细心问诊下,小森妈妈回忆小森近3个月身高、体重增长缓慢,每天睡眠时间延长,精神较同龄小朋友稍差一些,喜欢让家长抱着,不愿意活动。饮食以奶粉为主,辅食添加少,食欲也有所下降,大小便正常。

个人史:36^{+1}周早产,剖宫产,出生体重 1.95kg,身长 45cm,生后母乳喂养,生后 6 月开始添加辅食,少食鸡蛋、肉类、肝脏等食物。

家族史:无贫血等类似疾病家族史。

入院后查体 体温 36.9℃,血压 80/55mmHg(1mmHg≈0.133kPa),心率 120 次/分,体重 8kg,身长 70cm,贫血貌,精神反应可,神清,心率 120 次/分,律齐,心音有力,无杂音,肺腹(一)。

辅助检查 血常规:白细胞计数(WBC)10.71×10^9/L,嗜中性粒细胞比率 28.48%,淋巴细胞比率 63.68%,中性粒细胞计数 3.05×10^9/L,淋巴细胞计数 6.82×10^9/L,红细胞计数(RBC)4.22×10^{12}/L,血红蛋白(Hb)97g/L,平均红细胞体积(MCV)55.5fL,平均血红蛋白含量(MCH)13.5pg,平均血红蛋白浓度(MCHC)244g/L,血小板(PLT)634×10^9/L。

入院后医生仔细询问孩子病史,结合患儿的出生史、个人喂养史以及典型的小细胞低色素性贫血血象,医师初步诊断小森患有缺铁性贫血。

学生讨论:

小森是一名早产儿,在 10 月龄时体检发现轻度贫血,血常规提示小细胞低色素性贫血。

(1)你认为最有可能的疾病是什么?

(2)需要完善哪些检查与哪些疾病鉴别,进一步明确诊断?

(3)如何治疗该病?

通过提问、讨论的方式,使学生掌握儿童缺铁性贫血的定义、临床表现、实验室检查、防治措施。

入院当天医生立即为小森完善相关实验室检查,血清铁 3.54μmol/L,总铁结合力 90.14μmol/L,铁蛋白 2.64ng/ml。

病史总结:小森早产儿,生后 6 月开始添加辅食,但含铁食物添加不足,病程中出现生长发育不良、精神欠佳、食欲下降等表现,结合典型小细胞低色素贫血以及血清铁和铁蛋白下降,总铁结合力升高。诊断考虑缺铁性贫血(iron deficiency anemia,IDA),据此,学生讨论:

(1)为什么小森会罹患缺铁性贫血?

(2)为什么缺铁会导致贫血?

(3)如何预防缺铁性贫血发生?

从中建立认识疾病的临床思维模式:是什么疾病——为什么会发生——如何防治? 认识到疾病机制探索对于疾病发生、发展及防治的重要性。

通过介绍"贵州省生命小战士会""新阳光病房学校"等科室开展的公益活动,使医学生了解到疾病的认知和管理需要遵从生物—心理—社会医学模式,应综合考虑患者心理、社会情况等方面。作为医生,仁爱之心是职业之本,不忘医者初心,怀揣仁心,才能制订更加符合患者需求的诊疗方案,提高疾病综合管理水平,帮助患者及家庭面对疾病及其带来的各种家庭问题,加强缺铁性贫血预防,降低发病率。

进一步讨论:对于缺铁性贫血的预防是非常重要的公共卫生问题。从这个病例拓展至日常工作及生活中,"如何普及和宣传缺铁性贫血的预防工作?"进而加强医学生的社会责任感。

(二)案例2:生命伴侣——铁

1.知识点:缺铁性贫血发病机制。

2.思政目标:介绍廖清奎教授在铁代谢领域的研究贡献,让学生意识到医学进步是在前辈对科学的艰苦探索过程中实现的。加强学生对医生行业的职业认同感和使命感,激发医学生对医生的憧憬和向往。

3.教学过程

首先,观看廖清奎教授的工作照片。2015年10月,时年80岁的华西第二医院廖清奎教授因在儿童铁营养和铁代谢以及儿童白血病研究工作的突出贡献,荣获2015年中华医学会第二十次全国儿科学术大会儿科医师终身成就奖。该奖项是由中华医学会批准、中华医学会儿科学分会设立和授予的儿科学会行业最高奖项,旨在通过表彰、奖励做出突出贡献的儿科医师优秀代表,弘扬当代儿科医师救死扶伤、爱岗敬业、乐于奉献、文明行医的精神风貌。

然后,提出问题:铁在人体内如何代谢? 为什么人体会缺铁? 为什么缺铁会导致贫血?

讨论过程中介绍廖清奎教授在儿童铁营养和铁代谢探索中作的贡献。

廖清奎教授1935年10月5日出生于四川省遂宁市蓬溪县,1960年3月毕业于四川医学院并留校工作。1959年10月加入中国共产党。从事儿科医教研50余年的他,对各种儿童疾病诊治有丰富的临床经验,尤其擅长小儿血液肿瘤、营养及免疫性疾病的诊治,在缺铁性贫血和母婴铁代谢研究方面成绩突出。20世纪80年代,提出"缺铁不仅导致贫血,而且损害人体免疫、小肠吸收、肌肉运动和智能行为",孕妇向胎儿转运铁是一个"有限无私"的过程等新理论。廖清奎组织动员了基层200多名医生对新生儿缺铁性贫血进行了3年大规模流行病学调查和缺铁群体防治,提出了一整套合理膳食搭配原则,并成功研制出含铁、锌、铜、钴等微量元素和多种维生素及氨基酸的新药"富血康"及"铁强化食盐"。该成果被广泛应用,使我国小儿铁缺乏症的患病率从20世纪80年代的70%降至目前的20%左右。

通过介绍我国科学家在儿童铁代谢方面的贡献,提升职业认同和使命感,激发同学们勇于探索和创新的科学精神。

那么了解铁代谢的过程,对于疾病诊断及防治有什么意义呢?治疗过程中需要注意什么?通过一环接一环的问题,使学生掌握缺铁性贫血的病因及治疗措施。

最后,在网络教学平台上提出课堂问题,对本节课的重点和难点进行考核,同时调查学生的满意度。课后以小组为单位完成以下作业:

(1)如何开展预防儿童缺铁性贫血的科普宣传教育?

①接诊患者时,向家长普及科学育儿知识,宣传母乳喂养的优点,辅食添加的方法;

②印制科学喂养相关知识的宣传单、宣传折页、招贴画等,在患者就诊时发放;

③专家通过电视媒体、新媒体等平台,进行科普宣传;

④通过义诊、科普到学校等方法,宣传科学喂养、合理膳食。

疾病的三级预防措施包括:病因预防、临床前期预防、临床预防。在面对儿童缺铁性贫血这类营养性疾病中,普及疾病知识是预防疾病的重要环节。作为一名医生,除了为患者提供诊治服务,还需要向社会人群普及疾病防治知识,提高全民健康意识,能有效预防疾病,降低疾病发生率,做到疾病早预防、早发现、早治疗。通过学习这些知识,培养学生的仁心仁术,成为有社会责任感的医学生。

(2)如何合理有序安排儿童贫血病因相关检查?

①首先详细询问患儿病史,包括起病情况、伴随症状、诊疗经过、疗效等,详细询问患儿生产情况、母亲孕期情况及用药史、喂养史、既往疾病、手术等病史;

②全面进行体格检查,重点关注皮肤、黏膜、淋巴结、肝脾肿大和心肺功能情况;

③血常规检查时,注意细胞形态、网织红细胞计数及比例;

④结合病史、体格检查、血常规结果,诊断倾向于缺铁性贫血时,安排铁代谢相关指标检查;

⑤注意患儿的治疗反应,安排好复诊,如果疗效与预期不符时,核实治疗的依从性,必要时扩大诊断范围,安排慢性失血性贫血等疾病相关检查。

贫血是儿童血液系统疾病中最常出现的症状之一,如何结合病情、经济、人文等因素合理安排辅助检查是临床工作中面临的实际问题。需要医生既具有扎实的专业知识,还要具备爱心和仁心。要重视病史询问和体格检查,重视血常规报告提供的信息,根据贫血诊断思路合理有序安排辅助检查。因此让学生在课后,通过组间讨论、查阅资料等方式,思考这个问题,一方面提高他们对于专业知识的兴趣,另一方面培养他们团队协作的能力。

二、特色与创新

　　儿童缺铁性贫血是儿童常见性疾病,本课程通过运用 CBL 案例引导提问、情景模拟形式,将枯燥的理论专业知识转化为模拟实用性场景训练,结合临床专业知识及思政目标,树立学生作为儿科医生仁心仁爱的品质,以人为本,开展诊断思维及临床技能的锻炼,引导学生思考如何将所学习到的专业理论知识实现最大化社会收益,进而从专业学科知识的掌握升华到对社会责任感的追求;通过科学家的事迹激发作为建设社会主义现代化医学生对医学科研知识的探索和创新潜能。教学过程中始终以学生为中心,采取混合式教学模式,利用网络教学平台上提问的形式检验学生对疾病知识的掌握程度,分析教学效果,促使高效课堂的形成。让学生以 PBL、TBL、CBL 等模式完成讨论,培养学生的团队合作精神,增强集体荣誉感,同时培养学生的社会观、价值观,培养德智全面发展的合格医学生。整个教学过程中,将学习诚信纳入个人表现与团队表现考核,考核内容包括考勤签到的真实性、是否按时完成作业等方面。让学生明白,诚信是职业、学术之根本。

三、教学总结和反思

　　本课程以临床实例出发,带领学生模拟实景进入医生角色,在分析疾病诊疗知识的同时结合思政目标,引导学生将仁爱慈善的品德融入职业学习及实践之中,并激发科学创新潜能。教学过程中,学生兴趣盎然,课堂气氛活跃,体现出思政目标导入专业课的可及性。但同时也存在一些问题,部分学生从教科书中的理论知识体系过渡到临床实例思考有一些难度,问题回答不够完整。思政内容相对理论知识较为轻松,导致部分学生对专业理论知识的关注度及积极思考性降低,有思考深度的反馈不多,仍停留在被动接受知识的模式中。因此需要进一步优化课程设计,包括提前预设1~2 个题目帮助学生提前进入课程学习状态,合理安排思政内容的占比,利用网络教学平台随机点名学生互动回答问题,增加课堂紧张感从而提高学生专注度。

杜绝"隐性饥饿"——营养性缺铁性贫血

学校	新疆医科大学	课程	小儿内科学
章节	血液系统疾病	撰写教师	娜迪热·海如拉、玛依拉·阿不都热依木
教学目标及知识点	1.知识目标:能描述缺铁性贫血的病因;能说明缺铁性贫血的发病机理;能描述缺铁性贫血的诊断及治疗方法。 2.技能目标:能通过查阅文献知道预防缺铁性贫血的方法;能运用所学知识,针对前来咨询的缺铁性贫血患儿,开展合理喂养咨询。		
课程思政目标	1.通过"贫困地区儿童营养改善项目"公益项目的介绍,培养学生的仁爱之心,增加学生们对国家的认同感、民族的自豪感。 2.通过介绍胡亚美院士在推动我国营养性缺铁性贫血诊治方面所做的工作,加强同学们对职业的认同感,学习前辈"脚踏实地、爱岗敬业、勤学乐学"的职业精神。		
育人元素	模块二:奉献精神,爱岗敬业;模块五:公益项目,社会实践。		
教学方法	案例分析法,讨论法,自主学习法,讲授法。		

一、典型教学案例

(一)案例1:杜绝"隐性饥饿",儿童营养包来改善

1.知识点:营养性缺铁性贫血的病因及其危害。

2.思政目标:通过"贫困地区儿童营养改善项目"公益项目的介绍,培养学生的仁爱之心,加强学生对国家的认同感和民族自豪感。

3.教学过程

首先,引入图片《饥饿的苏丹》(凯文·卡特拍摄,1994年3月26日由《纽约时报》刊登),引导学生讨论:饥荒带来的危害、营养均衡的重要性,全球许多地区儿童仍存在营养不良、生长迟缓情况。

根据联合国儿童基金会发布的《2019年世界儿童状况》报告:在全球5岁以下儿童中,仍有1.49亿出现生长迟缓,近5000万儿童处于消瘦状态;3.4亿儿童面临维生素及矿物质缺乏,这也被称为"隐性饥饿"。根据《中国儿童少年营养与健康报告2013》显示,我国农村7~15岁学生中,约1200万人贫血,1800万人低体重和营养不良。

向学生介绍"贫困地区儿童营养改善项目"公益项目：

为了改善贫困地区婴幼儿营养状况,国家卫生健康委从 2012 年起启动了贫困地区儿童营养改善项目,为国家集中连片特殊困难地区的 6～24 月龄的婴幼儿每天提供营养包。同时,中国疾控中心开发了学生电子营养师等营养配餐平台,编制了《学生餐营养指南》《学龄儿童膳食指南》等标准指南,还有系列的科普书籍并开展系统培训,逐步提升基层疾控中心、教育部门、学校、供餐人员等配餐的营养能力,学生的营养健康知识水平也有了很大提升。

2022 年 6 月国家卫生健康委召开新闻发布会表示,截至 2021 年,儿童营养改善项目实施已对 832 个原国家级的贫困县全覆盖,累计受益儿童人数达到 1365 万。2021 年项目持续监测地区 6～24 月龄婴幼儿平均贫血患病率和生长迟缓患病率与2012 年基线调查相比,分别下降了 66.6％和 70.3％。学生贫血患病率从 2012 年的16.7％下降到 2021 年的 11.4％,生长迟缓患病率从 2012 年的 8.0％下降到 2021 年的 2.5％。

依靠国家卫生健康委的政策,经过近 10 年的不懈努力,我国原贫困地区儿童的贫血患病率大幅度下降,膳食不均衡情况、营养不良的问题逐步得到改善。

那么贫血的发生原因有哪些？贫血又有哪些危害呢？

（学生发言）

通过"贫困地区儿童营养改善项目"公益项目的介绍,增加学生们对国家的认同感、民族的自豪感,并引出本节课的主要内容——营养性缺铁性贫血,使学生掌握营养性缺铁性贫血的病因及危害。

（二）案例 2：一生挚爱奉献儿科,杏林回眸大医精神

1. 知识点：营养性缺铁性贫血的临床表现、诊断思路。

2. 思政目标：通过临床案例,引出胡亚美院士在积累大量临床病例和不断钻研后,确定了小儿贫血的诊断步骤、营养性缺铁性贫血的病因及预防方案,加强同学们对职业的认同感,学习前辈"脚踏实地、爱岗敬业、勤学乐学"的职业精神。

3. 教学过程

介绍案例：

1 岁的壮壮是个可爱的小男孩,自从出生以来一直母乳喂养,也很少生病。出生时体重正常,生后前 8 个月体检结果也基本正常。但从 4 月前壮壮妈妈发现宝宝脸色不好,没有精神、不爱吃饭、体重也不长,更是不愿意活动,而且容易感冒、发烧。3天前去体检时医生发现孩子面色苍白,随即查了血常规,看完结果后建议尽快到医院

去看看,壮壮妈妈就赶忙带壮壮来了医院。

入院体格检查 神志清、精神欠佳,营养不良,发育落后,体重 8.0kg,贫血貌,全身皮肤黏膜苍白,甲床、口唇、面色苍白,双瞳孔等大等圆,对光反射灵敏,睑结膜苍白。胸廓无畸形,三凹征(一)。心脏及肺部查体未及异常。腹平软,肝肋下 3cm,质软,脾肋下稍触及,质软。神经系统查体阴性。

辅助检查 血常规:白细胞计数(WBC) 7.6×10^9/L,中性粒细胞比率 0.35,淋巴细胞比率 0.65;红细胞计数(RBC) 2.86×10^{12}/L,血红蛋白(Hb) 72g/L,平均红细胞体积(MCV) 73fl,平均血红蛋白含量(MCH) 24pg,平均血红蛋白浓度(MCHC) 280g/L;网织红细胞比率 0.01;血小板计数(PLT) 196×10^9/L。血细胞形态结果显示:红细胞大小不等,以小细胞为主,中央浅染区扩大,白细胞和血小板形态正常。

入院后详细询问了宝宝的出生史及喂养史:壮壮是父母的第一个宝宝,足月顺产,出生体重 3.2kg,8 个月体重 7.5kg。生后纯母乳喂养至 8 个月,此前未添加任何辅食,8 个月后开始添加少量米糊、蔬菜,肉类添加较少。妈妈经常带壮壮出去晒太阳。以前也没有经常流鼻血情况。家族史无特殊。

学生分组讨论:

总结病史特点,壮壮最可能的诊断是什么及诊断思路?

学生汇报总结营养性缺铁性贫血,并给出诊断思路。

(1)诊断依据

①1 岁男童,生后母乳喂养,未按时添加辅食。

②临床表现:易疲乏、精神欠佳、食欲低下、体重不增,易出现呼吸道感染。

③体格检查:体重 8.0kg,营养不良,发育落后,皮肤黏膜苍白,甲床、口唇、面色苍白。肝、脾大。

④辅助检查:血常规:红细胞计数(RBC) 2.86×10^{12}/L,血红蛋白(Hb) 72g/L,平均红细胞体积(MCV) 73fl,平均血红蛋白含量(MCH) 24pg,平均血红蛋白浓度(MCHC) 280g/L;网织红细胞比率 0.01;血小板计数(PLT) 196×10^9/L;血红细胞形态提示小细胞低色素性贫血。

(2)典型临床表现

①一般表现:皮肤黏膜逐渐苍白,以唇、口腔黏膜及甲床较明显,易疲乏,不爱活动。年长儿可诉头晕、眼前发黑、耳鸣等。

②髓外造血表现:由于髓外造血,肝、脾可轻度肿大;年龄越小,病程越久,贫血越重,肝脾大越明显。

③非造血系统症状。

(3)须进一步做的检查

有关铁代谢的检查:血清铁蛋白、血清铁、总铁结合力、转铁蛋白饱和度。必要时可行骨髓穿刺术,观察骨髓象是否呈增生活跃,以中、晚幼红细胞增生为主。各期红细胞均较小,胞质少,染色偏蓝,显示胞质成熟程度落后于胞核。粒细胞和巨核细胞系一般无明显异常。

(4)鉴别诊断

①铁粒幼性贫血:遗传或不明原因导致的红细胞铁利用障碍性贫血。表现为小细胞性贫血,但血清铁蛋白浓度增高,骨髓小粒含铁血黄素颗粒增多。铁粒幼细胞增多,并出现环形铁粒幼细胞,血清铁和铁饱和度增加。总铁结合力不低。

②地中海贫血:轻型地中海贫血的临床表现和红细胞的形态改变与缺铁性贫血有相似之处,故易被误诊。地中海贫血一般有家族史,有溶血表现。血片中可见大量靶型红细胞,并有珠蛋白肽链合成数量异常的证据。血清铁和铁饱和度不低且常增高。

通过提问、分组讨论及汇报的方式,使学生掌握营养性缺铁性贫血的临床表现、诊断思路,培养学生的临床思维。

介绍营养性缺铁性贫血的诊断思路时穿插讲述胡亚美院士通过积累大量临床病例和不断钻研,确定了小儿贫血的诊断步骤、营养性缺铁性贫血的病因及预防方案,最终推进了新中国初期卫生事业发展的事迹。

胡亚美出生在北京的一个富商家庭,从小体弱多病的她常常会去医院看病,在那里她接触到许多工作专业干练、能解除病人病痛的医生和护士,医生职业的神圣感便悄悄扎根于心中。

1947年,胡亚美从北京大学医学院毕业后进入北京儿童医院工作。工作不久后她便发现,小儿营养性贫血并伴有呼吸系统感染在就诊患儿中极为常见,这两种疾患相互叠加,严重威胁着孩子们的生命。急需治疗的贫血患儿使其痛心,这位年轻的医生满怀一腔热血投入我国小儿贫血的诊治及病因研究中。

她首先做的是确定小儿贫血正确的诊断步骤,让人们从技术上、认知上真正意识到小儿贫血的危害、重视小儿贫血的诊断和治疗。

胡亚美在对一名16个月贫血及反复呼吸道感染女童的诊治过程中,经过多重验证后发现其贫血与缺乏蛋白质有关。在发现这一判断病理的关键点后,胡亚美细化了各类贫血的临床特点。在根据病因、对症治疗的基础上,胡亚美还总结并推广了小儿贫血的预防方案,从而为根治贫血提供了可能。在观察大量病例的基础上,总结出了小儿体内缺铁的几大类原因,她的发现为我国小儿缺铁性贫血的预防工作指明了方向。在教育宣传下,更多的婴儿得到了合理喂养,预防感染等基本的卫生常识得到了有效推广。

通过学习胡亚美院士事迹,使学生熟练掌握缺铁性贫血的病因及缺铁性贫血的临床表现,同时体会医者仁心及医者所肩负的责任与使命,学习前辈为人民服务的"初心",加强同学们对职业的认同感。

二、特色与创新

以《饥饿的苏丹》为引入点,介绍我国推行的"贫困地区儿童营养改善项目"计划,以图片、新闻报道等教学手段,充分调动学生兴趣及积极性,结合讲授式、讨论式多媒体课堂讲授形式,将营养性缺铁性贫血相关知识点进行充分融合,增加学生们对国家的认同感、民族的自豪感。引导学生们分组讨论、培养合作精神的同时,使学生掌握营养缺铁性贫血的病因及危害。以案例"不爱吃饭的壮壮"为引,培养学生诊断疾病的临床思维和总结案例的能力,并穿插思政内容——讲述胡亚美院士的事迹,将"脚踏实地、爱岗敬业、勤学乐学"职业精神设计其中,将知识传授与价值引领相结合。

三、教学总结和反思

课程中可以发现学生对于公益项目活动很感兴趣,但加强职业认同感、社会担当须长期熏陶,后期可继续增加此方面的内容,组织学生适当参加公益活动,以实际体验感增强学生的参与度、加深学生的感悟,达到最终的教学效果。课堂教学过程中也存在一些问题:须进一步凝练课程思政内容及设计方案,尽可能多方面、多内容、多方式进行思政与教学内容的融合;课前需要花更多的时间和精力去查阅资料,理清思路,明确教学重难点,以更好地帮助学生理解及掌握课程重点内容,不断提高教学质量。

生命相"髓",不离不弃——再生障碍性贫血

学校	温州医科大学	课程	小儿内科学
章节	血液系统疾病	撰写教师	黄 珍
教学目标及知识点	1.知识目标:能描述再生障碍性贫血的临床表现;能说明再生障碍性贫血的病因和发病机制;能阐述再生障碍性贫血的治疗原则。 2.技能目标:能分析再生障碍性贫血的实验室检查;能通过临床表现和骨髓常规等辅助检查等诊断再生障碍性贫血;能通过查阅文献了解再生障碍性贫血的诊治研究进展。		
课程思政目标	1.通过"生命相髓"公益项目的介绍,培养学生的仁爱之心,加强学生对医生行业的职业认同和使命感。 2.通过情景模拟,引导学生学习医患沟通的技巧和团队合作精神,培养整体思维。		
育人元素	模块二:整体思维;模块五:仁心仁术 。		
教学方法	案例演示,生讲生评。		

一、典型教学案例

(一)案例1:蕾蕾身上的红色小点点

1.知识点:再生障碍性贫血的诊断、鉴别诊断、发病机制。

2.思政目标:培养学生的仁爱之心,加强学生对医生行业的职业认同和使命感。培养学生的整体思维和团队合作精神。

3.教学过程

介绍案例:

5岁的蕾蕾是一个可爱的小女孩。半个月前妈妈发现她身上出现了几个红色的小点点,不痒也不痛,妈妈以为是被虫子咬的,因此没带她去看医生。慢慢地,妈妈察觉出不对劲。蕾蕾身上的红色小点点越来越多,脸上、手上、脚上也有,而且脸色也越来越难看。妈妈带着蕾蕾到了当地医院,验了血,医生看了报告单说蕾蕾的病很严重。所以妈妈就带她来了大医院。医生为蕾蕾复查了血常规,立即安排蕾蕾住院。

入院后体格检查 面色苍白,全身可见较多针尖大小出血点和瘀斑,两肺呼吸音稍粗,未闻及湿啰音,心音响,心律齐,腹软,肝脾肋下未及,神经系统没有发现异常体征。

辅助检查 白细胞计数（WBC）$2.79×10^9$/L，中性粒细胞比率0.107，淋巴细胞比率0.842，异型淋巴细胞未找到，幼稚细胞未找到，中性粒细胞计数$0.299×10^9$/L，血红蛋白（Hb）59g/L，平均红细胞体积（MCV）85.60fl，平均红细胞血红蛋白量（MCH）30.80pg，平均红细胞血红蛋白浓度（MCHC）359g/L，血小板计数（PLT）$2×10^9$/L。

学生讨论：蕾蕾因皮肤出血点和贫血就诊，血常规提示三系下降，我们需要考虑以下问题：

（1）病史采集过程中还需要询问哪些内容？

（2）蕾蕾的血常规提示血红蛋白降低，贫血的程度是什么，轻度、中度或重度？按照贫血的形态分类，蕾蕾的贫血属于哪种类型，大细胞性贫血、小细胞性贫血还是正细胞性贫血？明确贫血形态为正细胞正色素性贫血基础上，进一步分析蕾蕾贫血到底应该是红细胞生成不足、破坏过多，还是丢失过多？

（3）根据蕾蕾的病史和血常规结果，你认为最可能的疾病是什么？需要和哪些疾病进行鉴别？

（学生发言）

从贫血入手，分层递进，找出贫血的病因，培养学生的整体临床思维。通过上述提问、讨论的方式，使学生掌握再生障碍性贫血的临床表现、实验室检查、诊断、鉴别诊断。

让学生分别扮演医生、病人和家长，通过情景模拟加强对医学生医患沟通能力的培养。

家长拒绝骨髓穿刺及相应治疗措施，在这种情况下，如何进行拒绝接受医疗措施的病情告知？

（学生发言）

蕾蕾回家后，爸爸妈妈又是百度又是四处打听。只要听说哪里吃中药效果好，就马上带着蕾蕾去哪里。这样过了半个多月，蕾蕾并没有像爸妈期待的那样越来越好，情况反而更差了。一天到晚只愿意躺在床上，脸也白得像纸一样。有一天晚上，蕾蕾一下子鼻子出血很多，怎么都止不住。蕾蕾父母连忙把她送到医院急诊科。医生说蕾蕾现在病情非常重，随时会有生命危险。爸爸妈妈后悔不已，开始听从医生的安排。

蕾蕾再次入院后，主管医生建议蕾蕾接受骨髓常规检查，学生讨论：

（1）骨髓穿刺的适应证、禁忌证有哪些？

（2）骨髓常规和骨髓活检结果如何解读？

（3）再生障碍性贫血除骨髓常规和骨髓活检，还需要做哪些检查？

（学生发言）

第2天医生就给蕾蕾做了骨髓穿刺。骨髓常规提示淋巴细胞比例显著增加，部分骨髓小粒中网状细胞、浆细胞、组织嗜碱细胞等非造血细胞比例有所增加,考虑再生障碍性贫血(图 2.21);骨髓活检提示有核细胞增生减低,巨核细胞减少或缺如,造血组织减少,脂肪和(或)非造血细胞增多(图 2.22)。

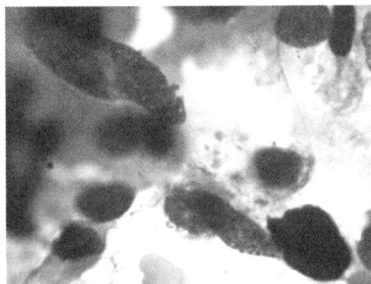

图 2.21　再生障碍性贫血骨髓细胞形态学

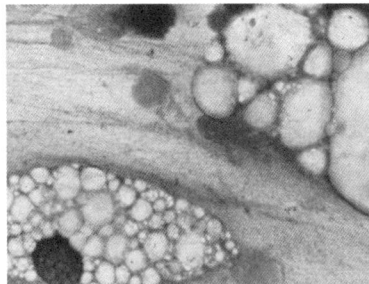

图 2.22　再生障碍性贫血骨髓活检病理报告

综合各项检查结果,医生诊断为再生障碍性贫血。

(二)案例 2:无私奉献,用心守护

1.知识点:再生障碍性贫血的治疗。

2.思政目标:结合温州医科大学"生命相髓"公益项目,引领正确价值观;通过情景模拟,引导学生学习团队合作精神,增强集体荣誉感。做到学以致用,同时增加学习专业知识的积极性。

3.教学过程

介绍案例:

蕾蕾的父母一听蕾蕾是再生障碍性贫血(重型),茫然不知所措。联想到电视剧里患者身体虚弱、流血不止、最后身故的悲惨画面,他们的心理防线一度崩塌,觉得看不到治疗的希望。医生安慰他们说,确诊了重型再生障碍性贫血,千万不要灰心丧气,因为造血干细胞移植是治疗再生障碍性贫血的有效方法。之前有个刚上初中的小姑娘患再生障碍性贫血,做了骨髓移植,后来回到学校,顺利通过高考,现在正在一所高校就读,结识了新的朋友,前段时间还去看了演唱会呢。听了医生的耐心解释,蕾蕾的父母松了口气,对蕾蕾疾病的治疗也树立起了信心。但医生接下来的一句话又让蕾蕾父母的心揪了起来,骨髓移植先要找到合适的供者,到哪里去找这个供者呢? 当天晚上蕾蕾出现了发热,体温最高 40 摄氏度,伴有明显的畏寒、寒战,口唇发绀。"医生,医生,快来",蕾蕾妈妈急忙呼叫医生和护士。夜班医生虽然是位规培医生,按照医院"分层渐进、螺旋上升、顶岗负责、强化督导"的儿科住院医师规范化培训模式,已经能在病房独立值班。根据患儿的临床表现,考虑患儿继发了"脓毒血症",

在上级医生指导下,马上给予抗感染治疗,同时完善血培养等相关检查。护士给蕾蕾戴上心电监护仪,发现血氧饱和度只有88%,血压只有84/46mHg,考虑可能存在感染性休克,医生马上让蕾蕾吸氧,并给予生理盐水扩容,同时对蕾蕾父母进行了相关的病情告知。

教学过程中,可以让学生分别扮演不同的角色,通过情景模拟培养学生的团队合作精神。

在医生护士的共同努力下,蕾蕾闯过了一道道难关,病情得到了有效控制。医生建议蕾蕾先和她姐姐进行HLA配型,为造血干细胞移植做准备。蕾蕾父母担心捐献骨髓会不会影响到姐姐的身体情况,两个女儿都是最珍惜、最宝贝的人,不忍心让其中一个受一丁点伤害。温州医科大学第二临床学院"生命相髓"志愿者服务队了解到这个情况后,来到病房给蕾蕾父母进行骨髓捐献知识的宣传,用他们自身以及周围一个个为爱而生的温暖故事来消除他们对造血干细胞捐献的顾虑(图2.23)。在大家的努力下,蕾蕾父母终于同意蕾蕾和姐姐进行HLA配型检测。幸运的是,蕾蕾和姐姐的12个HLA位点竟然达到了全相合。接下来蕾蕾可以通过移植姐姐的造血干细胞进行治疗。听到这个消息,蕾蕾父母露出了这几个月来难得一见的笑容。

图2.23 温州医科大学"生命相髓"志愿服务队

学生讨论:

再生障碍性贫血的治疗,同时了解相关作用机制新进展。

(1)为什么造血干细胞移植可以有效治疗重型再生障碍性贫血?

(2)造血干细胞移植后会出现什么副作用?

(3)除了造血干细胞移植,重型再生障碍性贫血还有什么治疗方法?

一个月后,一袋鲜红色的造血干细胞缓缓地输进了蕾蕾的身体。这些象征着"生命种子"的造血干细胞经过2~3周的时间,在蕾蕾体内开始生长发育。在医护团队精心的照护下,蕾蕾顺利度过了骨髓抑制期、感染期、排异期等,最终移植成功,经过3个多月的努力终于顺利出院了。

二、特色与创新

本课程运用案例教学法,将再生障碍性贫血的诊断、发病机制及治疗要点进行有效融合。教学过程始终以学生为主体,教师辅助答疑。致力于造血干细胞捐献宣传与推广的"生命相髓"项目由学生于2005年发起,2014年成立"温州市生命相髓造血干细胞捐献宣传公益中心",成为全国首家以在校大学生为法人的造血干细胞宣传公益组织。团队足迹遍布8省25市,累计关爱白血病患者8万多小时,3400余名学生加入中华骨髓库,19名学子成功捐献造血干细胞。课堂讨论过程中,适时、适度地引入课程思政内容,培养学生的无私奉献和仁爱之心,加强学生对医生行业的职业认同和使命感,同时激发学生的民族自豪感和爱国情怀。

三、教学总结和反思

学生对于思政案例的兴趣比较高,课堂气氛活跃,因此后期的思政教学中会继续挖掘医者仁心、文化传承等实际案例并融入教学课件。课堂教学过程中也会存在一些问题,比如学生在课前没有预习,对学习的内容不熟悉,课堂上难以进行深入有效的交流。此外,思政讨论会占用较多时间,导致理论课时间不足。因此,今后有必要进一步优化课程设计,提高学生的课堂参与度和课堂教学效果。

拨开迷雾，天下无"痫"——儿童癫痫

学校	贵州医科大学	课程	小儿内科学
章节	神经肌肉系统疾病	撰写教师	成善青、艾　戎
教学目标	1.知识目标：能准确阐述儿童癫痫的临床表现、诊断程序和药物治疗原则；理解基因检测对于诊断遗传性疾病的重要意义。 2.技能目标：能描述儿童神经系统查体的重要体征及临床意义，进行癫痫的鉴别诊断，初步制订检查和治疗方案。		
课程思政目标	1.通过癫痫案例学习，了解儿童癫痫诊疗现状不容乐观，激励学生提高学习意识，增强职业认同和责任感、使命感。 2.介绍我国罕见病医保政策，让学生体会中国共产党"人民至上"的执政理念，激发爱国主义精神。		
育人元素	模块一：学习意识；模块三：国家认同。		
教学方法	案例教学，研讨辩论。		

一、典型教学案例

(一)案例1："点头"是病吗？

1.知识点：癫痫的诊断程序。

2.思政目标：通过学习儿童癫痫诊断程序，激发学生的学习兴趣，提高学习意识，促进独立思考和主动学习，培养学生的职业认同、责任感和使命感。

3.教学过程

介绍案例：

小明，2岁8月，1岁4月独走，喊人，1岁6个月开始出现发作性点头，伴双眼凝视、双上肢上抬呈拥抱状，成串发作，均为清醒时出现，发作严重时伴流泪，发作后困倦思睡，后玩耍如常。病后逐渐出现语言减少，对名字呼唤不理睬，对手机铃声、电视声音等有反应，喜欢独自玩耍，视力正常，睡眠中偶有肢体抖动。第一胎第一产，足月顺产，出生时无窒息。母孕期体健，父母非近亲婚配，家族中无癫痫、精神疾病史。

入院后体格检查　体重12kg，神清，胸背部、四肢皮肤见散在大小不一"白斑"(色素脱失斑)，头颅五官无畸形，心肺腹(一)，四肢活动自如，肌力、肌张力正常，巴氏征(一)。

辅助检查　血常规、血生化无异常。

根据上述典型临床表现初步诊断：癫痫，痉挛发作。入院后即行视频脑电图、头颅 CT 和头颅 MRI 等检查，并予丙戊酸钠口服液治疗。治疗 3 天后发作减少。

学生讨论：

小明因"发作性点头"就诊，现针对以下问题进行讨论：

(1)你认为最可能的疾病是什么？需要进行哪些检查呢？

(2)为什么小明生病 1 年多没有进行规范诊治呢？

癫痫是儿童时期最常见的神经系统疾病，是一种有不同病因基础、临床表现各异、以反复癫痫发作为共同特征的慢性脑功能障碍。癫痫是小儿内科学课程学习的重要疾病之一。

通过提问、讨论的方式，使学生掌握癫痫发作特点、癫痫发作分类及癫痫诊断程序。①介绍癫痫发作特点：发作性（突发突止）、反复性（慢性）、刻板性（表现类似）。区分癫痫发作、癫痫、癫痫综合征的概念；②介绍 2017 年国际抗癫痫联盟关于癫痫发作的分类：包括局灶性发作、全面性发作、发作起始不明的发作；③介绍癫痫诊断程序：包括确定癫痫发作及癫痫诊断（与非癫痫性发作鉴别）、确定癫痫发作类型、确定癫痫及癫痫综合征类型、确定癫痫病因、确定功能障碍和共患病。

脑电图检查是癫痫诊断的重要依据，脑电图正常不能排除癫痫。视频脑电图和长程脑电图检查可提高监测阳性率。癫痫病因诊断重要，应尽可能明确病因，包括确定癫痫发作类型及癫痫类型（与非癫痫性发作鉴别）、确定癫痫综合征诊断、确定癫痫病因、确定功能障碍和共患病诊断。

癫痫患者中 60% 在儿童期起病，婴幼儿期是第一个发病高峰，所以儿科医生应熟知癫痫的诊治。贵州地区经济欠发达，癫痫诊断率低，治疗率低，加强儿童癫痫的长程管理任重道远。

小明生病 1 年多来未进行及时、有效诊治，与基层医生、家长对癫痫相关疾病认识不足有关。鼓励同学们在校期间刻苦学习，练就治病救人的本领，才能在毕业后更好地为人民服务，并认识到健康教育宣传也是医生的重要职责之一，熟悉疾病的三级预防措施。通过学习儿童癫痫相关知识培养医学生的责任感和使命感。

入院第二天小明的头颅 CT 结果提示：室管膜下见致密影，皮层下见低密度影（图 2.24）。第三天头颅 MRI 示双侧侧脑室室管膜下见多发结节状突起，双侧大脑半球皮层下白质异常信号，考虑结节性硬化（图 2.25）。视频脑电示异常幼儿脑电图，见广泛及多灶尖波、尖慢波、尖形慢波、多棘慢波发放；监测到醒睡各期多次肌阵挛发作，清醒期 1 次成串痉挛发作（图 2.26）。根据小明的临床表现和上述检查结果，明确诊断为"1.癫痫，痉挛发作，肌阵挛发作；2.结节性硬化症"。

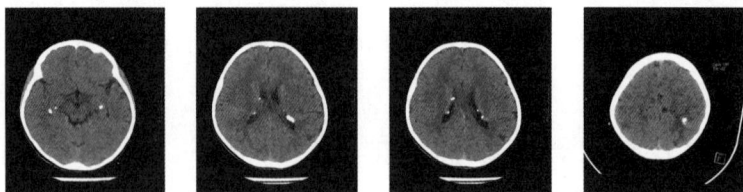

图 2.24　CT 影像

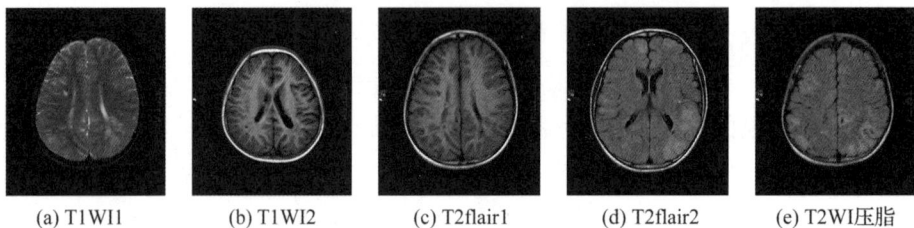

(a) T1WI1　　(b) T1WI2　　(c) T2flair1　　(d) T2flair2　　(e) T2WI压脂

图 2.25　磁共振影像

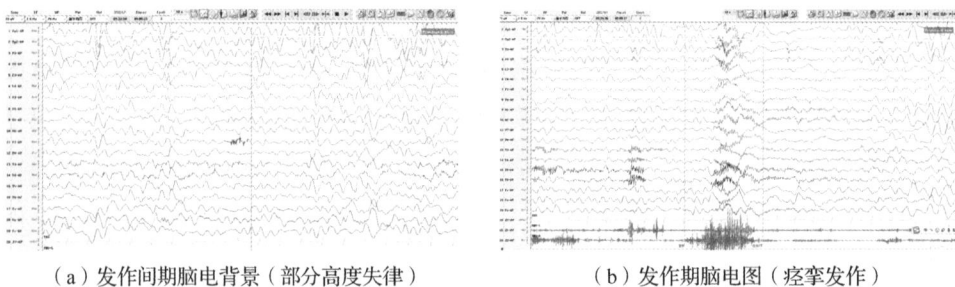

（a）发作间期脑电背景（部分高度失律）　　（b）发作期脑电图（痉挛发作）

图 2.26　脑电图波形

小明诊断为"结节性硬化症",学生讨论:如何诊断结节性硬化症? 老师结合本病例讲解结节性硬化症的诊断标准,包括确诊、拟诊和可能 TSC。

结节性硬化症为遗传性疾病,须行基因检测进一步确诊,如何与家长沟通基因检测的必要性和重要性呢? 如果家长拒绝基因检测,如何进行拒绝接受医疗措施的病情告知呢? 通过本病例学习,培养医学生的医患沟通技能。

(二)案例2:有"白斑"的罕见病

1.知识点:癫痫的药物治疗。

2.思政目标:通过介绍罕见病医保政策,充分彰显中国共产党"人民至上"的执政理念,激发学生爱国主义精神。以小组为单位进行讨论并完成课后作业,培养学生团队合作精神,增强集体荣誉感。

3.教学过程

介绍病例同第一部分。首先,对于癫痫患者,皮肤"白斑"对于结节性硬化症的诊断有重要提示。

提出问题:皮肤改变对于儿童神经系统疾病诊断的意义。

讨论过程中介绍神经系统疾病可伴有特征性皮肤改变。如面部血管纤维瘤,四肢、躯干皮肤色素脱失斑提示结节性硬化症,头面部红色血管瘤提示脑面血管瘤病(Sturge-Weber 综合征),多处(≥6 处)"咖啡牛奶斑"提示神经纤维瘤病等(图 2.27)。另外,还应观察头颅五官是否有畸形。

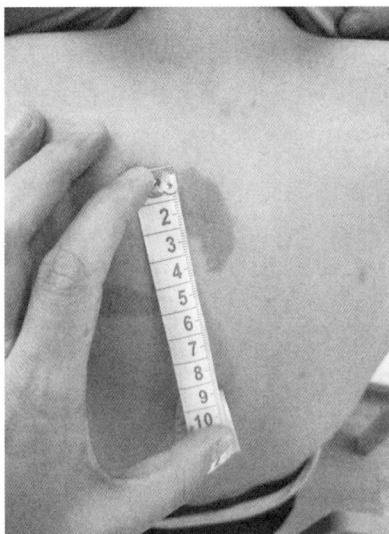

图 2.27　牛奶咖啡斑

讨论中引导学生强化"儿童不是成人的缩影"的印象。生长发育是儿童不同于成人的重要特点,小儿神经系统疾病诊断时应关注生长发育里程碑。

结节性硬化症(tuberous sclerosis complex,TSC)系 TSC1 或 TSC2 基因变异所致,为常染色体显性遗传性疾病,新生儿发病率为 1/6000～1/10000,成人约为 1/8000。结节性硬化症可以导致细胞增殖和分化失控,几乎累及所有器官和系统,如脑、皮肤、肾脏、心脏等。TAND 指 TSC 相关的神经精神障碍,用来描述 TSC 患者普遍存在的脑功能障碍相关的临床表现,包括攻击行为、孤独症谱系障碍、智力缺陷、精神障碍和神经心理缺陷等。本病例由于结节性硬化症导致癫痫发作,伴随发育迟缓和孤独症样表现,提示伴随严重神经系统功能损害。根据患儿临床表现和癫痫诊断程序,应补充诊断"孤独症样表现"。

另外,介绍癫痫的药物治疗,强调药物治疗是癫痫的首选治疗,常根据癫痫发作类型选择抗癫痫发作药物。

提出问题:结节性硬化症属于罕见病,是否有特效治疗药物呢?

氨己烯酸是结节性硬化症的一线治疗药物,目前已经可以在国内购买。结节性硬化症所致药物难治性癫痫可考虑外科手术治疗,如累及器官数量较多、难以手术、术后复发病灶及双侧病灶者可使用 mTOR 抑制剂治疗,如雷帕霉素、依维莫司等。

进一步介绍罕见病定义和我国第一批罕见病目录。罕见病指患病人数占总人口 0.65‰~1‰,病种多达 7000~10000 种,疾病损害可累及多系统、多脏器,故罕见病群体总人数并"不罕见",其中儿童占 50%~70%。儿童罕见病中 80% 为遗传性病因,50% 在出生时或儿童期发病,30% 儿童在 5 岁前病逝,罕见病已成为我国 5 岁以下儿童重要死因,存活的罕见病患者均有不同程度的功能残障。中国政府重视和关注罕见病群体,2018 年国家卫生健康委员会联合五部门发布《第一批罕见病目录》,共涉及 121 种疾病,神经系统罕见病达 30 多种,包括进行性肌营养不良、脊髓性肌萎缩症、Dravet 综合征、结节性硬化症、线粒体脑肌病伴乳酸酸中毒及卒中样发作等。其中部分疾病治疗药物已纳入医保目录,介绍脊髓性肌萎缩症的鞘注治疗药物诺西那生钠进入医保目录后,价格由一针 70 万元"天价"降至 3.3 万元,真正解决了罕见病患者的药物可及性问题。

通过介绍罕见病目录和相关医保政策,让同学们充分认识社会主义制度的优越性,体现中国共产党"人民至上"的执政理念,激发爱国主义情怀。

通过本病例结节性硬化症(罕见病)伴癫痫的诊治过程,分两个部分学习癫痫的诊断和治疗,通过渐进式讨论和阶段总结,使学生掌握儿童癫痫的诊断和治疗。

最后,以雨课堂形式对本节课的重点难点进行考核,同时调查学生对课程的满意度。课后以小组为单位完成作业。

(1)儿童癫痫长程管理有哪些注意事项?

①建立良好的医患关系,提高患儿的依从性。强调科学性和规范性治疗,使癫痫发作得以长期而完全控制。②关注患儿不同时期生长发育质量。从药物选择起始的治疗全过程,尽可能减少或避免各种近、远期不良反应,以提高所用药物的长期保留率。③重视并及时干预相关共患病,尤其是对患者远期预后产生严重不良后果的其他躯体疾病和精神行为障碍。④努力建立医、患、教的良性互动,使长程管理的理念得到家长、教师乃至全社会的理解和支持,改善其整体生活质量,使患儿保持最佳心理状态和社会生活能力,帮助患儿尽可能与健康同龄儿一样,最大程度实现自身价值和人生理想。⑤关注治疗全过程及各年龄期生长发育状况,实施规范化与个体化的诊断、治疗及长程管理。

癫痫已被列入世界卫生组织全球重点防治的五大神经精神疾病之一。儿童是癫痫的高发时期,18 岁以下儿童占全部癫痫患者的 60% 以上。癫痫是常见而严重的神经系统疾病,对患者的生活、学习、工作、婚姻及生育等都可能产生很大影响,给患者家庭和社会带来持久沉重的精神与经济负担。癫痫的治疗具有疗程长和影响因素复杂等特点,儿童患者还须注意生长发育及精神行为完善等因素,长期规范化的治疗和随访管理对于改善预后至关重要。

"以患儿为中心",对癫痫患儿及家长进行健康教育,开展慢性疾病的医患沟通,并提高患者依从性,可以更好地培养学生的爱伤观念和沟通能力,进而培养有温度的医学生。

(2)癫痫首次发作需要药物治疗吗?

一般情况下,凡癫痫诊断明确、发作 2 次及以上患儿,即应开始规范药物治疗。以下情况患儿即使首次发作也可考虑及早用药:①发作严重或癫痫持续状态;②脑电图显示频繁痫样放电;③伴随神经功能异常;④神经影像学检查显示存在相关结构异常;⑤家长的强烈愿望。

60%～70%患儿经过规范治疗,可以有效控制癫痫发作。在医患沟通时既要如实告知病情,又要给予家长治疗信心,尤其是鼓励家长摒弃"病耻感",规范诊治。让学生感悟:"偶尔治愈,经常帮助,总是安慰",做一个崇尚仁心仁术的医学生。要求学生课后查阅文献、组间讨论,促进学生自主学习,培养团队合作精神。

二、特色与创新

本课程运用案例教学法,将儿童癫痫诊治与基础阶段所学的知识进行融合。教学过程中始终"以学生为中心",教师引导、辅助和答疑。课堂讨论过程中,适时、适度地引入课程思政内容,培养仁爱之心,加强学生对医生行业的职业认同和使命感,同时激发学习意识、爱国情怀。以雨课堂形式检验学生对新知识的掌握程度,分析教学效果,促使高效课堂的形成。以小组为单位完成课后作业,培养学生的团队合作精神,增强集体荣誉感。

三、教学总结和反思

本课程教学过程中充分挖掘思政元素,将课程思政与知识培养、能力塑造有机融合。以"润物无声"的方式激发爱国主义热情,鼓励学生刻苦学习,并注重培养自主学习能力、医患沟通技能和同理心,以培养德智体美劳全面发展、有温度的合格医学生。教学过程中应进一步加强对雨课堂平台的运用和数据分析,在课堂教学中及时检查课前预习情况,并及时调整教学方案。同时也要避免学生数量较多而导致的课堂师生互动不足。

"海绵宝贝"的悲喜人生——脊髓性肌肉萎缩症

学校	温州医科大学	课程	小儿内科学
章节	神经肌肉疾病	撰写教师	李　丰、施旭来
教学目标及知识点	1. 知识目标：能解释脊髓性肌肉萎缩症的发病机制，能描述脊髓性肌肉萎缩症的临床表现，清楚阐述治疗原则。 2. 技能目标：能早期识别脊髓性肌肉萎缩症并选择合适的辅助检查方法明确疾病。		
课程思政目标	1. 通过介绍脊髓性肌肉萎缩症儿童与病魔斗争，积极向上的生活态度，启发学生对生命的热爱和敬畏，增强行医的责任感。 2. 介绍我国践行罕见病患者"一个都不能少"的理念，将"诺西那生纳针"等"天价"药物纳入医保，激发学生的国家认同。		
育人元素	模块三：政治认同；模块六：敬佑生命。		
教学方法	案例演示，生讲生评。		

一、典型教学案例

（一）案例1："纸蝴蝶"诗人小妮的故事

1. 知识点：脊髓性肌肉萎缩症（spinal muscular atrophy，SMA）的早期识别、辅助检查、临床表现。

2. 思政目标：通过SMA患儿妮妮身残志坚，与病魔斗争的故事，激发学生对生命的热爱和敬畏，增强行医的责任感。

3. 教学过程

介绍案例：

患儿，女，G_1P_1，足月顺产，出生体重3.3kg，生后即哭，哭声弱，无窒息史，Apgar评分10分。孕期母亲自觉胎动少，但常规产检均未见明显异常。患儿3月龄时因哭声低弱、四肢无力来就诊。家长发现患儿近1个月哭时几乎发不出声音，喂奶需要很长时间，容易呛奶，体重增长慢。四肢几乎没有自主活动。体格检查：体重4kg，神志清，松软儿，无法竖头，能追物，能逗笑，前囟平软，颈软，胸壁塌陷，心肺阴性，腹部膨隆，腹软，"蛙腿"样姿势。自发舌肌束震颤，四肢自发活动少，四肢肌力Ⅱ级，肌张力低，双跟、膝腱反射未引出，两侧Babinski征（—），感觉正常。辅助检查：血常规、血气分析、电解质、生化、乳酸、血氨均正常。

学生讨论：

(1)患儿的病史和体格检查中,我们发现存在什么异常? 有没有什么需要补充的病史?

(2)你认为接下来应该进行什么检查来进一步明确诊断?

通过提问、特点总结、讨论的方式,使学生掌握 SMA 的早期识别、辅助检查、临床表现。

追问病史,母亲体健,父亲走路不便,8 岁后逐渐出现行走能力逐渐退化,被诊断"小儿麻痹症",无法行走,双下肢肌肉萎缩。父母非近亲婚配,否认家族其他成员类似疾病史。完善进一步检查:血清肌酶学:正常范围;头颅 MRI:未见明显异常;脑电图:未见明显异常;双耳听力筛查:双耳通过;肌电图(EMG):静息时可见纤维颤动波和正锐波,偶见束颤电位,规律自发性运动单元活动电位,提示广泛神经源性损害。结合辅助检查和临床表现高度怀疑脊髓性肌萎缩症(SMA)。多重连接探针扩增法(ML-PA)结果为运动神经元存活基因 1(SMN1)外显子 7 纯合缺失,进一步对运动神经元存活基因 2(SMN2)做基因拷贝数检测,结果为 SMN2 拷贝数 2。同时发现患儿父亲也为 SMN1 基因外显子 7 纯合缺失,SMN2 拷贝数 4。故患儿诊断 SMA-Ⅰ型,其父亲诊断 SMA-Ⅲ型,既往诊断"小儿麻痹症"为误诊。

该患儿至 5 个月大,能头部竖立几秒,仰卧偶能踢腿,始终无法达到扶坐,经常因为呛奶引发吸入性肺炎,由于无法自主咳嗽排痰,每次需要插管吸痰。最终 2 周岁时死于重症肺炎、呼吸衰竭。

介绍"纸蝴蝶"诗人小妮的故事:

2001 年,小妮的出生让这个清贫的家庭沉浸在喜悦中,然而这种喜悦并没有维持太久。父母发现小妮从小就特别聪明,水汪汪的大眼睛像会说话,但是她的运动发育比别的孩子慢,手脚没力气。6 个月才能抬头,10 个月才能独坐,到了 15 个月终于可以扶站了,但是始终不能自己走路,扶着走也经常摔倒,而且小妮一直胃口小,体重轻,频繁的肺炎,也让父母操心不已。终于父母带她去大医院就诊,通过基因检查发现,SMN1 基因外显子 7 纯合缺失,SMN2 基因拷贝数 3,被诊断为 SMA-Ⅱ型。残酷的疾病让小妮不再有行走的可能,父母只能推着坐轮椅的小妮去看看世界。然而病魔并没有收手,小妮 10 岁的时候由于脊柱后侧凸,她不能坐了。到了 18 岁,由于关节挛缩,小妮只有几根手指能动了,并且需要呼吸机支持才能呼吸。由于无力咳出气道分泌物,小妮已经不记得多少次因为肺部感染住院,多少次被下达病危通知。依靠父母细心的照顾和小妮坚强的意志,让她一次又一次地战胜肺部感染。病魔能禁锢小妮的身体,却不能禁锢她的思想,小妮一直保持对生活的热爱,积极乐观地面对常人无法想象的困难和痛苦(图 2.28)。

小妮自幼聪明,尽管由于疾病很少去课堂上学,但通过自学,她的成绩一直名列班级前茅。后来小妮爱上了诗歌,这似乎是一扇通往自由的门,她自学人文课程和日语、法语、英语,能够阅读原版书籍,创作了几十首歌词、100 多首诗,出版了一本诗歌作品集(图 2.29)。现在 22 岁的小妮靠着仅存的大拇指和眨眼运动,通过眼控仪操作电脑,继续她的创作,书写生命的光亮。

小妮的网名叫"纸蝴蝶",她说风可以吹走一片纸,但却吹不走像纸一样轻的蝴蝶,因为蝴蝶会努力飞翔。她要像蝴蝶,摇动翅膀,逆风飞翔。她还说,自己最大的愿望就是拿掉呼吸机,坐起来拥抱一下自己的爸爸妈妈,接受了诺西那生钠注射液治疗后,她的愿望实现了。

教学中老师通过介绍 SMA 诗人小妮的故事,让学生感受生命的坚强和伟大,启发学生对生命的热爱和敬畏,增强行医者的责任感。

图 2.28　诗人小妮的荣誉墙　　　　　图 2.29　小妮的诗集

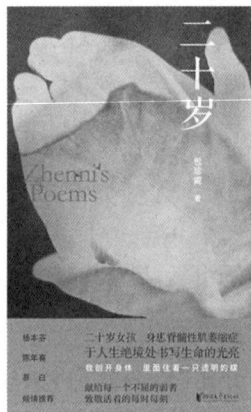

(二)案例 2:一个都不能少

1.知识点:脊髓性肌肉萎缩症的发病机制、预防、治疗。

2.思政目标:介绍我国逐步兑现罕见病患者"一个都不能少"的承诺,将"诺西那生纳针"等"天价"药物纳入医保,让 SMA 患者看到了曙光。让学生感受到伟大的祖国是行医者强大的后盾,激发学生的爱国情怀。

3.教学过程

介绍案例:

康康有个患 SMA 的哥哥,自从康康出生后,父母就非常关注他的运动发育,生怕出现和他哥哥相似的症状。因为医生建议孕 10～12 周对绒毛进行 SMN1 基因检测。

但由于经济原因,以及一定的侥幸心理,康康母亲并未完成相关检查。然而,现实让他们为当初的决定懊悔不已。康康 3 个月大时,他们敏锐地发现他出现了和哥哥相同的症状:吃奶时间长,俯卧位不能抬头,哭声微弱,身体松软,抱在手上像要滑走。于是赶紧给康康做了基因检测,很快确诊为 SMA Ⅱ 型,原因为 SMN1 基因外显子 7 纯合突变,SMN2 基因拷贝数 3。突变的 SMN1 基因分别来自父亲和母亲,也就是说父母均为突变基因携带者。

学生讨论:

(1)SMA 的发病机制是什么? SMA 的发生率有多少?

(2)你认为应该怎么做能预防 SMA 的发生?

(3)你知道目前 SMA 的治疗方法有哪些吗?

通过提问、讨论的方式,使学生掌握 SMA 的发病机制、预防、治疗。

如果康康父母听从医生的建议,这场悲剧是完全可以避免的。SMA 是常染色体隐性遗传的神经肌肉疾病,位居 2 岁以下婴幼儿致死致残性疾病首位。SMN1 基因纯合缺失或突变是主要致病原因,中国大陆人群该基因携带率约为 1/423,中国台湾的新生儿筛查显示 SMA 发病率为 1/171814。康康父母均为携带者,他们下一代的发病率为 1/4。

SMN 基因被认定为运动神经元存活基因 1(SMN1)和运动神经元存活基因 2(SMN2)。缺乏 SMN 蛋白导致 SMA 患者发生脊髓前角运动神经元退化,低水平的 SMN 蛋白允许胚胎发育,但不足以维持脊髓运动神经元的存活。其中 SMN1 纯合缺失或突变导致 SMA。SMN2 是 SMA 修饰基因,缺少 SMN2 不会导致 SMA,但在 SMA 患者中 SMN2 的拷贝数和病情严重度相关,基于患者发病年龄以及可达到的最大运动功能可分为不同亚型(0—Ⅳ 型),其中 SMA-Ⅰ 型发病率最高占 60%,SMA-Ⅱ 型患病率最高占 70%。

由于 SMA 为常染色体隐性遗传病,初级预防尤其重要。基于人群基因筛查,对携带者进行遗传咨询,尤其是父母均为携带者,产前基因检测很有必要,主要集中在孕 10~12 周和孕 18~22^{+6} 周,分别对绒毛和羊水进行 SMN1 基因检测,避免产下 SMA 患儿。目前,国内治疗 SMA 的药物,主要为诺西那生钠注射液和利司扑兰口服液。诺西那生钠注射液是全球首款针对 SMA 致病基因修正的精准靶向治疗药物,通过鞘内注射给药,直接将药物输送到脊髓周围的脑脊液中,从而改善运动功能、提高生存率,改变 SMA 的疾病进程,建议诊断后尽早使用。利司扑兰口服溶液用散则建议 2 个月以上婴儿尽早使用。同时定期物理治疗(PT)、正确使用支具或矫形器、规律运动训练等积极的康复治疗也是目前干预、延缓疾病进展的主要手段。

但是,由于诺西那生钠注射液 1 支需要 70 万元的天价,且 4 次负荷量后,每 4 个月需要注射1次维持剂量，康康家庭根本负担不起。"眼睁睁看着孩子的运动机能不断退化，从能站，到只能坐着，再到只能躺着，再到只能眨眼睛，把她抱起来的时候，整个人从头到脚都是垂着的，像是一个提线木偶，我们经历过1次，无法再经历第2次了……"康康父母被逼到了绝境。这时候我国的医保政策给这个摇摇欲坠的家庭带来了曙光。

国家医保政策调整：

2016年12月，诺西那生钠注射液在美国获批。2019年2月，该注射液在中国获批，而后正式在中国大陆上市。但一针需要70万元，第一年注射6支，此后每年注射3支，并维持终身，一旦停药，患者身体又会持续恶化。这样的价格对普通家庭简直是天文数字。有药治，却治不起，让很多原本就处在崩溃边缘的父母多了一份愧疚和自责。

2016年11月21日《上海宣言》：覆盖全民健康，决心做到"一个都不能少"。党和国家确实在用实际行动逐步兑现诺言。2021年12月3日，诺西那生钠注射液被纳入医保。2022年1月1日，新版医保药品目录正式实施，包括阿加糖酶α、诺西那生纳在内的罕见病药品被纳入医保报销。2022年1月1日当天，康康就住院接受了诺西那生纳针的鞘内注射治疗，成为国内首批享受该医保政策的患者，报销后一次住院总共自费300多元。至今康康已经接受了6针治疗。由于很早就用上特效药，康康的运动发育没有明显落后，现在1岁6个月的他已经可以独走。康康的父亲热泪盈眶："感谢党、感谢国家、感谢这个美好的时代，没有放弃我们！"

教学中老师通过介绍诺西那生纳注射液从"天价"药被纳入医保后成为每个SMA家庭都用得起的药，给SMA患者和家庭带来曙光的案例，让学生见证国家日益强大，不放弃每一个小群体患者的负责态度，让学生感受到伟大的祖国是行医者强大的后盾，激发学生的爱国情怀。

二、特色与创新

儿科学专业课程思政的原则是"思政与专业结合、教书和育人融合、情怀和能力整合"。本课程运用案例教学法，将脊髓性肌肉萎缩症的临床表现、诊断及治疗要点进行有效融合。教学过程中始终以学生为主体，教师辅助答疑，培养学生思考、探索、解决问题的能力。在课堂讨论过程中，将课程思政内容有机地融入进去，激发学生对生命的热爱和敬畏，增强行医者的责任感。实现知识传授、能力培养和价值观的塑造三者有机融合。

三、教学总结和反思

在当今，随着科技的发展，人民生活水平和质量的提高，人们对于身体疾苦疗救的时间和效果的要求越来越强烈与迫切。我们的目光在更多情况下被技术性、实效性和利益性所吸引,学生在校学医,目的就是学习医学知识,掌握行医技术,往往忽视了精神层面的学习。思想道德、政治理论,这些课程与医学专业并没有一个明确的结合点。儿科学专业课程思政教学是将专业学习和思政教育有机结合的探索,将挖掘医者仁心、文化传承等实际案例融入教学课件。相较于单纯的思政教育,学生兴趣更高,课堂气氛活跃。同时这样的教学模式对学生的自主学习能力要求更高,需要课前指导学生预习、自学,才能达到更好的课堂效果。

"大眼"女孩——儿童甲状腺功能亢进症

学校	贵州医科大学	课程	小儿内科学
章节	内分泌系统疾病	撰写教师	钱　娜、艾　戎
教学目标及知识点	1.知识目标:能准确阐述儿童甲状腺功能亢进症的诊断和治疗,熟悉儿童内分泌系统疾病的诊断思路,了解罕见病和基因检测方法的临床意义。 2.技能目标:能分析甲状腺功能亢进症相关检查结果,并进行初步诊断及鉴别诊断,制订检查和治疗方案;掌握甲状腺的查体方法。		
课程思政目标	1.通过案例学习,让学生认识到儿童甲状腺疾病起病隐匿,早期识别困难,药物治疗周期长,复发率高,须长期随访监测,激励学生提高学习意识,增强职业使命感和科学探究精神。 2.学习医患沟通技能,培养同情同理心和仁爱之心。		
育人元素	模块一:勤学乐学;模块六:同情同理。		
教学方法	案例教学,研讨辩论。		

一、典型教学案例

(一)案例1:命运多舛的"大眼睛"女孩

1.知识点:甲状腺功能亢进症的临床表现。

2.思政目标:提高学习意识,促进独立思考和主动学习,培养职业使命感和科学探究精神。

3.教学过程

介绍案例:

小钰,女,2岁,1年多前出现多汗,夜间哭闹,无发热、活动过度,无食欲减退、腹泻,无多食、多饮、消瘦等,家属未予重视,曾口服维生素D治疗1月无好转。1周前家属发现孩子突眼,无视听异常、头痛、眼痛、呕吐、惊厥等。G_1P_1,足月剖宫产,出生时无窒息。出生时新生儿听力筛查未通过,后逐渐发现患儿对声音反应差,不会喊人,就诊于重庆医科大学附属医院,诊断"双耳极重度感音神经性耳聋,双耳道Mondini畸形",1岁9个月行人工耳蜗植入术。3个月抬头,5个月独坐,人工耳蜗植入术后会说话,智力正常。母孕期体健,父母非近亲婚配,家族中堂姑10岁时有"甲亢"病史。

入院后体格检查 体重 12.5kg,心率 140 次/分,血压 92/64mmHg(1mmHg≈0.133kPa),神清,双眼球稍突出,无眼裂增宽,Stellwag 征、Mobius 征、Vov Graefe 征、Joffroy 征均阴性,甲状腺Ⅲ度肿大,质韧,未触及结节,未扪及震颤,未闻及血管杂音,双肺(-),心前区未扪及震颤,心率 140 次/分,律齐,心音有力,未闻及杂音,腹(-),双下肢胫前无水肿。

辅助检查 甲功五项及抗体结果:三碘甲状原氨酸(T$_3$)>10nmol/L,甲状腺素(T$_4$) 315.2nmol/L,促甲状腺刺激激素(TSH)<0.005mIU/L,游离三碘甲状原氨酸(FT$_3$)>50pmol/L,游离甲状腺素(FT$_4$)>100pmol/L,促甲状腺素激素受体抗体(TRAb) 30.83IU/L,抗甲状腺球蛋白抗体(TGAb) 正常,抗甲状腺过氧化物酶抗体(TRAb) 正常。甲状腺 B 超提示:甲状腺弥漫性改变。

根据上述典型临床表现初步诊断:弥漫性甲状腺肿伴甲状腺功能亢进症(Graves 病)。入院后行血常规、血生化、心电图等检查,予甲巯咪唑 5mg qd 治疗。口服甲巯咪唑治疗 6 周后门诊复查,多汗、突眼基本消失,甲功五项较前好转。

学生讨论:

小钰因"突眼"就诊,现针对以下问题进行讨论:

(1)你认为最可能的疾病是什么?需要进行哪些检查呢?

(2)为什么小钰生病 1 年多没有进行规范诊治呢?

儿童和青少年甲状腺功能亢进症(简称甲亢)特指内源性甲状腺激素合成和分泌过多导致的一系列高代谢症候群。儿童甲亢病因多,以 Graves 病最常见,约占 90%。

通过提问、讨论的方式,使学生掌握儿童甲状腺功能亢进症的临床表现,诊断及治疗原则。

①介绍甲状腺功能亢进症的临床特点:甲状腺肿大和高代谢综合征,不同年龄阶段有不同的临床表现;②介绍临床甲状腺亢进症的诊断标准,Graves 病的诊断标准;③介绍甲状腺功能亢进症的治疗和预后:包括药物治疗、^{131}I 治疗、外科手术治疗,甲亢缓解率和复发率等。

临床表现及甲状腺功能检查是确诊儿童甲状腺功能亢进症的重要指标。儿童和青少年甲亢发病通常隐匿,可能在诊断前数月即已存在变化。主要表现为甲状腺肿大、眼部症状(眼球突出)及全身高代谢症候群,儿童生长和青春期主要症状为注意力不集中、学习成绩下降、烦躁、易怒、心悸、乏力、怕热、多汗、消瘦、食欲亢进、易饥饿、大便次数多或腹泻,儿童生长加速,骨龄超前。主要体征为甲状腺弥散性肿大,质地中等,无压痛,甲状腺上下极可闻及血管杂音,心率增快,脉压差增大,血压增高等。

儿童青少年甲状腺功能亢进症年发病率为 1/10 万～8/10 万,患病率约为 0.02%(1:5000),主要见于 11～15 岁儿童,青春期前诊断甲亢患儿约占 35%,女童患病较男童更常见,比例大约为 5:1。近 10 年儿童青少年甲亢的发病率明显增高,贵州地区目前缺乏儿童甲亢流行病学调查数据,儿童甲亢的诊断标准、治疗方案欠规范,且小年龄儿童甲亢症状不典型,容易误诊和误治。小钰生病 1 年多未进行及时、有效诊治,与基层医生和家长对该病认识不足有关。向学生介绍若未早期识别并治疗该病可能产生的危害,如导致病情难以控制,在感染等应激情况下导致甲状腺危象而危及生命,长期不治疗还可导致不可逆的心脏疾患。鼓励同学们努力学习才能掌握治病救人的本领,为儿童健康保驾护航,培养医学生的责任感和使命感。

入院后甲状腺超声:甲状腺左叶上下径 40mm,左右径 16mm,前后径 11mm,峡部厚 4mm,甲状腺右叶上下径 39mm,左右径 14mm,前后径 11mm。甲状腺形态稍饱满,大小稍增大,包膜完整,内回声稍减低,未见明显占位性病灶(图 2.30),诊断提示:甲状腺弥漫性改变。结合小明临床表现及辅助检查,弥漫性甲状腺肿伴甲状腺功能亢进症(Graves 病)诊断明确。

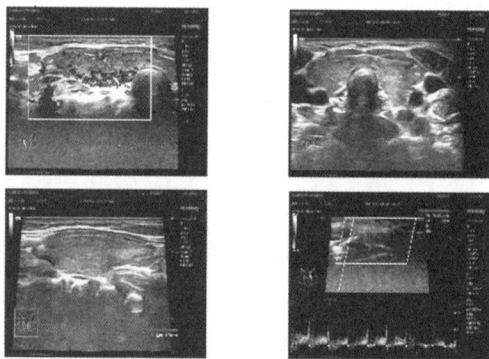

超声所见:
甲状腺左叶上下径40mm,左右径16mm,前后径11mm。
峡部厚4mm
甲状腺右叶上下径39mm,左右径14mm,前后径11mm。
甲状腺形态稍饱满,大小稍增大,包膜完整,内回声稍减低,未见明显占位性病灶。
CDFI:血流信号丰富,甲状腺上动脉内径增宽,血流速度增快约80cm/s。

诊断提示:
甲状腺弥漫性改变,请结合甲功及相关抗体检查。

图 2.30　甲状腺 B 超

学生讨论:

如何诊断弥漫性甲状腺肿伴甲状腺功能亢进症(Graves 病)呢?老师结合本病例讲解甲状腺功能亢进症的诊断标准。

小钰生病1年未进行及时、有效诊治,与基层医生、家长对甲状腺相关疾病认识不足有关,鼓励同学们在校期间刻苦学习,练就治病救人的本领,才能在毕业后更好地为人民服务,并认识到健康教育宣传也是医生的重要职责之一。通过学习儿童甲状腺疾病相关知识培养医学生的责任感和使命感。

(二)案例2:"倒霉孩子"

1.知识点:甲状腺功能亢进症的药物治疗。

2.思政目标:勤学乐学,善于反思;学习医患沟通。以小组为单位进行讨论并完成课后作业,培养学生团队合作精神,增强集体荣誉感。

3.教学过程

引出后续诊疗资料,小钰明确诊断后,家属同意药物治疗,出院后一直在主治医生门诊随访。治疗一段时间后发现效果欠佳,复查结果一直不理想,在一次门诊复查过程中,小钰的妈妈忍不住向医生哭诉道:"医生,你说我的孩子怎么这么倒霉呢,得1个病就够倒霉了,我们家孩子还得了2个病。"小钰母亲的一句"倒霉孩子得了2个病"给主治医生提供了新思路,小钰是否还存在其他问题呢?

提出问题:

(1)该病首选的治疗方式、所选药物;

(2)用药剂量、治疗周期、停药时机。

引导学生关注患儿既往有双耳极重度感音神经性耳聋的病史,结合目前治疗过程曲折,让学生学习"一元论"的临床诊断思维,即用一个疾病解释患者所有的临床表现。该患儿甲状腺功能异常合并双耳极重度感音神经性耳聋,是否存在罕见病可能呢?建议进一步行基因检测。如果家长拒绝基因检测,如何进行医患沟通呢?另外患儿父母在门诊随访过程中因疗效欠佳出现不良情绪,可以通过情景模拟让学生学习医患沟通技巧,换位思考,以人为本,培养同情心和同理心。

讨论过程中介绍内分泌系统疾病可伴有发育障碍或畸形。如骨骼发育异常、生长落后、性发育落后、性早熟等,同时强调儿童内分泌疾病一旦确诊,常常需要长期甚至终身治疗,治疗剂量需个体化,并且根据病情和生长发育情况及时调整治疗,治疗过程中应密切随访。

耳聋-甲状腺肿综合征,亦称 Pendred 综合征,是一种以感觉神经性耳聋、甲状腺肿及部分碘有机化障碍为特征的常染色体隐性遗传性疾病,由 SLC26A4 基因(亦称 PDS 基因)突变所致(图 2.31)。基因诊断是诊断该病的重要方法。

1. 临床表型高度相关，且致病性证据较为充分的点突变(SNVs)或大片段缺失重复(CNVs)：

基因	染色体位置	转录本外显子	核苷酸氨基酸	纯合/杂合	正常人频率	预测	ACMG致病性分析	疾病/表型(遗传方式)	变异来源
SLC26A4	chr7:1073 23898[1]	NM_0004 41;exon8	c.919-2A>G (splicing)	hom	0.0083333	-	Pathogenic	1.Pendred 综合征(AR) 2.常染色体隐性耳聋4型伴前庭导水管扩大(AR)	父母

注：预测：蛋白功能预测软件 REVEL，D：预测为有害；LD：预测为潜在有害；B：预测为良性；-：未知

参考文献：[1]文献数据库已报道过与 Pendred syndrome 相关:Coucke,et al.J Med Genet,36,475,1999[PMID:10874637]|1150 2831|15574297|16711435|19786220|20842945|21811566|21961810|2315025|23469187|23958391|24007330|243382 12|25231367|25525159|26100058|27176802|27498126|28964290|29650690|30036422|30086623|30275481|30282152| 30473558|30589569|30693673|30733538|30842343|30896630|31035178|31347505|31415960|31541171|31564438|31

图 2.31　基因检测报告

(三)案例3:"重获新生"的苦难家庭

1. 知识点：儿童甲状腺功能亢进症药物治疗效果不佳或复发时的处理。

2. 思政目标：提高学习意识，促进独立思考和主动学习，提高沟通技巧。

3. 教学过程

首先，通过前面的讨论和基因检测结果可明确诊断 Pendred 综合征。经过主治医生反复沟通，家属情绪稳定，积极面对疾病，认真配合医生治疗，按计划复诊。经2年的治疗，现年4＋岁的小钰，生长发育情况良好，性格开朗，感觉整个家庭"重获新生"。家属在最近随访时向医生表达了担忧"以后孩子药物治疗效果不好了怎么办？停药以后会复发吗？复发了怎么办呢"，通过案例提高学生的学习意识，促进独立思考和主动学习，进一步让学生意识到学习医患沟通技巧的重要性，增强同理同情，促进社会和谐。

通过随访过程中出现的新问题，家属对于后续治疗的担心，引导学生讨论，甲状腺功能亢进症治疗后的缓解率，停药后复发率以及后续进行 ^{131}I 治疗及甲状腺次全切除术的时机。

在不同的儿童病例队列研究中，儿童和青少年 Graves 病的抗甲状腺药物(Antithyroid drugs,ATDs)治疗2年的缓解率(定义为在停止 ATDs 治疗后保持甲状腺功能正常至少6个月的患者比例)为25％～65％。在不同病例队列研究中，儿童缓解后的复发率为3％～47％。大多数患儿复发在停药6个月内。总之该病药物治疗缓解率相对低，复发率较高。

^{131}I 治疗及甲状腺次全切除术是儿童和青少年 Graves 病的有效治疗方式。儿童 Graves 病一般推荐使用风险最低的甲巯咪唑(Methimazole,MMI)，且相当一部分儿童将获得缓解并在治疗停止后维持正常甲状腺功能。存在甲亢病史的儿童均应终生监测甲状腺功能。根据 2016 美国甲状腺疾病指南附录，儿童青少年 Graves 病治疗选择：年龄＜5岁、甲状腺体积小、低 TRAb 水平患儿优选 MMI；年龄5～10岁、甲状

腺体积大（＞80g）、高 TRAb 水平、严重眼病、停药后经常复发患儿优选外科手术；年龄＞10 岁、甲状腺体积小、低 TRAb 水平、停药后经常复发患儿优选放射性碘治疗（Radioactive iodine,RAI）。

其次，该病例为内分泌系统疾病合并先天畸形，向学生介绍内分泌系统疾病的诊断思路。

通过本病例 Pendred 综合征（罕见病）伴甲状腺功能异常的诊治过程，分三个部分学习儿童甲状腺功能亢进症的诊断和治疗，通过渐进式讨论和阶段总结，使学生掌握儿童甲状腺功能亢进症的诊断和治疗。

二、特色与创新

甲状腺功能亢进症在儿童内分泌系统疾病中相对常见，通过 CBL 案例讨论、情景模拟等多种教学方式，将该节理论知识点与思政目标串联起来，使学生在学习甲状腺功能亢进症的诊断标准、治疗原则、治疗周期、停药时机等与职业价值观、社会责任相融合，通过一个常见病，结合既往病史，治疗中的曲折，引出罕见病的诊断思路，全面提高医学生诊断思维决策力，理论与实践相结合、基础与临床联合，树立治病首先治人的理念。通过讲故事，提供临床真实案例、运用"云课堂"进行手机二维码扫描答题及分组答题，引导学生主动思考、讨论，提高师生互动率及学生参与度，有效提高课堂气氛及活跃度，加强医患沟通技巧的培训。通过该案例的课程思政融合教学，大部分同学认为有助于培养思维决策能力，以及学习如何进行有效医患沟通，帮助学生了解作为一名医务人员，除了对患者进行诊治方案的帮助，还须肩负社会责任感，如何对社会大众科普宣教，以及通过各种活动鼓励安慰患儿及家庭，增强治疗信心，提高依从性都是医生的必修技能。

三、教学总结和反思

甲状腺功能亢进症课程将理论知识点与思政教学目标相结合，依托 CBL 、TBL 多种教学方法，通过案例讨论，情景模拟进行医学人文关怀教育，加强医患沟通、提高依从性实践，引导学生树立正确的职业价值观，学会帮助慢性病病人正确对待疾病，积极治疗，配合医护做好长期管理，不畏惧疑难杂症、罕见病等，激发勤于思考、自主学习的精神，增强职业使命感及荣誉感，帮助学生成为一名德才兼备的医者。多种教学方式，提高了学生们的互动性，起到了不错的积极作用。不足之处是现有儿科教材中未编著甲状腺功能亢进症内容，学生对相关知识较陌生。如果课前通过信息化教学平台布置预习任务，进行疾病介绍和发布思考题，课堂教学时根据学生预习情况及时调整教学，将有助于提高课堂效率及增加讨论深度。

第三章　小儿外科学

团结就是力量——神经母细胞瘤

学校	温州医科大学	课程	小儿外科学
章节	肿瘤外科	撰写教师	林正秀
教学目标及知识点	1.知识目标:能熟练描述神经母细胞瘤的临床表现及辅助检查,能全面阐述该疾病的分期及治疗原则。 2.技能目标:能够熟练进行腹部肿块的鉴别诊断,准确判断神经母细胞瘤的分期。		
课程思政目标	1.通过儿童肿瘤多学科团队(MDT)介绍,增强青年医生团队意识,促进培养责任心、同理心和团队协助精神。 2.通过诊疗过程的介绍,让学生认识到医患沟通的重要性,注重培养仁爱意识,有助于医患关系和谐与诊疗过程的顺利推行。		
育人元素	模块一:人文情怀;模块五:团队精神。		
教学方法	案例演示,研讨辩论。		

一、典型教学案例

(一)案例1:小伟"渐大的肚子"

1.知识点:儿童神经母细胞瘤的诊断。

2.思政目标:通过诊治过程及病情告知的讨论,加强医患沟通,注重仁爱意识的培养。

3.教学过程

介绍案例:

小伟是一名3岁的小男孩,10天前妈妈发现小伟的肚子偏大,有点鼓,无畏寒、发热,无恶心、呕吐、腹泻等其他症状,当时没有重视。十天来妈妈发现小伟肚子胀一直没有好转,还越来越大,胃口比以前差,偶有低烧。马上到当地医院检查,当地医院做了腹部B超提示腹腔占位。当地医生告诉家长,小伟肚子里长了一个瘤子,有拳头大小,建议去大医院检查。妈妈就带小伟来温州医科大学附属育英儿童医院就诊。

体格检查　神志清,精神可,体重无明显减轻,生命体征平稳,皮肤巩膜无黄染,腹胀,腹部可及肿块,大小约 10cm×10cm,活动度差,无压痛,四肢活动正常。

辅助检查　腹部B提示:左肾前方见软组织肿块,大小约 11cm×10cm。肿物边界清楚,内密度不均,肠管向右侧移位,肝脏、胆囊及脾脏未见异常。诊断为左侧腹腔巨大占位。血生化检查:肌酐 23μmol/L,肌酸磷酸激酶 388U/L,总蛋白 5.6g/L。血常规检查:血红蛋白(Hb) 110g/L,白细胞计数(WBC) 13.96×10⁹/L,单核细胞计数 0.92×10⁹/L,中性粒细胞计数 11.60×10⁹/L,血小板计数(PLT) 456.0×10⁹/L,C反应蛋白(CRP) 29.4 mg/L。尿常规:细菌 4768.7 个/μl,白细胞 17.2 个/μl。

引导学生讨论:

(1)考虑腹部肿瘤下一步应该需要完善什么检查?

如尿香草苦杏仁酸(VMA)和尿高香草酸(HVA),头胸腹 CT 及 MRI 等。

(2)你认为最可能的疾病是什么?需要进行哪些疾病的鉴别?

首先考虑神经母细胞瘤或肾母细胞瘤可能,还须与腹腔畸胎瘤、肠系膜囊肿、重度肾积水等相鉴别。

(3)相关检查结果汇报,如何充分与家属沟通,告知家属病情及下一步诊疗计划。

诊断神经母细胞瘤可能性大,可能预后不佳,耐心与家属沟通,注意说话艺术,缓解家属焦虑情绪。结合国内及本科室此类患者治疗情况,希望家属积极配合治疗,提高患儿存活率等。

通过提问、讨论的方式,使学生掌握腹部肿瘤诊断、鉴别诊断的关键问题。肿瘤诊疗相关医学教育中的思政教育有极其重要的现实意义。一方面,肿瘤是危害人类健康的重要疾病之一,近年来肿瘤相关死亡率在我国人群全因死亡率中所占比例逐年提高,肿瘤所造成的人群健康负担越来越重。医疗工作者是解决这一问题的关键,是人民健康最忠实的捍卫者。有效的思政教育可以帮助他们扮演好这一角色。

(二)案例 2:团结就是力量——儿童肿瘤 MDT 团队

1.知识点:神经母细胞瘤目前各类国际上的分期标准及根据危险度分组;儿童神经母细胞瘤的治疗。

2.思政目标:通过模拟医患沟通,让学生认识到医患沟通的重要性;通过儿童肿瘤 MDT 团队介绍,增强青年医生责任心、同理心和团队协助精神。

3.教学过程

随后几天给小伟做了一系列相关检查,如血生化、肿瘤标记物、腹部增强 CT、MRI 及尿 HVA 和 VMA 等。腹部 CT 检查提示:左肾前方见一巨大软组织肿块,大小约 11cm×9cm。肿物边界清楚,内密度不均,可见多发钙。肠管向右侧移位,肝脏、胆囊及脾脏未见异常。腹部核磁共振示左侧腹部巨大团块状异常信号影,T1、T2 均呈混杂信号,增强后扫描病灶呈明显不均匀强化,左侧肾脏、胰腺及脾脏明显受压推移,肝脏、右侧肾脏、胆囊未见明显异常。血生化及肿瘤标记物等报告基本正常,VMA 升高明显。

目前诊断腹部肿瘤明确,结合各项辅助检查结果,首先考虑腹部神经母细胞瘤可能。制订下一步治疗方案。

教师讲解:

(1)介绍儿童神经母细胞瘤的生物学特征,神经母细胞瘤目前各类国际上的分期标准及根据危险度分组。

神经母细胞瘤国际委员会临床分期(INSS):Ⅰ期,Ⅱ期,Ⅲ期,Ⅳ期,Ⅳ-S 期。

危险度分组:低危组,中危组,高危组。

(2)介绍神经母细胞瘤主要诊断、治疗原则,介绍 INSS 分级系统对神经母细胞瘤诊治及预后有何意义?

主要诊断:在临床表现及体格检查基础上,结合血和尿检查,影像学检查和病理结果。治疗原则:手术治疗及化疗,必要时行放射治疗。

(3)介绍我院儿童肿瘤多学科讨论(MDT)机制的流程及对患儿预后的重要意义。

次日由儿童外科肿瘤专业组牵头,邀请医学影像科、超声介入科、血液肿瘤科、病理科、放化疗科、介入科等多个学科一起参加对小伟病情的讨论。儿童肿瘤 MDT 团队给出初步诊断:腹部神经母细胞瘤。根据分期及危险度分组结果,拟定先行超声介入下腹腔肿瘤活检穿刺术,明确病理类型后,转儿童血液科或放化疗科进一步治疗。

通过讲授、提问及学生讨论,使医学生掌握儿童神经母细胞瘤诊断、治疗原则及了解该病治疗最新诊疗进展。通过课前预习,分组查找资料、进行讨论。并了解温州医科大学附属育英儿童医院肿瘤 MDT 运行模式,培养学生团队合作精神及科室之间团体协助的意识。

数日后病理结果汇报:神经母细胞瘤,肿瘤分化中,MYCN 无扩增。结合影像学等结果,患儿 INSS 分期Ⅲ期,中危组。拟先行 2~4 个疗程 VCR+CDDP+ACIR+CTX 方案化疗。神经母细胞瘤中危组无须放疗和生物疗法,将诊疗计划、方案及预后情况告知家属,与家属充分沟通后,小伟开始接受化疗。

化疗期间小伟出现脱发、消瘦、胃纳差、贫血、白细胞下降等各种化疗副作用。所幸的是经过 4 个疗程化疗后,复查腹部 CT 提示腹膜后肿瘤较前缩小,肿瘤与大血管之间已有一定间隙,肿瘤完整地切除可能性较大,随后转外科手术治疗。

学生讨论:

(1)根据辅检及病理结果,确定小伟的 INSS 分期,选择化疗方案的依据。儿童神经母细胞瘤化疗方案常见的有哪几种?

(学生发言和讨论)

(2)如何与家属沟通,让家属接受化疗方案,常见的化疗药物副作用有哪些?

(化疗药物的毒副反应主要为血细胞减少、消化道反应、肝功能异常、肾功能异常、心脏毒性、神经功能异常等)

通过以上提问及学生讨论,使学生进一步了解及熟悉儿童神经母细胞瘤 INSS 分期、常见的化疗方案及常见化疗药物的副作用。

医患沟通是社会交往准则在医生与患者之间的具体体现。在患者的治疗过程中,这一交流过程更加重要。一方面,患者在健康上的损害,以及各种经济和社会负担会对患儿及其家庭造成巨大的压力,往往造成患儿及家属更加敏感的性格和更加消极的态度,这使得医患沟通相较于其他类型的交流需要更多的技巧和耐心。另一方面,医患沟通不仅是患者获取有效医疗相关知识最重要的渠道之一,也是医生对患者进行社会心理治疗最有效的手段,对患者的治疗结局起到了重要作用。

小伟转儿童外科经过历时 5 小时的手术,完整切除了肿瘤,康复出院。后续又进行了术后数次化疗。神经母细胞瘤随访原则:①体格检查和肿瘤标记物检查:第 1 年每 3 月 1 次,第 2～3 年每 4～6 月 1 次,第 4～5 年每 6～12 月 1 次;②原发肿瘤部位及转移瘤灶部位的影像学检查:第 1 年每 3 月 1 次,第 2～3 年每 4～6 月 1 次,第 4～5 年每 6～12 月 1 次。患儿目前仍在随访中。

小伟的患病对其家庭及社会来说是不幸的,儿童癌症对于患者本身来讲具有明显精神负担和经济负担,这一特殊癌症群体,除了饱受癌症自身伤害外,同时还要饱受其他病痛的折磨。患儿及家属普遍存在明显的心理负担,包括恐惧、担心、焦虑和悲伤。但就其诊治的过程及疗效来说又是不幸中的万幸。小伟不仅有尽职的医疗团队服务,还有高效的医院诊疗制度保障,同时有日益完善的医保支付制度的支持,使其能够顺利康复出院。这些都与国家对医疗工作者服务意识的培养密不可分,服务意识的培养是新时代医疗健康服务事业中必不可少的一环。我国的医疗工作者不但要做到会看病、看好病,还要做到服务好患者,服务好公共卫生事业,服务好国家医疗健康体系。服务精神相关的思政课程设计既要体现出日常诊疗工作中医生积极主动为患者服务,为患者排忧解难,真正做到将患者的需求放在心上,将患者的需要当作自己努力的方向的精神,还要强调这种服务精神不仅体现在服务每一个患者个体上,还应该体现在对公共卫生事业和国家医疗卫生体系的奉献上。

二、特色与创新

本课程运用病例(案例)教学法,以点带面,从儿童神经母细胞瘤诊治经过,扩展到腹部肿瘤的诊疗原则,同时与最新诊疗指南相结合,增加了学生对神经母细胞瘤这一疾病相关知识认识的广度与深度。教学过程中始终以学生为主体,教师辅助讲授和答疑。课堂讨论过程中,适时、适度地引入课程思政内容,培养学生的服务意识,医患沟通能力,加强学生对医生行业的职业认同和使命感,同时激发学生的爱国爱党情怀。

三、教学总结和反思

小儿外科学是一门综合性实践性学科,其内容覆盖面广、难度大、枯燥,在课堂上调动学生学习积极性存在一定的困难。将课程思政融入本课程教学中,有助于教学模式的创新,增加课堂趣味性,多元化的教学模式丰富了课堂内容,激发学生独立思考解决问题的主观能动性和批判性思维。高效的课堂教学活动丰富了课程的内涵,使学生真正学会知识。

但课堂教学过程中也存在一些问题,如一些学生在课前预习不足,对课程进度及知识点的掌握无法跟上进度。肿瘤学内容多,知识、理念及技术更新飞快,如肿瘤学与基础医学及生命科学等交叉重叠的知识较多,故很难用有限的时间将本课程的重要知识点讲解透彻。如何将思政元素潜移默化地融入课题教学,同时要兼顾临床教学要点,不能顾此失彼,仍需要进一步尝试及探讨深究。

影响脑发育的"紧箍咒"——先天性脑发育畸形

学校	杭州医学院	课程	小儿外科学
章节	头颅、神经外科疾病	撰写教师	张海波
教学目标及 知识点	1.知识目标:能详细描述先天性脑发育畸形的类型、成因、预防及治疗原则。 2.技能目标:能针对不同先天性脑发育畸形亚型特点,制定相应的体检流程。		
课程思政 目标	1.通过对国家战略《"健康中国2030"规划纲要》和《中国儿童发展纲要(2021—2030年)》的解读,增加同学们在儿童脑健康防治服务体系中的参与感和自身角色的功能定位。 2.通过介绍国家战略,使医学生把握健康中国(儿童健康发育方向)战略整体方向,讨论各自在对相关主题领域的见解和可能的角色定位。 3.以小组为单位进行讨论,通过多学科间知识借鉴,制定儿童先天性脑发育畸形防治的健康科普传播模式。		
育人元素	模块三:时事政策;模块五:责任使命。		
教学方法	社会实践,情景模拟,虚拟课堂。		

一、典型教学案例

(一)案例1:宝宝脑发育的"紧箍咒"

1.知识点:先天性脑发育畸形的类型、临床症状、体格检查、影像学表现和治疗。

2.思政目标:脑发育畸形是儿童智力发育的"紧箍咒",本章节以先天性脑发育畸形为切入点,通过国家战略中儿童健康发育的政策引导,加强学生对儿科医生行业的职业使命感和角色自豪感,将个人角色融入社会责任感中。

3.教学过程

介绍案例:

2岁的小陈是一个可爱的小男孩,出生后不久妈妈发现他的头型异常,前后径明显变长,类似于"舟"的形状,当时以为是正常发育,没有当回事,直到近期妈妈发现小陈头颅前后径进一步变长,在社区保健医生的提醒下就诊,妈妈带他来到了医院。头CT显示矢状缝已经闭合(图3.1),内部脑组织发育明显受限。体检:小陈头围约60cm,前后径约为50cm,左右横径约为30cm。入院后医生马上进行术前备血,待完善相关术前准备后手术治疗。术中将颅骨分块取下,后重新拼接,扩大颅腔,为脑组织发育提供空间。

　　8个月大小的小夏是一个可爱的小孩,出生后不久妈妈发现她的头型异常,右边倾斜,当时以为是不良睡觉姿势导致,通过纠正后未见明显改善,在社区保健医生的提醒下就诊,妈妈带她来到了医院。头颅CT显示一侧冠状缝已经闭合(图3.2),导致外形异常,同时限制了脑发育。体检:小夏头围约55cm,右侧颅骨倾斜。入院后医生马上进行术前备血,待完善相关术前准备后手术治疗,神经内镜下重建冠状缝。

　　28岁女性,怀孕3个月,产检B超显示胎儿脑室扩张,后行胎儿磁共振复诊,结果显示胎儿双侧脑室增宽(图3.3),家长执意保胎,密切随访,后复查脑积水进行性加重,家长担心出生后影响脑发育健康,痛心引产。

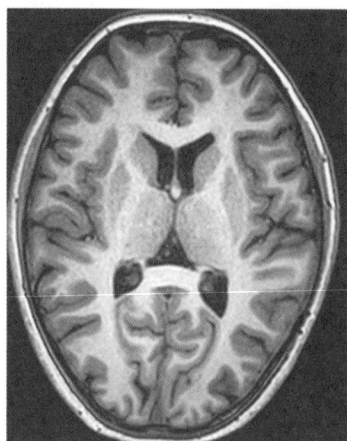

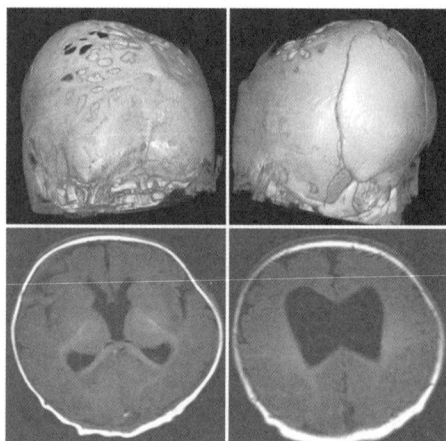

正常脑发育　　　　　　　　多颅缝早闭（矢状缝、人字缝），脑组织发育受限

图3.1　多颅缝早闭的磁共振表现

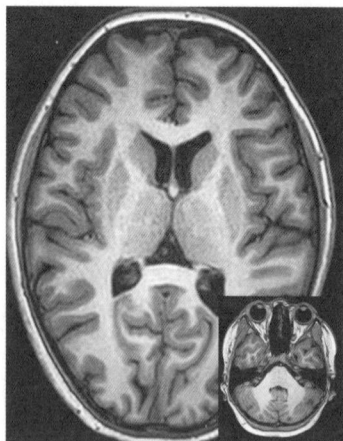

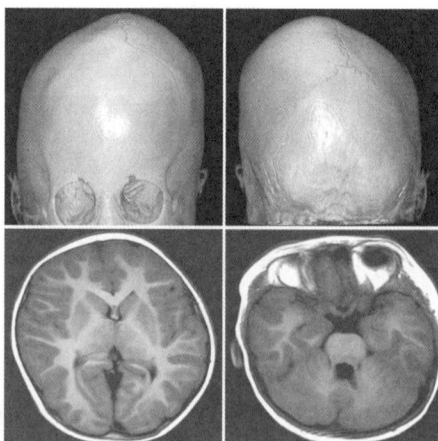

正常脑发育　　　　　　　单颅缝早闭（右冠状缝），一侧脑组织发育受限，外形异常

图3.2　单颅缝早闭的磁共振表现

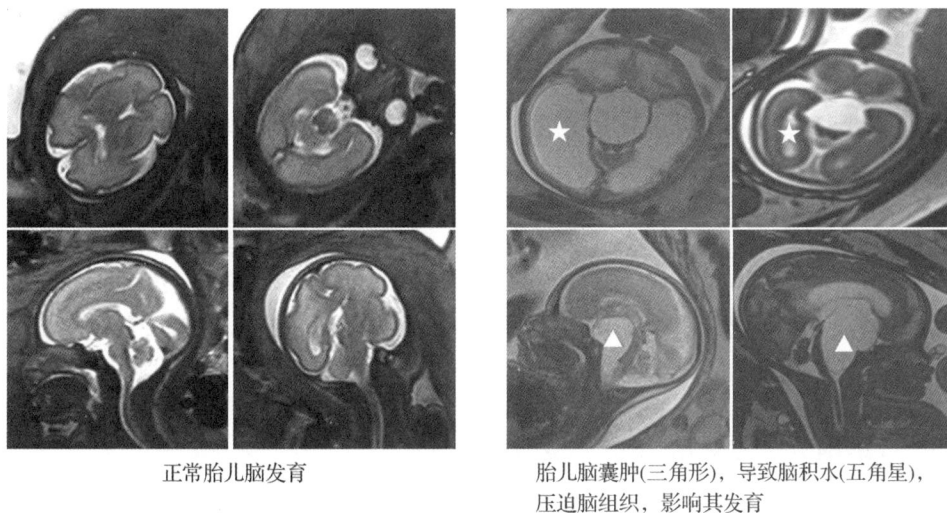

正常胎儿脑发育　　　　　　胎儿脑囊肿(三角形)，导致脑积水(五角星)，
　　　　　　　　　　　　　压迫脑组织，影响其发育

图 3.3　胎儿脑积水的磁共振表现

引导学生讨论：

(1)儿童脑发育畸形的种类及早期表现有哪些？

(2)儿童脑发育畸形的病因有哪些？

(3)如何在产前筛查中早发现、早干预儿童脑发育畸形？

(4)儿童脑发育畸形对儿童身心发育的影响有哪些？

(学生发言)

引导学生讨论：

(1)儿童脑健康发育问题(如先天性脑发育畸形)对于社会的影响有哪些？

(2)如何提高大众对于儿童脑健康发育异常(以先天性脑发育畸形为例)危害的认知？

(3)我为什么选择儿科作为终身职业？希望未来从事儿科学的哪个领域？

(学生发言)

解读健康中国战略中儿童健康发育部分。儿童是国家的未来、民族的希望。促进儿童健康成长，能够为国家可持续发展提供宝贵资源和不竭动力，是全面建设社会主义现代化强国、实现中华民族伟大复兴中国梦的必然要求。党和国家始终高度重视儿童事业发展，先后制定实施三个周期的中国儿童发展纲要。党中央把培养好少年儿童作为一项战略性、基础性工作，坚持儿童优先原则，大力发展儿童事业。在《中国儿童发展纲要(2021—2030 年)》之《儿童与健康》章节中，主要目标是构建完善覆盖婚前、孕前、孕期、新生儿和儿童各阶段的出生缺陷防治体系，预防和控制出生缺陷。具体措施包括加强出生缺陷综合防治。建立多部门联动防治出生缺陷的工作机制，落实出生缺陷三级防治措施,加强知识普及和出生缺陷防控咨询,推广婚姻登记、婚育健康宣传教育、生育指导"一站式"服务。强化婚前孕前保健,提升产前筛查和诊断能力,推动围孕期、产前产后一体化和多学科诊疗协作,规范服务与质量监管。扩大新生儿疾病筛查病种范围,建立筛查、阳性病例召回、诊断、治疗和随访一体化服务模式,促进早筛早诊早治(内容引自:国务院妇女儿童工作委员会,https://www.nwccw.gov.cn/2021-09/27/content_302538.htm)。

通过临床案例,结合健康中国战略中儿童健康发育的政策解读,培养学生对医生行业的职业认同和使命感,加强学生对儿科医生行业的自豪感,将个人角色融入社会责任感中。

(二)案例2:"紧箍咒"的松解之旅

1.知识点:先天性脑发育畸形的预防和早期诊断。

2.思政目标:以小组为单位进行讨论,助力学生积极参与儿童脑发育健康公益慈善和健康科普传播,制定儿童先天性脑发育畸形防治的健康科普传播模式,勇于承担儿童脑健康发育的社会责任。

3.教学过程

首先,由教师提出某个健康科普传播的模式(如以叙事模式为例),借鉴医学科普《工作细胞》的叙事模式,把抽象难懂的科学知识非常巧妙地采用了拟人的手法传达给大众,例如穿着牛仔裤和红色夹克衫,负责运输氧气和二氧化碳的红细胞运输员;体态娇小、呆萌可爱,负责愈合伤口、修复血管的血小板幼儿;皮肤、头发惨白,手持匕首和飞刀,负责捕杀、吞噬外来物质的白细胞勇士;身穿哥特式女仆长裙,负责清扫死去的细胞和病原物的优雅巨噬细胞女士;等等。这些造型和性格各异的细胞角色,形象而生动地展示了不同细胞的特征与功能,将抽象无趣的细胞描绘得绘声绘色,吸引人的眼球,为健康科普传播增色。同理,将脑发育过程中遇到的"拦路虎"形象化为《西游记》中师徒取经的过程,通过角色扮演,向大众传播如何避免和顺利通过"九九八十一难"(导致脑发育畸形的各种危害因素)最终取得真经(正常脑发育)。

由小组讨论,拟定基于某个传播模式的科普内容,从哪些角度传播儿童脑健康知识,如头颅外形、智力发育等,然后给小组成员分配角色人物,如有人扮演孙悟空/神仙,有人扮演妖怪,有人扮演平民等。有条件可以对接社区,以小组为单位深入基层,传播儿童脑健康知识。

二、特色与创新

1.本课程运用案例教学法,从先天性脑发育畸形的预防和诊治入手,让学生们了解先天性脑发育畸形的危害性,教学过程中引入思政课程内容,通过解读国家层面在儿童健康发育领域的重要纲领文件,培养学生对儿童脑健康疾病的认知和对医生行业的职业认同感及使命感,加强学生对儿科医生行业的自豪感,将个人角色融入社会责任感中。

2.以理论学习＋情景模拟＋线下实践相结合的混合式教学形式,以先天性脑发育畸形为圆心继而扩大认知范围,激发学生对整个儿童脑健康发育领域的兴趣,促使其主动查阅文献,追踪最新进展,深入实践角色扮演,身体力行,践行"杏林精神"。

三、教学总结和反思

本课程教学过程中将社会科学内容(国家重要规划战略)融入自然科学知识(医学知识)的讲解中,使学生认识到自身所从事的行业、所学的知识和所掌握的技能对于周围人认识儿童脑健康发育的重要作用,有助于强化学生对儿科医生行业的职业使命感和角色自豪感,形成目前儿科专业寒冬中的一缕暖阳。

儿童脑健康发育是儿科众多分支中的一个,根据本课程学习,吸取成功经验,改善实施中的不足,进一步优化课程设计,在其他儿科疾病讲解中继续挖掘使命感和角色自豪感元素,并融入医学教学过程中。

医患同心，创造奇迹——肠梗阻

学校	温州医科大学	课程	小儿外科学
章节	腹部疾病	撰写教师	何国荣、陈桧平
教学目标及知识点	1.知识目标：能清楚描述肠梗阻的临床表现及辅助检查特点，能详细阐述儿童急腹症的体征。 2.技能目标：能熟练进行儿童腹部体检，能识别肠梗阻并及时诊断、正确处置。		
课程思政目标	1.通过张金哲院士事迹和外科人文精神的介绍，培养学生的仁爱之心，增强职业责任感和社会责任感。 2.通过诊疗过程中如何运用合适的沟通技巧，来取得患儿及家属配合的讨论，加深学生对医疗行业的体验，培养团队合作精神。		
育人元素	模块五：社会担当，团队精神。		
教学方法	研讨辩论，情景模拟。		

一、典型教学案例

案例：团队协作，共筑生命通道

1.知识点：儿童肠梗阻的常见病因、诊断、病情严重程度判断。

2.思政目标：通过介绍张金哲院士事迹，培养学生的仁爱之心，加强医学生对医疗行业的职业认同和使命感。

3.教学过程

介绍案例：

小贝是个 3 岁的小男孩，这天中饭吃了几口后就开始说肚子痛，父母以为他又在闹脾气不肯吃饭，嘱咐他赶紧好好吃。吃完后小贝腹痛缓解了一点就去玩了。可是不一会儿，小贝又捂着肚子哭着回来了，还在地上打滚，面色也变得难看，哭着哭着就把中饭全都吐出来了。家属看着心疼，急忙将其送来医院就诊。小贝一看到医生更是哭个不停，连忙说："我现在肚子好了，不疼了，爸爸妈妈，我们快回家吧！我不要在医院。"详细地询问了家属病情后，才知道原来小贝在 1 个月前曾经在当地医院做过阑尾炎手术。因为当时患儿不配合检查及治疗，耽误了病情，阑尾穿孔形成腹膜炎了，经剖腹探查手术才发现病因，当地医生说错过了阑尾炎的最佳手术时机。

小贝刚做了手术又出现这么剧烈的腹痛,家属很担心,一直询问医生这是怎么回事,是不是手术没做好。医生解释阑尾炎术后再次腹痛的常见原因,并要给小贝进行体检,并建议行血常规、腹部立位片及腹部超声检查,并嘱其先禁食禁饮,并做一次开塞露灌肠通便。

引导学生讨论：

(1)针对这个病例,假如你在门急诊碰到这种患儿,应该如何取得小孩的信任及配合,又如何与家属解释病情?

(2)腹部手术后腹痛的常见病因、临床表现都有哪些?还需要问哪些伴随症状及阴性症状?

(3)临床上如何诊断肠梗阻,需与哪些疾病鉴别,常用辅助检查有哪些?

(4)肠梗阻分类,你认为这个孩子目前是属于哪一类?有无肠绞窄表现?

(学生发言)

通过提问、讨论的方式,使学生了解如何进行医患沟通,特别是如何与婴幼儿沟通交流。掌握肠梗阻常见病因、临床表现、诊断、有无肠绞窄的判断。通过讨论学习,让学生感受到儿科医师的责任心、同情心,面对危急重症时展现出来的坚定的判断力,培养学生的仁爱之心,加强学生对医生行业的职业认同和使命感。

在讨论的过程中引入小儿外科院士张金哲的事迹：

张金哲是我国小儿外科创始人中声望最高的一个,有"中国小儿外科之父"之称,是中国工程院资深院士。20世纪50年代至80年代在以创伤、感染、急腹症为主的小儿外科急症的诊断、治疗及肛肠外科与胆道外科手术设计方面做出了突出的成就和贡献,为中国小儿外科迅速发展并在国际上享有特殊地位起了巨大的作用。与此同时,在医学实践与研究、医学创新、医学教育、小儿外科学会与专业、国内外学术交流与合作等方面均做出了突出的贡献。他曾获国际小儿外科界最高成就奖"丹尼斯布朗"金奖。

在日常门诊中,当患儿和家属进门时,张金哲院士必起身相迎;需要用手诊疗时,他必先洗手并搓热后再接触患儿皮肤;谈病情,他用温和的语气和通俗的语言,告诉家长怎么回事、该怎么办;哪怕面对哭闹的孩子,他还有变魔术的"绝活"。张金哲被患儿和家长亲切地称作"宝藏爷爷"。张金哲用自己灵巧的双手,变出一个个小魔术,总能吸引患儿,拉近彼此之间的距离。"医生和患者是交命的朋友,要先交朋友再做手术。"张金哲说。在门急诊,许多医生因为孩子哭闹无法触摸腹部而感到束手无策。为此,张金哲院士提出尽量采用八字诀(多哄少碰,多讲少替),并总结出对比法、三层检查法、从母亲身后伸出手去触摸婴儿腹部等一系列检查方法。对于婴幼儿急腹症,他要求在来诊时、化验后和住院前(或睡后)三次触诊腹部,这样可以得到准确的体征。

继续介绍病情进展:

小贝检查回来了,妈妈说开塞露灌肠后没有一点大便解出来,孩子肚子还是很痛,一阵比一阵加重。医生微笑着和小贝打了招呼,聊了一会他的兴趣爱好,渐渐地,小贝和医生熟了起来。然后在他妈妈的怀中,小贝撩起了衣服,展示了他的"男子汉勋章(一条 10cm 长的刀疤)",并告诉医生肚子哪里疼。在医生的鼓励下,积极地配合了体检。腹部 B 超提示肠管扩张积气、腹腔积液,下腹腔见厚约 9mm 液暗区。腹部立位片见左中上腹部部分肠管积气,左中下腹部长气液平面形成,提示肠梗阻。医生诊断"阑尾炎术后,粘连性肠梗阻",建议住院治疗。

体格检查 神志清,精神尚可,右侧腹可见一个约 10cm 纵行手术瘢痕,全身未见皮疹,浅表淋巴结未及肿大,两侧呼吸音清,未及干湿啰音,心律齐,未及杂音。腹平坦,腹肌稍紧,下腹部压痛阳性,右下腹为著。无反跳痛,肝脾肋下未及,双肾区无叩痛,肠鸣音存。

辅助检查 急诊血常规:白细胞计数(WBC) $10.44 \times 10^9/L$,中性粒细胞比率 0.715,血红蛋白(Hb) 129g/L,红细胞计数(RBC) $4.42 \times 10^{12}/L$,血小板计数(PLT) $355 \times 10^9/L$;C 反应蛋白(CRP)$<0.20mg/L$;腹部 B 超提示肠管积气、腹腔积液下腹腔见厚约 9mm 液暗区;腹部立位片提示左中上腹部部分肠管积气,左中下腹部长气液平面形成(图 3.4)。

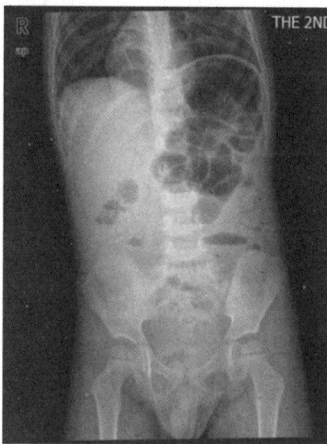

图 3.4 腹部直立位片

家属办完入院手续,医生来到床边再次检查病情。这时小贝蜷曲在妈妈怀里,妈妈说:"小贝现在倒是很安静,很乖了,没哭也没闹。"这时医生马上警惕起来,赶紧掀开毯子观察。只见他精神很软,面色苍灰,呼之只有低声呻吟。体格检查:腹部较前稍胀,右下腹腹肌稍紧,右下腹有压痛皱眉,肠鸣音活跃,四肢冰凉。

学生讨论：

(1)针对此时病情,考虑什么诊断,如何快速进一步检查明确?

(2)诊断明确后,应进一步采取哪些有效和紧急处理措施?

(3)肠梗阻治疗方式如何选择? 保守治疗还是手术治疗?

(4)如何与患儿及家属沟通,取得理解及同意手术?

(学生发言)

患儿近期有腹部手术史,现出现腹痛、呕吐、肛门停止排便,体检见精神软、反应差、面色苍白,腹部有压痛,四肢冰凉。鉴于患儿此时病情,首先考虑术后粘连性肠梗阻,肠绞窄可能。如此时再次安排腹部超声及立位平片等会延误病情,最正确有效的检查是腹膜腔穿刺。如抽出淡血性液体,则诊断肠绞窄明确。同时做好监测患儿生命体征,迅速建立静脉通道补液扩容,并积极术前准备。

通过提问、讨论的方式,使学生掌握肠梗阻并发症早期识别及处理。让学生感受到医师面对危急重症时展现出来的责任心、坚定的判断力,培养学生的仁爱之心,加强学生对医生行业的职业认同和使命感。通过提问、讨论的方式,使学生能想病人之所想,急病人之所急,在临床诊疗过程中,时刻保持着仁爱之心,建立良好的医患关系。

医生紧急呼叫护士来床旁,迅速给予患儿建立静脉通道补液扩容,给予鼻导管吸氧、心电监护、备血、胃肠减压等术前准备。医生一边安慰小贝,一边与家属沟通目前病情,诊断粘连性肠梗阻明确,肠绞窄坏死可能性很大,需要紧急手术探查,与家属商议后决定急诊行剖腹探查术,于是连夜安排急诊手术。

手术中发现原切口下方多处小肠与腹壁粘连紧密,腹腔内可见多处索带形成,部分小肠索带压迫包绕,其中有一处切口下方粘连索带压迫肠管至肠梗阻明显,其近端肠管广泛扩张、水肿,淤血发黑(图3.5)。"糟了",医生心里咯噔了一下,瞬感不妙。医师小心分离粘连肠管,切除压迫的索带,松解肠管。观察发现近端肠管仍发黑,于是给予利多卡因肠系膜封闭,温生理盐水湿敷,经过20分钟的处理,肠管颜色逐渐转红,有肠系膜动脉搏动,肠蠕动存在。医生这才松了口气,露出了笑容。理顺肠管后按顺序肠管减压,检查肠腔通畅无渗漏后将肠管按顺序回纳腹腔。手术顺利完成,保留住了肠管。术后,小贝和父母都非常配合医护人员,术后勤翻身,早期下床活动。经医生和护士精心治疗及护理,患儿逐步恢复饮食后出院。

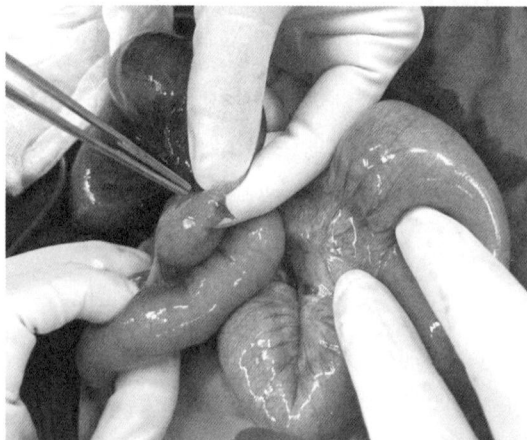

图 3.5　粘连性肠梗阻术中

这场手术对小贝和他的父母都是一场考验,他们的身心再次受到手术的打击,二次手术对医师来说也倍感压力。手术当中肠管粘连致密、出现绞窄,所幸尚未形成肠坏死,经过外科医生迅速果断地处理,保住了肠管。又经过耐心细致的一点点分离,成功解除了肠粘连及肠梗阻。但手术仍是一次创伤,必将引起新的肠粘连,术中医生尽量避免损伤肠管、动作轻柔,术后医护人员鼓励患儿及家属早期下床活动,减少肠粘连发生。

患儿经手术治疗诊断绞窄性粘连性肠梗阻明确,继续引导学生讨论:

(1)术中如何判断肠管生机,发现肠管发黑应如何处理?

(2)手术中如何防止及减少再次肠粘连?

(3)肠梗阻的手术适应证,最佳的手术时机如何选择?

(学生发言)

术中如何判断肠管生机决定着病变肠管的去留问题,我们可以通过肠管质地、颜色、肠蠕动及肠系膜血管搏动等方面判断,对于发病时间短肠管尚未完全坏死的,可以在解除致病因素后,再通过局部热敷、利多卡因局部封闭等处理一段时间后再行判断。对于短段型肠坏死,切除肠管后对患儿影响不大,而对于广泛肠管发黑的患儿切除后即为短肠综合征的,如术中当时难以判断是否完全坏死者可先将该段肠管放回腹腔,观察数日后再次手术探查,往往仍可保留一段肠管。手术中我们应尽量缩短手术时间、操作轻柔减少损伤、减少肠管暴露、腹腔冲洗干净、切除坏死肠管等以减少再次肠粘连发生。

(进一步讨论:"肠梗阻手术中肠管生机如何判断,术后护理过程中的关注点有哪些? 家属及患儿应该注意哪些问题等",从而加强医学生对整体疾病的了解。)

肠梗阻是腹部手术后的常见并发症,而绞窄性肠梗阻的病人往往病情比较凶险,早期即可有休克表现,此时需要医生与护士默契配合及团队协作才能尽早改善患儿内环境及休克,为手术赢得时机。早期识别绞窄性肠梗阻往往可以拯救坏死肠管。术后肠粘连的发生不可避免,术中须注意减少损伤减轻腹腔炎症反应,术后促进肠蠕动早期恢复以减少肠粘连,恢复正常饮食。术后张金哲院士"八字诀"的应用,不但可以提高医疗及护理质量,减少患儿术后并发症的发生,而且使患儿家属学会了基础护理方法,密切了患儿、患儿家属和医护人员之间的关系。

二、特色与创新

本课程运用案例教学法,将儿童肠梗阻的常见病因、临床表现、肠绞窄的判断及治疗的相关知识融入其中。教学过程始终以学生为主体,教师辅助答疑进行。课堂讨论过程中,发现问题,分析问题,解决问题;并适时、适度地引入课程思政内容,培养学生的仁爱之心,学习与儿童的沟通技巧,建立良好的医患关系,强化学生的职业使命感和责任心。

三、教学总结和反思

教学过程中发现学生对于教学方法改革、案例教学等兴趣较高,因此后期的思政教学中会丰富授课形式,不局限于传统的理论授课模式,可以适当增加案例讨论或分组辩论等融入课程。由于教学对象为四年级儿科学专业本科生,缺少临床实践经验,尤其是缺少与儿童互动、取得信任的经验,须在以后的临床实践中进一步学习及体会。因此今后授课除学习新知识外,可以鼓励学生利用休息时间多参加医院志愿者服务及见习等活动,课后采用雨课堂、问卷星、微信讨论等多种方式,进一步固定新知识,刺激知识点的记忆,提高学习效率。

"B超神探"的故事——肠套叠

学校	大理大学	课程	小儿外科学
章节	腹部疾病	撰写教师	王　宁
教学目标及知识点			

学校	大理大学	课程	小儿外科学
章节	腹部疾病	撰写教师	王　宁
教学目标及知识点	1.知识目标:能描述肠套叠的临床表现、诊断和治疗方法。 2.技能目标:能正确识别肠套叠,并做出合理的诊疗决策;能辨析肠套叠治疗方法的优缺点,合理选择治疗方法。		
课程思政目标	1.通过介绍"B超神探"贾立群主任的先进事迹讲述我国儿科医生知行合一的精神。 2.通过中国医生对肠套叠治疗方法的贡献,加强学生对医生职业的认同感和责任感,培养不断攀登医学高峰的精神。		
育人元素	模块二:知行合一;模块四:创新精神。		
教学方法	分组讨论。		

一、典型教学案例

(一)案例1:"B超神探"贾立群

1.知识点:肠套叠的诊断。

2.思政目标:通过介绍"B超神探"贾立群主任的事迹,培养学生的职业使命感和责任感,强化学生急病人之所急,想病人之所想,待患如亲的思想。

3.教学过程

介绍案例:

男孩,6岁,阵发性腹痛1天就诊。1天前,男孩出现腹痛,系上腹部阵发性绞痛,无明确诱发因素,疼痛持续约2分钟,后自行缓解,间歇期约20分钟。伴有纳差,无发热、恶心、呕吐、腹胀、腹泻,未解柏油样、白陶土样及黏液脓血便,无尿频、尿急、尿痛。自解成形质软黄色大便1次,小便色淡黄。患儿既往体健,无不洁饮食史和手术史。体格检查:体温36.8℃,呼吸23次/分,脉搏90次/分,意识清楚,反应正常,无脱水貌。头颈、心肺查体无特殊。腹部饱满,未见胃肠型及蠕动波,无腹壁静脉怒张。肠鸣音4次/分,偶闻及气过水声,无高亢肠鸣音。腹软,无腹肌抵抗感,右下腹轻压痛,无反跳痛,未触及腹块。双侧腹股沟区无包块突出,双侧睾丸位置、大小正常。肛门指检示直肠空虚,骶前无肿块凸起,肛门直肠环收缩有力,指检结束无粪便、肠气排出,指套无血染。实验室检查:白细胞(WBC) $9.0 \times 10^{12}/L$,红细胞(RBC) $4.0 \times 10^{12}/L$,血红蛋白(Hb) 110g/L,粪便隐血实验阳性。腹部彩超:盆腔少量积液,腹部立位 X 片无异常。

医生拟诊"急性阑尾炎",建议手术治疗。家长不放心,特意来到北京儿童医院,点名要做"贾立群 B 超"。由于男孩体型偏胖,腹壁脂肪厚,"贾立群 B 超"也无法很快确定腹痛原因。最终,经过耐心寻找和细致探查,"贾立群 B 超"确定孩子的阑尾没有问题,发现右侧肝脏下有一个"同心圆"包块,诊断为"肠套叠"。因诊断及时、准确,外科医生通过空气灌肠的方法成功解决孩子的问题,解除了疾病带来的痛苦。

"贾立群 B 超"不是一种新的检查设备,而是一名医生在专业领域树立的良好品牌,这名医生就是北京儿童医院超声科的贾立群主任。从医 39 年,贾立群主任坚守超声一线,接诊多达 30 多万患儿,确诊 7 万多疑难杂症,拯救了 2000 多个危重症患儿的生命,把 B 超大夫的幕后工作做成了品牌。

贾立群主任做 B 超有个习惯,完成临床医生申请的检查项目后,会用探头在患儿腹部横扫三遍。这一好习惯让一些隐匿性疾病得以发现,患儿得到及时救治。他说:"作为一名共产党员、普通的医生,我最大的心愿就是不让一个孩子漏诊误诊。"

精湛的医术让贾立群成为了儿科大夫的"眼睛"。然而,他这样资深的专家,一家三口一直"蜗居"在一处 50 平方米的职工宿舍里,与北京儿童医院只有一墙之隔。他曾说起原因"怕住远了,碰上急诊,我赶不回来"。他承诺,只要患儿有需要,24 小时随叫随到。因为住得近,夜里有急诊检查需要,值班大夫直接去贾立群家敲门。后来,医院给贾立群的家里装了一部内部电话,方便联系。现在有了手机,贾立群更忙了。有时头发理了一半,顶着"阴阳头"就匆忙赶回医院工作;有时夜里被电话叫起来多次,就像做仰卧起坐一样。

学生讨论:

(1)结合临床资料,患儿可能的诊断是什么?

(2)6 岁男孩确诊"肠套叠","贾立群 B 超"的诊断依据是什么?

(3)"贾立群 B 超"排除阑尾炎,为什么还要继续寻找、细致探查?

(4)"肠套叠"是如何发生的?

(5)"肠套叠"会对患儿造成什么影响,引起哪些症状?

(6)外科医生为何选择空气灌肠治疗肠套叠?

(7)贾立群主任为何承诺"随叫随到"?肠套叠的延误诊断和治疗会对患儿预后产生什么影响?

(学生发言)

通过提问、讨论的方式,突出腹部彩超探查在诊断肠套叠中的关键作用。学生能认识腹部彩超下肠套叠的典型表现,选择恰当的检查方法鉴别急腹症。同时,介绍贾立群主任的先进事迹,强化学生主动考虑病人疾苦,积极为患者排忧解难的思想。

(二)案例 2:佘亚雄教授的贡献

1.知识点:肠套叠的治疗。

2.思政目标:通过介绍佘亚雄教授和我国儿外科医生在发展肠套叠治疗方法上的贡献,鼓励学生立足前人基础,不断突破自我,勇攀医学科学高峰,强化医学生的职业使命感和责任感。

3.教学过程

肠套叠是儿童常见的急腹症之一,其典型的临床表现为阵发性腹痛、腹部腊肠样包块和解果酱样大便。腹部超声检查发现肠管"同心圆征""靶环征"或"假肾征",肠套叠诊断即可成立。肠套叠的治疗目标是使套入鞘部的肠管复位,恢复肠管的血供和通畅。传统开放手术和灌肠复位均是治疗肠套叠的方法。灌肠复位指通过增加远端肠管内压实现套入肠管复位,具有复位成功率高、安全性好、并发症少、对患儿影响小等优点。目前,对于病程短、无严重脱水和腹膜炎体征的患儿,灌肠复位已成为首选治疗方法。灌肠媒介的选择和监视方法经历过不断发展和革新。中国小儿外科先驱在该领域中贡献了智慧和力量。

我国小儿外科奠基人之一佘亚雄教授早年先后就读于比利时 Malonne 中学、鲁文大学医学院,曾在比利时 Alost 医学院任外科住院医生。1948 年,中华人民共和国成立前夕,出于为新中国医疗卫生事业贡献力量之心,毅然回国,在上海广慈医院任职。1950 年任上海震旦大学附属广慈医院副主任医师,1953 年在上海建立第一个小儿外科专业。佘亚雄教授培养了大批小儿外科专业人才,学生遍布全国各地,绝大多数成为业务骨干。他把毕生精力都献给了小儿外科事业。

早在 17 世纪就有关于肠套叠的报道。18 世纪开始,医生尝试通过灌肠复位肠套叠。20 世纪初欧洲医生用气灌肠治疗小儿肠套叠,不幸的是出现多起致死和失败案例。失败的主要原因是气体压缩后具有爆炸性和压力控制不准确。随后改进为钡剂灌肠复位,但复位成功率低,且一旦穿孔,钡剂存留腹膜腔,干扰 X 光检查。长久以来,手术复位成为治疗小儿肠套叠的常规方法。1954 年,佘亚雄教授首先提出使用空气灌肠治疗肠套叠。他设计了电磁自动开关的灌肠器,控制肠内注气的稳压,并总结肠套叠注气影像的经验。90%的早期原发性回结型肠套叠患儿获得安全复位。之后,该技术迅速推广至全国,甚至已经普及很多县级医院。然而,空气灌肠存在气体爆炸风险和 X 线暴露的问题。20 世纪 80 年代初,我国儿外科医生提出 B 超监视下盐水灌肠治疗肠套叠,成功率高达 90%,弥补空气灌肠治疗的不足,很快得到国际认可。现在,B 超监视下盐水灌肠复位肠套叠已逐渐成为主流治疗方式。

引导学生讨论：

（1）灌肠治疗肠套叠的原理是什么？

（2）肠套叠灌肠复位，常用的介质有哪些，各有何优、缺点？

（3）请描述超声监视下肠套叠水灌肠复位成功的表现（图 3.6）。

（4）X 线透视下空气灌肠和超声监视下水灌肠的优、缺点是什么？

（5）超声监视下水灌肠是否还有需要改进的地方？

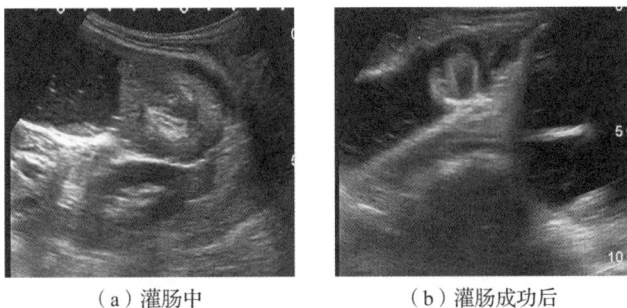

（a）灌肠中　　　　　　　　（b）灌肠成功后

图 3.6　超声引导下肠套叠水灌肠复位

（学生发言）

通过介绍佘亚雄教授改良肠套叠治疗方法的故事，让学生了解肠套叠治疗方法的出现、暴露的问题和改良历程，感知诊疗技术改进的现实需要和产生的社会效益。引导学生客观评价治疗方法的优、缺点，主动思考，敢于提出改进的措施，鼓励提出新的诊疗方法。

二、特色与创新

本课程以医学大家的事迹为线索，讲述肠套叠的临床表现、超声诊断和治疗。教学活动以学生为主体，教师引导讨论、辅助答疑。导课以叙事为切入点，将故事情节与专业知识点紧密连接，教学过程兼顾知识学习和品德修养双重目的。

课堂讨论素材引用医学大家的事迹讲述中国儿科医生忘我工作、勇攀高峰、突破医学难题的故事。强化医学生的职业使命感和责任感，培养创新意识，立志解决临床难题，为患儿提供更多、更好的治疗方法。

三、教学总结和反思

本次教学通过医学大家的事迹感染人、教育人，从叙事情节中充分挖掘专业知识信息点，将专业知识教育和职业精神教育相融合，达到儿科学课程思政教育的目的。以人物事迹为线索的专业教育，不仅激发了学生学习专业知识的兴趣，而且能引起学生共情。教学活动以分组讨论、探究式学习等方式开展,学生参与度高,培养学生创新思维,教学效果良好。

课堂教学过程中也存在一些问题:通过叙事素材学习专业知识,教学时间分配不够合理,专业知识学习和思政教育重点较难把握;学生课前预习不充分,主动参与讨论的积极性不够高;学生担忧自己的观点不正确,不敢发表看法;教师和学生课前、课后交流的时间有限,没有形成良性互动;医学大家的事迹能教育医学生,但时空差距大,不能引起学生共鸣。

后续教学中,将进一步强化教学设计,明确预习目的和要求,加强对学生课前预习的监督和考核,保证预习效果。不断扩充和更新教学素材,根据工作实际,纳入时空差距小的教学素材,最大程度激发学生学习兴趣。需要合理规划专业知识教育和课程思政教育的时间分配、重点内容安排,达到课程思政和教学目标。

同情同理,社会和谐——肠无神经节细胞症

学校	温州医科大学	课程	小儿外科学
章节	腹部疾病	撰写教师	包小周
教学目标及 知识点	1.知识目标:能清楚描述先天性巨结肠的临床表现、诊断标准和需要鉴别的疾病。 2.技能目标:能识别先天性巨结肠的分型,并制定相应的手术原则,确定手术方式。		
课程思政 目标	1.通过"八毛门"事件的介绍和讨论,培养学生医患沟通能力和技巧,构建良好医患关系。 2.通过张金哲院士事迹的介绍,培养医学生求真务实、开拓创新的精神。		
育人元素	模块四:求真务实;模块六:沟通技能。		
教学方法	案例演示,研讨辩论。		

一、典型教学案例

1.知识点:先天性巨结肠的临床表现、诊断、鉴别诊断、手术方式和手术并发症。

2.思政目标:通过"八毛门"事件的介绍,加强医患沟通,不断提高医疗技术和服务水平,培养学生的仁爱之心,加强学生对医生行业的职业认同和使命感。

3.教学过程

介绍一则新闻报道:

2011 年 8 月,网络上出现了轰动一时的"八毛门"事件。出生仅 6 天的小强无法正常排便,深圳市儿童医院医生建议做造瘘手术,预估全部费用需数万元。家属拒绝了手术,来到广州市一所儿童医院仅开了 0.8 元的石蜡油,就缓解了症状,孩子能吃能喝,手舞足蹈了。家属陈先生向深圳新闻媒体爆料,怀疑深圳市儿童医院过度医疗。这则新闻引发了社会的广泛关注,亦有多名热心市民疑惑,为什么两家医院天壤之别、判若云泥,并纷纷扬扬在网上口诛笔伐深圳儿童医院。

10 月,小强在家病情加重,到某医院小儿外科接受了巨结肠根治术,治疗共花费 23886.43 元。患儿家长陈先生向深圳市儿童医院全体医护人员致歉。道歉信称,"当初你们对我孩子的诊断是正确的。是我错怪了你们,给你们带来了伤害! 对不起! 请原谅!"患儿痊愈出院,医患和解收场,虽然结局圆满,但终究经历过一次心酸的误会,发人深省。

为了深入细致地了解事件脉络,让我们了解一个发生在我们身边的先天性巨结

肠病例。5月的辰辰本来是一个阳光帅气的小男孩。刚出生时,他是一个足月儿,白白胖胖,但是胎便排出延迟,48小时后才解大便,5天后墨绿色胎便转淡黄色大便,吃奶好,基本2天解1次大便。3个月前家人发现他出现排大便困难,大便3～4天解1次,伴有腹胀,去了某县人民医院,考虑便秘,予开塞露通便,每次可排出稀糊状大便,量不多,排便后腹胀缓解,偶有吐奶、哭闹不安。3个月以来,妈妈不以为意,漠然置之,辰辰间断性出现排便困难,哭哭啼啼,伴腹胀,伴吐奶,每次予开塞露后可排出大便,量少,呈糊状。就这样开塞露成了他生活中不可或缺的"亲密朋友"。1周以来,辰辰便秘、腹胀症状明显,逐渐加重,予开塞露通便后未见明显好转。妈妈察觉到了异常,就带他来了温州市某儿童医院小儿外科门诊就诊,门诊查腹部平片提示"先天性巨结肠,请结合临床",肛门直肠测压未引出反射。拟"便秘待查:先天性巨结肠可能"收住。

入院后体格检查 神志清,精神稍软,面色略苍白,全身皮肤及巩膜无黄染,两肺呼吸音清,未及干湿啰音,心律齐,未闻及杂音,腹膨隆明显(图3.7),全腹未及明显包块,肛门指检可及狭窄,退出后有爆破样排便,两侧睾丸阴囊内可及,无殊,NS(-),四肢脊柱活动自如。

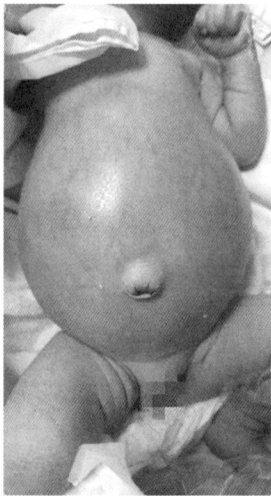

图3.7 辰辰的腹部膨隆

辅助检查 血常规:白细胞计数(WBC)15.6×10⁹/L,中性粒细胞比率0.686,血红蛋白(Hb)122g/L,血小板计数(PLT)370×10⁹/L,C反应蛋白(CRP)28mg/L。

血生化:谷丙转氨酶(ALT)41.20U/L,谷草转氨酶(AST)38.6U/L,总胆红素(TBIL)10.80μmol/L,直接胆红素(DBIL)6.60μmol/L,间接胆红素(IBIL)4.20μmol/L。

钡剂灌肠造影:直肠及部分乙状结肠狭窄,大部分结肠明显扩张,提示先天性巨结肠。24 小时后腹部平片钡剂残留(图 3.8)。

肛门直肠测压:直肠肛门反射未引出,符合先天性巨结肠特点。

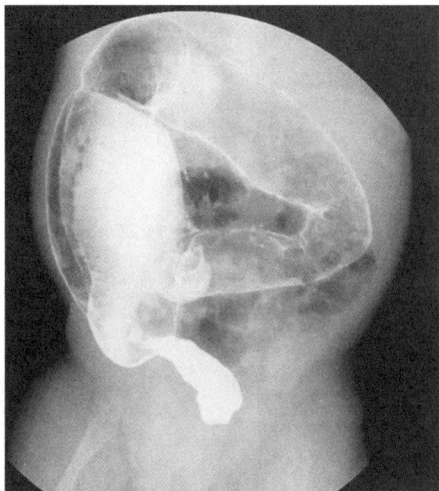

图 3.8 钡剂灌肠造影

入院后辰辰腹胀痛苦不堪,主管医生马上给辰辰开医嘱温生理盐水回流式灌肠和头孢类抗菌药物抗感染治疗。护士耐心细致地灌肠,像篮球一样的辰辰肚子慢慢缩小了,面色转红润,这次灌肠后解出 1500g 大便。

先天性巨结肠,又称希尔施普龙病(Hirschsprung's disease,HSCR),是由于结肠神经节细胞发育停顿或缺失导致肠管处于痉挛状态,大便淤积致近端正常的结肠扩张肥厚,是儿童常见的消化道疾病,在消化道先天畸形疾病谱中发生率排名第二位,仅次于先天性直肠肛门畸形。它是由于肠道内源性神经系统发育障碍引发的综合征,其特点是肌间和黏膜下神经节细胞缺如。该病发病率为 1/5000,通常男性发病率高于女性,约为 4 倍。HSCR 保守治疗效果欠佳,多需要手术治疗。

引导学生讨论:

(1)结合辰辰这个病例,总结先天性巨结肠临床表现都有哪些?

临床表现:便秘、腹胀、肠梗阻、呕吐,胎粪排出延迟史。

(2)临床上诊断巨结肠的辅助检查包括哪些?诊断的金标准又是哪项检查?

钡剂灌肠造影、乙酰胆碱酯酶染色、直肠肛管测压、直肠黏膜吸引活检、直肠全层活检(金标准)。

(3)有哪些疾病需要鉴别诊断?

新生儿期巨结肠需要鉴别诊断如下疾病:先天性肛门直肠畸形、肠闭锁或狭窄、功能性肠梗阻、坏死性小肠结肠炎、胎粪性腹膜炎、单纯性胎粪便秘、胎粪性肠梗阻、新生儿腹膜炎；婴幼儿期和儿童巨结肠需要鉴别诊断如下疾病：继发性巨结肠、特发性巨结肠、先天性巨结肠同源病、乙状结肠冗长等。

经过给孩子一段时间的营养状况改善和充分的肠道准备，医生给辰辰做了腹腔镜下巨结肠根治术。手术方式是首先用微创腹腔镜的超声刀技术，游离病变及部分扩张结肠肠管的肠系膜，再从直肠鞘内拖出肠管，切除病变及部分扩张肠管，然后行正常肠管与肛门吻合（图 3.9、图 3.10）。简而言之，先微创游离结肠，在肛门开小孔掏出肠管切除，最后缝合。

术后辰辰恢复良好，腹壁几乎无手术瘢痕，爸爸妈妈很满意。

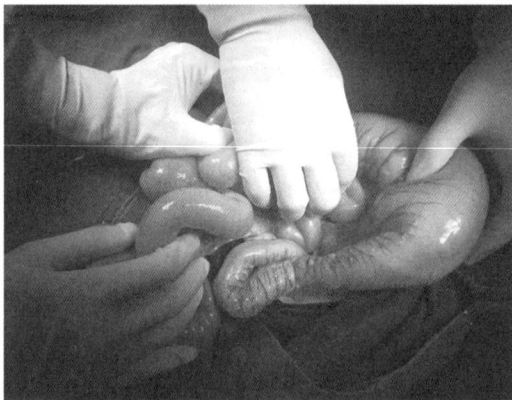

图 3.9　先天性巨结肠手术示意　　　　　图 3.10　先天性巨结肠手术示意

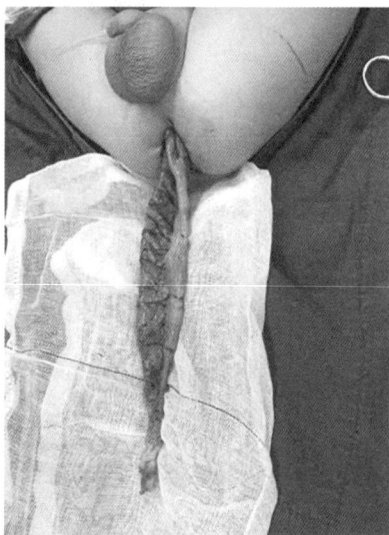

引导学生讨论：

（1）先天性巨结肠手术方式有哪些？

先天性巨结肠的外科手术治疗目的是切除无神经节直肠和结肠，恢复正常排便功能，有以下方法：①拖出型直肠、乙状结肠切除术；②结肠切除、直肠后结肠拖出术；③直肠黏膜剥除、结肠于直肠肌内拖出术；④经腹结肠切除、结肠直肠吻合术；⑤腹腔镜辅助经会阴巨结肠根治术；⑥单纯经肛门结肠拖出术。

（2）先天性巨结肠有哪些手术并发症？

手术并发症：输尿管损伤、尿潴留、直肠回缩、盲袋和闸门综合征、吻合口瘘、污粪大便失禁、小肠结肠炎、吻合口狭窄、便秘复发等。

"八毛门"事件这是一个医患沟通不顺畅的案例。古希腊医学之父希波克拉底曾有一句名言："医生有三件法宝，第一是语言，第二是药物，第三是手术刀。"良好的沟通、充分的叙述是最佳的治疗,在医疗服务中语言的作用应放在首位。希波克拉底还说:"了解什么样人得了病,比了解一个人得了什么样的病更重要!"

出现"八毛门"事件,最主要是因为主管医生与家长沟通不足,信息不畅,产生误解。心灵需要理解才能沟通,感情需要理智才能升华,纷争往往因误会而起,解决之道在于沟通。医务人员要与病人主动沟通,坦诚相对,再忙再累还是要进行必要的沟通,积极回应,同理心倾听。人心都是肉长的,能捂热也能慢慢变凉。

提起先天性巨结肠,还必须提到我国小儿外科唯一的工程院院士、国际小儿外科最高奖"丹尼斯·布朗"奖获得者——张金哲教授。张金哲教授常说:"好的儿科大夫必然是热爱孩子的大夫。"他不仅从治疗方面时刻为患儿着想,而且从预后、经济承受能力方面为患儿着想。他认为如能用最简便的方法、最便宜的药治好孩子的病,那才是好样的大夫。教授有一双巧手,热爱创新发明,他发明的用于巨结肠手术治疗的"张氏钳",无手术避免开腹的"张氏膜",胆道再造手术防反流的"张氏瓣"等在临床上广泛应用,并得到国际同道认可。我们要学习张院士的医患沟通技巧和热爱创新发明的科学精神。

通过张教授的事迹教育同学们:人的一生,因为有了目标,活得才有意义;因为有梦想,生活才有乐趣;因为经常思考和灵光一闪,世界上才有这么多的创造与发明。

二、特色与创新

本课程运用案例教学法,通过提问、讨论的方式,将先天性巨结肠的临床表现、辅助检查、鉴别诊断、术前准备、手术方式及手术并发症的相关知识融入进去。教学过程中始终以学生为主体,教师穿针引线,点题成金,引发学生发散思维,研究探讨。课堂讨论过程中,教师引导学生独立思考,发现问题解决问题。介绍"八毛门"事件,通过社会新闻的剖析,学习医患沟通技巧,利用自身扎实的基础知识,建立良好的医患沟通机制缓解医患关系,增强医患互相信任,提高医疗质量。同时,培养学生有耐心、责任心、同理心以及仁爱心。

三、教学总结和反思

学生对于案例教学兴趣浓厚,因此从临床典型病例入手,辅之以精彩手术图片视频等,适当融入思政元素,有利于帮助学生树立医患沟通信心以及正确的价值观。本科生对儿外科医生的日常工作相对陌生,对抽象的临床疾病难以深入理解,尤其是缺少与患儿及家属沟通交流的经验,须在以后的临床实习中进一步学习及体会。

"小黄人"的遭遇和幸运——胆道闭锁

学校	温州医科大学	课程	小儿外科学
章节	腹部疾病	撰写教师	王永飚、徐彰
教学目标及知识点	1.知识目标:能详细描述胆道闭锁的临床特点与诊断要点,能系统阐述胆道闭锁的处理原则及预后,能简单讲述胆道闭锁的病因与发病机制。 2.技能目标:能熟悉小儿黄疸病因鉴别流程,能根据胆道闭锁分型制定不同的治疗原则。		
课程思政目标	1.通过观看郑珊教授事迹的影片,感受儿外科医师一切为了儿童健康的奉献精神。 2.通过胆道闭锁病因的研究介绍,培养学生潜心科研、集智攻关、团结协作的科学家精神。 3.通过"结构畸形救助项目"等项目介绍,加深同学们对慈善助推健康中国、巩固脱贫攻坚成果的感受。		
育人元素	模块二:知行合一;模块三:政治认同;模块五:慈善文化。		
教学方法	案例教学法。		

一、典型教学案例

(一)案例1:跪着手术的儿外科医生

1.知识点:胆道闭锁的临床特点与诊断要点,胆道闭锁的病因与发病机制。

2.思政目标:知行合一的科学家精神,一切为了儿童健康的奉献精神。

3.教学过程

(播放中央十套—科教频道—人物栏目片段:跪着手术的儿科医生——郑珊)

设问:影片中的郑珊教授跪着手术的行为,对你有什么触动?

(生讲生评)

教师对学生的讨论进行点评和总结。郑珊教授是复旦大学附属儿科医院外科主任、太平洋小儿外科医师协会理事会主席,她一直致力于推动胆道闭锁网络上报系统的建设和诊治,影片记录的是她为一个胆道闭锁孩子手术的情景,体现了儿外科医师一切为了孩子的初心以及知行合一的科学家精神。

先天性胆道闭锁是一种肝内外胆管出现阻塞,并可导致淤胆性肝硬化而最终发生肝功能衰竭的疾病,是小儿外科领域中最重要的消化外科疾病之一,也是小儿肝移植中最常见的适应症。早期发现该疾病,并积极手术有助于改善患儿预后。

介绍流行病学特征。"小黄人"的遭遇,什么人容易得此类病?胆道闭锁占新生儿长期阻塞性黄疸的半数病例,其发病率为 1∶8000～1∶14000,但地区和种族有较大差异。以亚洲病例为多,男女之比为 1∶2。胆道闭锁多见于早产婴儿。

设问:哪些原因会导致胆道闭锁?

(学生发言)

(1)感染:胎儿胆道已经发育完好,但出生前后病毒,如巨细胞病毒、轮状病毒等引起的肝内外胆道炎症,可导致胆道闭锁。

(2)胎儿因素:胎儿发育过程中胆道受到干扰,出生时会出现胆道闭锁;肝内解剖结构异常,也会合并胆道闭锁。

(3)遗传因素:某些基因的突变会导致胆道闭锁。

改革开放 40 多年来,随着医疗技术的进步,胆道闭锁病因学研究的焦点与展望,转向基因学。郑珊教授锚定胆道闭锁,深入研究,利用生物信息学方法研究胆道闭锁基因表达特点,在国内外首次发现并证实易感新生婴儿亮氨酸拉链下调因子－1(LDOC1)基因在胆道闭锁的发生中存在关键调控作用,并在国内外首次提出甲基化改变对胆道闭锁发病起到重要作用的观点。从郑珊教授身上,我们可以读出中国科学家潜心研究、集智攻关、团结协作的科学家精神。

介绍胆道闭锁的临床表现,诊断与鉴别诊断。

胆道闭锁的典型症状包括:

(1)黄疸:因肝脏不能有效代谢胆红素,使患儿的皮肤和黏膜发黄,并逐渐加重。应注意与生理性黄疸鉴别。

(2)白陶土色大便:因胆汁不能顺利排入肠道,没有黄色的胆红素产生。

(3)黄褐色尿:因肝脏功能受损,无法代谢胆红素,部分黄色的胆红素只能通过尿液排出体外。

(4)伴随症状:部分患儿因会伴有肝脾肿大,常表现为腹胀如球。有些患儿还会出现黄疸引起的症状,如烦躁不安、易怒、喂养困难、皮肤瘙痒等。

为了不断提高胆道闭锁的早期诊断率及确定其临床诊断路径。郑珊教授深入思考,指出新生儿家长和社区是胆道闭锁三级筛查诊断体系中的第一级,积极推动大便比色卡进入新生儿全国的社区筛查。通过粪便比色卡的方式,让家长了解异常粪便的颜色,便于提醒其及时就医,尽早诊断。为此,郑珊教授团队专门在微信平台上开发了新生儿大便色卡小程序,家长只须拍照对比就可以判断大便颜色正常与否。通过这一小程序可将胆道闭锁的防控前线进一步向前推进。辅助检查中,血肝功能检查,血清胆红素水平升高≥300mg/ml,直接胆红素水平占总胆红素50％以上,伴有谷氨酰转肽酶水平持续升高时,应高度怀疑胆道梗阻。超声检查可显示肝门纤维斑块,胆囊形态改变,肝包膜下血流信号增多,肝动脉直径宽,肝弹性数值高,应高度怀疑胆道闭锁。肝组织病理检查也可作为诊断与鉴别的方法,但该方法为有创性检查,临床应用不多。腹腔镜探查及术中胆管造影是诊断的金标准。

2020年,郑珊教授推动全国16家大型儿科医院共同发起成立了中国胆道闭锁协作网,并且领衔进行了胆道闭锁无创整合诊断临床多中心研究,主要针对 MMP7 这个生物标志物用于胆道闭锁的诊断进行了探索和验证。经过多中心的验证,证实了该标志物对于胆道闭锁的诊断价值。

胆道闭锁是一类围生期疾病,一般在胚胎晚期或出生时出现。随着时间的推移,胆道闭锁导致的肝脏纤维化进行性发展,出生后90天如未及时干预,患儿的肝脏衰竭状况多会陷入难以逆转的境地。因此,对于这种疾病,早诊早治是关键。中国胆道闭锁的诊疗正在瞄准世界领先水平奋起直追,为了尽快达成目标,以郑珊教授为代表的一代儿外科医学科学家依然在努力求索。

从郑珊教授的个人发展经历,我们能得到哪些启发呢?

(学生讨论)

什么是科学家精神?科学家精神是胸怀祖国、服务人民的爱国精神,勇攀高峰、敢为人先的创新精神,追求真理、严谨治学的求实精神,淡泊名利、潜心研究的奉献精神,集智攻关、团结协作的协同精神,甘为人梯、奖掖后进的育人精神。

(二)案例2:慈善力量助推健康中国

1.知识点:胆道闭锁的治疗原则及预后。

2.思政目标:介绍对因病致贫群众加大医疗救助、临时救助、慈善救助等帮扶力度等政策,巩固脱贫攻坚成果,慈善力量大有可为。

3.教学过程

介绍案例:

小亚是一位新温州人的孩子,他的户籍地是贵州,父母在温州以务工为生,2018年刚刚脱贫。2022年3月,他因"先天性胆道闭锁"在温州医科大学附属第二医院进行了肝门—空肠吻合术,手术过程很顺利,但手术费用巨大。小儿普外科的李仲荣教授团队,帮助小亚向中国出生缺陷干预救助基金会申请了先天性结构畸形慈善救助。此次住院总费用4.4万余元,农保报销后自费1.8万余元。经过审核,小亚的家庭得到 1.5 万元的医疗费用补助。这样相当于自费仅 3000 余元。小亚爸爸收到医疗补助后，激动地打电话给病区的护士长，感谢医护工作者的辛劳工作，感谢"结构畸形救助项目"帮他们渡过难关。小亚无疑是幸运的，他生长在这样一个善行天下的新时代。

根据流行病学研究数据推算，我国每年出生的约 1800 万名新生儿中，约有 3000 名是先天性胆道闭锁患儿。这些患儿的胆汁无法从胆管顺利排出，随之浑身蜡黄，变成"小黄人"，并逐渐发生不可逆转的淤胆性肝硬化，终至肝功能衰竭、肝昏迷。如不治疗，大多数胆道闭锁婴儿会在 1 年内因为肝功能衰竭而死亡，尽早手术是治愈的唯一希望。目前较为成熟和通用的手术方式为肝门—空肠吻合术和肝移植手术两种方式。

肝门—空肠吻合术又称葛西手术，基本思路为，即使肝外胆管已经闭锁，在肝门附近仍可能有残存的微小胆管。如果能将肝门纤维块适度地切除，则胆汁有可能顺利排出，病人得以存活。

手术步骤如下：①右肋缘下切口，经胆囊切开置管行术中且胆管造影；②解剖并切除胆囊，结扎胆管残迹远端，横断后向近端游离，暴露门静脉及分支，必要时打开肝桥；③解剖肝门部纤维组织块，结扎自纤维组织块深面回流至门静脉的静脉分支，使肝门部纤维组织块的解剖平面达左右门静脉入肝处，且完全游离；④剪除肝门部游离的纤维组织块，两侧不应超过门静脉入肝处，深面不应剪到肝包膜，断面压迫止血，局部可加用止血材料压迫止血，慎用电凝止血；⑤距 Treitz 韧带远端 15～25 cm 处将空肠切断，保留空肠胆支 30～45cm 处空肠行端侧吻合，结肠后隧道提至肝门处；⑥肝门—空肠吻合；紧贴纤维块下缘缝合后壁，前壁与肝脏表面缝合；⑦关闭横结肠系膜裂孔以及肠系膜裂孔；⑧酌情放置引流管于右侧肝肾隐窝。

葛西手术是个开创性的手术，解决了部分患儿的问题，他们可以自体肝存活。但是仍有大部分患儿肝脏的纤维化不能逆转并持续恶化。肝移植是先天性胆道闭锁发展至终末期状态时的有效治疗手段。现在肝移植患儿的一年生存率部分单位可达到 95% 以上，10 年生存率是 89% 左右。现实是每年能确诊并完成肝移植手术的约 700 人，放弃率超过 70%。70% 多的放弃率和 95% 的手术成功率，如此悬殊的数字对比，是缘于肝移植十几万的手术费用，对于很多家庭来说，是一个不小的数字，因为负担不起，只能选择放弃。许多有心无力的家长们，经受着孩子时刻有可能离去的煎熬与阴霾。

目前各类慈善救助项目非常多。比如，先天性结构畸形救治项目，在患儿社保报销后的自费部分，最多可以救助 3 万元，温医大附二院是定点治疗单位，可为患儿提供救助。北京天使妈妈新肝宝贝项目，主要是救助患胆道闭锁及一些代谢病的贫困患儿,帮助他们完成肝移植手术,根据其病情及家庭经济状况综合评估,为其提供1万~5万元不等的手术费用支持,帮助肝移植患儿通过快速审批、快速拨款流程,保证患儿及时完成手术,获得重生。中华少年儿童慈善救助基金会联合浙江大学医学院附属第一医院线上发布"小黄人"贫困患儿救助项目,免费为全国范围内患有先天性胆道闭锁的贫困患儿开展小儿肝移植手术。发生在困难家庭中的"小病拖、大病挨、重病才往医院抬"现象仍然存在,一些家庭成员罹患重特大疾病陷入"断崖式"困境不能及时有效缓解,"因病致困"是实现共同富裕的难点和痛点,亟须破解。各类慈善项目助推胆道闭锁患儿家庭走出困境,重获新生,体现了国家对困难群众的关爱和帮助。

二、特色与创新

本课程将专业知识学习融入"科学家精神",坚持知识传授与价值引领相结合,通过郑珊教授对疾病深刻钻研的故事,小亚家庭得到先天性结构畸形项目救助避免因病返贫等案例,引导提问、启发讨论,将该节理论知识点与思政目标串联起来,融会贯通,课堂互动交流增强,极大提高课堂气氛及活跃度。真正做到了以理想信念教育为核心,以社会主义核心价值观为引领,以全面提高人才培养能力为关键。通过该案例的课程思政融合教学,绝大部分医学生认为有助于培养临床科学研究意识,为健康中国贡献青春力量。

三、教学总结和反思

胆道闭锁课程关注知识点与思政要素相结合,依托郑珊教授个人科学研究的经历,引导学生树立正确的世界观、人生观、价值观,帮助学生成为一名合格的医务工作者打下良好的基础。课程思政的实施提高了学生们的学习兴趣,起到了一定的积极作用。但仍有不足之处,如课程思政与专业理论可以更加紧密地融合,提升教学成效。

"胆大"的孩子和"胆大"的医生——先天性胆管扩张症

学校	贵州医科大学	课程	小儿外科学
章节	腹部疾病	撰写教师	杜　君、谷化剑、杨嘉飞
教学目标及知识点	*1.知识目标*: 能清晰阐述先天性胆管扩张症的临床分型、诊断及治疗要点; 能解读和分析先天性胆管扩张症的常见影像学报告。 *2.技能目标*: 通过案例的临床表现和影像学检查结果,识别先天性胆管扩张症的诊断及分型,并进行必要的鉴别诊断。		
课程思政目标	1.以两个临床真实案例,宣传产前—产后一体化诊疗模式,培养学生的创新精神。 2.通过解读《国家卫生健康委妇幼司关于做好出生缺陷干预救助有关项目工作的通知》,宣传祖国的慈善文化。		
育人元素	模块四:创新精神;模块五:慈善文化。		
教学方法	案例演示,研讨辩论,手术图片。		

一、典型教学案例

(一)案例1:"胆大"的宝宝

1.知识点:先天性胆管扩张症的病因、发病机制、分型、诊断、辅助检查及治疗。

2.思政目标:通过典型病例使学生了解产前—产后一体化诊疗模式;通过临床案例的分析,拓展医学生的思维,培养学生的创新精神;通过出生缺陷干预救助项目的介绍,宣传我国的慈善文化,培养学生的仁爱之心。

3.教学过程

介绍案例:

在胎儿医学门诊遇到一位孕妈妈前来咨询,妈妈在孕晚期产检时发现未出生的宝宝可能患有胆总管扩张症,询问宝宝这种疾病能不能治疗,预后如何。门诊医师耐心向孕妈妈介绍了这种疾病的治疗及预后,孕妈妈安心回家待产。9月份小宝宝出生了,满月后在当地医院行 B 超检查证实宝宝小艺患有胆总管扩张症。小艺1个月时复查 B 超发现胆总管囊肿明显增大,由 22mm×18mm(图 3.11)增加到 53mm×36mm,大便呈淡黄色。小艺妈妈听从了医生建议尽早手术,避免发生胆总管囊肿破裂、肝硬化等并发症。

姓名：	性别：女	年龄：31天
科别：儿科门诊(门)	住院号：	床号：
门诊	超声号：6	检查部位：肝、胆、胰、脾B超检查

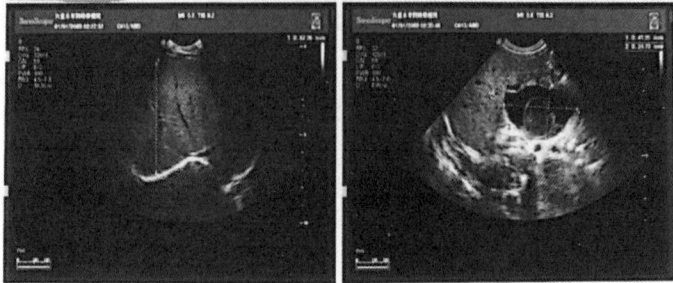

超声所见：
　　肝切面形态大小正常，肝实质回声均匀，管道结构显示清晰，肝内未见明显异常回声。肝门区探及41×24mm囊性包块，与肝管相通，囊内可见低回声团块，大小22mm×18mm，CDFI示未见血流信号。胆囊管宽约4.2mm，与肝门区囊性包块相通。
　　胆囊切面形态大小正常，壁薄光滑，其内未见异常。
　　脾形态大小正常，回声细小均匀，其内未见异常。
　　因肠气遮挡，部分胰腺显示不清，可显示部分胰腺形态大小正常，回声均匀，其内未见明显异常。
　　双肾形态大小正常，集合系统光点群分布均匀，其内未见异常。

图 3.11　出生 1 月腹部 B 超

入院时体格检查　生长发育良好，皮肤巩膜无黄染，上腹部稍膨隆，未扪及明显肿块。腹软，无压痛、反跳痛及肌卫。

血常规：白细胞计数(WBC) 8.20×10⁹/L，血红蛋白(Hb) 115g/L，血小板计数(PLT) 571×10⁹/L。

血生化：谷丙转氨酶(ALT) 44.30U/L，谷草转氨酶(AST) 68.6U/L，总胆红素(TBIL) 30.80μmol/L，直接胆红素(DBIL) 20.60μmol/L，间接胆红素(IBIL) 10.20μmol/L。

入院时腹部超声：胆总管走形区见一囊性结构，大小约 66mm×39mm，形态规则，边界清，与肝内胆管相通，囊内透声可，可见低回声絮状物堆积(图 3.12)。

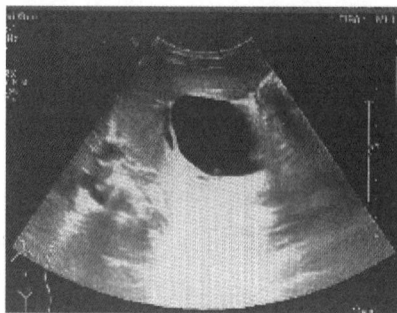

图 3.12　入院时腹部 B 超

腹部 CT：左右肝管轻度增粗，左右肝管汇合处—肝总管胆囊管—胆总管扩张，胆总管为著，大小约 43mm×50mm×63mm（图 3.13）。

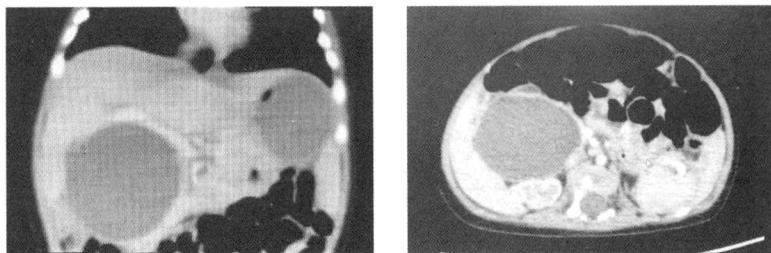

图 3.13　上腹部 CT

学生讨论：

（1）患儿妈妈孕期就发现孕宝宝患有胆总管扩张，胆总管扩张的病因有哪些学说？

（2）结合患儿的 B 超及 CT 等影像学资料，胆总管囊肿的分型有哪些？

（3）结合病史，先天性胆管扩张症的诊断依据有哪些？

（学生发言）

通过提问、讨论的方式，使学生掌握先天性胆管扩张症的病因、分型及诊断。

治疗：小艺 3 个月时进行达芬奇机器人辅助腹腔镜下胆总管囊肿切除＋胆道重建手术（图 3.14），术后第 8 天顺利出院。目前小艺生长发育良好（图 3.15），腹壁伤口恢复良好，几乎看不出痕迹（图 3.16）。

拓展介绍达芬奇机器人手术。

达芬奇机器人手术是目前热门的微创技术，针对年龄小的患儿有其独特的优势。该类手术创伤小，恢复快，伤口瘢痕隐匿，更利于患儿生理发育及心理健康。由于达芬奇机器人手术费用较高，为减轻患儿家庭的经济负担，医院为小艺提交了先天性结构畸形救助项目申请，小艺成功获得 3 万元的医疗救助金。

为加强出生缺陷防治，努力提高出生人口素质，国家卫生健康委妇幼司指导中国出生缺陷干预救助基金会开展了遗传代谢病救助、先天性结构畸形救助及功能性出生缺陷救助项目。项目主要为患有遗传代谢病（如异戊酸血症、丙酸血症、苯丙酮尿症等）、先天性结构畸形（如先天性食道闭锁、胆总管囊肿、巨结肠、肠闭锁、DDH 等）、功能性出生缺陷（如难治性癫痫、家族性息肉病等）的困难家庭患儿提供医疗费用补助，让更多的患儿有病可医、有病可治。

与学生互动展开讨论并总结：先天性胆管扩张症的概念、发病机制、诊断、辅助检查及治疗。

胆总管囊肿

胆总管囊肿后壁

胆总管囊肿空肠-空肠吻合口

胆总管囊肿肝管-空肠吻合口

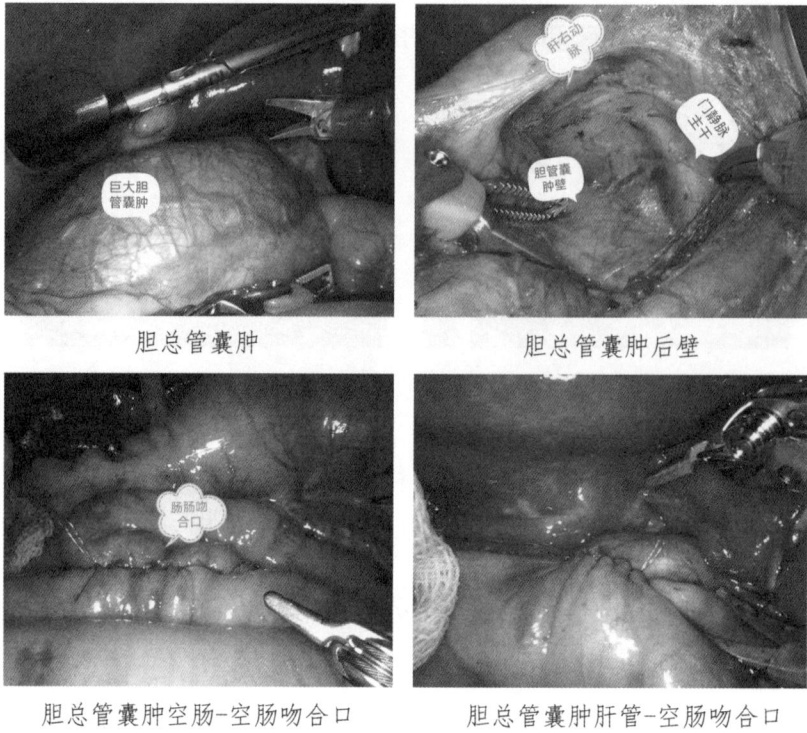

图 3.14　手术图片

图 3.15　术后生活照片

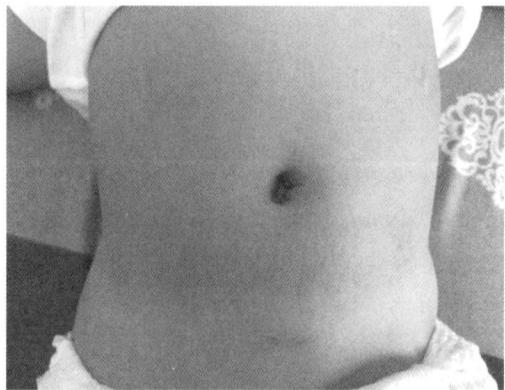

图 3.16　术后腹壁切口

　　先天性胆管扩张症是儿童常见的一种先天性胆道畸形,主要是指胆总管的一部分呈囊状或梭状扩张,有时可伴有肝内胆管扩张。通常女性发病高于男性,占总发病率的 60%~80%。本病又称为胆总管囊肿、先天性胆总管囊肿、先天性胆总管扩张症、原发性胆总管扩张等。

先天性胆管扩张症的临床分型：

(1)I型：Ia 型，胆总管囊性扩张，常见。Ib 型，节段性胆总管囊性扩张，无胰胆合流异常，极少见。Ic 型，胆总管梭状扩张，常见。

(2)Ⅱ型：胆总管憩室型。

(3)Ⅲ型：胆总管末端囊性脱垂。

(4)Ⅳ型：是指多发性的肝内或肝外的胆管扩张。

(5)Ⅴ型：肝内胆管扩张。目前多数学者认为 Ⅴ 型其实是一独立的病症(Caroli 病)，其与先天性胆管扩张症有着本质区别。

目前先天性胆管扩张症的病因尚不清楚。其发病机制主要有"胰胆管合流异常"和"先天性胆管狭窄"两种学说。

拓展胆道解剖知识：同学们能否回忆一下胆道系统的组成以及解剖结构？

胆道系统分为肝内、外胆道，肝外胆道包括左右肝管、肝总管、胆总管、胆囊及胆囊管。胆道系统具有分泌、储存、浓缩和输送胆汁的作用。肝左右叶的左右肝管出肝门后汇合成肝总管，肝总管与胆囊管汇合成胆总管。胆总管在肝十二指肠韧带内下行于十二指肠球部和胰头的后方，末端与胰管汇合并扩大成乏特氏壶腹，开口于十二指肠降部，在开口处有 Oddi 括约肌环绕，能控制和调节胆总管开放，防止十二指肠内容物反流。但在部分胆管扩张的患儿中发现存在胰胆管合流异常，即胰管和胆管在十二指肠壁外汇合后形成的一段异常增长的共同通道。患者的 Oddi 括约肌无法调节胰胆管连接功能，导致双向反流，胰液与胆汁混合，激活胰液中的胰酶，导致胆管损伤和炎症，随后导致胆管扩张。另一种学说"先天性胆管狭窄"则是因为胆总管的神经节和神经元数量减少，导致近端胆管收缩失调和腔内压力增加、近端胆总管囊性扩张。此外，还有部分学者认为可能与病毒感染、神经分布异常、胆总管远端梗阻等因素有关。

再次围绕临床案例，提出问题：针对先天性胆管扩张症患儿可以做哪些检查呢？选择依据是什么？治疗方法有哪些？

作为一名医生，我们不仅需要仁术，更需要仁心。选择任一项检查，都应该考虑患儿及其家庭的情况。对于先天性胆总管扩张症患儿，部分无症状者可表现为各项指标正常，实验室检查主要用于评估相关并发症。除关注血常规、肝肾功能外，白介素-6、C 反应蛋白、降钙素原等可用于判断患儿全身炎症指标。血、尿淀粉酶明显升高也可作为该病的辅助诊断方法，提示可能合并胰腺炎。目前临床上影像学检查常常首选彩色多普勒超声，产前进行腹部超声能识别出肝门区域的囊性结构，而产后超声能识别出囊肿位置和肝门静脉等结构，为手术提供帮助，进一步强化产前-产后一体化诊疗模式的重要性。对于部分无法显示胰胆管共同合流情况的患儿，可以选择CT、CT 胆管造影、磁共振胰胆管造影（MRCP）、内镜逆行胰胆管造影（ERCP）等手段。也常常使用术中胆道镜检查，可直接了解有无解剖变异以及清除胆道结石。

(二)案例2:胆大心细的医生

1.知识点:先天性胆管扩张症的临床表现、治疗方法和并发症。

2.思政目标:激发同学们的学习兴趣,提高解决临床问题的能力,循循诱导学生们发散思维,课后以线上形式完成作业,培养学生自主思考能力。

3.教学过程

上一节学习了先天性胆管扩张症的发病机制、分型、诊断及辅助检查。本节继续介绍先天性胆管扩张症的临床表现、并发症及治疗。

介绍案例:

3岁的小冉平时是一个活泼可爱的小丫头,有一天吃完饭后小冉告诉妈妈,说她肚子痛,妈妈没在意,以为孩子吃多了引起腹痛。第二天,小冉发烧了,妈妈带她去当地医院就诊,诊断腹痛原因为急性胰腺炎。治疗7天后,小冉发热、腹痛症状仍然没有缓解。家人很着急,决定带孩子到省级医院就诊。在省级医院办理入院后,医师详细询问病史后对小冉进行了腹腔诊断性穿刺,腹腔抽出胆汁样墨绿色液体。

入院时体格检查 皮肤巩膜黄染,腹部膨隆,全腹压痛、反跳痛伴肌紧张。

血常规:白细胞计数(WBC)9.79×10^9/L,中性粒细胞比率0.841,血红蛋白(Hb)116g/L,血小板计数(PLT)229×10^9/L。

尿常规:白细胞计数(WBC)40.90个/μl。

血生化:谷丙转氨酶(ALT)165.40U/L,谷草转氨酶(AST)408.00U/L,总胆红素(TBIL)87.27μmol/L,直接胆红素(DBIL)57.82μmol/L,间接胆红素(IBIL)29.45μmol/L,白蛋白(ALB)37.18g/L,血清淀粉酶645U/L,尿淀粉酶3275U/L,C反应蛋白(CRP)67.52mg/L。

术前腹部CT:胆总管中上段囊肿(大小约38mm×35mm)并胆总管下段及肝内胆管扩张;升结肠壁少许游离气体;盆腹腔大量积液、渗出;肠系膜多发肿大淋巴结(图3.17)。

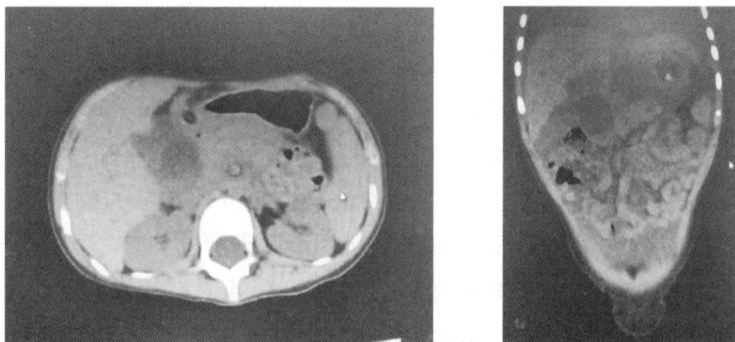

图3.17 术前腹部CT

结合病史及实验室检查、影像学检查,学生讨论:

该患儿的诊断是什么? 如何处理?

学生讨论,提出诊断要点 ①体格检查:重点是腹部体征,判断腹痛部位,有无腹膜炎体征? ②诊断性穿刺液的性状;③了解患儿全身情况包括有无黄疸、脱水、贫血等。针对患儿情况拟定下一步治疗方案。

小冉入院诊断:①胆总管囊肿破裂;②胆汁性腹膜炎。入院后小冉进行了急诊手术(腹腔镜探查:胆总管囊肿外引流术)。术后 3 天小冉体温降至正常,小冉也露出了久违的笑容。

术后血常规:白细胞计数(WBC)5.05×10^9/L,中性粒细胞比率 0.274,血红蛋白(Hb)106g/L,血小板计数(PLT)305×10^9/L。

血生化:谷丙转氨酶(ALT)7.80U/L,谷草转氨酶(AST)21.7U/L,总胆红素(TBIL)6.50μmol/L,直接胆红素(DBIL)3.60μmol/L,间接胆红素(IBIL)2.90μmol/L,白蛋白(ABL)37.90g/L,血清淀粉酶 122U/L。

归纳总结:

(1)先天性胆管扩张症的临床表现:腹痛、黄疸和腹部肿块为本病的 3 个典型症状,临床上常以其中 1~2 种表现就诊。

①腹痛局限上腹、右上腹部或脐周。幼儿腹痛的表现因不会诉说,常易误诊或漏诊,胆总管穿孔时腹痛加重并伴腹膜炎体征。

②囊肿型体检时于右上腹部扪及一囊性感光滑肿块,大小不一,可有轻重不一的触痛。梭状型胆管扩张症则多不会触及腹部肿块。

③间歇性黄疸,出现黄疸间隔时间长短不一,严重可伴有皮肤瘙痒,全身不适。如出现黄疸加深,常说明胆道远端梗阻加重。

④合并囊肿内感染时可有发热,体温 38~39℃,亦可因炎症而引起恶心、呕吐的消化道症状。病程较长或合并黄疸者,有出血倾向。

(2)治疗

先天性胆管扩张症手术适应证和手术时机:通过两个病例的分享,引入产前—产后一体化诊疗模式在治疗胆管扩张症中的重要性。

①囊肿型及明显扩张的梭状型,一经明确诊断后,应及时手术。

②急性发作期,经禁食、解痉、抗炎等处理,症状缓解后 3 个月左右进行根治手术;采取以上措施治疗 1 周仍无法缓解,根据术中炎症水肿情况行根治术或行囊肿外引流术。

③合并胆道穿孔,快速补液、纠正水电解质紊乱后急诊行腹腔镜探查或剖腹探查术。如果能够找到穿孔部位,可以自穿孔部位置管行胆总管外引流,如果无法发现具

体穿孔部位,可以仅行腹腔引流,3 个月后再行根治手术。如果穿孔刚刚发生,且囊肿壁炎症较轻、一般情况较好,也可一期行根治术。

（3）胆总管囊肿手术方法

①胆总管囊肿外引流手术:适用于严重胆道感染、短期保守治疗无法控制、中毒症状严重、一般情况较差的患儿。

②囊肿、肠吻合的内引流术:该手术方法由于仍存在胰胆管合流,目前大多数学者不再应用。

③腹腔镜下胆总管囊肿切除,肝管空肠 Roux-Y 吻合术:本症首选的术式。优点为解决胆总管梗阻;彻底切除病灶;解决胰胆管的分流,去除胰胆管合流异常的发病原因。

提出问题:引导学生思考先天性胆管扩张症的术后并发症及术后处理。

术中注意仔细游离出胆管下端,切勿损伤胆管后方的门静脉及肝动脉。

术后早期并发症:胆肠吻合口漏、腹腔积液、脓肿、急性腹膜炎、胰瘘、急性胰腺炎、急性胆管炎、肠粘连、肠梗阻、切口感染、消化道出血、肝衰竭等并发症。

术后远期并发症主要有胆肠吻合口狭窄、胆管结石形成、胰腺炎、肝衰竭及癌变等。

术后定期复查肝功能、血尿淀粉酶、腹部超声等检查,注意患儿术后营养、水电解质、酸碱平衡等情况,必要时对症处理。

二、特色与创新

本课程运用 PBL 联合 CBL 教学法,通过两个临床真实案例,讲解了先天性胆管扩张症从产前诊断到并发症的处理,将胆总管扩张症的病因、分型、临床表现及诊疗的相关知识进行融合。教学过程始终以学生为主体,教师辅助答疑。课堂讨论过程中,发现问题,分析问题,解决问题;并适时、适度地引入课程思政内容,培养学生的创新精神,宣传我国的慈善文化,激发学生的民族自豪感和爱国情怀。

三、教学总结和反思

教学过程中发现学生对于教学方法改革、案例教学等兴趣较高,因此后期的思政教学中会丰富授课形式,增加 MDT 联合(CBL＋Mini－CEX)模式,不局限于传统的理论授课模式,可以适当将迷你临床演练评估、案例讨论或分组辩论等融入课程中。

重开生命之门——先天性肛门直肠畸形

学校	大理大学	课程	小儿外科学
章节	腹部疾病	撰写教师	王　宁
教学目标及知识点	1.知识目标:能详细描述先天性肛门直肠畸形的临床分型、诊断和治疗。 2.技能目标:能正确识别不同类型的先天性肛门直肠畸形;针对不同类型的先天性肛门直肠畸形提出合理的诊疗计划。		
课程思政目标	1.透过"拜干亲"现象,培养医学生的人文情怀和责任使命感。 2.通过介绍先天无肛婴儿被放弃治疗事件,折射出普及医学知识和树立法治意识的重要性。		
育人元素	模块一:人文情怀;模块五:责任使命;模块六:法治意识。		
教学方法	案例剖析,情景模拟。		

一、典型教学案例

(一)案例1:添了个"干儿子"

1.知识点：先天性肛门直肠畸形的诊断和治疗。

2.思政目标:透过"拜干亲"现象,培养学生的职业使命感和责任感,强化学生急病人之所急,想病人之所想,待患如亲的思想。

3.教学过程

介绍案例:

15天的小福还是一个襁褓中的小男婴。3天前,妈妈发现他的肚子鼓起来,像一个小皮球,不想吃奶,频繁哭闹,小脸憋得通红。妈妈觉得不对劲,带小福去医院看病。医生说小福可能有严重的肠炎,需要到大医院看。焦急的父母带着小福驱车200公里赶到医院求助。

入院后体格检查　面色、口唇红润,皮肤巩膜无黄染,腹胀,腹壁静脉怒张,肠鸣音8次/分,无高亢肠鸣,腹软,未触及腹部肿块,生殖器外观正常,肛凹皮肤无肛门开口,截石位12点钟肛凹皮肤前方有一瘘口,直径约0.5cm,经瘘口插管后有粪便排出。

辅助检查　腹部立位X光片提示不全性肠梗阻。

医生告知父母,小福有先天性肛门闭锁合并皮肤瘘。因瘘口较小,排便不畅,需要扩张瘘口,协助孩子排便,缓解腹胀。经过瘘管扩张处理,小福腹胀减轻了,恢复了食欲。医生建议孩子4月龄后行肛门成形术治疗,其间需要持续扩张瘘口排便,这可让小福的父母犯难了。小福一家来自山区,当地缺医少药,医生尤其惧怕诊治小婴儿。为了方便小福的日常治疗,妈妈在医院附近租了一间房子,同时请求主治医生能在方便的时候给小福治疗。幸运的是,医生答应了妈妈的请求,坚持每周为小福扩张瘘管、灌肠治疗2次,节假日也没有中断。每次治疗后,小福食欲恢复,面露稚嫩的笑容,妈妈悬着的心也能稍微放下。在完成肛门成形手术之前,小福的妈妈往返医院40次,主治医生也为小福治疗了40次。小福的父母十分感谢主治医生,要拜医生为小福的干爸爸。医生婉言谢绝,妈妈动容地说:"医生,是您给了小福第二次生命,就当给您添了个儿子!"

引导学生讨论:

(1)请根据小福的会阴区图片(图3.18),描述一下你看到的情况。

(2)小福的会阴区外观是否正常? 如不正常,可能的诊断是什么? 这会给小福带来什么临床问题?

(3)主治医师为什么要坚持为小福扩张瘘管、灌肠治疗?

(4)你认为最恰当的检查方法是什么?

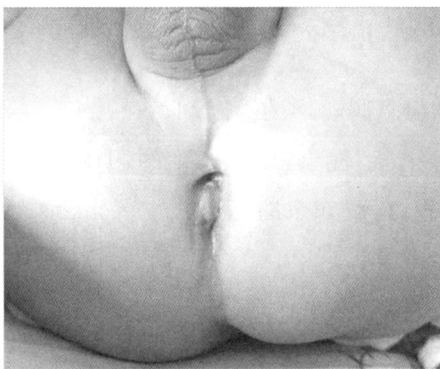

图3.18　会阴部

(学生发言)

通过提问、讨论的方式,学生能识别先天性肛门直肠畸形并能正确叙述先天性肛门直肠畸形的临床表现,提出合理的检查建议。介绍主治医师坚持为小福治疗的事例,强化学生主动考虑病人疾苦,积极排忧解难的思想。

根据学生建议的检查项目,引导学生思考各项检查的合理性。通过比较,明确瘘管造影检查的重要性。进一步展示经瘘管造影的图片(图3.19),引导学生深入讨论:

(1)请根据小福瘘管造影检查结果(图 3.19),描述一下你看到的情况。

(2)先天性肛门直肠畸形的高、中、低位畸形是如何确定的,与手术方式选择之间的关系是什么?

(3)术前评估需要重点考虑的问题是什么?

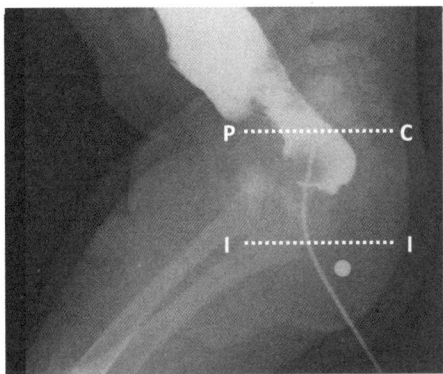

图 3.19　瘘管造影

(学生发言)

小福 6 月龄时接受经会阴肛门成形、瘘管切除术,学生讨论:

(1)术后可能会出现哪些并发症,如何预防和治疗?

(2)小福的远期随访中需要关注哪些问题?

(学生发言)

通过深入讨论,让学生在学习专业知识过程中逐步培养学生构建和谐融洽的医患关系的能力。

(二)案例 2:有希望的"无肛"

1.知识点:先天性肛门闭锁的治疗。

2.思政目标:强化儿科执业精神熏陶,深化职业认同,树立护佑生命、救死扶伤的理想信念。以小组为单位进行讨论,激发学习兴趣,鼓励主动思考,培养创新意识。

3.教学过程

(观看"人民网"报道)

2015 年 7 月 29 日 18 时 43 分,山西省儿童医院一辆救护车快速驶入。等候许久的新生儿外科医护人员立刻迎上,小心翼翼地接下一位特殊的小患者,他就是先天无肛的小恩泽。因家庭贫困无法救治,小恩泽一天只能喝 10 多毫升豆奶维持生命,通过解小便处排出粪便。医生打开小恩泽的褟褓,他的小脸只有成年人的拳头大,皮肤松弛,体重只有 4.8 斤。90 天无法排便仍然生存,医务人员感叹孩子顽强的生命力。医院开通了绿色通道收治小恩泽,待评估完成后为小恩泽实施手术治疗。2017 年 1 月 20 日,经过近 2 年的时间,小恩泽顺利完成了人造肛门手术,体重增加至 20 多斤。(内容引自:山西"无肛男婴"入住省儿童医院接受治疗 http://news. cnr. cn/native/gd/20150730/t20150730_519366020. shtml)。

提出问题:为什么父母每天只给小恩泽喂 10 多毫升的豆奶?无肛会对小恩泽造成哪些影响?90 天小孩的正常体重应该是多少?小恩泽的体重 4.5 斤,皮肤松弛,说明了什么问题?

(学生发言)

小儿无肛是一种常见的先天性疾病,俗称"没屁眼儿"。很多家长觉得这种病很可怕,会被人嘲笑,甚至将孩子丢弃。此外,部分畸形严重的儿童需要分期手术,治疗费用高昂,并发症多,贫困家庭容易产生放弃治疗的想法。以下是引起社会广泛关注的事件。

2010 年 1 月 27 日,"小希望"是一名在天津出生患有先天性肛门闭锁、多发瘘等疾病的女婴,住院接受治疗 13 天。由于病情复杂,父亲决定放弃治疗,并将其送到临终关怀医院。闻讯而来的志愿者从医院"抢出"女婴,带到北京一家医院治疗。经专家会诊,"小希望"属于高位无肛,需要分 3 次手术治疗,最终能通过手术治愈。女婴的父亲赶到北京,他表示,即使孩子接受治疗,仍有可能终身大小便失禁,需要携粪袋生活一辈子,拒绝手术治疗。最终,"小希望"被父亲带离医院,于 2010 年 3 月 27 日去世。(内容引自:追踪天津无肛女婴被放弃治疗事件(上)https://tv. cctv. com/2010/03/18/VIDEZhLdv6E1TfMkcTCJ7jQu100318. shtml;追踪天津无肛女婴被放弃治疗事件(下)https://tv. cctv. com/2010/03/18/VIDEdnJCtkzIm2lQHHeeuEXD100318. shtml)。

山西的圆圆是一名弃婴,从小被拾荒老人陈西伦收养,生活异常艰辛。2012 年 2 月底,爷孙俩的故事被报道后,在社会上引起关注,好心人踊跃捐款,帮助圆圆治疗。3 月 7 日,解放军第 264 医院接收圆圆入院治疗。6 月 2 日,北京儿童外科专家李龙教授亲赴山西为圆圆手术。7 月 29 日,圆圆治愈出院,开始新的生活。(内容引自:无肛女孩圆圆过上新生活 http://news. cnr. cn/native/gd/20150730/t20150730_519366020. shtml)。

2013 年 10 月 25 日,一位绿化保洁员在北京市西城区德胜门城楼北侧广场绿地发现长凳旁有一个手提包,包内传出婴儿的哭声。保洁员马上报警,经警察和医生共同查看,确认为一男婴,还有生命体征。男婴脚上塑料环上写着孩子的名字,还有"北京儿童医院"等信息。民警顺藤摸瓜,找到孩子的父亲李某。父亲供述带刚出生的孩子到北京儿童医院看病,医生说是先天无肛,需要分 3 次手术,花费二三十万元。因无钱医治,将孩子遗弃在公园。(内容引自:父亲遗弃婴儿被起诉 https://society. huanqiu. com/article/9CaKrnJJrHe)。

设问:为什么高位无肛需要分期手术治疗? 小希望的父亲担心手术后仍有可能出现大便失禁,拒绝手术,请问小希望父亲的担忧是否合理? 如合理,造成术后大便失禁的可能原因有哪些?

(学生发言)

通过新闻媒体报道的事件经过,提出一系列问题,使学生进一步强化先天性肛门直肠畸形的理论知识,掌握诊治方法。

无肛婴儿遭放弃的现象折射出家长的法治意识淡漠,鼓励医学生积极参与公益慈善活动,强化科普宣教的责任感和使命感。最后,要求学生根据所学知识制作先天性肛门闭锁的科普宣教展板。教师从内容、形式、效果三方面对展板进行评估、量化考核,以此作为学业评价的重要组成部分。通过问卷星发布问卷,收集学生对此次教学活动的意见和建议。

课后以小组为单位,进行角色扮演,完成以下命题作业:

两位同学分别扮演小希望的父亲和主治医生,现场沟通小希望的治疗事项。

(1)如果你是小希望的父亲,看到小希望没有肛门,你会产生哪些想法,会有什么顾虑?

"生儿子没屁眼儿"这在中国百姓眼里是很恶毒的诅咒。如果出生的小孩没有"屁眼儿",父母常自责做了缺德的事情,会被人嘲笑,在众人前抬不起头。缺乏医学常识的父母可能误认为无肛是一种难治的病,容易产生放弃治疗的想法。此外,部分无肛需要分期手术治疗,护理不方便,并发症多,医疗费用高昂,这也让家长在面临选择的时候容易产生消极的想法。

(2)如果你是小希望的医生,如何消除父亲的误解,争取父亲对小希望治疗的支持和配合。

先天性肛门闭锁是一种可以通过手术治愈的消化道畸形。无肛畸形是胚胎发育异常产生的,与父母的社会活动和人际关系没有直接关联。治愈患儿的生长发育和生活质量与正常儿童相比,没有明显差异。国家医疗保障制度能基本保障患儿的就医需求,减轻家庭的经济负担。社会救助体系也是获得帮助的重要途径。

二、特色与创新

本课程运用案例教学法,将先天性肛门直肠畸形的理论知识与临床实践相结合。教学过程始终以学生为主体,教师引导讨论、辅助答疑。课堂讨论过程中,引入课程思政内容,培养学生的职业使命感和责任感,强化学生急病人之所急,想病人之所想,待患者如亲人的思想。同时鼓励学生主动普及疾病防治知识,积极参加慈善活动,造福一方。

以制作疾病宣教展板的方式检验学生对理论知识掌握的程度,学会利用所学知识进行疾病宣教,充分发挥创造力和想象力,提高宣教效果。教师评判展板宣教效果,将结果作为学业评价的重要组成部分。

三、教学总结和反思

本次教学导入临床案例,将思政教育融入临床案例教学中,不仅激发了学生学习专业知识的兴趣,还能引起学生共情。同时,学生能感悟到专业知识学习的目的和儿科医生的职业价值。教学活动以分组讨论、探究式学习等方式开展,课堂气氛活跃,教学效果良好。此外,制作疾病宣教展板是对知识应用能力的检验,树立学生积极主动服务患者、社会的理念。

课堂教学过程中也存在一些问题,比如学生课前预习不充分,讨论过程中暴露出理论知识的短板,部分同学未积极参与讨论、不敢大胆发表自己的意见和看法。教师和学生课前、课后交流的时间有限,没有形成良性互动。后续教学中,将强化教学设计,加强对学生课前预习的监督和考核,保证课前学习效果。此外,须完善奖励机制,激发学生参与教学活动、讨论的积极性。

携手共筑生命通道——新生儿坏死性小肠结肠炎

学校	温州医科大学	课程	小儿外科学
章节	腹部疾病	撰写教师	邵方滨
教学目标及知识点	1.知识目标:能清楚描述新生儿坏死性小肠结肠炎的临床表现、诊断,简单描述病因及发病机制。 2.技能目标:能够运用所学知识及早识别新生儿坏死性小肠结肠炎,并根据分期制订手术计划。		
课程思政目标	1.培养学生面对疑难危急重症进行多学科合作的习惯,以及培养勇于挑战、敬畏生命的医学精神。 2.介绍"水晶宝宝"公益项目,培养学生对疾病、对病人、对社会的责任感。		
育人元素	模块五:社会担当,团队精神。		
教学方法	研讨辩论,情景模拟。		

一、典型教学案例

1.知识点:新生儿坏死性小肠结肠炎的临床表现、诊断、分级、手术适应证。

2.思政目标:通过新生儿外科医生联系多学科相互协作,启用绿色通道救治危重患儿的故事,培养学生的仁爱之心,面对危急重症时医生不畏艰难、勇于担当,展现医生生命至上的理念。

3.教学过程

介绍案例:

凌晨一点的城市,很多人早已进入甜美的梦乡,但在寂静的夜里,一辆急促的救护车呼啸而过。"患儿小旭,生后13天,胎龄29^{+4}周,出生体重仅1560g,半天前出现血便,伴有轻度腹胀,同时患儿反应变差,目前积极扩容、抗感染、药物改善循环,需要紧急转院治疗。"一份紧急求助让所有人紧张起来,救护车呼啸而来,接到电话后温州医科大学附属育英儿童医院新生儿外科医师匆匆从家中赶到医院,做好准备迎接这生命垂危的孩子。

设问:为什么碰到新生儿血便,外科医生要第一时间从家里赶到医院?新生儿血便有哪些原因?不同疾病有哪些不同表现?

（学生发言）

通过分组讨论的方式,使学生能够对新生儿血便进行鉴别诊断,常见的疾病包括凝血功能障碍、肠道血管瘤、肠套叠、新生儿坏死性小肠结肠炎以及其他原因引起的肠坏死等。

小旭被置入暖箱,新生儿科医生予气管插管机械通气呼吸支持,使用抗菌药物抗感染、生理盐水快速扩容、多巴胺针改善循环等治疗,同时积极完善相关辅检,如三大常规、血生化、血凝血功能、血气分析、B超、X线检查等协诊。

外科医师在该患儿一入院就进行了第一次评估。

体格检查　体温 35℃,脉搏 158 次/分,呼吸 55 次/分,血压 83/40(55)mmHg(1mmHg≈0.133kPa),反应差,早产儿貌,全身肤色苍黄,肢端凉,未见明显花斑纹,前囟平软,气管插管＋复苏囊正压通气下,双侧胸廓抬动可,口唇无发绀,三凹征(一),腹膨隆,无腹壁发红,可见腹壁静脉显露,质韧,有触哭,肝脾肋下未及,肠鸣音极弱,四肢活动少,肌张力偏低。

辅助检查　血常规:白细胞计数(WBC) 3.79×10^9/L,血红蛋白(Hb) 108g/L,红细胞计数(RBC) 3.82×10^{12}/L,血小板计数(PLT) 167×10^9/L。血气分析:酸碱度(pH) 7.3,血糖 7.1mmol/L,乳酸 5.1mmol/L。腹腔 B 超:门静脉积气,肠管大量积气,肠壁积气,肠间积液。腹部立位片(图 3.20)。

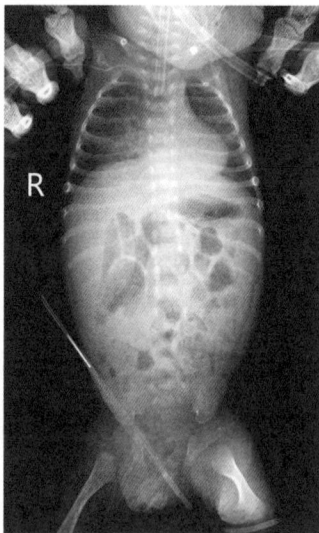

图 3.20　术前腹部立位片

设问:请总结该病例的临床特点,初步诊断是什么?

（学生发言）

该病例为早产儿,临床表现主要有:呕吐,呕吐物可呈胆汁或咖啡样物,也可为胃内容物,无特异性;进行性腹胀:表现为腹胀加剧、腹壁静脉显露,常伴有腹壁发红、水肿、肠鸣音减弱等情况;血便:初起可只表现出大便隐血,或初起腹泻、1～2天后出现便血;全身情况恶化:包括体温不升、四肢厥冷、皮肤花斑状、休克、DIC、阵发性呼吸暂停、心率减慢等。初步诊断:新生儿坏死性小肠结肠炎。

新生儿坏死性小肠结肠炎(necrotizing enterocolitis of newborn,NEC)是一种严重、需积极治疗的新生儿期疾病,尤其发生在早产儿,低胎龄和低出生体重更为危险,但亦有足月儿发病,病死率为10%～50%。目前NEC的病因主要有早产和低出生体重、喂养、高渗性药剂口服、某些药物作用等。发病机制至今仍未能阐明。普遍认为NEC是一个或多个因素相互作用的结果。①广谱抗菌药物导致潜在的致病菌移位或过度繁殖;②缺乏免疫球蛋白的配方奶促进细菌生长;③胃肠道蠕动缓慢使致病菌移位、肠道黏膜被破坏;④新生儿免疫防御功能不足;⑤细胞介质和各类细胞因子发生连锁反应。

设问:你认为这个孩子目前属于哪个分级?

(学生发言)

引导学生进行NEC分级表的讨论,通过提问、讨论的方式,让学生从案例中寻找诊断的关键点,并引出Bell分级表,使学生掌握NEC诊断、病情严重程度判断的关键问题。老师向学生介绍诊断分级标准的研究新进展。

根据Bell分级表,得出目前上述病例患儿处于ⅢA期。

其他诊断标准还有佛蒙特牛津网络(VOND)、美国疾病控制和预防中心的定义、英国的NEC孕龄特异性病例定义、"三取二"标准、斯坦福NEC评分和国际新生儿协会NEC工作组定义等。

围绕该病例的手术过程,引导学生进行NEC手术方法的讨论。

(学生发言)

手术中外科医生发现,小旭的小肠近端40cm开始向远端至距回盲部约4cm回肠节段性发黑坏死,可见肠内容物渗透至浆膜层,肠壁积气明显,但尚未穿孔;阑尾坏死至浆膜层,尚未穿孔;回盲部、升结肠及横结肠节段性瘀青(图3.21)。这是典型的NEC表现,手术时机把握得恰到好处。医生迅速为患儿做了坏死回肠切除＋阑尾切除＋肠吻合＋小肠双腔造瘘术＋腹腔冲洗引流术,术后转入NICU继续监护。新生儿科医师继续为患儿进行治疗,经过几个小时努力,伴随着天边日出的光亮,小旭生命体征、呼吸机参数都趋向平稳。

这是新生儿外科团队联合其他学科共同救治的又一例危重NEC患儿,虽然看似普通但却不简单,医师们在生命面前不畏辛苦、多学科全力以赴,给孩子和家庭带来希望之光。

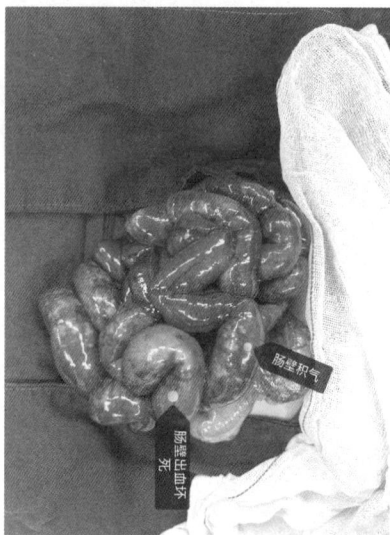

图 3.21　术中情况

本案例里提到这例手术时机把握恰到好处,那么临床上关于手术时机的把握有哪些?

(学生发言)

NEC 外科干预的绝对指征是肠穿孔。手术最佳时机是肠壁全层出现不可挽回的坏死且发生穿孔之前,但预测难度大。相对指征包括内科治疗后病情恶化,如严重酸中毒、血小板减少、休克、少尿、腹块等。

拓展中国早产儿、低出生体重儿救治现状:

11 月 17 日是"世界早产儿日",根据此前世界卫生组织发布的《早产儿全球报告》,中国早产儿数量居世界第二,我国每年约有 120 万早产儿出生,约占新生儿出生的 7%。目前,早产已成为我国婴儿及新生儿死亡的重要原因。近十年随着 NICU 的发展,越来越多的早产儿得到救治,随之而来的是早产相关的一些疾病。由于早产儿机体器官系统发育未成熟,可发生呼吸窘迫综合征、支气管肺发育不良、脑损伤、NEC 及早产儿视网膜病变等多种严重疾病,其中,NEC 又具有非常高的致死率和短肠的发生率。

为了更好地救治早产儿,温州医科大学附属第二医院新生儿科团队和新生儿外科团队开展了"水晶宝宝"公益项目,为早产儿患儿提供专业的治疗、随访与咨询(图 3.22)。

图 3.22 "水晶宝宝"公益项目

二、特色与创新

本课程运用案例教学法,将新生儿坏死性小肠结肠炎的病因、发病机制、临床表现、分级及手术治疗的相关知识进行融合。教学过程以学生为主体,教师引导学生讨论,其中引入真实的实验室指标和手术相关图片,直观情景再现。课堂讨论过程中,老师总结疾病围绕教学大纲,并适时、适度地引入多学科团队合作的理念以及医师克服疑难疾病的社会责任,激发学生学习兴趣,对疾病形成难忘的记忆,使学生了解疑难重症治疗过程中多学科合作的必要性,激发学生探索疾病救治的兴趣。

三、教学总结和反思

教学过程中发现学生对于案例教学、手术情况处理等兴趣较高,因此后期的思政教学中会丰富授课形式,不局限于传统的理论授课模式,可以适当将案例讨论或模拟手术情景等融入课程。由于教学对象为儿科学专业本科生,对于新生儿坏死性小肠结肠炎这类复杂的重症无临床实践经验,对疾病认知停留在书本文字,故学习过程中存在较大困难。因此今后授课须更多展示规范治疗的真实案例,使学生在规范化中发现规律、增强记忆,并有计划地复习相关理论知识,课后采用问卷星、微信讨论等多种方式,加强学生对疾病的认知,刺激知识点的记忆,提升学习效率。

手术机器人来了——先天性泌尿系统结构畸形

学校	温州医科大学	课程	小儿外科学
章节	泌尿系统疾病	撰写教师	陈聪德
教学目标及 知识点	1.知识目标:能说明先天性泌尿系统结构畸形包含哪些常见疾病,详细阐述先天性肾积水以及尿道下裂的临床表现、诊断及治疗原则。 2.技能目标:能够通过影像学及临床表现判断并诊断肾积水及尿道下裂,能够简单描述手术指征、手术方式及选择标准。		
课程思政 目标	1.在介绍先天性泌尿系统畸形的基础上,在学习机器人技术的过程中,了解医学进步所带来的便利,培养医学生不断创新、不断求索的科研素养。 2.用"共童解密"关注儿童泌尿生殖健康公益项目来强化同学们的社会责任感,了解医学及公益的密切融合能促进推动健康共富。		
育人元素	模块四:创新精神;模块五:责任使命。		
教学方法	研讨辩论,情景模拟。		

一、典型教学案例

(一)案例1:手术机器人在肾积水手术中的应用

1.知识点:先天性肾积水的诊治。

2.思政目标:通过介绍达芬奇手术机器人在上尿路先天性畸形中的成功应用,加强学生对"科技提升医学进步"的认识;同时引用"国产手术机器人打破国外垄断,预计年底走向市场"的新闻事件,激发同学们的爱国情怀。

3.教学过程

首先,学习课本上"先天性肾积水"的病因及概论,了解先天性肾积水病因,有梗阻性和非梗阻性肾积水。

先天性肾积水病因包括肾盂输尿管连接处梗阻(44%)、输尿管膀胱交界处梗阻(21%)、输尿管膨出和异位输尿管(12%)、神经源性膀胱、后尿道瓣膜(9%)、尿道闭锁和阴道子宫积液等;后者包括原发性膀胱输尿管反流(14%)和生理性肾盂肾盏扩张、Prune-Belly综合征等。梗阻性肾积水多为输尿管不全梗阻。超声检查的普及使胎儿和新生儿肾积水病例越来越多。新生儿肾积水的发生率为1%~2%。

提出问题并引导讨论：肾积水会导致哪些一系列的病理生理变化？

（学生发言）

通过提问及讨论，阐述肾积水的病理改变，会逐渐导致肾单位的丢失、肾脏瘢痕形成，并造成肾的永久性损伤，引起患侧肾小球滤过率下降。肾积水患儿甚至就像"定时炸弹"，被发现时往往其分肾功能已经造成严重影响。

讨论：肾盂输尿管连接处梗阻的手术指征有哪些？

（1）存在肾积水相关临床症状（疼痛、泌尿系感染）。

（2）初次评价肾积水分肾功能小于 40%，并且 T1/2＞20 min。

（3）梗阻性肾病并且分肾功能大于 40% 者，行系列随访发现积水加重。随访肾积水加重的定义为：SFU 分级升高一级；或者肾盂前后径增加 10 mm 或以上；无急性梗阻的情况下，2～4 周复查时仍保持积水加重状态或进一步加重积水持续并伴有肾实质变薄；复查肾核素显像分肾功能下降大于 10%。

（4）严重双侧肾积水（SFU3－4 级）或孤立肾严重肾积水，需要更积极治疗。

由浅入深，由远及近，逐步向同学们介绍这些年来肾积水治疗方式由传统开放手术到微创手术的逐渐转变。充分调动同学们的热情以及唤起同学们的好奇心，使课堂深入人心。此时介绍达芬奇手术机器人，展示机器人手术的独特优势。这里巧妙引入新闻"浙南闽北首例儿童达芬奇机器人手术顺利完成！给孩子更好的选择！"，介绍达芬奇手术机器人在温州医科大学附属第二医院育英儿童医院儿童泌尿外科的成功运用，从而给孩子更好的选择，使医学生亲身体会发生在身边的故事。

达芬奇手术机器人的优势包括：相比传统的微创腹腔镜手术，达芬奇手术机器人具有手更巧、眼更亮的优势，放大 10 倍的三维高清立体成像，非常清晰逼真地呈现手术视野，不仅让医生得到裸眼 3D 的视觉效果，更让一切细节都能清楚地呈现；540 度旋转无死角的机器人手臂突破了人手转腕极限，可以在狭窄解剖区域灵活顺畅操作等（图 3.23 至图 3.26）。

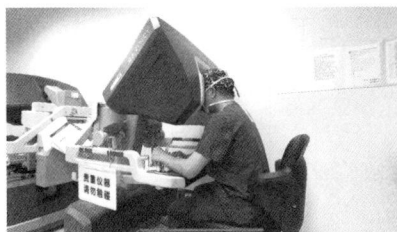

图 3.23 机器人操控台

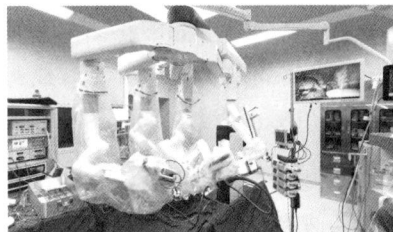

图 3.24 机器人机械臂

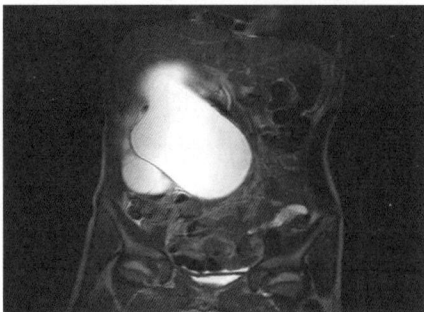

图 3.25 磁共振提示的重度积水

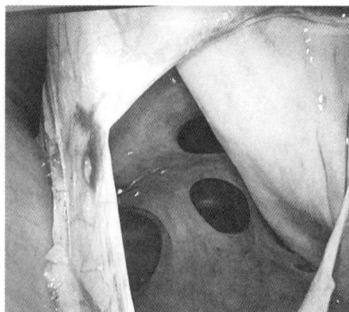

图 3.26 机器人视野下清晰显示扩张的肾盏

虽然,目前国际上普及率最高的是斯坦福研究院研发的以外科手术技术为基础的达芬奇手术机器人,但国内的医学产业界也正在抓紧研发适合中国国情的手术机器人。

(插入报道"国产手术机器人打破国外垄断预计年底走向市场",进一步介绍我国科技创新带来的技术进步,助力医学外科领域的微创时代,在医学理论教学的同时,增强民族荣誉感及自豪感,充分调动医学生爱国主义情感。)

通过提问、回顾、讨论,让学生了解肾积水的发生机制、诊断方法、手术指征。同时,结合肾积水的手术治疗方案的选择,了解现代外科从传统开放手术到微创手术的转变。国内外手术机器人的故事融入,激发同学们的学习和创新热情,更好地理解科技创新能提升医学进步,为人类健康带来福音。

(二)案例2:共童解密儿童公益项目关注儿童生殖健康

1.知识点:尿道下裂的诊治。

2.思政目标:用"共童解密"关注儿童泌尿生殖健康公益项目来强化同学们萌发社会责任感,了解医学及公益的密切融合可以推动健康共富。

3.教学过程

首先介绍尿道下裂的定义及临床表现,并介绍尿道下裂的高发病率,国外报道在出生男婴中发病率为 3.2/1000,或每 250~300 个男孩中有 1 个。我国有资料显示,在 2257 个男婴中有 7 个发病(3/1000)。

(1)提出问题并引导讨论:尿道下裂的病因以及临床表现。

(学生发言)

近年尿道下裂尤其是重度尿道下裂增多,考虑可能与遗传、环境雌激素样物质增多有关,尿道下裂的高发病率为儿童生殖健康带来巨大伤害。介绍尿道下裂的临床表现主要为:阴茎下弯、尿道口异位开口及包皮的背侧堆积。可能的伴发畸形:隐睾

9％、腹股沟疝9％、前列腺囊（副中肾管）10％～15％、肛门直肠畸形、心血管畸形、胸壁畸形、阴茎阴囊转位、阴茎扭转、小阴茎、重复尿道等。除了结构畸形给患儿带来功能损害外，该疾病对儿童及家庭的心理也会带来很大困扰。

（引入新闻报道"小贵做他做她面临两难，温医大附二院共童解密公益项目将伸出援手"）。

介绍尿道下裂给家庭及社会带来的危害。从该案例出发，讲述尿道下裂与性别分化异常之间的密切关系。并重点阐述，在遇到包括重度尿道下裂、合并隐睾、合并小阴茎等情况时，须高度警惕，应该进一步排除性别分化异常。

（2）尿道下裂的手术方式有哪些？以及治愈标准是什么？

介绍尿道下裂手术方法的复杂性及精细性，重点介绍常见手术方式为Snodgrass、Mathieu、MAGPI、Duckett、Duplay、Koyanagi等。在此引出尿道下裂治愈的标准：阴茎下弯矫正；尿道口位于阴茎头正位；外观正常；站立排尿，成年后能正常性生活。显而易见，成功尿道下裂的外科修复矫治是需要高精度的手术操作与艺术的密切融合，也需要全社会对该人群的关注和帮助（图3.27、图3.28）。

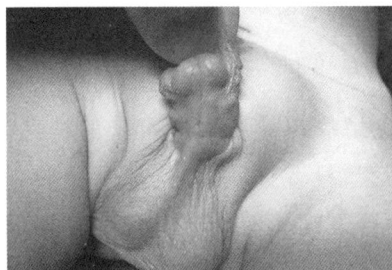

图 3.27　尿道下裂的外观

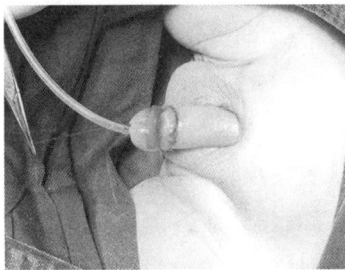

图 3.28　尿道下裂术后外观

（引入媒体报道的新闻"共童解密关爱儿童泌尿生殖健康公益项目正式启动——记走进泰顺山区，关爱留守儿童活动"。）

关爱儿童泌尿生殖健康公益项目"共童解密"公益项目是由儿童泌尿外科专家陈聪德发起，与志同道合的医护们一起，致力于关爱儿童泌尿生殖健康事业，立足浙南闽北赣东，辐射全国，助力"健康中国"。该项目走进山区、海岛，走进偏远地区，为患有生殖泌尿系统畸形的儿童提供医疗服务以及慈善救助，体现了医者大爱的精神及医疗公益密切融合的理念（图3.29）。

图 3.29 "共童解密"公益项目宣传单

着重强调医学生主导的公益项目是如何帮助解决尿道下裂所带来的社会问题。介绍学生在项目实施过程中,主要参与疾病的筛查、科普宣教、患儿及家长的心理支持、术后的延续性咨询以及贫困家庭的慈善救助等方面。引导学生对专业知识进行学习,通过提问、参与及讨论的方式,将该节理论知识点与思政目标串联起来。学生在学习尿道下裂疾病理论知识的同时,了解自身所承担的社会责任,思考如何成为新时代合格的青年医生。

二、特色与创新

本课程最主要特色是结合现有的医学创新技术以及公益项目等真实事件,将学习完全融入现实的医学实际事务中,着重点在医学技术科技创新、医学生的爱国情怀以及公益慈善。使学习不单单是学习知识,更重要的是坚持知识传授与实践价值相结合,同时培养学生的医学素养,激发其热情。坚持理论与实践相结合、基础与临床联合,培养德才兼备、全面发展的人才。通过不同的真实案例引出与理论知识相关的问题、思考及讨论,加深了对知识点的理解。课堂上学生主动思考及讨论问题环节,加强师生之间的交流,也使得课堂气氛及活跃度处于良好状态。同时该课程在设置上，一方面与现在微创最前沿的达芬奇技术相结合，另一方面与医学息息相关的公益慈善项目相结合，做到与时俱进的同时，不忘医学初心。

该思政课程紧紧围绕案例，由人们关切的先天性泌尿系统畸形出发，引经据典，寓教于乐，结合科技创新，公益项目，利用事实话题，索引文献，让医学生获益良多，备受启发。其中，多次内容以思考及讨论为主，目的在于让学生作为一个独立个体，自我思考，发自内心为科技进步而感到惊叹，为民族振兴而感到骄傲，课程设置别出心裁，独具匠心，为该课程思政最大的特点。

三、教学总结和反思

泌尿系统结构畸形疾病课程将知识与思政相结合，始终使同学们参与到案例中去，在教学过程中介绍新技术新项目，激发同学们学习兴趣。结合介绍共童解密公益项目，引导学生树立正确的世界观、人生观、价值观。短短的课程并不能给学生们带来多大的实质影响，但确实能够在其参与案例的过程中，对其产生积极的引导作用。

该章节课程思政的实施提高了学生们的积极性，但仍有少许不足之处，比如如何提高同学们的学习效率，在较短课堂时间内掌握知识又同时能够理解思政的意义，这对任课教师提出了较高的要求。如果教师对于专业知识有着较好的把控，同时又提前做好案例的研究，这将对提高效率有帮助。

孩子的烦恼，父母的痛——儿童尿道下裂

学校	成都医学院	课程	小儿外科学
章节	泌尿生殖系统疾病	撰写教师	马　超、符　松
教学目标及 知识点	1.知识目标：能简单描述尿道下裂的病因和病理基础，能详细阐述尿道下裂的临床表现及诊治要点。 2.技能目标：能通过临床表现诊断尿道下裂，选择合适的手术时机。		
课程思政 目标	1.通过两例尿道下裂患儿的就诊经历，让同学深切体会到亲情的伟大，认识到医生责任的重大，掌握专业知识的重要性，培养学生的使命感。 2.通过介绍患儿的就诊经过，让同学们学会沟通技巧，促进医患和谐，增强同学们的职业认同感。		
育人元素	模块二：工匠精神；模块五：慈善文化；模块六：敬业精神。		
教学方法	情景模拟，案例分享，互动问答。		

一、典型教学案例

(一)案例1：一个尿道下裂患儿母亲的心路历程

1.知识点：尿道下裂的病因、病理、诊断、鉴别诊断及治疗原则。

2.思政目标：让同学们通过角色带入，同情同理，培养学生的沟通技能，构建和谐医患关系；强调儿童手术中精益求精的重要性，学习并培育工匠精神。

3.教学过程

介绍案例：

门诊来了一个年轻的妈妈，抱着一个10个月的宝宝来就诊，这个妈妈显得很着急，进门就说："大夫，我儿子小鸡鸡有问题，我看过好几个医生，每个人说得都不一样，这个病到底是怎么回事？什么时候治？该怎么治啊？"

学生讨论：

(1)患者一来就灵魂三问，这个时候如果你是主治医师，你该怎么办？如何让患者刚问诊的时候，就能够接纳你，信任你？如何巧妙地建立起和谐的医患关系？

(学生发言)

这是一个比较具有代表性的案例，有一定的普遍性，也是很多儿科医生在临床中

遇到的问题——家长的焦虑。我们可以这样回答:您先别着急,男娃娃"小鸡鸡"有问题确实是件大事,关系到生长发育以及以后的生育,先把宝宝放下来我检查一下。

认真仔细地进行体格检查,患儿外生殖器(图 3.30)。

①同学们认真观察图片,指出图片中所示结构发育异常有哪些?

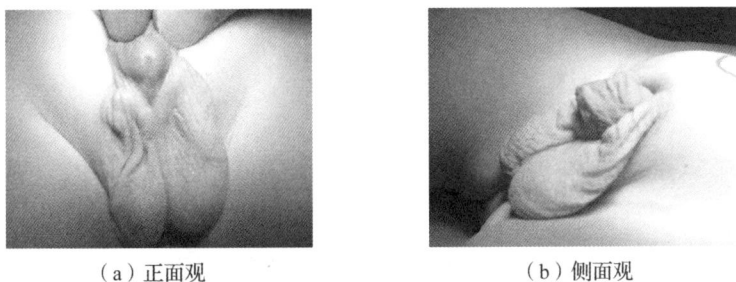

（a）正面观　　　　　　　　　（b）侧面观

图 3.30　尿道下裂

②同学们学习下一步该如何与家属沟通?

妈妈关心的问题:疾病的诊断、病因、如何诊治,也是我们需要讨论的问题。

(2)诊断是什么?

尿道下裂是一种因尿道发育不全而致尿道开口不在正常位置的阴茎畸形。大部分并发阴茎下弯,发病率约 3‰。

(3)既然是先天性发育畸形,那么病因一般有哪些?

(学生发言)

(4)如何诊治?

尿道下裂通过体格检查即可确诊。展示教学图片(图 3.31),认识尿道下裂的主要临床表现。

①异位尿道开口:尿道口可异位于从正常尿道口近端至会阴部尿道的任何部位。部分尿道口有轻度狭窄,其远端有黏膜样浅沟。因尿道口位置异常患儿常须蹲位排尿。根据尿道开口位置将尿道下裂分为四度:Ⅰ度,尿道口位于阴茎头、冠状沟;Ⅱ度,位于阴茎体;Ⅲ度,位于阴茎阴囊交界部;Ⅳ度,位于会阴部。

②阴茎下弯:阴茎向腹侧弯曲,是尿道下裂伴随的严重问题,既影响外观也影响功能。按阴茎头与阴茎体纵轴的夹角,可将阴茎下弯分为轻度,小于 15°;中度,15°～35°;重度,大于 35°。导致阴茎下弯的原因主要是尿道口远端尿道板纤维组织增生,阴茎体尿道腹侧皮下各层组织缺乏,阴茎体背、腹两侧不对称。

③包皮的异常分布:阴茎头腹侧包皮因未能在中线融合,故呈 V 形缺损,包皮系带缺如,包皮在阴茎头背侧呈帽状堆积。

④合并畸形：隐睾，鞘状突未闭，其他泌尿系畸形（前列腺囊、阴囊中裂、阴茎阴囊转位、阴茎扭转、重复尿道等），其他：肾母细胞瘤、肛直肠畸形等。

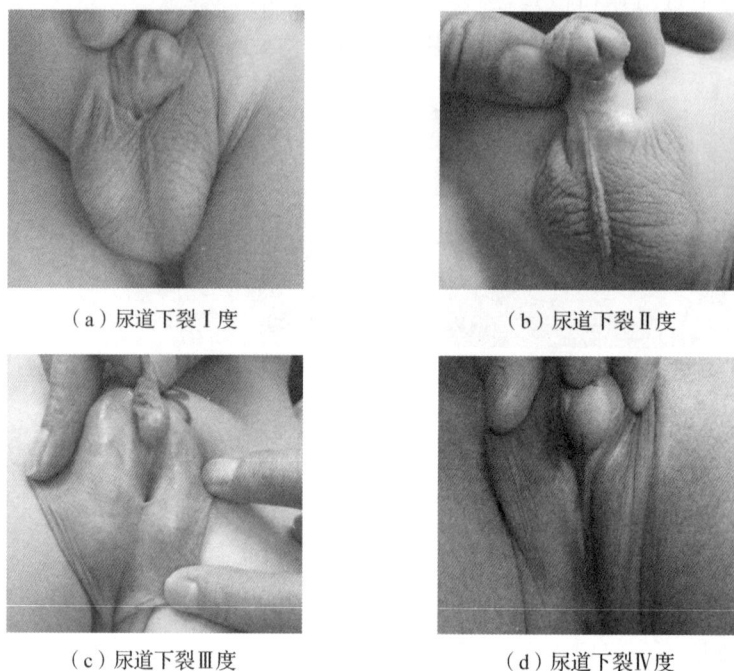

（a）尿道下裂Ⅰ度　　　　　　（b）尿道下裂Ⅱ度

（c）尿道下裂Ⅲ度　　　　　　（d）尿道下裂Ⅳ度

图3.31　不同类型尿道下裂

（5）需要和哪些疾病鉴别？

（学生发言）

当尿道下裂特别是重度尿道下裂合并隐睾、阴茎阴囊转位或小阴茎需要鉴别有无性别发育异常（DSD）（图3.32）。

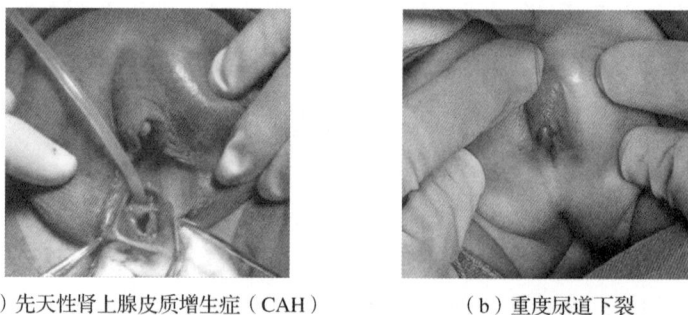

（a）先天性肾上腺皮质增生症（CAH）　　　　（b）重度尿道下裂

图3.32　性别发育异常案例

（6）尿道下裂是发育畸形，改变畸形才能治愈，因此手术是唯一的治疗方案？那么什么时候手术？如何手术？这个问题也是患者最关心、最纠结的问题，因为之前的医生给她讲的不完全相同。

手术年龄，多主张6个月～学龄前。

提问"为什么？"让同学们思考手术时机的意义，同时知道为什么要记住这些枯燥数字，这是小儿外科与成人外科的差别之———手术时机。

尿道下裂接受手术时，必须达到一定的条件，阴茎头的发育能够满足手术的需要，包皮发育良好，能够为手术提供足够的材料。而通常情况下一岁以内很难满足条件，因此虽然诊疗指南上多主张6个月至学龄前，但是在临床中手术中年龄一般至少要1岁，根据阴茎的发育情况，决定手术时机。另外通常是建议在学龄前完成，主要是因为：①在幼儿期，患儿的恢复能力强，可塑性高，术后效果好；②部分尿道下裂患儿需要2次，甚至多次手术，或者术后出现并发症，需要再次手术矫正；③学龄期后，患儿会发现自己与其他小朋友不一样，或者会受到其他小朋友的嘲笑，产生自卑感，影响心理健康。

手术主要是矫正阴茎下弯，重建尿道。目前世界上所用尿道下裂手术方式有300多种，简单介绍常用式为 Snodgrass，Mathieu，Onlay，Duckett，Koyanagi－Huang 术式。其中四川大学华西医院小儿外科黄鲁刚教授是 Koyanagi 手术的改良者，他从事小儿外科工作近40年，工作严谨，精益求精。他改良的 Koyanagi－Huang 术式，受到国内外同行的推崇。由此鼓励同学们，努力学习，不断创新，为祖国的小儿外科事业的发展贡献力量，希望将来你们的名字也能写入世界小儿外科的历史。

（学生讨论手术方式选择原则和手术目的）

分享尿道下裂术前术后对比如图3.33所示：一个发育异常的阴茎，在小儿外科医生神奇的操作下，恢复到了几乎正常的样子，小儿外科医生是不是很伟大？如果你是主刀医生的话，你有没有满满的成就感？

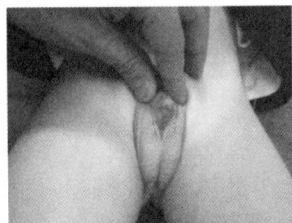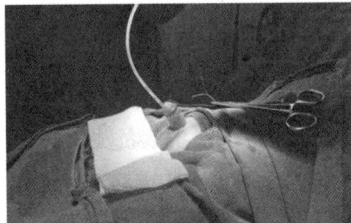

（a）术前 （b）术后

图3.33 尿道下裂术前与术后对比

（7）本节的重点知识已经讲述完毕，那么如何回答患者的问题？

（学生发言）

通过言语技巧降低患者的焦虑，对治疗产生信心，对医生产生信赖。在表达自己诊断意见的同时，不批判其他医生的诊治结果，避免产生医疗纠纷。因为有可能患者断章取义，并没有完全理解其他医生的讲解。

刚才我们从医生的角度解决了患者的问题。接下来，我们换个角度来重温一下。我们最终都会成为父母，也会有自己的孩子。那么在怀孕期间要注意哪些问题以避免我们的宝宝生下来后有尿道下裂？宝宝生下来后，需要检查哪些项目？如何确定诊断？发现问题后怎么办？是否需要手术？手术前需要关注什么？从患者角度复习疾病的病因、病理、诊断、鉴别及治疗。

（二）案例2：一个大龄尿道下裂儿童的就诊经历

1. 知识点：再次强调尿道下裂手术时机的重要性，了解术后并发症及处理方法。
2. 思政目标：通过一个年长儿童父亲的就诊经历，让同学们体会父母不易，患者不易；让同学们学会关心病人家属，同情患者，培养仁心仁爱；通过介绍先天性结构畸形救助项目方案，让同学们感受到国家和社会的温暖。
3. 教学过程

介绍案例：

一位来自四川省阿坝州黑水县的父亲带着16岁儿子的就诊经历。这位父亲简单地讲述了病情："在娃儿小的时候发现了他下边有问题，带到医院去看，医生说是尿道下裂，要大一点再做手术，手术也比较复杂，花费较多，而且当地医院也做不了。那时候家里也比较穷，家里人都忙着挣钱，也没有再去管娃儿。"娃娃越来越大，懂事了，平时上厕所都是人少的时候去，现在眼看就要读大学了，给我们说想做手术，所以现在才来医院，觉得很对不起娃儿。儿子坐在一边，沉默不语，当我看向他时，他把头埋得很深，有意避开我的目光。

各位同学，听了这位家长的诉说之后有什么感想？

（学生发言）

生活不易，父母不易，患者不易！

同学们能够安心地坐在教室里学习知识，都是父母们背后辛勤的付出，把最好的留给我们。各位同学你们是否觉得这一切是理所当然的？你们是否真正地体会过父母的辛苦？还是说你们平时只顾着自己吃喝玩乐，只有在没生活费的时候，才会想起给父母发个短信：爸/妈，钱！让我们在内心默默地感谢一下我们的父母，有时间的时候多陪陪他们。

针对病人的家庭情况，向其介绍先天性结构畸形救助项目方案。

《国家卫生健康委员会司（局）便函》——国卫妇幼出防便函〔2021〕23 号文件〔2021 年 7 月 7 日〕。《国家卫生健康委妇幼司关于做好出生缺陷干预救助有关项目工作的通知》，文件中出台了先天性结构畸形救助项目方案，对于贫困家庭，可以申请领取国家救助，尿道下裂包含在救助项目之中。疾病是无情的，但是国家和社会是有情的。当你面临困难无奈的时候，请不要忘记你还有朋友，有同事，有集体，有国家！当然，在你度过困境之后，也希望你能够在自身的能力之内，将这份温暖传递下去。正如这句经典的歌词："只要人人都献出一点爱，这世界将变成美好的人间"。

和第一个病例相比，这个病例患儿就诊年龄明显较晚，错过了手术最佳时机。疾病已经对患儿产生了心理影响，需要尽快安排手术。进入青春期的患儿阴茎毛囊显著发育，容易产生分泌物、滋生细菌，术后感染发生率高，并发症发生概率高，这一点必须在术前强调告知。

通过案例引出尿道下裂术后常见的并发症：尿道瘘，尿道狭窄，尿道憩室样扩张，尿外渗等，展示临床图片（图 3.34）；简单介绍并发症处理的原则和方法。

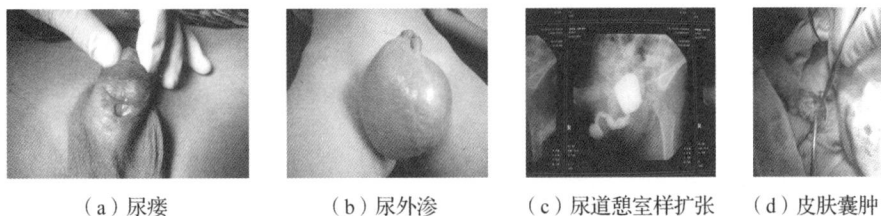

　（a）尿瘘　　　　　（b）尿外渗　　　（c）尿道憩室样扩张　　（d）皮肤囊肿

图 3.34　尿道下裂术后常见并发症

二、特色与创新

医学是一门经验积累的学科，有理论经验，有实践经验；医生也是在临床中不断累积经验成长起来的。如何能让学生们快速地从一个学生"进化"成为一个医生，这是每个老师面临的挑战。老师和学生们相比，具备的自然是更丰富的临床经验。教学过程中，把临床的病例，结合理论知识，编制成一个系统的问题，让学生们去思考、去分析、去讨论、去解决。从而能够更深刻地去理解和掌握书本上的知识。本课程运用案例教学法，将临床中遇到的问题，分析、展现在课堂中，引导同学们去思考、去讨论，并在老师的引导下去解决问题，在掌握理论知识的同时，建立临床思维模式。同时通过引导与提问，让同学们通过同情同理，换位思考去理解病人的难处，发自内心地去帮助病人，为病人缓解焦虑、治愈疾病，建立和谐的医患关系。适时、适度地引入课程思政内容，通过树立榜样，鼓励学生们努力学习，不断创新。通过鲜明的图片展示，激发学生们对小儿外科专业的认同感和自豪感。

三、教学总结和反思

尿道下裂属于先天性结构畸形,此类疾病诊治很简单,但是需要足够的临床经验积累,只要见过、经历过,必然能够准确地判断出来,甚至可以达到过目不忘的程度。所以在讲授先天性结构畸形类疾病时,大量的临床图片展示,能够降低授课难度,同时激发同学们的学习兴趣。本次课程所罗列的两个尿道下裂病例,第一个病例是门诊普遍病例,随着医疗水平的提高以及大众获取信息渠道的增加,大多数尿道下裂患儿家长在出生后就能够发现问题,多方咨询,查阅资料,多处求医,患儿均能得到及时救治。这种病人很多,可以说是教科书式的诊疗病例。第二个病例属于少见病例,通过对比,让学生们进一步加深对疾病危害、手术时机及术后并发症的认识。

健康行走不是梦——发育性髋关节发育不良

学校	新疆医科大学	课程	小儿外科学
章节	运动系统疾病	撰写教师	楚古丽克·巴吐尔
教学目标及知识点	1.知识目标:能清晰描述发育性髋关节发育不良的分期、分型及临床表现。 2.技能目标:具有早期识别发育性髋关节发育不良的能力,根据不同分期分型制订相应的治疗方案。		
课程思政目标	1.通过"先天性结构畸形救助项目"的介绍,培养学生的仁爱之心,加强学生对医生行业的职业认同和使命感。 2.介绍我国医务工作者在发育性髋关节发育不良的治疗方法推广方面所作出的努力、取得的成就及存在的不足,激励同学们继续为儿童健康事业奋斗。		
育人元素	模块一:儿科精神;模块三:文化自信;模块五:慈善文化。		
教学方法	案例演示,情景模拟。		

一、典型教学案例

(一)案例1:走起路来像"小鸭子"的苗苗

1.知识点:发育性髋关节发育不良的临床表现及诊断。

2.思政目标:通过"先天性结构畸形救助项目"的介绍,加强学生对医生行业的职业认同和使命感。

3.教学过程

介绍案例:

1岁7个月大的苗苗是个活泼好动的孩子。自从她开始走路以后,父母就发现苗苗走路的姿势有点奇怪,总是摇摇摆摆的,感觉随时都会摔倒。起初他们认为这是因为孩子才开始走路不太习惯才会这样,可是眼见着孩子走路已经好几个月了,可走路的姿势却越来越奇怪,越走越感觉像一只摇摆的"小鸭子"。一位邻居告诉他们,自己的外甥女当时也是这么走路的,到医院检查后说是髋关节脱位,还做了手术。听了这话苗苗的爸爸妈妈怀着忐忑的心情来到医院。

入院后体格检查 行走呈跛行步态,双下肢不等长,双侧臀纹不对称,左侧髋关节外展、内收受限。单腿独立负重,对侧的骨盆下降。弹进、弹出实验阳性。双下肢肌力、肌张力正常,病理反射未引出。

辅助检查 髋关节 X 片如图 3.35 所示。

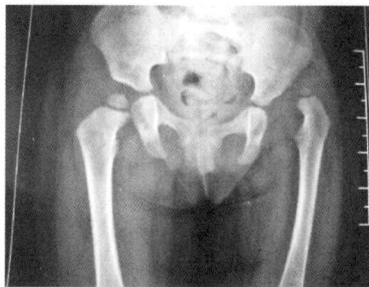

图 3.35 髋关节 X 片

苗苗因行走时步态异常就诊,体格检查双下肢不等长,髋关节外展、内收受限。

引导学生讨论:

(1)你认为苗苗最可能得的疾病是什么? 需要进行哪些疾病的鉴别?

首先考虑发育性髋关节发育不良。需要和以下疾病鉴别:①先天性髋关节内翻畸形:患儿有跛行,患肢外展受限,单腿独立实验阳性。X 线显示颈干角变小,股骨头下有三角形碎片。②小儿麻痹后遗症:患儿曾有发热史,患肢肌肉萎缩,髋关节周围肌肉麻痹萎缩而引起髋关节脱位。X 线片显示髋臼变小,股骨头发育呈圆形,股骨颈变细,无脱位。③佝偻病:患儿方颅且囟门闭合延迟,多汗,可有膝关节内翻或膝关节外翻畸形。X 线片显示髋关节无脱位,长骨弯曲。

(2)发育性髋关节发育不良的临床表现有哪些?

①站立前期。新生儿和婴幼儿在站立前期临床症状并不明显,如果出现以下症状则提示存在髋关节脱位的可能:大腿内侧皮肤皱褶不对称,患侧皮肤皱褶加深增多。患儿会阴部增宽,双侧髋关节脱位时更为明显。患侧髋关节活动较对侧少且受限,蹬踩力量较健侧弱,患肢常处于屈曲位,不能伸直。患侧下肢短缩,牵拉患侧下肢时有弹响声或弹响感。

②站立行走期。单侧髋关节脱位时患儿行走呈跛行。双侧髋关节脱位,站立时骨盆前倾,臀部后耸,腰部前凸明显,行走呈鸭行步态。双侧髋、膝关节各屈曲 90 度时,双侧膝关节不在同一平面。推拉患侧下肢,股骨头可上下移动。患侧内收肌紧张,髋关节外展活动受限。大龄患儿可出现行走劳累甚至疼痛表现。

③其他症状。髋关节脱位的患儿存在学步行走比正常儿童晚,尤其是双侧髋关节脱位时明显(正常幼儿学步时间为 1 岁左右,当幼儿在生后 18 个月仍然不能独立

行走时,多数考虑有异常)。

看完髋关节 X 片,医生告诉苗苗的家长,孩子走路不正常是因为孩子的髋关节出了问题,孩子左边的髋关节脱位了,因为脱位的位置较高,同时考虑到孩子的年龄也已经大了,这个必须得通过手术才能治疗,而且手术比较复杂,后续治疗随访的时间也比较长,需要的费用也比较高。听到高昂的治疗费,考虑到即使孩子有医保,但是自行承担的费用也使得原本就不富裕的苗苗父母压力重重。苗苗的家长就向医生询问是否有减少医疗费用的可能。

这时医生告诉苗苗父母一个专门针对他们这样的家庭的救助项目——"先天性结构畸形救助项目"。此项目是由原国家卫生计生委妇幼司、中国出生缺陷干预救助基金会于 2017 年启动实施的。该项目主要针对发病率相对较高、有成熟干预技术、治疗效果好的先天性结构畸形,为患儿提供医疗费用补助,减轻患儿家庭医疗负担。准备好相关申请材料并提交定点医疗机构初审及项目管理机构复审通过后,很快苗苗就住院接受了手术治疗。

通过提问、讨论的方式,使学生掌握髋关节脱位的临床表现、诊断、鉴别诊断的关键问题。介绍"先天性结构畸形救助项目",通过身边的例子,培养学生的仁爱之心,加强学生对医生行业的职业认同和使命感。

(二)案例 2:被"架起来的"小苹果

1.知识点:发育性髋关节发育不良的早期诊断及治疗。

2.思政目标:以小组为单位进行讨论并完成课后作业,培养学生早期发现问题、予以早期治疗建议的能力。

3.教学过程

介绍案例:

4 个月大的小苹果是一个性格开朗的小宝宝。有一天,妈妈在为小苹果做抚触时,突然听到了从下肢发出来的"咯噔、咯噔"的声音,这个声音时有时无,这可吓坏了妈妈,匆匆哄睡小苹果后妈妈立刻上网开始搜索关于下肢发出咯噔声音的内容。不查不知道,一查吓一跳,网上说什么的都有,小苹果妈妈一晚上没睡,第二天一早就带着小苹果来到医院检查。

体格检查:双下肢不等长,双侧臀纹不对称,左侧髋关节外展、内收受限。左侧髋关节弹进、弹出实验阳性。双下肢肌力、肌张力正常,病理反射未引出。

(1)根据上述病史,小苹果要考虑什么疾病? 首选什么检查?

左侧髋关节可能存在发育不良(松弛)的情况,建议做一个髋关节的超声检查以确定髋关节的发育情况。髋关节超声检查是对孩子损伤最小且在孩子出生之后就可以做的检查,孩子在 6 个月大之前都能通过髋关节超声检查来了解髋关节的发育情况。因为该时期孩子的股骨头骨化中心还没有形成,相比髋关节 X 片检查,超声检查可以明确地诊断出股骨头(软骨)的发育情况及是否存在髋关节的脱位。

小苹果的髋关节超声检查结果出来了,考虑为髋关节发育不良。根据 Graf 分型诊断为 Ⅱa 型。

(学生讨论 Graf 分型)

(2)你认为髋关节的发育异常问题是可以被早期发现的吗?

发育性髋关节发育不良的发病率在 0.1%～0.4%不等,不同的种族、地区发病的情况差别也很大。一般女多于男,比例约为 6∶1,左侧多发,双侧者也不少见,是小儿骨科最常见的下肢畸形之一。其中完全性髋关节脱位的发生率为 1‰～2‰,女孩多见,(5～7)∶1。此病有明显的种族差异:白种人最多,黄种人次之,黑人最少,其中60%的病例为左侧发病,20%为右侧发病,20%为双侧发病。因发育性髋关节发育不良的早期临床体征不明显,早期诊断存在困难,容易出现漏诊的情况,故建议在婴儿行出生后 42 天体检或早月龄体检行髋关节超声检查以便早期筛查(2 周以内的新生儿容易出现假阳性,故建议出生后 42 天体检时检查)。

(3)引起髋关节脱位(松弛)的病因可能有哪些?

主要病因包括:①遗传因素:此病有明显的家族史。有此病的患儿家族中其发病率可以高达 20%～30%,而且姐妹中更为多见。②体位与机械因素:胎儿臀位使髋关节在异常位置上遭受机械压力,容易引起股骨头脱位。③激素因素:母体在生产过程中分泌大量的雌激素使盆腔韧带松弛,而宫内胎儿也受其影响导致关节韧带松弛,出生后可能发生股骨头脱位。存在髋关节发育异常的患儿也常常伴有关节松弛症。④原发性髋臼发育不良:原发性髋臼发育不良可能是先天性髋关节发育不良的一个危险因素。

诱发因素包括:①襁褓(传统束缚式摇篮)束缚婴儿;使用襁褓(传统束缚式摇篮)包裹婴儿束缚双下肢的地区发病率明显增高。②难产:难产多由于胎位不正,使髋关节在异常位置上遭受机械压力诱发疾病(同体位与机械因素)。

(4)髋关节脱位怎么治疗?注意事项有什么?

发育性髋关节发育不良应根据患儿年龄、脱位程度选择治疗方法。治疗目的是尽早在不用强力的条件下获得并维持髋关节的中心性对位,避免极端的位置。

小苹果的髋关节松弛可以通过佩戴 Pavlic 吊带(图 3.36)来矫正。医生安慰小苹果妈妈说,幸亏发现得比较早,可以通过比较简单的方法来矫正髋关节发育不良的问题,如果后期孩子大了,开始走路了,治疗就不是只用支具矫正那么简单了。从那天起的几个月内小苹果就开始了被"架起来"的生活。

图 3.36 Pavlic 吊带

二、特色与创新

本课程运用案例教学法,将发育性髋关节发育不良的早期诊断及治疗方法进行融合。教学过程始终以学生为主体,教师辅助答疑。课堂讨论过程中,适时、适度地引入课程思政内容,培养学生的仁爱之心,加强学生对国家好政策的了解及对医生行业的职业认同和使命感,同时激发学生的民族自豪感和爱国情怀。以小组为单位让学生在课堂讨论、实践课模拟查体中,培养学生的团队合作精神,增强集体荣誉感,同时培养学生的爱伤观念,成为有温度的医学生。

三、教学总结和反思

本课程教学过程中发现学生对于思政案例的兴趣比较高,课堂气氛活跃,老师可以与学生平等地交流、探讨,学生可以大胆地发表自己的看法。因此,后期的思政教学中会继续挖掘医者仁心、文化传承等实际案例并融入教学课件。可是有时候,学生一旦活跃起来,课堂秩序就没有了。当其中某一个小组阐述观点的时候,其他小组的同学要么忙着整理自己的资料,要么继续组内讨论,即使有个别想听的同学也没办法听清楚。组和组之间不倾听、不补充,老师也只是与该小组的特定成员进行单向对话,对于各小组的成员来说,只是了解了本小组的讨论内容,而对其他小组的观点就知之甚少了。也就是说,每个学生获得的知识都是不完整的。毫无疑问,没有了有效的课堂管理,就不会有成功的课堂教学。这就要求我们在日常的教学中培养学生学会倾听、学会质疑,真正地使学生在交流中不断完善自己的认识,不断产生新的想法,同时学会理解别人、尊重别人,共享他人的思维方法和思维成果。进一步优化课程设计,提高学生的课堂参与度和课堂教学效果,同时加大学生和教师的课后交流和指导。

循序渐进不放弃——先天性马蹄内翻足

学校	新疆医科大学	课程	小儿外科学
章节	运动系统疾病	撰写教师	刘　毅、周世杰
教学目标及知识点	1.知识目标:能够清晰阐述儿童先天性马蹄内翻足的病因和临床表现。 2.技能目标:能熟练识别儿童先天性马蹄内翻足并选择合适的诊断手段和治疗方法。		
课程思政目标	1.通过介绍"明天计划",让学生了解国家医疗救助制度和慈善文化,弘扬中华民族扶孤助残的优良传统,培养学生的社会责任感。 2.通过介绍循序渐进的治疗康复过程,培养学生锲而不舍的工匠精神。 3.通过介绍以赵黎教授为代表的医务工作者在儿童先天性马蹄内翻足治疗方面作出的努力,激发同学们为儿童健康事业奋斗的热情。		
育人元素	模块一:儿科精神;模块二:国家认同;模块五:慈善文化。		
教学方法	案例演示,生讲生评,研讨辩论。		

一、典型教学案例

(一)案例1:"解剖学上的奇迹"——足

"明天计划"——托起人体与人生的重负(足的最终使命)

1.知识点:先天性马蹄内翻足的病因、临床表现及诊断。

2.思政目标:引入临床案例,通过案例中对贫困家庭孩子的帮助,培养学生仁爱之心及社会责任感,加强学生对医疗行业的职业认同和使命感;通过"明天计划",增加学生对国家医疗救助的了解,弘扬中华民族扶孤助残的优良传统。

3.教学过程

设问:大家能想到的我国与"足"相关的汉字有哪些?

跑、跳、跪、蹲、踢、蹭、跌、踩、跃⋯⋯

可见,人类的双足有巨大的多功能性。人类一生之中,双足平均触地次数超越1000万次,能够做出无数充满惊险、挑战、传奇的动作,足不仅承担着人全身的重量,还要托付起人生的重负。因此,健康的双足对每个人的重要性不言而喻,然而,有一些孩子在人生起步阶段就面临着不能行走的困扰,让人担忧。

展示临床案例（图 3.37）：

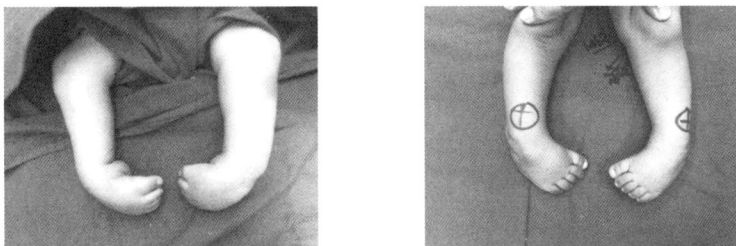

图 3.37 双侧足畸形

设问：同学们有没有看出这两个孩子的足与普通儿童有什么不一样的地方？

（学生发言）

再展示图 3.38：

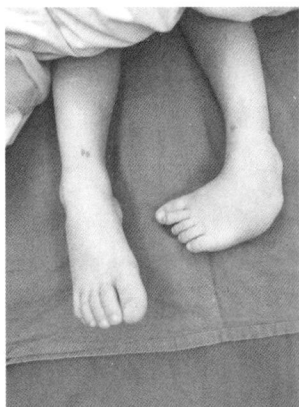

图 3.38 单侧足畸形

设问：这个孩子的左足与右足又有什么不同？请同学们认真思考，这些孩子的足怎么了？

（学生发言）

介绍案例：

11 个月大的小浩是一个人见人爱的小宝宝，他的出生，给这个处于新疆偏远地区的农村家庭带来了无限的欢乐。但是从他出生以后，有个问题一直困扰着父母，眼看着孩子该学走路了，可把父母愁坏了。

原来小浩出生时，父母就发现孩子的双足外观和其他孩子有所不同，他的双足向内侧偏斜，双足足尖朝内侧相对，产科医生建议家长带孩子去医院骨科就诊。因父母

215

对医学知识不是十分了解,加上当地诊疗水平有限,家长未带孩子进一步诊治,心想可能长大些就好了。

可随着孩子一天天长大,双足形态并未改善,看着孩子学走路时摇摇晃晃,不能用足底踩地,而是用足背外侧踩地,父母万分着急,想带孩子前往大医院就诊,却由于经济困难,无力支付前去就诊的相关费用。

在脱贫攻坚领导小组的帮助下,村里的党员干部自发组织捐款,帮助小浩一家解决了去医院的路费和生活费;同时还积极帮小浩的父母亲联系当地县城的民政部门,为小浩申请到了"明天计划"的名额,小浩的父母如愿带着小浩前往了省城大型三甲医院小儿骨科就诊。

设问:有没有同学知道什么是"明天计划"?

(学生发言)

"明天计划"全称"孤残儿童手术康复明天计划"。由民政部 2004 年启动,为具有手术适应证的残疾孤儿实施手术矫治和康复。目前很多地区的救助范围已扩展到了非孤经济困难的儿童家庭。

我国政府坚持奉行"儿童利益最大化"原则,并以此作为发展儿童福利事业的出发点和落脚点。"明天计划"就是要使遭受疾病困扰的孩子们能够得到及时、有效的医疗救助,减轻或消除病残带给儿童的不利影响,增强其生活自理、自立能力,为其将来健康自立、广泛平等地参与社会生活,实现人的全面发展奠定坚实的基础。

正是像脱贫攻坚和"明天计划"这样的好政策惠及百姓,为一个深度贫困的家庭解决了后顾之忧,才让小浩的父母将精力全部投入到照顾小浩中去。

课后作业:"明天计划"弘扬中华民族扶孤助残的优良传统,能提高全社会的慈善意识。我国还有许多其他社会慈善基金项目,请同学们课后上网查阅相关资料内容并相互分享。

继续介绍案例:

入院体格检查:患儿双侧踝关节跖屈位,双侧前足呈内收状,足尖相对,足部形似"蚕豆状"。可触及双足跟腱明显挛缩紧张。患儿年龄小不能配合主动活动;被动活动:踝关节活动度差,活动范围跖屈 30°～50°,内翻 15°～40°,无外翻活动度。双下肢肌力、肌张力正常,病理反射未引出。

学生讨论:通过小浩病情的发展过程、就诊经历及查体所见,请同学们思考:

(1)你认为小浩最可能得的疾病是什么?

先天性马蹄内翻足。

(2)引起该疾病的病因可能有哪些?

遗传因素、神经肌肉病变、致病基因、胚胎期骨骼发育异常和纤维组织挛缩、其他等。

（3）儿童先天性马蹄内翻足的临床表现有哪些？

①僵硬型：畸形重，关节跖屈畸形明显，跟腱挛缩严重，跟骨内翻，前足内收内翻，站立困难。

②松软型：畸形轻，足跟大小接近正常，被动背伸外翻时可以矫正。

设问：该疾病需与哪些疾病进行鉴别？诊断方法是什么？

诊断方法：结合临床表现，由于生后即能看到足部畸形，通常诊断并不困难。但临床上需要与一些其他疾病鉴别诊断。

鉴别诊断：①新生儿足内翻：多为一侧，经手法治疗可完全正常。②神经源性马蹄足：神经改变引起，肌电图检查对了解神经损伤有帮助。③脊髓灰质炎后遗马蹄足：有发热史，单侧多见，可有其他肌肉瘫痪。④脑瘫后马蹄足：围产期或生后有缺氧史。⑤多关节挛缩症：马蹄足呈双侧性，全身大多数肌肉萎缩、变硬，为多个关节畸形的一部分，髋、膝关节常受累。

（二）案例 2：循序渐进不放弃——手舞足蹈展笑颜

1. 知识点：先天性马蹄内翻足的治疗原则及方法。

2. 思政目标：以小组为单位进行讨论，培养学生团队合作精神，增强集体荣誉感；介绍我国以赵黎教授为代表的医务工作者在儿童先天性马蹄内翻足治疗方面做出的努力，进一步激发同学们为儿童健康事业奋斗的热情。

3. 教学过程

继续介绍案例：

小浩入院后医生完善了相关检查，给予跟腱松解＋Ponseti 石膏外固定术（图 3.39），术后向父母详细告知了手术后及 Ponseti 石膏固定的注意事项，嘱咐小浩父母一定按时带小浩前来复查更换石膏。

这一次，为了孩子，小浩的父母克服路途遥远的困难，坚持按时前往省城医院复查更换石膏，每一期 Ponseti 石膏矫正过后，小浩的足部畸形都有新的改善，不断好转，这让父母更加看到了希望，坚定继续治疗的决心。经过 5 期的石膏矫正治疗，小浩的双足已基本恢复正常外观形态。此时的小浩，将能用正常的双足重新学习行走，崭新的人生，即将开始，小浩的父母露出了灿烂的笑容。

设问：通过对上述临床病例治疗过程的了解，请同学们结合小儿外科学运动系统章节其他疾病的学习，分组讨论一下该疾病的治疗方法。

（学生回答，并展开讨论）

让学生通过对临床案例中患儿小浩的治疗过程总结，结合曾经学过的解剖学知识、外科学骨科总论知识，引导学生从非手术和手术治疗两个方面进行讨论，总结分析治疗方案及原则。每个小组讨论完成后选出一名同学进行总结发言，小组间相互补充点评，最后授课教师进行全面总结补充。

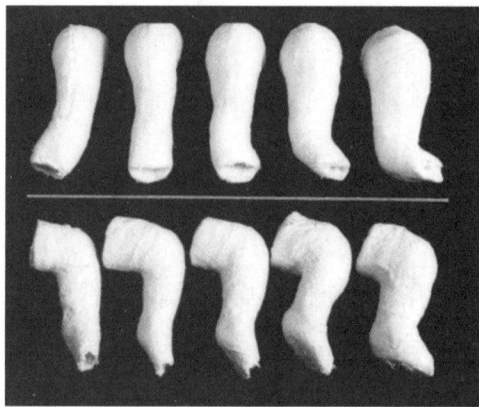

图 3.39　Ponseti 石膏固定示意

Ponseti 技术是目前国际上公认的先天性马蹄内翻足非手术治疗方法之一，由美国 Iowa 大学 Ignacio V. Ponseti 教授提出。主要方法：早期（出生后 5～7 天）手法加连续石膏矫形，经皮跟腱切断术，后期辅以带连杆的足外展支具佩带。目前 Ponseti 技术经我国以赵黎教授为代表的一批国内知名小儿骨科专家学者推广，已在全国各大省市广泛使用。从最初北京、上海、广州等一线大城市逐步向沿海发达省份大面积推广，再到新疆、西藏等边陲省份城市应用。这背后凝结的是广大中国小儿骨科医师的心血，是他们对先天性马蹄内翻足等骨关节畸形的不断探索和提升的结果。此成果得益于各级政府和卫生行政部门的有力统筹、学术团体的推动，以及大型公立医院、民间团体的倾力支持。

赵黎教授毕业于第四军医大学，师从著名骨科专家陆裕朴教授和黄耀添教授，1994—1996 年赴英国牛津大学骨科进修。长期从事儿童骨科的临床、教学和研究工作，尤其在马蹄内翻足、髋关节发育不良和脱位等方面的研究受到国际国内关注，受邀出访欧洲、北美、南美和亚洲等多个国家担任访问教授，在国际国内会议上做专题讲座。曾亲自前往美国 Iowa 大学向 Ponseti 教授学习 Ponseti 技术，为推广儿童马蹄内翻足 Ponseti 技术在我国应用，先后多次邀请 Ponseti 国际协会主任委员 Morcuende 教授来我国多地进行现场讲座及示范教学。参编《外科学》《小儿外科手术学》《儿童骨折》等专著 10 余部，发表医学论文百余篇。

然而我们也要认识到,目前我国 Ponseti 技术面向基层特别是边远欠发达地区及广大农村地区的推广还有很多工作需要做。在座的同学们,希望大家在学完今天这堂课后有所思、有所得、有所用,欢迎大家共同参与到面向基层的推广服务中来!

课后作业:同学们作为一名未来的儿科医师,如何通过自身的力量,为提高基层医疗机构对儿童马蹄内翻足诊疗的认知水平作出贡献?

二、特色与创新

在学生阅读临床案例的过程中,通过对患儿家庭背景的了解,培养学生的仁爱之心及社会责任感,加强学生对医生行业的职业认同和使命感。同时,将"明天计划"项目带入课程思政教学中,通过对该计划的介绍,增进学生对国家医疗救助的了解,加深学生对我国社会主义制度下医疗优越性的理解,弘扬中华民族扶孤助残的优良传统。案例本身也已将该节教学目标的知识点呈现出来,使医学生了解儿童先天性马蹄内翻足的病因,掌握该疾病的临床表现及诊断方法。在此过程中,通过介绍我国医务工作者在儿童先天性马蹄内翻足治疗方面做出的努力,培养学生的团队合作精神、增强集体荣誉感,进一步激发同学们为儿童健康事业奋斗的热情。

三、教学总结和反思

本课程教学过程中通过临床案例将思政教学内容带入,课堂中观察学生对思政内容的认知反应,以便发现预期思政点有没有达到,如发现学生对于思政案例的兴趣比较高,课堂气氛活跃,后续课程可继续参考该课程方式,同时进行新的方法创新;如学生反应平淡,兴趣不高,后期须继续改进,发掘新的思政点带入方式,与其他教师经常进行沟通交流,参考借鉴他人经验,以便发掘出更好的教学方式。可在实践课时结合案例,以内容温习回顾及实践操作形式检验学生对知识的掌握程度,分析教学效果,促使高效课堂的形成。实践课具体形式举例:可带领学生前往小儿骨科门诊、病区或石膏室,查看马蹄内翻足患儿诊治过程,如有机会可让学生成为助手,协助 Ponseti 石膏外固定;也可在模拟假肢操作 Ponseti 石膏外固定。

第四章　小儿传染病学

"小心肝"的护肝行动——病毒性肝炎

学校	杭州医学院	课程	小儿传染病学
章节	病毒性疾病	撰写老师	陈国庆
教学目标及知识点	1.知识目标:能清楚阐述儿童病毒性肝炎的临床表现、诊断、鉴别诊断和防治原则。 2.技能目标:能熟练选择儿童病毒性肝炎的辅助检查,能通过分析比较不同类型肝炎的特点,制订相应的治疗方案。		
课程思政目标	1.通过"全国爱肝日"宣传,培养学生的责任使命感,加强学生对医生行业的职业认同。 2.介绍我国科学家在乙型病毒性肝炎发病机制方面的研究,激发同学们胸怀天下、永不放弃的奉献精神。 3.以小组为单位进行讨论并通过自媒体完成课后作业,培养学生分工协作、共同进步的团队合作精神。		
育人元素	模块二:奉献精神;模块五:社会实践。		
教学方法	CBL,情景模拟。		

一、典型教学案例

(一)案例1:可爱的"小黄人大眼萌"

1.知识点:病毒性肝炎的诊断、鉴别诊断。

2.思政目标:通过"爱肝日"宣传肝炎防治知识的项目,培养学生的责任使命感,加强学生对医生行业的职业认同,了解国情、科普群众,造福人民。

3.教学过程

介绍案例：

4 岁的男宝小萌,是爸爸妈妈的"小心肝",幼儿园老师的"开心果",但一周前妈妈发现孩子不开心了,精神疲倦,胃口差,怕冷,测体温 38.3℃,妈妈以为小萌感冒了,就自行给小萌口服家中备有的感冒药,2 天后体温正常,但仍感全身不适,恶心、干呕,也不喜欢吃"东坡肉"(以往最爱的食物),而且妈妈发现小萌皮肤颜色逐渐变黄,门诊医生发现孩子变成了"小黄人",查肝功能异常遂收入院。

入院后体格检查 体温 37℃,脉搏 90 次/分,呼吸 20 次/分,发育正常,神志清,皮肤及巩膜轻度黄染,心肺未见异常。腹平软,肝肋下 3cm 可及,质软,肝区叩击痛,脾肋下未及。

辅助检查 肝功能:谷丙转氨酶 680IU/L,谷草转氨酶 560IU/L,白蛋白 55g/L,总胆红素 85μmol/L,直接胆红素 40μmol/L。

入院后医生马上给小萌进行护肝利胆等治疗,并追问病史:小萌的母亲是位慢性乙肝患者,有 2 年病史,不定期检查,小萌的母亲近期出现食欲减退、恶心、干呕等症状,但因忙于工作,未予重视。

学生讨论:

(1)如何解读肝功能的改变? 正常胆红素代谢过程和异常升高的机制是什么?

(学生发言)

(2)你认为引起肝功能异常最可能的疾病是什么? 需要进行哪些疾病的鉴别?

(学生发言)

第 2 天小萌的病原学检查结果为:HBsAg 阳性,HBsAb 阴性,HBeAg 阳性,HBeAb 阴性,HBcAb 阳性,抗 HBcIgM 阳性。结合母亲患有乙肝,医生诊断小萌得了急性乙型肝炎。

主管的陈医生是"全国爱肝日"的科普专家,对小萌的爸爸妈妈等家长成员进行了肝病的预防、诊治、预后等宣教。全国爱肝日正是在我国乙肝、丙肝等肝炎肝病发病率逐年上升,人民健康面临严重威胁情况下,为集中各种社会力量,发动群众,广泛开展预防肝炎肝病科普知识宣传,保障人民身体健康而设立的。自 2001 年起每年 3 月 18 日,选定一个宣传主题,全国各地有关机构、医院、学校在这一天采取多种形式,开展爱肝科普公益宣传活动。

(3)你对肝炎、肝硬化、肝癌三者的关系如何理解? 国家为什么要进行爱肝日的关于肝炎肝病的科普知识宣传?

(学生发言)

通过提问、讨论的方式,使学生掌握病毒性肝炎诊断、鉴别诊断的关键问题。介绍"全国爱肝日"科普知识宣传日,通过身边学生的例子,培养学生的责任使命感,对医生行业的职业认同,深入了解肝炎的国情,进行科普知识的宣传,科学防治肝炎。

小萌经护肝利胆和促肝细胞生长素等综合治疗半年,肝功能(肝酶和胆红素)仍未恢复正常。

(1)如何规范选择抗病毒治疗和监测药物不良反应?

(学生发言)

(2)规范选择抗病毒治疗对慢性乙肝有何临床意义?

(学生发言)

可以更进一步讨论:如果家长拒绝抗病毒等治疗,如何进行沟通和谈话?

(二)案例2:在乙肝病毒"迷宫"中找到了出口

1.知识点:乙型肝炎的发病机制。

2.思政目标:激发同学们的民族自豪感。以小组为单位进行讨论并完成课后作业,培养学生团队协作精神,增强学生胸怀全局、心系整体的观念。

3.教学过程

首先,了解巴鲁克·布隆伯格奖。巴鲁克·布隆伯格奖,是全球乙肝研究和治疗领域最高奖,根据1976年诺贝尔生理学或医学奖得主巴鲁克·布隆伯格博士的名字命名的,旨在奖励给对乙肝相关科研和治疗做出重要推动和显著贡献的个人。该奖项在国际相关学术领域享有盛誉,此前,肝脏及器官移植开拓者、2012年拉斯克临床医学奖获得者托马斯·斯塔慈尔博士,2020年获诺贝尔生理学或医学奖的哈维·阿尔特博士等也曾获得该奖。2021年11月20日,李文辉博士凭借发现乙肝/丁肝病毒的细胞受体荣膺全球乙肝研究和治疗领域最高奖——巴鲁克·布隆伯格奖。这是截至目前我国科学家首次获此殊荣。

然后,提出问题:乙型、丁型肝炎的发病机制至今仍未充分阐明,发现HBV和HDV的功能性受体——主要在肝脏中表达的钠离子—牛磺胆酸钠共转运多肽(NTCP)的发病机制,在病毒性肝炎治疗中有何临床意义?

讨论过程中介绍李文辉博士为乙肝治疗所做出的贡献。李文辉于1971年出生于中国甘肃省,取得病原生物学博士学位。在哈佛大学医学院微生物学和分子遗传学系作为博士后继续分子病毒学研究。2007年加入了北京生命科学研究所。乙型病毒性肝炎(简称乙肝)系由乙肝病毒(HBV)引起,是威胁人类健康的重要疾病,目前全世界仍有超过2.4亿慢性乙肝患者,中国就约有1亿人携带乙肝病毒,每年约35万人死于慢性乙肝相关疾病。由于现有药物不能根治乙肝,自美国医学家、诺贝尔生理学或医学奖得主巴鲁克·布隆伯格在20世纪70年代发现乙肝病毒后,全球的科学家都相继加入"寻门"之旅,然而之后的40多年里仍无法觅其踪影。李文辉团队聚焦乙肝和丁肝病毒感染的研究。经过5年的潜心攻关和艰苦卓绝的努力,终于在2012年1月找到了乙肝和丁肝病毒入侵人体细胞的共同受体——NTCP(牛磺胆酸钠共转运蛋白)。

发现(肝细胞上乙肝/丁肝)受体,不仅促进了乙肝研究体系的发展,更重要的是,使我们能够合理地研发治疗乙型肝炎的新药物。事实上,在NTCP研究基础上,李文辉博士团队与顶尖生物大分子药物研发团队合作,成功研发出具有全新靶点和全新机制的抗乙肝新药HH-003。HH-003为全人源性单克隆抗体。HH-003能够阻断病毒进入肝细胞,有效打破HBV在肝脏中持续存在的感染和再感染循环,以及介导清除游离的病毒和介导免疫效应消除感染HBV的肝细胞和抑制病毒基因的表达。目前该药已进入临床试验阶段,有望实现真正意义上的临床治愈,切实帮助到广大乙肝患者。

通过介绍我国科学家在病毒性肝炎治疗方面的贡献,激发同学们永不放弃的信念。慢性乙肝除了常用的抗病毒药物治疗,是否还有其他的药物治疗? 相应的药物作用机制是什么? 治疗过程中如何监测疗效和不良反应? 通过层层递进的问题,使学生对儿童病毒性肝炎的治疗有深刻的体会。

课后作业:

(1)以说一说"病毒性肝炎"为主题,录制3分钟左右的科普小视频,对本节课的重难点进行考核,同时调查学生对该门课程满意度。课后以小组为单位完成作业。

优秀作品通过自媒体平台向公众进行病毒性肝炎的科普知识宣传,让全民参与、主动筛查、规范诊疗、治愈肝炎。

(2)讨论:家长如何护理慢性病毒性肝炎患儿?

慢性病毒性肝炎患儿,在疾病控制后,可以像正常孩子一样上学、交朋友等融入社会。因此,对这一类儿童及其家长需要进行健康教育,一方面避免疾病反复,让孩子有个快乐的童年生活,另一方面避免肝炎病毒传播,危及他人健康。这是临床医生对慢性病毒性肝炎患儿融入社会后的养护要求。通过这个问题,可以更好地培养学生的人文关怀、个体化护理的素养。

二、特色与创新

儿科医师在临床工作中对儿童疾病,婴幼儿常见病、多发病进行精细规范的诊疗,需要认真、细心、耐心地服务好每一位患儿以及做好儿童卫生宣教工作。本课程运用案例教学法,将病毒性肝炎的诊治与相关的知识点进行贯通融合。适时、适度地引入课程思政内容,切实提高大学生的思想政治素养,培养学生的责任使命感,加强学生对医生行业的职业认同,同时激发学生的学习热情,以及学好知识、利民利国的爱国情怀,提升大学生参与性,树立以大学生为中心的教学理念。把大学生的参与感、主体感作为衡量思政课教学效果的重要标准,引导大学生真正走出学校、走进社会、走近人民群众。同时以小组为单位,以制作小视频的形式对学生进行考核,培养学生的团队协作精神,以及胸怀全局、心系整体的观念。检验学生的学习成果,培养有温度、有责任心、有使命感的医学生。

三、教学总结和反思

通过思政案例教学,学生的注意力从单一听讲做笔记转移到积极地思考、不断交流观点、反复讨论中,课堂气氛更加活跃,实现了互相学习、共同提高的目的。后期的思政教学中会继续以讲好中国故事、培养家国情怀、敬业精神等实际案例,培养学生的学习主动性和积极性以及科学缜密的分析问题能力。常见问题为在课堂上老师和学生、学生和学生之间的互动、讨论环节不热烈等,因此今后将采用线上教学结合翻转课堂等,进一步优化课程设计,提高学生学习的主观能动性,开展多渠道师生之间的交流,获得更加满意的教学成果。

经久不愈的肺炎——儿童艾滋病

学校	成都医学院	课程	小儿传染病学
章节	病毒性疾病	撰写教师	吕　洁、张　璨
教学目标及 知识点	1.知识目标:能描述艾滋病的定义、临床表现、诊断依据,能阐述艾滋病的流行病学、抗病毒治疗及预防措施。 2.技能目标:能通过详细的病史采集、查体、辅助检查等基本手段,层层分析,抽丝剥茧进行疾病的诊断。		
课程思政 目标	1.通过"红丝带"公益活动介绍和艾滋病母婴传播工作规范,培养学生的仁爱之心,加强学生对医生行业的职业认同和使命感。 2.介绍华裔科学家何大一的鸡尾酒疗法,学习勇于探究的创新精神,培养学生科技创新的理念。		
育人元素	模块一:人文情怀;模块四:科学精神。		
教学方法	案例演示,生讲生评。		

一、典型教学案例

(一)案例1:"红丝带"和艾滋病防治工作规范

1.知识点:艾滋病的疾病负担和母婴传播。

2.思政目标:通过"红丝带"公益项目的介绍,培养学生的仁爱之心;艾滋病的发病率、死亡率数据逐年增高,数据触目惊心,提升学生的职业使命感;介绍我国艾滋病母婴传播工作规范,强调国家对儿童母婴健康工作的重视。

3.教学过程

展示图片:每个品牌或活动都有自己的标识,图4.1这个标识在我们身边也是随处可见的,公交车循环广告、车站、大学校园、医院等,可见它的意义深远,社会影响力巨大。同学们知道这个标志代表什么吗?

图4.1　艾滋病标识

（学生发言并讨论）

（1）简述红丝带作为艾滋病防治国际符号的含义，世界艾滋病日及由来。

红丝带是一个国际符号，1991年出现在美国纽约。它代表了关心，关心受到人类免疫缺陷病毒（human immunodeficiency virus，HIV）和艾滋病（acquired immune deficiency syndrome，AIDS）影响的人们。它代表了希望，期待新的疫苗和治疗药物不断面世，期待HIV感染者生活质量的提高。它象征了支持，支持HIV感染者，支持那些因AIDS失去至爱亲友的人，也支持对未感染者的教育。每年的12月1日是世界艾滋病日，是因为第1个艾滋病病例是1981年12月1日被诊断出来的。

（2）艾滋病为什么受到广泛关注？

AIDS是一种危害性极大的传染病，在全球范围内患病率与死亡人数逐年增加。截至2018年底，我国估计HIV感染者和AIDS患者约为125万例，死于AIDS的患者累计超过26.2万例。尽管中国HIV感染/AIDS的发生率不高，但因为人口基数庞大，疾病负担非常重，因此受到广泛关注。

通过提问、讨论的方式，介绍"红丝带"公益项目，培养学生的仁爱之心，加强学生对医生行业的职业认同和使命感。为什么这种疾病广受关注，自然引出它的发病率、死亡率问题，使学生了解防治AIDS是重要的公共卫生任务。

（3）大家都知道，性传播是HIV感染最主要的传播途径，我们今天关注的人群是儿童，大家知道儿童HIV感染的传播途径主要是什么吗？

婴儿最常见的传播途径是母婴传播，青少年则需要重点关注性传播和血液传播。

（4）母婴传播如此重要，我们应该做些什么？

（学生发言）

国家卫生健康委印发《消除艾滋病、梅毒和乙肝母婴传播行动计划（2022—2025年）》，要求到2025年，在国家层面艾滋病母婴传播率下降至2%以下；2/3以上省份在实现此指标基础上，做到孕产妇艾滋病、梅毒、乙肝检测率达到95%及以上，艾滋病、梅毒感染孕产妇及所生儿童治疗率达到95%及以上，孕早期检测率达到70%以上。

从各个省市区县等的保健院，再到社区村卫生机构，层层卫生机构对于AIDS母亲从怀孕建卡（为了追访AIDS的孕妇，妇幼机构应从电话、短信、微信甚至亲自到家等各种方式进行防控）到分娩（新生儿的出生方式、出生新生儿的用药时间、剂量、必要时转至传染病院）到新生儿的喂养方式选择，再到儿保的后期随访，建立闭环管理机制。

通过提问、讨论的方式，使学生掌握儿童HIV感染的主要传播途径；通过卫健新生儿艾滋病母婴传播工作规范文件解读，激发同学们规则意识和职业使命感。

(二)案例 2:反复感染,经久不愈的"肺炎"

1.知识点:艾滋病的临床表现及诊断。

2.思政目标:通过艾滋病患儿病例的引入和讨论,激发学生的学习兴趣,提高自主学习意识,促进独立思考,培养学生的职业认同、责任感和使命感。

3.教学过程

介绍案例:

小明,12 岁,因反复咳嗽、间断发热 2 年余,反复多次患肺炎,曾在结核病院治疗排除肺结核,于 2022 年 9 月住院。

入院后体格检查　消瘦,慢性面容,心肺未发现异常,肝脾不大,前颈部有大片植皮后瘢痕,浅表淋巴结不大,腹部及神经系统查体未见异常。

辅助检查　血常规:白细胞计数(WBC)$4.9 \times 10^9/L$,血红蛋白(Hb)121 g/L,血小板计数(PLT)$143 \times 10^9/L$,淋巴细胞绝对计数 $2.2 \times 10^9/L$,中性粒细胞绝对计数 $1.9 \times 10^9/L$,血沉 25mm/h。肝功能:谷丙转氨酶(ALT)25.40 U/L,谷草转氨酶(AST)45.40 U/L,C 反应蛋白(CRP)30.85 mg/L,免疫球蛋白 IgG 12.46 g/L,IgA 4.121g/L,IgM 0.706 g/L,结核抗体、血培养阴性,血支原体、衣原体抗体阴性。胸片:双肺纹理增强,左下肺野内见条状影,肺 CT 左下肺纹理增强、模糊,间质改变。HIV 抗体阳性,追问病史,患儿 2 岁时因颈部烫伤输过血。

小明因"反复咳嗽、间断发热 2 年余,反复多次患肺炎,曾在结核病院治疗排除肺结核"就诊,现针对以下问题进行讨论:

(1)你认为最可能的疾病是什么?下一步需要进行哪些检查呢?

(学生发言)

(2)为什么小明反复肺炎,经久不愈?

(学生发言)

通过提问、讨论的方式,逐步引导学生掌握 AIDS 诊断的临床思维,并通过讨论掌握 AIDS 的分期(急性期、无症状期、AIDS 期)特点和诊断标准。

根据《中国艾滋病诊疗指南(2021 年版)》,HIV 抗体和病原学检测是确诊 HIV 感染的依据;流行病学史是诊断急性期和婴幼儿 HIV 感染的重要参考;CD4+T 淋巴细胞检测和临床表现是 HIV 感染分期诊断的主要依据;AIDS 的指征性疾病是 AIDS 诊断的重要依据。HIV 感染者是指感染 HIV 后尚未发展至艾滋病期的个体;AIDS 患者是指感染 HIV 后发展至艾滋病期的患者。

西南少数民族地区经济欠发达,基层医院缺乏儿童专科医师。小明在当地每次治疗均按照肺炎进行治疗,反反复复,未积极寻找原因,说明基层儿科医生对儿童相关疾病认识不足。鼓励同学们努力学习儿科疾病知识,为儿童健康保驾护航,并认识到在儿童慢病管理中,健康教育宣传是医生的重要职责。通过学习儿童艾滋病相关知识培养医学生的责任感和使命感。

(三)案例3:传说中的"鸡尾酒疗法"是如何"调制"的?

1.知识点:艾滋病的治疗。

2.思政目标:通过介绍华裔科学家何大一发明"鸡尾酒疗法",介绍针对不同艾滋病患者治疗方案,学习勇于探究的创新精神。

3.教学过程

首先,引入鸡尾酒方案:自20世纪80年代开始,尽管世界各国不惜投入大量的人力物力,先后研制了十几种疫苗和近百种药物,但迄今尚未发现一种治疗AIDS的特效药。作为治疗AIDS的新武器,华裔科学家何大一教授1996年提出的"鸡尾酒"疗法一经公布就立即轰动了整个医学界,各地媒体竞相报道,世界各国的科学家也给予了很高的评价。鉴于他的突出成就,美国著名的《时代》周刊将他选为封面人物。

大家可能对鸡尾酒并不陌生,这是西方人非常推崇的一种饮酒方式,将几种不同风格的酒调在一起,品尝起来别有一番感受。何大一教授将他的这种治疗方法形象地命名为"鸡尾酒"疗法,与此也有相似的含义:就是同时使用3~4种药物,每一种药物针对HIV繁殖周期中的不同环节,从而达到抑制或杀灭HIV,治愈AIDS的目的。AIDS的治疗之所以困难,一个重要的原因就在于HIV并非一成不变,在传播和繁殖的过程中它常常发生一些结构和功能的变化,此时原先可能很有效的药物也将失效,病毒也因此可以继续在体内大量繁殖。而采用3~4种药物进行组合治疗的"鸡尾酒"疗法,由于作用于HIV感染的各个环节,其疗效大大提高。此外,临床治疗的效果也非常明显,在临床治疗的10名患者中,7人在治疗数星期后身体状况明显好转,持久低热、身上溃疡症状均消失,精力恢复,更神奇的是血液中已查不出HIV的踪迹! 在遭受了十几年的恐惧和绝望后,人们总算看到了一线求治的希望。

自"鸡尾酒"疗法应用于临床后,已经有许多患者受益。它可以控制患者体内的HIV,使得患者的免疫系统有机会修复并恢复其功能,但是不能彻底清除体内病毒、治愈疾病。目前我国为患者免费提供7种抗病毒药物,医生可根据患者情况,使用多种药物组合对患者进行抗病毒治疗,也就是前述的"鸡尾酒"疗法。

2003年,我国宣布实施"四免一关怀"政策措施,并在后续工作中不断发展完善。

①"四免"是指:农村和城镇居民未参加基本医疗保险等医疗保障制度的经济困难人员中的艾滋病患者,可到当地卫生部门指定的传染病医院或设有传染病区(科)的综合医院服用免费的抗病毒药物,接受抗病毒治疗;

②所有自愿接受艾滋病咨询和病毒检测的人员,都可在各级疾病预防控制中心和各级卫生行政部门指定的医疗等机构,得到免费咨询和艾滋病病毒抗体初筛检测;

③对已感染艾滋病病毒的孕妇,由当地承担艾滋病抗病毒治疗任务的医院提供健康咨询、产前指导和分娩服务,及时免费提供母婴阻断药物和婴儿检测试剂;

④地方各级人民政府要通过多种途径筹集经费,开展艾滋病遗孤的心理康复,为其提供免费的义务教育。

⑤“一关怀”是指:国家对艾滋病病毒感染者和患者提供救治关怀,各级政府将经济困难的艾滋病患者及其家属纳入政府补助范围,按有关社会救济政策的规定给予生活补助;扶助有生产能力的艾滋病病毒感染者和患者从事力所能及的生产活动,增加其收入。

患者可到户籍所在地的疾病预防控制中心申请国家免费抗病毒药物。患者只要在医生指导下坚持规范服用抗病毒药物,可有效抑制体内病毒复制,减少耐药菌株的产生,延缓病程进展,降低发病率和死亡率。2018年后,结合深化医改和加强民生保障的趋势,国家出台了一系列政策措施,推进基本医保、大病保险、医疗救助和慈善救助等制度衔接互补,进一步减轻艾滋病病毒感染者和艾滋病患者的医疗负担;结合扶贫脱贫,支持开展生产自救;同时依法保障艾滋病病毒感染者和艾滋病患者就医、就业、入学等合法权益,进一步减少社会歧视,让更多艾滋病病毒感染者和艾滋病患者从中获益。

引导学生讨论:

(1)鸡尾酒调制所需要的抗病毒药物有哪些?

(学生发言)

(2)目前抗病毒治疗方案有哪些?

(学生发言)

(3)AIDS的治疗是终身治疗,药物贵吗?

(学生发言)

通过抗病毒的治疗,小明终于摆脱了反复感染“肺炎”,打破经常需要住院的魔咒,让学生明白正确诊断的重要性,增加职业认同感。

二、特色与创新

本课程运用案例教学法,将儿童艾滋病诊治与基础阶段所学的知识进行融合。教学过程始终以学生为主体,教师辅助答疑。课堂讨论过程中,适时、适度地引入课程思政内容,培养学生的仁爱之心,加强学生对医生行业的职业认同和使命感,同时激发学生的民族自豪感和爱国情怀。以雨课堂形式检验学生对新知识的掌握程度，分析教学效果，促使高效课堂的形成。以小组为单位让学生完成课后作业，培养学生的团队合作精神，增强集体荣誉感，同时培养学生的爱伤观念，培养有温度的医学生。

三、教学总结和反思

通过教学对比发现学生对以往传统上课形式及方式接受度不高，反感满堂灌的教学，但将思政案例融入课堂后，课堂氛围活跃，学生能勇于发言、积极发现问题，同时解决问题。但课堂教学过程中也存在一些问题，比如课堂时间短，内容多，学生课堂当时记忆好，但课后容易忘记，或出现记忆、理解混淆的情况，今后应增加课后老师与学生线上互动、答疑环节，进一步优化课程设计，提高教学效果。

优生路上的绊脚石——巨细胞病毒性疾病

学校	贵州医科大学	课程	小儿传染病学
章节	病毒性疾病	撰写教师	向　敏、孙　慧
教学目标及知识点	1.知识目标:能清楚阐述巨细胞病毒感染的临床表现、诊断和治疗。 2.技能目标:能分析肝功能指标,熟练描述肝脏触诊手法并运用于临床实践。		
课程思政目标	1.通过新生儿巨细胞病毒感染案例学习,强调优生优育政策的重要性及必要性,并介绍"健康中国行动"之妇幼健康促进行动,增强民族自豪感。 2.通过抗病毒药物指征的学习,让学生认识有效医患沟通的重要性,同时培养学生的人文关怀意识。		
育人元素	模块三:时事政策;模块六:沟通技能。		
教学方法	研讨辩论,情景模拟,混合式教学。		

一、典型教学案例

(一)案例 1:体重不增的早产儿

1.知识点:巨细胞病毒感染的传播途径及临床表现。

2.思政目标:通过"健康中国行动"之妇幼健康促进行动的介绍,增强学生的民族自豪感。

3.教学过程

介绍案例:

毛毛是一个胎龄 30 周的男性早产儿,母亲孕期没有正规产检,不明原因的产程启动经阴分娩,出生体重 1000g,出生后因"早产、出生体重低"于当地医院住院治疗 4 周,其间给予对症及静脉营养支持治疗。患儿日龄 28 天(纠正胎龄 34 周),体重较出生体重增长 50g,即 1050g,体重增长速度约 1.78g/(kg·d),这与早产儿体重增长目标 20g/(kg·d)差距甚远,因体重增长不理想转入贵州医科大学附属医院继续治疗。

入院体格检查 反应欠佳,全身皮肤暗黄,皮下脂肪菲薄,肝脏于肋缘下 2cm 可扪及,质软、边锐,脾脏未扪及。

辅助检查 血常规:白细胞计数(WBC) 12.08×10⁹/L,血红蛋白(Hb) 96g/L,红细胞计数(RBC) 2.78×10¹²/L,血小板计数(PLT) 20×10⁹/L。肝功能:谷丙转氨

酶（ALT）250.40U/L，谷草转氨酶（AST）145.40U/L，总胆红素（TBIL）125.90μmol/L，直接胆红素（DBIL）88.80μmol/L，间接胆红素（IBIL）37.10μmol/L，总蛋白（TP）36.10g/L，白蛋白（ALB）23.00g/L。血清巨细胞病毒 IgM 抗体阳性。

学生讨论：

毛毛是早产儿，除了早产之外，患儿出生体重较同胎龄孩子明显低（出生体重位于同胎龄平均出生体重的第 10 百分位以下），出生后经静脉营养支持治疗，体重增长不理想，提示存在宫外发育迟缓。入院后相关检查提示肝功能异常：肝酶、胆汁酸增高，胆红素增高以直接胆红素增高为主，血清巨细胞病毒 IgM 抗体阳性。人类巨细胞病毒 DNA（血清）CMV－DNA 4.43×10^5 copies/ml，人类巨细胞病毒DNA CMV－DNA（尿液）6.43×10^6 copies/ml，人类巨细胞病毒 DNA（脑脊液）CMV－DNA $4.56E \times 10^5$ copies/ml，血、尿、脑脊液宏基因组测序 CMV 均为阳性。毛毛妈妈的血清及乳汁巨细胞病毒抗体检查阳性。根据以上病史及辅助检查，有以下问题需要学生进行讨论：

（1）你认为毛毛最可能的疾病是什么？

（2）毛毛感染途径是什么？可以预防吗？

（学生发言）

儿童巨细胞病毒感染在我国极为广泛，婴幼儿期抗体阳性率为 60％～80％，该病毒具有潜伏—活化的生物学特性，一旦感染将持续终生。通过提问及讨论的方式，使学生掌握巨细胞病毒感染的传播途径及临床表现。

①传播途径：感染者是巨细胞病毒感染唯一的传染源，主要存在两种传播途径为母婴传播、水平传播，其中母婴传播根据患儿生后感染时间不同分为先天性感染（出生后 14 天之内证实有巨细胞病毒感染）、围产期感染（生后 14 天内证实无感染，于生后 3～12 周证实有感染证据）、出生后感染（出生后 12 周经密切接触、输血制品或移植器官等水平传播途径获得）。

②临床表现：巨细胞病毒的细胞嗜性非常广泛，包括上皮细胞、内皮细胞、成纤维细胞、外周血白细胞、特殊实质细胞（脑和视网膜的神经细胞、胃肠道平滑肌细胞和肝细胞），另外它的组织嗜性与宿主年龄和免疫状况密切相关。在胎儿和新生儿期，神经细胞和唾液腺最为敏感，肝脾常受累。在年长儿和成人免疫正常时，病毒感染多局限于唾液腺和肾脏，少数累及淋巴细胞；在免疫抑制个体，肺部最常被侵及，常造成全身性感染。由于血脑屏障和血视屏障的防护功能，眼和颅内的感染主要见于先天感染及免疫缺陷者。故常见临床表现包括黄疸（直接胆红素升高）、肝酶升高、血小板减少、肝脾增大、胆道闭锁、神经性耳聋等。先天性巨细胞病毒感染常常合并神经系统发育异常，病死率高，存活者容易合并耳聋、神经系统及眼部异常等后遗症。

总结毛毛的病史特点及临床表现，考虑为母婴垂直传播引起的先天性巨细胞病毒感染。先天性巨细胞病毒感染大多数合并有多系统器官受损,严重时可导致胎死宫内及患儿生后死亡。引导学生讨论哪些措施可以预防先天性巨细胞病毒感染?

同时介绍我国政府对于妇幼健康的重视,解读《健康中国行动(2019—2030 年)》第七个领域妇幼健康促进行动政策。妇幼健康是全民健康的基础,随着生育政策的调整,生育需求逐步释放,高危孕产妇比例有所增加,保障母婴安全的压力亦增大。实施妇幼健康促进行动是保护妇女儿童健康权益、促进妇女儿童全面发展、维护生殖健康的重要举措,有助于从源头和基础上保障国民健康水平。提倡主动接受婚前医学检查和孕前优生健康检查,并制定一系列措施,如孕期根据孕妇情况进行妊娠风险筛查与评估,按照不同风险管理要求主动按时接受孕产期保健服务;完善妇幼健康服务体系,实施妇幼健康和计划生育服务保障工程,以中西部和贫困地区为重点,加强妇幼保健机构基础设施建设,确保省、市、县三级均有一所标准化妇幼保健机构;大力普及妇幼健康科学知识,推广婚姻登记、婚前医学检查和生育指导"一站式"服务模式;落实妊娠风险筛查评估、高危专案管理、危急重症救治、孕产妇死亡个案报告和约谈通报五项制度,加强危重孕产妇和新生儿救治保障能力建设,健全救治会诊、转诊等机制。

通过对国家政策的解读,充分说明我国政府对于妇幼健康的重视。提出优生优育需要从主动接受婚前医学检查和孕前优生健康检查开始。疾病预防的意义常常大于治疗。

(二)案例 2:我的孩子需要用药吗?

1.知识点:巨细胞病毒感染的治疗。

2.思政目标:医学生医患沟通能力的培养。

3.教学过程

介绍案例:

小明是一个 3 岁的男性幼儿,平素身体健康,生长发育同同龄儿。在入托体检时发现肝功能异常,家长很担心,再次就诊某三甲医院进行复查,肝功能结果回示仍异常,为明确诊治就诊于贵州医科大学附属医院。

体格检查　神清,反应好,生长发育同龄儿,皮肤黏膜无黄染,颈部可及数枚黄豆大小淋巴结,质软、活动、无触痛及粘连,肝脾未扪及肿大。

辅助检查　血常规:白细胞计数(WBC) 6.23×10^9/L,血红蛋白(Hb) 121g/L,红细胞计数(RBC) 4.2×10^{12}/L,血小板计数(PLT) 380×10^9/L。肝功能:谷丙转氨酶(ALT) 86U/L,谷草转氨酶(AST) 120U/L,总胆红素(TBIL) 22.2μmol/L,直接胆

红素（DBIL）6.2μmol/L，间接胆红素（IBIL）16.00μmol/L，总胆汁酸（TBA）3.20μmol/L，总蛋白（TP）65.10g/L，白蛋白（ALB）42.00g/L。巨细胞病毒抗体 IgM 阳性，人类巨细胞病毒 DNA（血清）CMV－DNA $2.43×10^3$ copies/ml，人类巨细胞病毒 DNA CMV－DNA（尿液）$3.49×10^3$ copies/ml。

学生讨论：

小明家长非常紧张，孩子发育情况很好，也没有不适症状，对于上述异常结果，家长在网上了解到可能会导致严重的不良后果，家属提出疑问：小明的情况是不是非常严重？是否需要马上用药？针对家属的问题，进行如下讨论：

(1)巨细胞病毒感染的病毒学检查有哪些？

(2)根据临床征象分类，巨细胞病毒感染分为哪些类型？小明诊断为哪种类型？

(3)根据相关检查结果及临床表现，小明需要治疗吗？如何与家属沟通？

（学生发言）

通过提问、讨论的方式，使学生掌握儿童巨细胞病毒感染病毒学证据、临床分型及抗病毒用药指征。

（介绍巨细胞病毒感染病毒学证据）

直接证据 在血样本（全血、单个核细胞、血清或血浆）、尿及其他体液包括肺泡灌洗液（最好取脱落细胞）和病变组织中获得如下病毒学证据：①病毒分离是诊断活动性 HCMV 感染的"金标准"；②电子显微镜下找病毒颗粒和光学显微镜下找巨细胞包涵体（阳性率低）；③免疫标记技术检测病毒抗原，如 IEA、EA 和 pp65 抗原等；④逆转录 PCR 法检测病毒特异性基因转录产物，阳性表明活动性感染；⑤实时荧光定量 PCR 法检测病毒特异性 DNA 载量。间接证据：主要来自特异性抗体检测。原发感染证据：①动态观察到抗 HCMV IgG 抗体的阳转；②抗 HCMV IgM 阳性而抗 HCMV IgG 阴性或低亲和力 IgG 阳性。活动性感染证据：①双份血清抗 HCMV IgG 滴度≥4 倍增高；②抗 HCMV IgM 和 IgG 阳性。

诊断标准 ①临床诊断：具备活动性感染的病毒学证据，临床上又具有相关表现，排除现症疾病的其他常见病因后可做出临床诊断。②确定诊断：从活检病变组织或特殊体液如脑脊液、肺泡灌洗液内分离到 HCMV 病毒或检出病毒复制标志物（病毒抗原和基因转录产物）是 HCMV 疾病的确诊证据。

临床征象分类 ①症状性感染（symptomatic infection）：病变累及 2 个或 2 个以上器官系统时称全身性感染（systemic infection），多见于先天感染和免疫缺陷者；或病变主要集中于某一器官或系统。②无症状性感染（asymptomatic infection）：又称亚临床型感染（subclinical infection），有巨细胞病毒感染证据但无症状和体征，或有病变脏器体征和（或）功能异常。绝大多数儿童表现为无症状性感染。

巨细胞病毒感染抗病毒用药指征。需要强调对免疫抑制者是有益的;而免疫正常个体的无症状感染或轻症无须抗病毒治疗。主要用药指征:①符合临床诊断或确定诊断的标准并有较严重或易致 HCMV 疾病包括间质性肺炎、黄疸型或淤胆型肝炎、脑炎和视网膜脉络膜炎(可累及黄斑而致盲),尤其是免疫抑制者如艾滋病患者;②有中枢神经系统损伤(包括感音神经性耳先天感染者),早期应用可防止听力和中枢神经损伤的恶化。

总结小明的相关病史及辅助检查,该患儿有巨细胞病毒感染证据:肝功能异常、血清及尿液人类巨细胞病毒 DNA 异常,但无巨细胞病毒感染的症状和体征,故小明诊断为无症状性感染,目前暂不需要抗病毒治疗。对于该类患儿,更重要的是与家属沟通和解释不用药的原因,消除家属的焦虑和担心。

介绍医患沟通在临床的重要性。医患沟通是纳入医疗质量和医疗安全的核心制度之一,是医疗机构的医务人员在诊疗活动中与患者及其家属在信息方面、情感方面的交流,正确的医患沟通更有利于医生对患者病情的了解,更有利于对病患的进一步诊治,这也是现在医疗事业中医生所要掌握的一种沟通技巧。良好的医患沟通是实现以病人为中心,减轻病人身心痛苦,创造最佳心身状态的需要,是促进医患间理解与支持,提高治疗效果的需要。如何做到有效的沟通,除了沟通技巧,更重要的是扎实的医学知识及对疾病用药指征把控的准确性。

通过对巨细胞病毒感染抗感染用药指征的学习,强调用药指征把控的严谨性,以及有效的医患沟通的重要性及必要性,增加职业使命感及责任感。

二、特色与创新

本课程以混合式教学模式进行,采取雨课堂进行课前推送预习,包括难点、重点,课中增加媒体互动,了解学生对重点掌握情况。教学过程始终以学生为主体,教师辅助答疑。课后通过推送思考题查看学生掌握情况,课堂讨论过程中以临床案例引出知识点,增加学生互动及思考,结合实施政策,让同学更加关注妇幼健康,了解国家相关政策,增加职业使命感及责任感。课前预习中让学生针对教学内容进行相关文献及知识点查阅,带着问题进课堂;同时以一个主题进行小组讨论,过程中每组成员进行角色分配,完成讨论,最后以思维导图形式提交课后作业。

三、教学总结和反思

学生对巨细胞病毒感染性疾病相对陌生,让学生主动学习及对疾病产生兴趣是理论教学质量的保障。本课程教学过程中采用雨课堂对重难点进行预习推送,让学生对疾病有部分了解,课堂中以临床案例引导出知识点,让学生对于知识点有更生动的认识。同时在案例与知识点结合中引导出时事政策、核心制度,让学生了解国家相关政策,培养职业使命感及责任感。

但课堂教学过程中也存在一些问题,如学生预习情况参差不齐,影响着课堂效果,课堂互动情况欠佳,如何做到让学生主动学习及思考是授课的重点,在今后授课过程中,推送预习时可采取多种形式进行,不仅仅以知识点进行推送,同时可以推送与该授课相关的媒体热点、新闻、政策等,让同学在热点、新闻、政策中主动去学习,提高课堂效果。

探秘蛛丝"麻"迹——麻疹

学校	新疆医科大学	课程	小儿传染病学
章节	病毒性疾病	撰写教师	茹　凉、王亚南
教学目标及知识点	1.知识目标:能描述麻疹典型的临床经过和常见并发症,能阐述麻疹治疗与预防原则。 2.技能目标:能早期识别麻疹,能通过皮疹特点和其他临床表现鉴别麻疹与其他发热出疹性疾病。		
课程思政目标	1.通过介绍"儿科鼻祖"钱乙的从医初心、学术研究及对后世的影响,使学生从中获取精神力量、树立远大理想,获得职业认同感,加深民族自豪感,增强文化自信。 2.通过讲述我国麻疹疫苗的研制历史及我国前辈科学家在传染病疫苗研发中做出的贡献,激发学生的政治认同、爱国热情。		
育人元素	模块一:儿科精神;模块三:文化自信;模块四:创新精神。		
教学方法	临床案例教学法(CBL),讲授法,直观演示法,任务驱动法。		

一、典型教学案例

(一)案例1:钱乙和《小儿药证直诀》的故事

1.知识点:麻疹的临床特点。

2.思政目标:通过介绍"儿科鼻祖"钱乙的从医初心、学术研究及对后世的影响,帮助学生从中获取精神力量、树立远大理想,使学生获得职业认同感,增强民族自豪感、增强文化自信。

3.教学过程

介绍案例:

小古丽是个2岁可爱又调皮的孩子,5天前突然出现了发热,每天体温波动在38.5～39℃,伴有流涕、咳嗽及声音嘶哑。妈妈给小古丽吃了3天"感冒药",体温并没有好转,2天前体温升高达到40℃,并且发现耳后、颜面部出现红色皮疹,昨日前胸及后背也出现同样皮疹,同时精神比较差,烦躁、哭闹明显,吃饭也明显减少。近2日大便次数增多,3～4次/日,稀糊状。妈妈非常担心小古丽的状况,所以带来医院就诊。

入院后询问孩子妈妈,小古丽出生时正常,母乳喂养至6月,生长发育正常,出生7个月后未再接种疫苗。家里其他人都没有这样的情况,父母均健康,无遗传性疾病。

入院后体格检查 体温 39.5℃,呼吸 50 次/分,血压 86/50mmHg(1mmHg≈0.133kPa),体重 12kg。神志清,精神欠佳,急性病容。颜面至胸背部皮肤可见红色斑丘疹,压之褪色,疹间皮肤正常,四肢均未见皮疹;颈部可扪及黄豆大小淋巴结数枚;双眼分泌物较多,球结膜充血,双外耳道未见分泌物溢出,流涕,口唇较红,口腔黏膜充血、略粗糙,咽部充血;呼吸略促,可见轻度三凹征,双肺呼吸音粗,脊柱两侧可闻及粗湿啰音,肺底部有少许细湿啰音;心脏、腹部及神经系统未见明显异常。

学生讨论:

通过提问、讨论的方式,使学生掌握麻疹的临床特点:

(1)请大家分组讨论总结小古丽的病史特点,她最可能的诊断是什么及诊断思路。

初步诊断麻疹,依据如下:

①2 岁女童,发热后出现皮疹,热峰较高,伴有流涕、咳嗽及声音嘶哑。

②出生 7 月后未再接种疫苗。

③皮疹出现顺序为耳后及颜面部,随后为前胸及后背;体检发现颜面至胸背部皮肤可见红色斑丘疹,压之褪色,疹间皮肤正常,双眼分泌物较多,球结膜充血,口唇较红,口腔黏膜充血,咽部充血。

(2)麻疹需要跟哪些疾病做鉴别?

麻疹需要和风疹、水痘、猩红热、天花、麻疹、药物疹、幼儿急疹、手足口病等相鉴别,可以根据发病年龄、出疹顺序、发热和出疹的关系相鉴别。

结合麻疹不同病程时期临床特点图片,使学生直观地感受麻疹的临床特点,并通过总结麻疹、风疹、幼儿急疹、猩红热、水痘的皮疹和发热的关系、皮疹特点、流行病学特点、临床表现及实验室检查等,加深学生对不同出疹性疾病临床特点的掌握。

(3)大家知道我国最早关于麻疹的记载出自哪里吗?

(学生发言)

我国古代医书中很早就有关于发疹性疾病的记载,北宋时期关于麻疹记载量逐渐增多,最为著名的为被后世称为"儿科鼻祖"钱乙的专著——《小儿药证直诀》。

钱乙是我国医学史上著名儿科专家,被称为"儿科鼻祖"。钱乙 3 岁丧母,父亲钱颢擅长针灸,平时嗜好喝酒和远游,后来隐匿姓名东游于海上,不知所终。姑母一家可怜钱乙孤苦无依,便将其收养,视如己出。姑父吕君亦父亦师长期教他学习医术,也许是因为从小缺失父母关爱的缘故,钱乙对孩童有一种天生的使命感和责任心,在他跟随姑父出诊的时候,看到患病的孩子孤独、痛苦的表情时,他会感同身受,仿佛患病的是自己一样,为了帮助孩子们解除痛苦,钱乙决心要做一名专治小儿疾病的医生。

钱乙妙手仁心,一生旨在使"幼者无横夭之苦,老者无哭子之悲",其对小儿科做了 40 年的深入钻研,终于摸清了小儿病诊治的规律,积累了丰富的临证经验,他把这些经验和体会结合《内经》《伤寒杂病论》《神农本草经》等经典医著及诸家学说,写成了儿科专著——《小儿药证直诀》,其中《小儿药证直诀·疮疹候》中"初起之候,面燥腮赤,目胞亦赤,呵欠顿闷,乍凉乍热,咳嗽喷嚏,手足梢冷,夜卧惊悸,多睡,并疮疹证,此天行之病也",为历史上首次描述麻疹的临床特征。《小儿药证直诀》是中国现存的第一部儿科专著,也是世界上最早的儿科专著。它第一次系统地总结了对小儿的辨证施治法,使儿科自此发展成为独立的一门学科。后人视之为儿科的经典著作,把钱乙尊称为"儿科之圣""幼科之鼻祖"。

通过讲述"儿科鼻祖"钱乙的从医初心、对世人的仁心、对学术研究的恒心,使学生获得职业认同感,加深民族自豪感、增强文化自信。

(二)案例 2:自主研发疫苗之路

1.知识点:麻疹的预防。

2.思政目标:通过讲述我国麻疹疫苗的研制历史及前辈科学家在传染病疫苗研发中做出的贡献,激发学生的政治认同、爱国热情。

3.教学过程

(1)麻疹是我国法定的乙类传染病,该传染病最有效的预防措施是什么?

对于传染病的预防措施主要有:管理传染源,切断传播途径,保护易感人群。

(2)针对麻疹具体的预防措施有哪些?

对麻疹患者要做到早发现、早报告、早隔离、早治疗。一般隔离至出疹后 5 天,伴呼吸道并发症者要延长至出疹后 10 天,对接触麻疹的易感儿应隔离检疫 3 周,并给予被动免疫。

(3)麻疹疫苗接种的策略是什么?同学们是否知道我国麻疹疫苗研制的经历呢?

采用麻疹减毒活疫苗预防接种,出生后 8 个月接种第 1 剂疫苗,18~24 月龄儿童要完成第 2 剂疫苗接种。

我国早在晋永嘉年代(约公元 307 年)就已经意识到麻疹是一种传染性很强的疾病,而国外到 9 世纪才有所认识。但在特异性免疫预防问世前,除新生儿短时期受母传抗体保护外,人人易感,因此,麻疹在世界各国无例外地均呈典型周期性流行,且易感者初次暴露几乎均表现为显性感染,发病率特别高。人类与麻疹的斗争一直处在被动地位,中华人民共和国成立初期,对麻疹防治也只能提出"推迟发病年龄,降低病死率"的战略方针。中华人民共和国成立后,我国科学家克服困难取得了一个个阶段性成果,实现我国麻疹防治从被动预防转入主动控制。

汤飞凡是中国第一代医学病毒学家、医学微生物学家,20 世纪 30 年代组织研制出中国第一批 5 万单位青霉素,并为预防天花、黄热病、鼠疫等疫病做出了卓越贡献;20 世纪 50 年代牵头成功分离出沙眼衣原体,是世界上第一个分离出该病原体的人,1981 年获国际沙眼防治组织追赠颁发的"沙眼金质奖章"。沙眼衣原体分离成功后,汤飞凡将研究重点转向当时对儿童的健康和生命威胁极大的麻疹和脊髓灰质炎。1954 年 Enders 发表了用组织细胞培养分离麻疹病毒成功的报告,汤飞凡认为这是病毒方法学的一个突破,就带领团队开始建立了人胚和猴肾细胞的组织培养,1958 年,在他的指导下吴绍元分离出中国第一株麻疹病毒 M9。组织细胞培养技术的建立,不但使麻疹病毒分离成功,而且为制造脊髓灰质炎和麻疹疫苗奠定了基础。

在上述工作基础上,1960 年卫生部上海生物制品研究所分离培育出沪 191 麻疹减毒株,卫生部北京生物制品研究所及卫生部长春生物制品研究所相继培育出麻疹减毒株京 55 和长 47,1965 年利用我国自己的毒株研制成功麻疹疫苗。目前,我国麻疹防治工作已取得十分显著的成绩,积累了丰富的经验。

中国疫苗实现了登上全球舞台的目标,通过这些成绩展现国家力量、文化自信,以此进一步激发学生的政治认同、爱国热情。

二、特色与创新

以"儿科鼻祖"钱乙致力于儿科,一生旨在使"幼者无横夭之苦,老者无哭子之悲"为起;以《小儿药证直诀》中关于麻疹的记述为承;以中国疫苗之父汤非凡研制麻疹疫苗为导,着重融入职业认同、文化自信、政治认同、爱国情怀等思政元素,强化学生的理想信念。此部分属于儿科学临床理论教学内容,运用临床案例教学法(CBL)、讲授法、直观演示法,将麻疹的临床特点与基础阶段所学的知识进行融合。教学过程始终以学生为主体,教师辅助讲解。以小组为单位讨论课堂作业,培养学生团结合作意识,以及自主学习、总结归纳的能力。

三、教学总结和反思

课程以临床案例开始本节课内容,在学生分组总结麻疹临床特点后引入"儿科鼻祖"钱乙及其著作《小儿药证直诀》,帮助学生掌握麻疹的临床特点;在讲述麻疹的预防时,引入我国麻疹疫苗的研制历史,使学生熟悉传染病的防治、掌握麻疹的预防,同时让学生获得了职业认同感,增强了文化自信、升华了爱国情怀。

大部分学生对思政内容有所领悟,能达到本节课教学目标,但部分学生的认知和理解有差异,不能深刻体会思政意义,需要老师以身作则、为人表率,不断帮助学生提升自己的道德觉悟水平,做到知行合一、言行一致,用高尚的言行举止带动学生修心立品。

没有皮疹的出疹性疾病——手足口病

学校	温州医科大学	课程	小儿传染病学
章节	病毒性疾病	撰写教师	金龙腾、陈益平
教学目标及知识点	1.知识目标:能描述手足口病传播途径、临床表现和实验室检查特点,能清楚阐述手足口病治疗与预防原则。 2.技能目标:能鉴别手足口病与其他出疹性疾病,能早期识别重症手足口病,认识重症手足口病早期皮疹不显著的特点。		
课程思政目标	1.通过对"健康中国"建设介绍,彰显中国特色基本医疗卫生制度的优势。 2.引入手足口病危重症病例的讨论,培养医学生敬畏生命的意识,精益求精的精神。		
育人元素	模块三:制度认同;模块六:敬畏生命。		
教学方法	案例演示,思辨式讨论。		

一、典型教学案例

(一)案例1:发热伴有皮疹的小新

1.知识点:手足口病的传播途径和临床表现。

2.思政目标:通过对健康中国建设介绍,彰显中国特色基本医疗卫生制度的优势。

3.教学过程

介绍案例:

小新是一个4岁的男孩子,2天前出现发热,体温一直反复,最高达39.7℃,并诉口腔疼痛,拒绝进食,除此之外,妈妈发现小新的手掌及脚底出现红色皮疹,睡觉时偶尔出现肢体抖动,今晨小新出现呕吐,共3次,为胃内容物,无腹泻,精神差,遂来温州医科大学附属育英儿童医院门诊收入住院。既往体健,按计划接种疫苗,班级内有多人出现类似情况。

入院后体格检查 体温39.2℃,脉搏130次/分,呼吸24次/分,血压100/70mmHg(1mmHg≈0.133kPa),精神偏软,咽红,咽峡部可见疱疹,手足可见红色丘疹及疱疹(图4.2、图4.3),心肺听诊无殊,四肢温暖,神经系统未见异常。

辅助检查 血常规提示白细胞计数(WBC)8.24×10^9/L,中性粒细胞比率0.53,淋巴细胞比率0.40,血红蛋白(Hb)118g/L,红细胞计数(RBC)4.26×10^{12}/L,血小板计数(PLT)334×10^9/L。

图 4.2 手掌皮疹

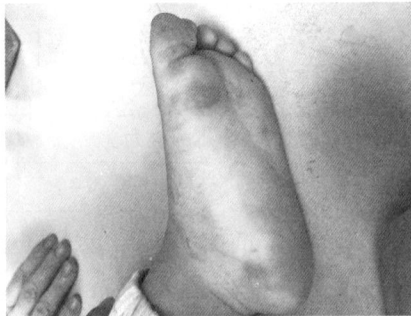

图 4.3 足底皮疹

学生讨论：

小新是一位学龄前期的儿童，既往体健。本次以发热、皮疹、口腔疼痛为主要表现，夜眠伴有肢体抖动，今晨出现神软及呕吐症状，体格检查见咽峡部可见疱疹，手足可见红色丘疹及疱疹，辅助检查血常规未见异常。

（1）你认为最可能的疾病是什么？

（学生发言）

（2）手足口病是怎么引起的？手足口病是怎么传染的？

（学生发言）

手足口病是肠道病毒引起的，肠道病毒有 100 多种，基本上每个孩子都感染过，最常见的就是导致孩子腹泻，年龄小的宝宝拉几天水状稀便多是肠道病毒引起的。导致手足口的肠道病毒有 20 多种，在我国，以柯萨奇病毒 A16 和肠道病毒 71 型（EV-71）为主，其中肠道病毒 71 型是导致我国重症手足口的主要病毒。

病毒在患者的口咽、鼻咽、肠道复制，在皮肤起的疱疹里面也有。所以，呼吸道分泌物（鼻涕）、口水、大便、皮肤的疱疹里面都有病毒。这些含有病毒的物质接触过的地面、墙壁、玩具可能有病毒附着，当然也有传染性。当健康的孩子经口摄入这些病毒，比如玩了有病毒的玩具之后吃手；或者患病的小朋友拥抱时，碰到了皮肤上的疱疹，之后吃手；或者直接舔到有病毒附着的玩具、墙面等，都会导致发病。另外，部分病毒可以经过呼吸道传播，如果患儿打喷嚏时，健康的孩子正好吸入了病毒，也会导致得病。

（3）小新为什么会出现肢体抖动、神软呕吐？要考虑什么？如何证实？

根据目前小新的症状，怀疑颅内感染，故予腰椎穿刺检查，脑脊液结果示：外观清亮，白细胞计数（WBC）86×10^6/L，淋巴细胞比率 0.94，糖 3.5mmol/L，蛋白 0.22g/L；脑电图提示中度异常，证实合并脑膜脑炎。

（4）手足口病的病程分期是什么？

（学生发言）

手足口病临床表现复杂而多样，按病情发展，病程分为五期。根据病情严重程度可分为普通病例和重症病例,后者又分为重型和危重型。

①出疹期(第1期):主要表现为发热及伴随症状:起病急,初有不同程度发热,亦可不发热。可伴有咳嗽、流涕及食欲缺乏等。皮疹:发热同时或1~2天后手、足及臀部出现红色小斑丘疹,很快转为小疱疹,呈圆形或椭圆形,疱壁较厚,疱液较少。膝、肩及肘关节附近皮肤亦可见皮疹。某些肠道病毒如CV-A6和CV-A10感染时,面部、四肢及躯干部也可出疹,并可形成大疱样皮疹,伴有痒感,后期可有结痂和脱皮。有些重症病例皮疹反而稀少,甚至缺如。口腔黏膜疹:可见散发性疱疹或溃疡,多位于咽峡、舌、硬腭、唇和颊黏膜等处,引起口腔疼痛,导致拒食和流涎。有些患儿仅有疱疹性咽峡炎表现而无皮疹。

②神经系统受累期(第2期):多发生于病程1~5天。持续高热或反复高热,精神差、嗜睡、易惊、谵妄、头痛、呕吐、肢体抖动、肌阵挛、眼球震颤、共济失调、眼球运动障碍、无力或急性弛缓性麻痹及惊厥等。可有脑膜刺激征和腱反射减弱或消失。进入此期病例属于手足口病重症病例的重型。

③心肺功能衰竭前期(第3期):多由第2期发展而来,大多发生在病程5天内。表现为突然发生呼吸增快、心动过速、出冷汗、四肢凉、皮肤花纹及血压升高,毛细血管再充盈时间延长。发展到此期的病例即属于手足口病重症病例的危重型。

④心肺功能衰竭期(第4期):通常由第3期迅速发展到本期。表现为心动过速(个别患儿心动过缓)、呼吸急促或窘迫、口唇发绀、咳粉红色泡沫痰或血性液体、持续血压降低或休克。亦有病例以严重脑功能衰竭为主要表现,肺水肿不明显,但有频繁抽搐、严重意识障碍及中枢性呼吸循环衰竭等。

⑤恢复期(第5期):心肺衰竭纠正,病情逐步好转,体温逐渐恢复正常,对血管活性药物的依赖逐渐减少,神经系统异常和心肺功能逐渐恢复,少数可遗留神经系统后遗症。部分手足口病例(多见于CV-A6、CV-A10感染者)在病后2~4周有脱甲的症状。

(5)手足口病属于法定传染病,当发生手足口病暴发疫情时,我们应该做什么?

(学生发言)

播放2008年中央电视台关于安徽省阜阳市手足口病暴发视频。2008年3月至5月,安徽省阜阳市发生了较大规模的手足口病疫情,累计报告手足口病3321例,其中死亡22例,党中央、国务院高度重视,多次作出重要批示,并派遣多支医疗队前往支援,全力救治患者,努力控制病死率。在全国上下的共同努力下,手足口病疫情迅速得到了控制。

党的十八大以来,党中央以国家长远发展为基点,将健康中国上升为国家战略。2022年党的二十大提出继续推进健康中国建设,把保障人民健康放在优先发展的战略位置,完善人民健康促进政策,其中重点支持传染病防控体系的建设。国家加大了对传染病防控的投入,推动了传染病防控能力的提升,加强了疫情防控体系建设,构建了全国统一的传染病防控体系,实施了一系列有效的防控措施,加强了疫情预警和应急处置能力,提高了全民健康水平。

(二)案例2:手足上没有皮疹,为什么诊断手足口病了?

1. 知识点:重症手足口病的早期识别。

2. 思政目标:通过引入手足口病重症病例,让医学生认识生命、领悟生命,从而敬畏生命。

3. 教学过程:

介绍案例:

小陈是个3岁的男孩子,1天前出现发热,体温反复,最高达40.0℃,伴精神差,1小时前出现惊厥,表现为双眼凝视,牙关紧闭,口唇发绀,四肢强直,持续10分钟后缓解,遂来温州医科大学附属育英儿童医院急诊,考虑病情危重收入急诊留观室。

入院后体格检查 体温39.0℃,脉搏140次/分,呼吸26次/分,BP 120/80mmHg(1mmHg≈0.133kPa),呼吸表浅,节律不规则,双侧瞳孔等大、等圆,直径约3mm,对光反射迟钝,膝反射减弱,腹壁反射和提睾反射减弱;双侧肌力和肌张力基本正常。5小时后突发呼吸困难、口唇紫绀,双肺闻及粗大湿啰音。急查胸部X线可见双肺渗出性病变,立即行气管插管呼吸机辅助通气,气管内可见大量粉红色泡沫痰。

主管医生跟小陈爸爸妈妈谈话,告知小陈是危重症的手足口病(四期),小陈的爸爸很纳闷:"我们知道最近手足口病流行,所以也很关注,但小陈一直没有皮疹,怎么会是手足口病呢?"

(学生讨论)

手足口病的皮疹出现的部位、病毒的毒力、复制情况,以及自身免疫系统对病毒的反应等因素有关。皮疹通常出现在典型部位,但一些孩子可能仅仅有口腔内的疱疹,有的孩子仅仅是屁股上有斑丘疹,有些皮疹甚至出现在其他系统的表现之后。因此,皮疹的多少、出现时间和症状的轻重没有关系。手足口病流行季节,我们对每一个重症儿童都要重点关注。

小陈入院第二天,在臀部查体发现1颗疱疹,通过病原学检测明确EV71感染引起重症手足口病。

学生讨论:

(1)手足口病有哪些并发症?

少数手足口病例进展非常迅速,可出现脑膜炎、脑炎、脑脊髓炎、神经源性肺水肿、肺出血及循环衰竭等危重症表现。患儿表现心动过速,呼吸急促,口唇发绀,气管插管内可见粉红色泡沫痰,考虑神经源性肺水肿。

（2）手足口病出现哪些情况须考虑发展为危重症病例？

具有以下表现者（尤其 3 岁以下）有可能在短期内发展为危重症病例，须密切监测和积极救治：①持续高热不退；②出现精神萎靡、头痛、眼球震颤或上翻、呕吐、易惊、肢体抖动、吸吮无力、站立或坐立不稳等；③呼吸增快、减慢或节律不整；④心率增快（>160 次/分）、循环不良（出冷汗、四肢末梢发凉及皮肤发花）和毛细血管再充盈时间延长（>2 秒）以及血压升高；⑤外周血白细胞计数≥$15×10^9$/L，除外其他感染；⑥高血糖>8.3mmol/L；⑦高乳酸≥2.0mmol/L。

通过积极的救治，小陈最终成功抢救，但遗留运动和语言障碍后遗症。

（3）重症的手足口病会引起死亡，作为一名医学生，你是如何看待生命和死亡？

（学生讨论）

医生被视为生命的卫士，与疾病进行着不懈的斗争，但无论医学有多么惊人的突破，有些死亡依然是不可战胜的。于人而言，面对死亡，也是每个人迟早必须要面对和经历的"考验"，只是对于医生而言，我们治疗的主体是人，人的生命只有一次，我们必须敬畏生命、尊重生命。"敬畏生命"即对一切生命现象用一种既崇敬又畏惧的情感或态度去面对，尤其对人类生命既要有敬，更要有畏。正因为对生命怀有敬畏之心，才会对善待生命与关爱生命，对促进生命与维护生命的价值保持正确的观点和立场，才能够如同珍爱自己生命那样对他人生命施以关爱。医疗行为关注的是患者生命，而医学的最高境界就是敬畏生命，敬畏生命正是医德的基础和开端。医学生是未来的医务工作者，医者的职业精神直接关乎人们的生命和健康，激励医学生勇敢肩负历史使命和责任担当，引导他们树立病魔面前义无反顾、尽己所能的职业精神，自觉承担起"敬佑生命、救死扶伤、甘于奉献、大爱无疆"的医学社会责任。

二、特色与创新

本课程以传染病的暴发流行为切入点，教授传染病防治知识。教学课堂中以具体的实例将手足口病的诊治与基础阶段所学的知识进行融合。在课堂讨论过程中，引入课程思政内容，展现我国在传染病防治中做出的贡献，激发学生的民族自豪感，同时引导医学生对生命的思考，加强医学生敬畏生命观的培养，激发医学生职业自豪感。

三、教学总结和反思

课程以学生为中心，课程思政建设也要坚持以学生为中心。教学的过程需要帮助学生从既有知识水平向更高知识水平跃迁，但是学生往往无法独立完成这个跃迁，教师要时刻关注学生的状态，及时为学生提供跃迁的"支架"，帮助学生实现知识的内化。课程思政应采取多种组织形式，融合当今社会热点给予学生评论，营造课堂氛围，并在潜移默化中塑造学生的主流价值观。

可能致癌的病毒——EB病毒感染性疾病

学校	温州医科大学	课程	小儿传染病学
章节	病毒性疾病	撰写教师	章 虎
教学目标及知识点			

学校	温州医科大学	课程	小儿传染病学
章节	病毒性疾病	撰写教师	章 虎
教学目标及知识点	1.知识目标:能描述传染性单核细胞增多症的病因及流行病学特点,能归纳总结传染性单核细胞增多症的临床表现及并发症。 2.技能目标:能分析EB病毒感染疾病的案例,并制定诊疗措施。		
课程思政目标	1.通过让学生自主查阅科学家发现EB病毒的故事,烙印勇于探究、求真务实的科学家精神。 2.利用已学知识,讨论疾病防控措施,学习系统思维并解决实际问题。 3.通过医患角色扮演,锻炼沟通技能,培育人文关怀意识。		
育人元素	模块一:人文情怀;模块四:求真务实;模块六:沟通技能。		
教学方法	类比教学法,情景模拟,案例教学法。		

一、典型教学案例

(一)案例1:与肿瘤相关的一个病毒

1.知识点:EB病毒感染性疾病的病因及流行病学特点。

2.思政目标:学生自主查阅EB病毒由来的故事,烙印勇于探究、求真务实的科学家精神。应用流行病学三要素理论,讨论疾病防控措施,衍生到系统思维的学习,利用该思维解决实际问题。

3.教学过程

EB病毒为噬淋巴细胞的双链DNA病毒,主要侵犯B淋巴细胞。电镜下呈球形,直径150～180nm。完整的病毒颗粒由类核、膜壳、壳微粒、包膜所组成。EB病毒感染后可导致一大类的感染性疾病。另外,EB病毒与儿童的霍奇金淋巴瘤及成人的鼻咽癌紧密相关。

(1)请问同学们,为什么叫EB病毒?

(学生发言)

提到EB病毒,我们不得不介绍它被发现的过程:1958年英国外科医师Denis Parsons Burkitt在乌干达医院观察到一种独特类型的肿瘤,它是非洲最常见的儿童癌症,但在当时未被充分认识。1964年病毒学家Michael Anthony Epstein和Yvonne Barr

将该类肿瘤标本从乌干达运送到英国伦敦的米德尔塞克斯医院进行培养,并利用电子显微镜在这种特殊肿瘤的活检组织细胞中观察到一种类似疱疹病毒颗粒的新病毒,并将其命名为EB病毒。研究成果发表在1964年的《柳叶刀》杂志上。在当时,这个研究成果无疑为肿瘤的病因学研究开启了一扇新的大门,即病毒与肿瘤相关。EB病毒的发现,外科医师与动物病毒学家功不可没。整个发现过程,体现了他们对细节的专注,彰显了勇于探究、求真务实的科学家精神。这种精神值得我们当代医师学习、继承。

(2)请同学们说说看,病毒感染还会与什么疾病相关?

(学生讨论)

与EB病毒相关的各类疾病,有上/下呼吸道感染、传染性单核细胞增多症、肝炎、嗜血细胞增多综合征、鼻咽癌、淋巴瘤。本堂课着重学习与儿童密切相关的疾病——EB病毒感染所致的传染性单核细胞增多症。传染性单核细胞增多症(infectious mononucleosis)是由EB病毒感染所引起的一种急性的单核-吞噬细胞系统增生性疾病,病程常具自限性。主要临床特征为不规则发热,咽痛,肝、脾、淋巴结大,外周血液中淋巴细胞显著增多,并出现异常淋巴细胞、嗜异性凝集试验阳性,血清中可测得抗EBV的抗体。在青年与成年中发生的EBV原发性感染者,约有半数表现为传染性单核细胞增多症。下面,我们来学习传染性单核细胞增多症的流行病学方面知识。

(3)请回顾之前学习过的《流行病学》,"流行病学三要素"有哪些?

(学生发言)

(4)请同学们将"流行病学三要素"这个知识点应用在传染性单核细胞增多症这个疾病上,它的传染源、传播途径、易感人群又分别是什么?

(学生发言)

(5)结合这个知识点,有哪些方法可以避免将该疾病传播给健康儿童/成人?

(学生讨论)

同学们发言都很积极。我们可以结合"流行病学三要素"这个知识点,用发散思维的方法,从控制传染源、切断传播途径、保护易感人群这三方面进行疾病防控。然后每一方面又可以再细分,产生诸多具体措施。这三个方面的疾病防控,类似于治理洪水,上游可以植树造林,防止水土流失;中游建造水利工程,筑堤建库;下游迁移人群,退田还湖。治水是系统性工程,需要根据具体河流以及具体情况,有重点地选择治水方式。这里就用到了系统思维,既要着眼全局,更要抓住整体中的要害,才能更高效地解决问题。同理,传染性疾病的防控也是系统性工程,需要具备系统性思维进行防治。可以根据传染性单核细胞增多症这个疾病特点,有针对性地选择1~2个方面,进行重点防控。控制传染源简便易行。患病儿童居家隔离,疾病治愈后凭医院的恢复证明,再去幼儿园/学校,可有效避免疾病传播。切断传播途径最关键。因为 EB 病毒可以通过口—口传播,而人群对 EB 病毒普遍易感,所以哪怕居家隔离,切断传播途径也是重中之重。具体的方法包括:生病期间尽可能做到分餐,家长避免用自己的筷子给患儿夹菜,避免与患儿喝同一杯水,避免亲吻患儿的嘴巴、脸蛋。而保护易感人群,如研制疫苗的方法,涉及研发成本、研发时间、抗体有效保护时间等问题,在临床角度反而不推崇,在现实生活中至今也确实没有研发出疫苗。因此,在系统思维角度,防控传染性单核细胞增多症,重点是切断口—口传播这条传播途径,结合居家隔离患者,对疾病防控成功就能起到主要作用。

自主上网查阅疾病相关资料,让学生主动参与学习,伴随老师的讲解,能将枯燥乏味的医学历史"生动地复活",让学生对前辈科学家为人类健康做出的贡献有了直观的感受,科学家精神会深深烙印在思想深处。传染病防控与系统治理洪水有着相似之处,采用类比法教育,同学们学习系统思维,将系统思维应用于传染病防控上,同时也是将既往学习过的《流行病学》课本知识(流行病学三要素)学以致用,达到了知识应用的目的。

(二)案例 2:学做会安慰、能沟通的儿科医师

1.知识点:传染性单核细胞增多症的临床表现及并发症。

2.思政目标:以案例为情景,培养沟通技能。沟通中会换位思考、会安慰病人,培育人文关怀理念。

3.教学过程

介绍案例:

6 岁的小雪是一个可爱的小姑娘。6 天前出现了发热,且咽喉疼痛。妈妈还发现她的两侧脖子周围有小疙瘩,轻轻碰触有疼痛。昨天还出现了精神软、头痛、呕吐表现。

入院后的体格检查 发现小雪的皮肤可见红色皮疹,颈部触及肿大淋巴结,约 $2\text{cm} \times 3\text{cm}$,质韧,活动可,双侧扁桃体 Ⅱ°肿大,充血明显,表面有白色膜状物,肝脏肋下 4cm,质韧,边锐,脾脏肋下 3cm,脑膜刺激征阳性。

辅助检查 血常规:白细胞计数(WBC) $18.7 \times 10^9/\text{L}$,淋巴细胞比率 0.76,异型淋巴细胞比率 0.15,血小板计数(PLT) $175 \times 10^{12}/\text{L}$。肝功能:谷丙转氨酶 199 IU/L,谷草转氨酶 123 IU/L。腹部 B 超示脾肿大。

学生讨论:

(1)初步诊断是什么? 做什么血液检查诊断来明确?

（2）可能发生了什么并发症？脑膜炎，还是噬血细胞综合征？下一步要进行什么检查来证实？

（3）怎么告知家属病情？如何技巧性地建议家属进行下一步的有创操作？

情景模拟1：

"如果家长对有创操作疑惑，考虑拒绝腰椎穿刺及相应的检查及治疗措施。在这种情况下，医生如何进行拒绝接受医疗措施的病情告知及签字。"学生分成两组，一组为医生，一组为家属，模拟医患沟通。教师注意观察学生的语言表达，最后对学生的表现进行总结，告知学生一些沟通技巧：在临床工作中尽量将专业术语以通俗易懂的语言表达，让病人容易理解和接受；将沟通内容分层表达，体现条理性；理解病人的诉求，学会换位思考，要站在病人的角度去考虑检查及治疗措施，然后用同理心去沟通，方能事半功倍。

情景模拟2：

入院第二天，小雪做了脑电图、头颅MRI等检查，结果阳性。上级医师的再次谈话，家属最终同意了腰椎穿刺，最终诊断为脑炎。医师给予了抗病毒、降颅压等方面治疗。小雪好转出院。出院时，家属查过网络，知道EBV容易发生鼻咽癌、CA－EBV等疾病，家属极度担忧。脾脏大，容易破裂，家属恐惧。一组学生模拟病人家属，表现出焦虑情绪。另一组学生模拟医师，与病人沟通。

教师教学生，作为一名医师该如何正确安慰病人。从"有时治愈，常常帮助，总是安慰"这句话切入，医师应该不断安慰病人。告知EBV具有潜伏－活化的特性，假如本次恢复良好，后期免疫力好，不容易出现这些严重疾病。另外，出院后要交代家属重点的注意事项（脑部的、腹部的）；一般的饮食、休息等注意事项；告知具体的复诊时间、复诊科室。教师连带向学生介绍附二医儿童感染科设有专门的感染专科门诊，可以长期随访EB病毒感染性疾病，并对患者做出院后健康教育。教育学生：出院不是代表疾病痊愈，依旧需要给病人详细的出院后指导直至彻底痊愈，体现医学人文关怀。课堂最后，以问卷星的形式对本节课的重难点进行考核，同时调查学生对该门课程满意度。课后以小组为单位完成作业。

通过CBL＋PBL组合式的案例引导提问、讨论、剧情模拟演练以及出院注意事项告知等方法，将该节理论知识点与临床实践、课程思政目标串联起来，模拟展现医学诊疗全过程。案例讨论部分可以活跃课堂氛围，激发同学们的学习兴趣，培养主动思考能力；剧情模拟部分更可以锻炼学生的医患沟通能力、换位思考能力；出院随访部分能将医学人文关怀无形中渗入课堂教育。

二、特色与创新

本案例思政部分根据"学生发展为中心"的理念进行设计,教师起到"导学、助学"的作用。学生课堂上手机查阅 EB 病毒发现的故事,应用学过的知识点防控疾病传播,课堂上医患角色扮演,都是学生主动参与课堂的过程,教师的作用仅是把思政内容无声导入。通过案例引导提问、讨论、情景模拟等方法,将该节理论知识点与思政目标无缝衔接。烙印了科学家精神,渗透了医学人文关怀,培养了知识学以致用的能力及医患沟通能力。

三、教学总结和反思

同学们查资料、演医患,轻轻松松来学习。思政部分与专业理论课的时间分配问题,仍然值得进一步商榷。讨论部分、情景模拟部分老师对现场的掌控及对时间的把握,考验老师的控场能力。如果学生能提前预习知识点,教师能在课前发布案例及提问内容,将有助于提高课堂上的时间利用效率。

"吃"出来的头痛——囊尾蚴病

学校	温州医科大学	课程	小儿传染病学
章节	寄生虫病	撰写教师	刘　琦
教学目标及知识点	1.知识目标:能描述脑囊尾蚴病的临床表现和治疗。 2.技能目标:能通过流行病学、临床表现及实验室检查诊断囊尾蚴病。		
课程思政目标	1.通过介绍爱国卫生运动及成果,培养"以人民为中心,以健康为根本"的"健康中国"战略素养。 2.通过学习脑囊尾蚴病的病因培养同学们的批判思维。		
育人元素	模块三:时代精神;模块四:批判思维。		
教学方法	图片教学法、病例教学法。		

一、典型教学案例

1.知识点:脑囊尾蚴病的病因、临床表现、诊断和治疗。

2.思政目标:提倡文明健康、绿色环保的生活方式,以预防和减少疾病,保护人民健康;培养"健康中国"战略素养,以人民为中心,以健康为根本;培养医学生敬业爱岗、救死扶伤的职业素养。

3.教学过程

爱国卫生运动是中国共产党把群众路线运用于卫生防病工作的伟大创举和成功实践,创造了卫生与健康的"中国奇迹"。2022年是爱国卫生运动提出70周年。进入新时代,爱国卫生运动不仅仅是简单的清扫卫生,应该从人居环境改善、饮食习惯、社会心理健康、公共卫生设施等多个方面开展工作,提倡文明健康、绿色环保的生活方式。

介绍案例:

患儿,男,9岁,来自内蒙古赤峰地区。入院前50天开始出现头痛,晨起重,无发热,无呕吐,偶有左手抖动,运动正常,因"头痛待查"收住入院。

(1)儿童头痛要考虑哪些原因?

引起头痛的原因　①疲劳:儿童过度疲劳可能会导致头痛。②眼睛问题:近视、远视、斜视等眼睛问题可能会导致头痛。③饮食问题:饮食不均衡、缺乏水分等问题可能会导致头痛。④感染:感冒、流感等病毒感染可能会导致头痛。⑤脑部问题:脑震荡、脑瘤等脑部问题可能会导致头痛。⑥神经系统问题:癫痫、偏头痛等神经系统问题可能会导致头痛。⑦环境因素:噪声、气味、光线等环境因素可能会导致头痛。

进一步补充体格检查和辅助检查

体格检查 体温 37.3℃,脉搏 98 次/分,呼吸 24 次/分,体重 30kg。神志清晰,少言寡语,对周围淡漠。头颅外观正常,叩诊破壶音阳性,无面瘫,伸舌右偏,四肢活动良好,双大腿内侧共有 3 个皮下结节,心、肺、腹无异常所见。双侧视神经乳头水肿。

辅助检查 头颅 MRI 两侧大脑半球、小脑、桥脑 T1 加权可见广泛分布的多数小点状不规则低信号影;近皮层处多。T2 加权为高信号影,病灶周围可见广泛弥漫分布的片状不规则高信号影,有的病灶可见囊虫头节。

(2)从该患儿的病史、体检和现有的检查中要考虑什么问题? 要补充什么病史? 补充什么检查?

该儿童来自内蒙古,根据病史、体检和头颅 MRI(提示弥漫性脑囊虫病伴脑水肿)检查,要考虑囊尾蚴病。

追问有食痘猪肉史,未便过绦虫。

补充检查 血囊虫抗体阳性、皮下结节病理结果囊虫头节阳性;集卵法查绦虫卵三次。

(3)什么是痘猪肉,食痘猪肉史提示什么?

(学生发言)

(4)你了解囊尾蚴病吗?

(学生发言)

囊尾蚴病,又称猪囊虫病,是由有钩带绦虫的幼虫寄生于人或猪等体内而引起的严重危害人畜健康的一种人畜共患病。本病呈全世界流行,尤其以猪肉、牛肉为主要动物蛋白来源的国家和地区,东亚、南亚地区流行较为严重,我国以北方流行为主,主要和人们的生活饮食习惯有很大关系。

(5)随着社会的进步和科学的发展,为什么还会发生囊尾蚴病呢?

(学生发言)

囊尾蚴病没有被消灭其原因很多。一是过去科学技术水平落后,没有特异的诊断方法,没有特效治疗药物;二是人们的生活水平、文化水平、文明程度觉悟低,不科学的养猪方法和不良的生活习惯等诸多因素作用的结果。

随着我国集约化、规模化养殖场逐渐增多,其管理也越来越规范,大多具有良好的卫生习惯,囊尾蚴病在我国已经非常少见。

但我国部分地区保留有生食或食半分熟肉的习惯,如"生皮""生肉""牛排 3 分熟"等,是一个重要的感染途径。也有部分地区有吃火锅的习惯,若肉片过厚,或烫制时间过短,火锅底料温度不够高等,也容易导致人感染。因此,保持良好的生活习惯非常重要。

学生讨论：

(6)囊尾蚴感染各个器官分别有何特点？

（学生发言）

(7)该患儿诊断什么？诊断依据？

（学生发言）

患儿考虑脑囊尾蚴病,伴随颅内压增高,主要表现为头痛,也可有癫痫发作,症状严重程度取决于囊虫数目和位置所致的机械效应及囊虫引起的炎性和中毒反应。脑囊尾蚴病可分为四种类型。

①皮质型:一般无症状,若寄生在运动区,以癫痫为主要症状;占脑囊尾蚴病的84%～100%,最多见。

②脑室型:第四脑室最多见,颈强直、强迫头位;囊尾蚴阻塞脑室孔－颅内压升高综合征;囊尾蚴悬于室壁,活瓣综合征。

③颅底型:蛛网膜下腔型,主要病变为囊尾蚴性脑膜炎,局限在颅底后颅凹。

④混合型:以皮质型和脑室型混合存在的症状最严重。

(8)该患儿属于哪一型？

（学生发言）

补充病史:入院后第 5 日 14 时发现患儿嗜睡,问话懒答,唤醒后又入睡,不久发现双侧瞳孔不等大,呼吸尚未发生改变,立即予"降颅压"等抢救措施,瞳孔恢复等大,神志恢复。

学生讨论：

(9)病情变化考虑什么原因？如何处理？

（学生发言）

当发现脑疝的早期表现或有颅内高压症时,告知医学生争分夺秒地制订抢救方案,为抢救成功争取时间是关键。注重学生对生命意义的思考、对责任意识的培养。

补充病史:待病情稳定后,开始以丙硫咪唑等治疗后好转出院。2 年后复查,小儿对周围反应较迟钝,精神行为幼稚,因学习困难辍学,头颅 CT 提示脑萎缩、囊虫病灶部分吸收、部分钙化。

(10)神经系统后遗症及其危害是什么？

（学生发言）

(11)如何预防囊尾蚴病？从这个案例学习过程中,你有什么启示？

（学生发言）

囊尾蚴病是寄生虫感染性疾病，目前对猪囊虫的生活史、感染途径、形成恶性循环的因素和切断恶性循环的方法已经研究得很透彻、很清楚。“驱、检、管、治”的综合防治方法，也是爱国卫生运动的基本要求。

首先，加强公共卫生环境基础设施建设是预防囊尾蚴病的重要措施之一。政府应该加大对卫生设施的投入，提高卫生设施的质量和数量，加强对卫生设施的管理和维护，确保公共卫生环境的卫生安全。同时，政府还应该加强对食品安全的监管，对食品生产、加工、销售等环节的监管，确保食品的安全卫生。其次，倡导文明健康生活方式也是预防囊尾蚴病的重要措施之一。人们应该养成良好的生活习惯，注意饮食卫生，避免食用未熟透的猪肉或野猪肉，避免食用不洁食品。此外，人们还应该加强体育锻炼，增强身体抵抗力，提高身体免疫力，预防疾病的发生。最后，加大健康宣传教育力度也是预防囊尾蚴病的重要措施之一。政府应该加强对囊尾蚴病的宣传教育，让人们了解囊尾蚴病的症状、传播途径、预防措施等知识，提高人们的健康意识和健康素养。同时，政府还应该加强对医疗卫生机构的建设和管理，提高医疗卫生机构的服务质量和水平，为人们提供全方位全周期健康服务。

党的二十大报告中指出，“深入开展健康中国行动和爱国卫生运动，倡导文明健康生活方式。”加强公共卫生环境基础设施建设，倡导文明健康生活方式，加大健康宣传教育力度。这些措施与防治囊尾蚴病的工作相结合，将有助于提高人民群众的健康水平和生活质量。

二、特色与创新

以囊尾蚴病的流行病学特点为出发点，设计以问题为导向的案例，让学生探究囊尾蚴病的传播途径、高发人群、预防措施等问题，激发学生的兴趣，提高理论知识接受能力。整合“互联网＋”技术与流行病学教学，让学生通过网络搜索、在线讨论等方式，了解囊尾蚴病的最新研究成果、防治措施等信息，形成全方位教学环境，增强课堂吸引力，提高学生参与度。

三、教学总结和反思

2020年3月2日习近平总书记在北京考察新冠防控科研攻关工作时强调：“坚持开展爱国卫生运动”①；在浙江考察时强调：“要深入开展爱国卫生运动，推进城乡环

① 习近平：协同推进新冠肺炎防控科研攻关 为打赢疫情防控阻击战提供科技支撑[N]. 人民日报，2020-03-03(1).

境整治,完善公共卫生设施,提倡文明健康、绿色环保的生活方式"[1]。爱国卫生运动是中国人民的一项伟大创举,是确保人民群众生命安全和身体健康的传家宝。新时代,我们要继续用好这一传家宝,把爱国卫生运动提高到新水平。传染病学作为一门专业课程,其专业理论知识和临床实践中蕴含着丰富的课程思政元素。全面推进传染病学课程思政建设,对培养具有家国情怀、社会责任感、科学探索精神、品格完整、专业扎实的高素质医学人才,以及应对未来新发突发传染病及重大传染病对人类健康及社会稳定的挑战等具有重要意义。

---

① 习近平在浙江考察时强调:统筹推进疫情防控和经济社会发展工作 奋力实现今年经济社会发展目标任务[N].人民日报,2020-04-02(1).

255

从谈"疟"色变到神州无"疟"——疟疾

学校	大理大学	课程	小儿传染病学
章节	寄生虫病	撰写教师	张曼军、张维娜
教学目标及知识点			
课程思政目标			
育人元素			
教学方法			

学校	大理大学	课程	小儿传染病学
章节	寄生虫病	撰写教师	张曼军、张维娜
教学目标及知识点	1.知识目标:能描述疟疾的临床表现及病原治疗;能说明疟疾的并发症、实验室检查;能识别疟疾的病原学。 2.技能目标:能运用所学知识开展疟疾的临床诊断、鉴别诊断,制定治疗和预防原则。		
课程思政目标	1.通过中华人民共和国成立前每年3000万病例到2021年6月30日中国获得世界卫生组织颁发的无疟疾认证的历程对比,突显了国家疟疾防治方面的巨大成就。 2.通过讲述我国药学家屠呦呦带领团队开创性地从中草药中分离出青蒿素,最终获得诺贝尔奖的历程,让医学生感受医学大家的风采,同时强调"民族的也是国际的"的理念。		
育人元素	模块二:大医精诚;模块三:文化自信;模块四:国际视野。		
教学方法	案例演示,理论讲授。		

一、典型教学案例

(一)案例1:从谈"疟"色变到神州无"疟"

1.知识点:疟疾的病因、发病机制、临床表现及诊断。

2.思政目标:对比从中华人民共和国成立前每年3000万病例到2021年6月30日中国获得世界卫生组织颁发的无疟疾认证的历程,阐述我国疟疾防控的成功与国家的整体部署,各级部门的科研防治,以及为居民提供基本的公共卫生服务保障密不可分,激发学生家国情怀。

3.教学过程

设问:你知道人类历史上杀死人类最多的疾病是什么吗?是癌症?心脏病?还是其他疾病?

(学生发言)

回答是疟疾,在智人20万年的历史里,曾经活过的人类可能有1080亿,而死于疟疾的就有520亿。这个古老的疾病,至今依旧存在。当前世界上有大概2.3亿疟疾患者,平均每34人里就有1人患有疟疾。在新冠肆虐的2020年,疟疾默默地带走了40.9万条人命。

引起疟疾的是一种寄生虫,即疟原虫,疟原虫的宿主多种多样,如鸟类、爬行类、哺乳类,最重要的还有作为媒介的蚊子。全世界有 3000 多种蚊子,而传播疟疾的主要是雌性按蚊,他们分布极广,还有很强的生命力。

1955 年至 1969 年,世界卫生组织曾发起了"全球消灭疟疾规划",其中的方法之一就是广泛喷洒能杀死蚊子的 DDT(双对氯苯基三氯乙烷,一种有机氯类杀虫剂),这个计划在部分国家实现了消除疟疾的目标。但由于多种原因,计划最终中断了。蚊虫在得到喘息之后,对杀蚊剂的抗药性反而增强了,在此后的几十年里,疟疾依然在世界上的贫困地区肆虐,越穷的地区,卫生条件越差,越容易滋生按蚊。中国曾经也面临疟疾的威胁,中华人民共和国成立前我国每年至少有 3000 万疟疾病例,90% 的人处于被感染的风险之中。但经过几代人的努力,2021 年 WHO 正式宣布中国实现了消除疟疾。

设问:我们国家是如何做到从谈"疟"色变到神州无"疟"的呢?

(学生发言)

因为我们一有创新,二有方法,三有人才。首先,中国是青蒿素发现国,也是世界上最大的青蒿素原料生产国。青蒿素的复方药物治疗(ACTs),不仅可以大大降低恶性疟疾的致死率,还可以治愈疟疾病例。其次,中国采取了"线索追踪、清点拔源"的策略,并以"1—3—7"的有效监测抗疟方法,即发现病例 1 天内上报信息系统,3 天内对病例进行调查、甄别、确认,7 天内完成疫点处置,控制传染源,快速切断传染链。该方案得到 WHO 的肯定,并向广大非洲的防疟地区进行推广,形成了防疟的"中国模式"。中国模式在非洲也取得显著效果,是中国对世界疟疾防治的重大贡献。最后,中国培训了方方面面的抗疟人才,有能快速发现和治疗疟疾的医疗团队,及时诊断、救治疟疾病例;也有钻坚研微的科研团队,创新发明了不少的防控工具;更有积极响应、主动参与的广大群众,为大面积改变蚊虫孳生地、防蚊灭蚊做出了贡献。通过这些手段我们一次次压制了疟疾的暴发或流行。

设问:同学们知道疟疾有哪些临床表现吗?

(学生发言)

疟疾发作的典型症状是寒战、高热、出汗退热,并反复循环,俗称"打摆子",我国历史上著名的万里长征,红军战士不但面临敌军的围追堵截,而且经常面临疟疾的死亡威胁,许多红军战士因感染疟疾而牺牲。毛泽东主席在长征途中三次感染疟疾,受尽折磨。

(播放电影《长征》中毛主席感染疟疾的发病片段)

大家可以看到,视频中毛主席寒战发冷,面色苍白,卧床捂被子发汗,最后大汗淋漓,恢复正常的片段,这正是疟疾发作的典型表现。同学们也可以感受到,中国共产党人为中国革命的成功做出的巨大牺牲。

(二)案例2:屠呦呦因发现青蒿素荣获2015年诺贝尔生理学或医学奖

1.知识点:疟疾的治疗和预防原则。

2.思政目标:被誉为"拯救2亿人口"的发现,来自于开创性地从中草药中分离出青蒿素应用于疟疾的治疗,凸显了文化自信。通过讲述青蒿素研发过程中科研条件艰苦,屡次失败尝试,科学家们坚持不懈,克难攻坚,求真创新的精神,培养学生勇攀医学高峰的科学精神。

3.教学过程

疟疾的治疗原则关键在于抗疟原虫,控制疟疾的发作,而随着医药卫生事业快速发展,目前控制疟疾发作的药物众多,有氯喹、奎宁、青蒿素、伯氨喹等,而控制疟疾发作的首选药物是氯喹,但恶性疟原虫对氯喹的耐药性很高,且恶性疟原虫是引发重症疟疾的首要病原,也是导致疟疾患者死亡的重要原因之一。而由我国药学家屠呦呦发现的青蒿素主要作用于红细胞内期疟原虫,对恶性疟原虫包括耐氯喹疟原虫有强大的杀灭作用。该药的出现在一定程度上降低了重症疟疾的发病率及死亡率。

(观看我国药学家屠呦呦因发现青蒿素荣获2015年诺贝尔生理学或医学奖的颁奖视频)

有5位科学家因为在疟疾研究领域的成就获得诺贝尔奖。Ross发现雌性按蚊能够传播疟疾,获得1902年诺贝尔奖;Lavern发现疟疾的病原体疟原虫而获得1907年的诺贝尔奖;Jau-rege应用疟疾治疗神经性梅毒获得1927年诺贝尔奖;Miller因发现DDT能高效杀灭蚊子而获得1948年诺贝尔奖;我国科学家屠呦呦发现高效抗疟药物青蒿素而获得2015年诺贝尔奖。2015年10月5日,瑞典卡罗琳医学院宣布将诺贝尔生理学或医学奖授予屠呦呦以及另外2名科学家,以表彰他们在寄生虫疾病治疗研究方面取得的成就。这是中国医学界迄今为止获得的最高奖项,也是中医药成果获得的最高奖项。屠呦呦说:"青蒿素是人类征服疟疾进程中的一小步,是中国传统医药献给世界的一份礼物。"

20世纪60年代,在氯喹抗疟失效、人类饱受疟疾之害的情况下,在中医研究院中药研究所任研究实习员的屠呦呦于1969年接受了国家疟疾防治项目"523"办公室艰巨的抗疟研究任务。屠呦呦担任中药抗疟组组长,从此与中药抗疟结下了不解之缘。由于当时的科研设备比较陈旧,科研水平也无法达到国际一流水平,不少人认为这个任务难以完成,只有屠呦呦坚定地说:"没有行不行,只有肯不肯坚持。"

整理中医药典籍、走访名老中医,她汇集了640余种治疗疟疾的中药单秘验方。

在青蒿提取物实验药效不稳定的情况下，出自东晋葛洪《肘后备急方》中对青蒿截疟的记载——"青蒿一握，以水二升渍，绞取汁，尽服之"给了屠呦呦新的灵感。通过改用低沸点溶剂的提取方法，富集了青蒿的抗疟组分，屠呦呦团队最终于 1972 年发现了青蒿素。据世界卫生组织不完全统计，青蒿素作为一线抗疟药物，在全世界已挽救数百万人生命，每年治疗患者数亿人。在发现青蒿素后，屠呦呦继续深入研究以青蒿素为核心的抗疟药物，2019 年 6 月，屠呦呦研究团队经过多年攻坚，在青蒿素"抗疟机理研究""抗药性成因""调整治疗手段"等方面取得新突破，提出应对"青蒿素抗药性"难题的切实可行治疗方案，并在"青蒿素治疗红斑狼疮等适应症""传统中医药科研论著走出去"等方面取得新进展，获得世界卫生组织和国内外权威专家的高度认可。

屠呦呦说："中国医药学是一个伟大宝库，青蒿素正是从这一宝库中发掘出来的。未来我们要把青蒿素研发做透，把论文变成药，让药治得了病，让青蒿素更好地造福人类。"

课后作业：

1. 青蒿素抗疟治疗的作用机制是什么？

学生课后通过查找资料学习青蒿素的作用机制，小组讨论形式汇总结果，一方面强化自主学习意识及学习积极性，另一方面培养了学生的团队合作意识，并且在学习药物治疗的作用机制时进一步深化了疟疾发病机制的学习。

2. 结合自身学习情况谈谈你对"青蒿素精神"的认识。

青蒿素精神是以屠呦呦研究员为代表的一代代中医药工作者精神特质的高度凝练，是中医药行业共同的精神引领和价值追求。其核心内容：胸怀祖国、敢于担当，团结协作、传承创新，情系苍生、淡泊名利，增强自信、勇攀高峰。学生通过课后学习，并结合自身情况更深刻地领悟青蒿素精神的内涵，从而进一步深化本次课程的思政目标。

最后教师对每组学生的表现进行记录并点评，结合学生课前预习心得和课后学习体会，及时掌握学生课前和课后思维认识的变化，实现师生之间的课后交流。

二、特色与创新

疟疾作为《小儿传染病学》中寄生虫病的第一节，是儿科学专业教学的重点内容，也是本课程中学习难度较大的一部分。通过引入思政内容，介绍我国抗疟历程及科学家屠呦呦研究员领导的"523"课题组在开发抗疟药物过程中的艰辛与坚持，丰富了原本枯燥的课程知识，并且升华了课程意义。通过讲述屠呦呦研制青蒿素的艰苦历程、成功抗疟的"中国模式"让医学生感受医学大家的风采，同时强调"民族的就是国际的"，卫生健康事业发展关乎人类命运共同体，以成功抗疟的"中国模式"和中国担当提升医学生的文化自信，并在其中融入中国特色社会主义、党的领导、人类命运共同体等相关教学元素，唤醒医学生的使命担当，从而有效实现课程思政目标。

三、教学总结和反思

要进一步加强和学生的讨论互动,引导学生对于思政内容不仅入耳而且入心;在与专业知识的结合度上,要进一步提升思政元素的相关性和契合度。还要充分利用现代教学技术手段,如雨课堂等进一步优化课程设计,让学生充分参与到教学过程中,营造课堂气氛,增加学生参与度,从而提高课堂教学效果。最后教师应加强自我学习及知识更新,才能在课程思政的教学中得心应手。

药到病除,效如桴鼓——细菌性痢疾

学校	成都医学院	课程	小儿传染病学
章节	细菌性疾病	撰写教师	杨 欣、张 璨
教学目标及知识点	1.知识目标:能描述细菌性痢疾各型的临床特征和治疗原则,能阐述腰椎穿刺的适应证和禁忌证。 2.技能目标:能通过临床表现和实验室检查对细菌性痢疾进行诊断及鉴别诊断,能判读脑脊液检查和粪便常规结果及其临床意义。		
课程思政目标	1.通过对来自中医的病名"痢疾"的介绍,培养学生对祖国传统医学的精髓及瑰宝的崇敬和传承,加强学生对中华民族文化的自信。 2.介绍中外历代医学家在细菌性痢疾治疗方面的贡献,激发同学们对医学事业的热爱和对患者的赤诚之情。 3.通过诊治过程中医患互动,使学生对于医患沟通技巧有进一步的掌握,以便能更好、更快地适应将来的临床工作。		
育人元素	模块三:文化自信;模块六:沟通技能,敬业精神。		
教学方法	情景模拟,案例分享,图片展示,讨论互动。		

一、典型教学案例

(一)案例1:拉"桃花"便的小男孩

1.知识点:细菌性痢疾的临床表现和诊断。

2.思政目标:通过对来自中医的病名"痢疾"的介绍,培养学生对祖国传统医学的精髓及瑰宝的崇敬和传承,加强学生对民族文化的自信。

3.教学过程

介绍案例:

6岁的雷雷是一个活泼可爱的小男孩。在7月的某一天雷雷出现了发热和腹泻,并且吐了2次,刚开始是带有少量黏液的稀糊样大便,到后面大便竟然是白色黏液中带红色的"桃花色",雷雷每次拉肚子前都喊肚子痛,并且刚刚离开厕所就又想拉了,总感觉大便解不干净。妈妈慌了,忙带雷雷去当地社区医院看病,社区医生给雷雷查了血,医生看了血报告单说雷雷的血象特别高,让妈妈赶紧带雷雷去当地大医院治疗。

入院后儿科张医生向妈妈询问雷雷的情况，问生病前有没有进食不干净的食物，妈妈想起雷雷生病前趁大人不注意，吃了一个过了保质期的烧饼。

入院后体格检查 体温 39℃，脉搏 115 次/分，血压 95/70mmHg（1mmHg≈0.133kPa），心肺无异常，左下腹压痛，无肌紧张及反跳痛，腹不胀，腹软，肠鸣音 5 次/分，四肢温暖。入院后张医生马上给雷雷安排血液及大便的常规检查。

辅助检查 血常规提示白细胞计数（WBC）18.6×10^9/L，中性粒细胞比率 0.85，淋巴细胞比率 0.15，血红蛋白（Hb）125g/L，红细胞计数（RBC）3.78×10^{12}/L，血小板计数（PLT）212×10^9/L。大便镜检：白细胞（WBC）10～15 个/HP，红细胞（RBC）5～10 个/HP，可见吞噬细胞。

张医生告诉雷雷妈妈，雷雷应该是患了一种叫细菌性痢疾的感染性疾病，所以才会解桃花样便。

学生讨论：

（1）痢疾的定义是什么？大家知道"痢疾"这个词来源于我国源远流长的中医学吗？我国哪些医学家曾对痢疾的治疗方面作出贡献？

细菌性痢疾是由痢疾杆菌引起的急性肠道传染病。以结肠黏膜化脓性溃疡性炎症为其基本病理变化。以腹痛腹泻、里急后重及黏液脓血便为主要临床表现。中医学对痢疾的认识由来已久，早在《黄帝内经》中便有"肠澼"和"赤卧"等称谓。至宋代《太平惠民和剂局方》正式提出"痢疾"病名，并对其病因机制加以阐述。明清时期医家在前人基础上丰富完善治疗方案，明确了"痢疾"的称谓及辨证施治。汉代张仲景《金匮要略》、金元刘完素《素问》、明代李中梓《医宗必读》均有关于痢疾治疗的记载。

（2）里急后重是指什么样的感觉？大家知道里急后重其实也是中医的医学术语吗？

里急后重是细菌性痢疾病人非常典型的一个症状。中医讲里急是形容大便在腹内急迫，窘迫急痛，欲解下为爽；后重则形容大便至肛门，有重滞欲不下之感，肛直肠及骶尾部坠胀。用现代医学来讲，就是病人自诉下坠感，想解便时蹲后又无便感或排得很少。

（3）如何解读大便常规？

大便常规检查包括大便理学检查和大便有形成分检查，可初步了解消化系统有无炎症、出血、寄生虫感染，以及间接判断胃肠、胰腺、肝胆功能状况。医生会通过显微镜，判断大便中的有形成分，同时还可以通过肉眼观察大便的颜色、黏稠度，并判断大便上有无血液、黏液等情况。临床上，大便常规化验包括检验大便中是否存在红细胞、白细胞、吞噬细胞、肿瘤细胞，有无隐血、寄生虫等。

白细胞：①小肠炎症时，白细胞数量较少（<15 个/HP）；②细菌性痢疾时，白细胞

大量出现(>15个/HP);③过敏性肠炎、肠道寄生虫病(阿米巴痢疾或钩虫病)时还可见较多的嗜酸性粒细胞。

红细胞:上消化道出血、下消化道炎症(如细菌性痢疾、阿米巴痢疾、溃疡性结肠炎)、外伤、肿瘤、肠息肉及其他出血性疾病等。

吞噬细胞:细菌性病疾、急性出血性肠炎或溃疡性结肠炎等。

入院后张医生叮嘱雷雷妈妈要给雷雷吃一些清淡的容易消化的饮食,并给予输液治疗(头孢曲松钠1g,1次/日,以及补充电解质溶液),口服中成药(盐酸小檗碱2片,3次/日)。雷雷入院的第二天就未再解"桃花"便,也未再发热,腹痛也明显好转,每天拉肚子的次数逐渐减少。第三天复查大便常规:白细胞(WBC)3~5个/HP,红细胞(RBC)1~2个/HP。大便培养+药敏结果:痢疾志贺氏菌,头孢曲松敏感。第四天复查大便常规:未见异常。大便培养出痢疾志贺氏菌。雷雷被诊断为"细菌性痢疾",住院7天,治愈出院。

学生讨论:

(1)细菌性痢疾的诊断标准是什么?

细菌性痢疾的诊断标准是根据临床症状,实验室检查结果来判断的。患者有腹痛,腹泻,解黏液脓血便伴里急后重感,部分患者有发热、呕吐等症状。血常规检查有白细胞及中性粒细胞的明显升高,粪便常规可见白细胞、脓细胞和红细胞、粪便培养可以培养出痢疾杆菌就明确诊断为细菌性痢疾。

(2)大家听说过"二号病"吗? 细菌性痢疾是不是"二号病"?

细菌性痢疾并不是二号病。二号病是霍乱弧菌所致的烈性肠道传染病,俗称霍乱(cholera)。患者呕吐、腹痛、米泔样腹泻,很快陷入休克或死亡。这种病威胁着千千万万人的生命,其传播速度之快、波及范围之广、发病人数之多,令人骇闻。中华人民共和国成立后,霍乱曾在我国绝迹。1961年本病疫情在国内死灰复燃,严重时每年病人数以万计。1993年5月,我国新疆柯坪县1000多成年人发生严重腹泻,也是O139新型霍乱弧菌所致。由于人们对此型霍乱缺乏免疫力,加上该菌毒力相当强,因此具有来势猛、传播快、病情重、波及面广、病死率高等特点。霍乱在我国属于甲类传染病,也称为强制管理传染病。

(3)感染性腹泻是我国法定丙类传染病,需要上报传染病卡和食源性疾病卡,如果家长拒绝配合医生的报卡,在这种情况下,如何和家长进行医患沟通?

(学生发言)

(4)细菌性痢疾的治疗原则是什么?

治疗分为一般治疗和抗菌治疗,一般治疗包括消化道隔离、降温止痛、饮食调整、补液治疗等。除了传统中医中药具有良好的止痢止痛退热疗效以外,抗菌治疗也是目前治疗细菌性痢疾的主要手段,抗生素的选用需要根据当地流行菌株特点和药敏试验来进行选择。成年人常用喹诺酮类,儿童因其副作用慎用而多选择第三代头孢菌素。

(二)案例2:没有腹泻竟然也是痢疾?

1. 知识点:中毒性菌痢的识别和诊断。

2. 思政目标:激发同学们的文化自信和敬业精神。以小组为单位进行讨论并完成课后作业,培养学生团队合作精神,增强集体荣誉感。

3. 教学过程

我国医学在很早以前就对儿童中毒性菌痢有了自己的机制认识和辨证施治。中医认为在儿童患者中,常因急骤发病,发热惊风,丧失神志且易导致死亡,所以必须采取有效措施,积极防治。宋元时期多本医学著作均记录到痢疾的流行与苍蝇消长长期相一致,且注明了灭蝇对控制本病的传播有显著的效果。

介绍案例:

4岁的小女孩洋洋最喜欢夏天了,不仅可以穿漂亮的连衣裙,还可以吃各式的冰淇淋。可是就在盛夏的某一天,洋洋突然发烧了,烧到了40 ℃,并且在半天内连续抽搐了3次。120急救车将洋洋送到了医院,医生马上对洋洋做了检查,体格检查:体温40.5 ℃,血压80/40 mmHg(1mmHg≈0.133kPa),精神萎靡,脸色青灰,心肺未见异常,四肢发凉。医生向洋洋父母详细询问了洋洋生病期的情况,得知了洋洋生病前一天进食了很多的冷饮和西瓜。医生说洋洋有感染性休克的表现,中枢神经系统感染可能性大,而且不排除中毒性菌痢。洋洋父母一听痢疾就非常不解,痢疾不是要"拉稀"吗?洋洋并没有啊!

学生讨论:

(1)为什么没有腹泻也有可能是痢疾?

中毒性菌痢因为发展快,病情凶险,最开始可能没有腹泻表现,但并不代表大便正常,病程往后可以出现脓血黏液便,镜检有成堆脓细胞、红细胞和吞噬细胞。

护士刚把液体扎上,洋洋就拉了一次稀便,大便带有黏液和血。医生立即予洋洋采集大便标本送检常规及培养,大便常规结果回示:白细胞(WBC)8~10个/HP,红细胞(RBC)3~5个/HP。医生告诉洋洋父母洋洋目前患"中毒性菌痢"的可能性大,但还须完善脑脊液检查排除颅内感染。洋洋父母害怕穿腰椎会造成洋洋智力损伤,非常犹豫。

(2)腰椎穿刺是一种什么检查?医生该怎么和家属进行腰椎穿刺的医患沟通?

腰椎穿刺是临床上一种常见的基本技能,是一种重要的诊治措施,也可以对病人进行预后的判断。腰椎穿刺主要查脑脊液的情况:①通过腰椎穿刺测颅内压的高低,因为腰椎和脑子里面脑脊液都是相通的;②查脑脊液的性状,脑脊液里面的细胞数、生化的情况、蛋白质的含量,这些有助于判断病情,有没有感染、感染的轻重,便于以后的治疗;③还可以通过腰穿打药进行治疗。腰椎穿刺的损伤和不良后果极少,并不会对患者的智力和认知造成影响。

医生和洋洋父母进行了医患沟通。在洋洋父母签署腰椎穿刺同意书后医生对洋洋进行了操作,术中发现脑脊液滴数明显增快,达到了80滴/分。脑脊液结果显示:颜色(无色透明),潘氏试验(阴性),白细胞计数(WBC)3.0×10^6/L,中性粒细胞比率0.14,淋巴细胞比率0.72,蛋白质、糖和氯化物均正常。医生告诉洋洋父母洋洋抽搐的原因应该就是中毒性细菌性痢疾。3天后大便培养结果示:志贺菌属。

(3)中毒性细菌性痢疾有什么临床特点?

中毒性细菌性痢疾是急性细菌性痢疾的危重型,起病急骤,突发高热、病情严重,迅速恶化并出现惊厥、昏迷和休克,可在数小时内死亡,本型多见于2~7岁儿童,病死率高。

课后以小组为单位完成作业:

(1)细菌性痢疾的诊断依据有哪些?

细菌性痢疾的诊断标准是根据临床症状,实验室检查结果来判断的。患者有腹痛,腹泻,解黏液脓血便伴里急后重感,部分患者有发热、呕吐等症状。血常规检查有白细胞及中性粒细胞的明显升高,粪便常规可见白细胞、脓细胞和红细胞,粪便培养可以培养出痢疾杆菌就明确诊断为细菌性痢疾。

(2)中毒性菌痢的诊断和鉴别诊断是怎样的?

符合上述中毒性菌痢感染的临床表现。2~7岁健壮儿童,夏秋季节突起高热,伴反复惊厥,脑病和(或)休克表现者,均应考虑中毒性菌痢。如未解大便可用肛拭子或灌肠取粪便镜检有大量脓细胞或红细胞初步确诊。大便培养出志贺菌即可确诊为中毒性菌痢。鉴别诊断:①热性惊厥,多见于6个月到3岁小儿,常常再生上感体温突然升高时出现惊厥,抽搐时间短、止惊后一般情况好、无感染中毒的其他症状。一次病程多发生1次惊厥,血常规正常,可通过典型症状与本病相鉴别诊断。②流行性乙型脑炎,发病季节、高热、惊厥与本病相似,但昏迷多在2~3天后发生、多不出现循环衰竭,脑脊液检查可异常而粪便检查正常,与本病的鉴别主要依据大便致病菌培养结果确诊。

二、特色与创新

本课程运用案例教学法,列举了2例临床案例,让学生掌握了细菌性痢疾的临床表现和诊治。教学中以学生为主体,教师辅助答疑。课堂讨论过程中,适时适度地引入课程思政内容,加强了学生对中华民族文化的自信,激发了同学们对医学事业的热爱和对患者的赤诚之情。

通过临床案例培养学生的医患沟通和解决问题的能力,拓展了学生的医学知识范围,增强了学生的临床胜任能力。课外拓展,不局限于某种疾病,而是强调思维的重要性,培养了学生的临床思维能力。

三、教学总结和反思

融入了思政教学元素以后,同学们的学习积极性更高,自我认同感更强。加入了临床案例,并且课堂上始终以学生为主体,和老师的互动也更加密切,为以后成为具有核心胜任力的儿科医生和具有"四温"的儿科医生打下了坚实的基础。

但实际教学中也存在一些问题。比如学生对老师提出的问题准备不充分;课堂内容太多,学生可能无法全部消化吸收,而且有分不清楚重点和难点的可能性。在以后的教学中,还需要逐步完善。

守规矩，知敬畏——百日咳

学校	温州医科大学	课程	小儿传染病学
章节	细菌性疾病	撰写教师	章　虎
教学目标及 知识点	1.知识目标：能描述百日咳的流行病学特点、临床特征和预防策略。 2.技能目标：能识别百日咳儿童并合理诊治，能应用流行病学三要素理论，对百日咳进行有效防控。		
课程思政 目标	1.结合流行病学三要素理论，介绍传染病疫情上报制度，引申到规则意识的重要性，为开启医学生从医征途打下基础。 2.通过介绍儿科医师 Leila Denmark 女士从事儿科 70 年的事迹及研发百日咳疫苗的故事，培养儿科医师爱岗敬业的职业素养，启发同学们的科学家精神。		
育人元素	模块二：大医精诚；模块四：创新精神；模块六：规则意识。		
教学方法	比较教学法，图片教学法，故事教学法。		

一、典型教学案例

(一)案例1："古老"而又"年轻"的百日咳

1.知识点：百日咳的流行病学特点。

2.思政目标：结合流行病学三要素，介绍传染病疫情上报制度，强调规则意识的重要性。

3.教学过程

中国的巢元方（605—616）、西方的 Guillaume De Baillou（1538—1616）及 Jules Bordet（1870—1961）都对百日咳有相关记载，说明很早以前，人们已经认识到百日咳的存在，并且意识到它的传染性。从近十年百日咳的流行特点看，百日咳尽管古老，但仍在影响我们的生活。

介绍案例：

患儿，男，2月，因"咳嗽8天"就诊。患儿8天前出现咳嗽，初不剧，后逐渐加剧，阵发性咳嗽，每次连咳10余声，咳剧时有面色涨红、鸡鸣样回声，夜间加剧，无喘息，无气促，无发绀，无发热。家族史：家中11岁的姐姐近期有"咳嗽20余天"病史，且班级中多人咳嗽。

体格检查:体温 36.8℃(耳),脉搏 122 次/分,呼吸 32 次/分,体重 9kg。神志清,精神可,咽充血,呼吸平稳,三凹征阴性,无鼻翼煽动,无点头呼吸,双肺呼吸音粗,对称,未闻及明显干湿啰音。心(一),腹平软,肝脾肋下未触及,神经系统(一),卡疤(+)。

血常规＋CRP:C 反应蛋白(CRP)2mg/L,白细胞计数(WBC)20.6×10⁹/L,中性粒细胞比率 0.117,淋巴细胞比率 0.821,血红蛋白(Hb)115g/L,血小板计数(PLT)511×10⁹/L。胸片:两肺肺纹理增粗。鼻咽拭子培养:百日咳鲍特杆菌(+)。

(1)该案例中百日咳患儿咳嗽的特点是什么? 辅助检查有何特殊之处? 百日咳的流行病学三要素(传染源、传播途径、易感人群)分别是什么?

(学生讨论)

(2)怎么进行百日咳的防控? 作为一名临床医师,当你的病房里有百日咳病人时,除了提供医学治疗以外,从流行病学三要素的角度看,临床医师还需要做哪些事情?

(学生讨论)

我国的传染病防治法先后修订 3 次,均对传染病的分类、预防、疫情报告和公布、疫情控制、监督管理等方面做了明确规定,其中最重要的一点就是法定传染病的疫情报告制度。以温州医科大学附属育英儿童医院为例,医院有着非常详细的传染病防控制度及传染病报告制度。临床上遇到确诊的百日咳病人,儿童感染科的主管医师必须要做的事情有:控制传染源及切断传播途径,同时进行传染病上报,这也是传染病防控的关键所在。

(3)怎么控制传染源及切断传播途径?

(学生讨论)

把确诊病例单间放置,避免与其他患病儿童接触。做好飞沫隔离,在病人床头挂隔离标识牌。家属及医务人员出入病房时佩戴口罩且做好手卫生。医务人员进行传染病上报。

(4)什么是传染病上报制度?

是各级医疗、防疫机构按照专业分工,承担责任范围内突发传染病疫情监测、信息报告与管理工作所制定的一项规章制度。该项制度的意义是为疾病预防控制提供及时、准确的监测信息,为各级政府提供传染病发生、发展信息的重要渠道,为临床流行病学的调查提供了研究依据。

需要上报的传染病病种类分三类:甲类传染病 2 种(鼠疫、霍乱),乙类传染病 26 种,丙类传染病 11 种。本堂课介绍的百日咳属于乙类传染病。传染病报告的时间:责任报告单位和责任疫情报告人发现甲类传染病和乙类传染病中的肺炭疽、传染性非典型肺炎等按照甲类管理的传染病人或疑似病人时,或发现其他传染病和不明原因疾病暴发时,应于 2 小时内将传染病报告卡通过网络报告。对其他乙、丙类传染病病人、疑似病人和规定报告的传染病病原携带者在诊断后,应于 24 小时内进行网络报告。传染病上报的人员:所有医护人员均为法定责任报告人,均可疫情上报。处罚:严格疫情报告责任追究,对违反规定、漏报、迟报、谎报、瞒报的责任人依法进行严肃处理。

传染病上报制度是医务人员必须遵守的十八项核心制度之一。医务人员要具备规则意识,在遵守及执行传染病上报制度上就能体现出来。不仅需要知道传染病上报制度的定义,更要会实际操作。因此,案例中患儿确诊为百日咳后,医师应该按照乙类传染病规定,在 24 小时内填写传染病电子报告卡。在电子病历首页输入传染病诊断后,系统自动跳出传染病电子报告卡。医务人员重点填写传染病的名称、诊断时间、诊断类型、患者的联系方式及家庭住址。报告卡填写完毕后,系统能通过网络直接上传到国家疾控中心。这样,就能方便疾控人员后期联系、追踪患者情况及统计分析全国大数据,给国家决策提供数据支持。

知道规则内容且去遵守它,是规则意识的前两个层次。第三层次是将遵守规则作为自己的内在素质,将外在的规则转为内在的素质。就如明代著名学者方孝孺所言:“凡善怕者,必身有所正,言有所规,行有所止,偶有逾矩,亦不出大格。”医务人员重视传染病防控,不但能将传染病疫情控制在小范围,而且保护了易感人群不得病,是“上医医未病”的体现。更少的人生病,这也正是每一名医者最根本的内在希望。以最小的成本达到最大的社会效益,是传染病防控的意义所在。

分析百日咳案例,巩固课本知识,理论联系实际。将流行病学三要素在百日咳上应用,让学生们有所学更会有所用。介绍传染病上报制度,潜移默化地灌输规则意识的重要性。每一环节都是从课堂逐步过渡到实践,开启学生们的从医征途。

(二)案例 2:Leila Denmark 女士的故事

1.知识点:百日咳的预防策略。

2.思政目标:通过介绍儿科医师 Leila Denmark 女士从事儿科 70 年的事迹及研发百日咳疫苗的故事,培养儿科医师爱岗敬业的职业素养,启发同学们的科学家精神。

3.教学过程

(1)前面课程内容介绍了针对百日咳疾病,如何控制传染源,如何切断传播途径。请问同学们,对于保护易感人群,有什么方法?

(学生发言)

(2)保护易感人群主要靠疫苗接种这个方法,同学们知道儿童接种百日咳疫苗的策略吗?

（学生发言）

谈到百日咳疫苗，我们不得不介绍百日咳疫苗研发者之一 Leila Denmark 女士。她既是一名儿科医师，又是一名科学家，对百日咳疫苗的研发做出了一定贡献。她生于 1898 年，1924 年进入乔治亚医学院，4 年后成为该届唯一女医学毕业生，也是该校第三名女医学生。毕业后 Leila 成为儿科医生，行医 70 多年，一直到 103 岁，因为视力下降，无法检查孩子的喉咙而退休，她的最后一名患者是她第一名患者的重孙。2012 年 Leila 去世，享年 114 岁零 2 个月，在去世的时候是全球第五名老寿星和美国第三名老寿星，被誉为全世界最老的医生。作为一名儿科医师，Leila 医师在她 70 年的职业生涯中，都在为解决儿童疾病而默默奉献，直至身体因素而退休。这种爱岗敬业精神，令人敬佩。

更加难能可贵的是，在繁忙的临床工作中，她那勇于探索的科研精神，帮助了众多儿童。1932 年，一场百日咳流行席卷亚特兰大，大量健康儿童因为感染百日咳杆菌而持续咳嗽，甚至因为肺炎而死亡。面对百日咳疫情的暴发，她认为，与其下游救落水之人，不如上游高筑堤坝，这反而能帮助更多的儿童。于是她萌生了研制百日咳疫苗的念头，6 年后发表论文，之后和埃默里大学、礼来公司合作，研制出百日咳疫苗。1942 年，其他科学家将百日咳疫苗与白喉疫苗、破伤风类毒素合并制成百白破疫苗。Leila 医师为了解决病人的痛苦而开展医学科研，以实际行动帮助众多的儿童抵御疾病，这种科学家精神哪怕过了一个世纪，仍旧值得我们当代医师学习、继承、发扬。

（3）百日咳疫苗先后经历了几个阶段（从 DTaP 到 DTwP），同学们前期查阅了相关资料，请大家介绍相关知识。

（学生发言）

（4）除了疫苗，保护易感人群还有什么其他方法？

（学生发言）

二、特色与创新

在病例学习的基础上，介绍传染病疫情报告制度，将该制度临床应用于每一例传染病患者，从理论到临床，潜移默化中让同学们认识到规则意识及其重要性。同时，将理论知识点与 Leila Denmark 女士的故事串联起来，以讲故事的形式展示给儿科班学生，有助于培养儿科医师爱岗敬业的职业素养，也有利于烙印科学家精神于同学脑海中。案例中人物踏实地干临床工作，继而开展科研并研发出疫苗，更是与当前医疗行业需要医师"医教研"协同发展不谋而合。给医学生树立了可以兼顾医学与科研的榜样。

三、教学总结和反思

如果单纯的"老师讲故事,学生听故事",故事仅仅是一个素材,依然离我们遥远,学生参与度不够,后期容易疲乏,难以达到预期效果。后期教学过程中可以从同学们感兴趣的切身问题出发,先提问让同学思考,再讲故事。同学们在大学5年学习期间,既要学好理论知识,又要做科研。很多人感觉时间不够,也在质疑科研的必要性。那么我们看看既往的儿科医师是怎么做的。讲完百日咳疫苗发现的故事之后,让1~2名同学分享下感受。如此,思考—听故事—分享感受,可以将故事与同学们有效地联系在一起,更好地达到预期效果。

古老疾病的新威胁——结核病

学校	温州医科大学	课程	小儿传染病学
章节	结核病	撰写教师	林 立
教学目标及 知识点	1.知识目标:能清楚阐述儿童结核病的临床特点和治疗原则,说明儿童结核病的病因和预防手段。 2.技能目标:熟练识别儿童结核病的早期临床特点并选择合适的诊断手段进行诊断和鉴别诊断。正确分析解读儿童结核病诊断相关的影像学和实验室检查。		
课程思政 目标	1.通过介绍德国科学家科赫发现结核分枝杆菌的艰难历程,教育学生成功不是一蹴而就的,同时介绍新冠疫情对结核病发病的影响,强调医学研究需要求真务实的科学精神。 2.通过古代中国最早人痘的尝试到卡介苗的研发运用,再到新冠疫苗研制,在增强文化自信的同时,培养学生责任感和使命感。		
育人元素	模块三:文化自信;模块四:求真务实。		
教学方法	研讨辩论,情景模拟。		

一、典型教学案例

(一)案例1:结核病——难以退却的"痨病"

1.知识点:儿童结核病的诊断。

2.思政目标:通过介绍德国科学家科赫发现结核分枝杆菌的艰难历程,教育学生成功不是一蹴而就的,尤其是医学研究需要求真务实的科学精神。

3.教学过程

在引课环节,介绍古代的医书《黄帝内经·素问》、东汉张仲景的《金匮要略》、华佗的《中藏经·传尸》、唐代孙思邈的《千金要方》等都有类似肺结核病症状的记载,说明结核病是一种古老的疾病,很久以前,我国的医学家已经认识到结核病的存在,并且认识到肺结核的传染性。

结核病的病因是结核分枝杆菌(Mycobacterium tuberculosis,MTB)。介绍MTB的发现过程。早在1881年德国微生物学家罗伯特·科赫就开始肺结核的病因研究,但他一直没有在结核病人的肺组织中发现细菌,后来他用各种色素对死于结核病病人肺组织进行染色,有一天他用蓝色素染色发现了细棒状的细菌。接着他又用血清培养基对细菌进行培养,16 天后获得了 MTB。他把这种菌接种在动物身上,动物也感染了结核病,证实了 MTB 是结核病的病因。为了表彰他在肺结核研究方面的贡献,科赫获得了 1905 年的诺贝尔生理学或医学奖。通过医学科学家的故事,教育学生成功不是一蹴而就的,尤其是医学研究需要脚踏实地的工匠精神和百折不挠的科学精神。

引入临床案例:

6 岁女孩诺诺因发热、咳嗽就诊于儿童呼吸科门诊,询问病史,诺诺幼时意大利出生,3 月龄回国,按规划接种卡介苗,此次发热、咳嗽已 10 天,体温 37.5～38.7℃ (耳温),阵发性咳嗽,稍剧,咳时痰鸣不著,无喘息,夜间有盗汗,近 3 月食欲欠佳,体重减轻 1.8kg。诺诺爸爸 1 月前因咳嗽、咳血,经检查,诊断为肺结核(空洞型)。平时诺诺和爸爸共同生活。门诊医生给予诺诺血常规＋CRP、胸片检查,胸片提示异常,建议住院进一步诊疗。

入院体格检查 体温 38.3℃,呼吸 25 次/分,脉搏 126 次/分,血压 85/42mmHg (1mmHg≈0.133kPa),体重 16.2kg。面色欠红润,体型消瘦,皮肤巩膜无黄染,全身未见出血点和皮疹,颈部可及数颗黄豆大小淋巴结,质中、活动可、无触痛,两肺呼吸音清,未闻及啰音,心律齐,心音中,腹软,肝脏肋下 1.0cm,质软边锐,脾脏肋下未及,神经系统检查阴性,左上臂卡疤(＋)。

辅助检查 血常规:白细胞计数(WBC) $4.09×10^9$/L,中性粒细胞比率 0.28,淋巴细胞比率 0.70,血红蛋白(Hb) 118g/L,红细胞计数(RBC) $4.78×10^{12}$/L,血小板计数(PLT) $250×10^9$/L。C 反应蛋白(CRP) 10 mg/L。

胸片(图 4.4):两肺纹理增多、增粗,右肺门阴影增浓。

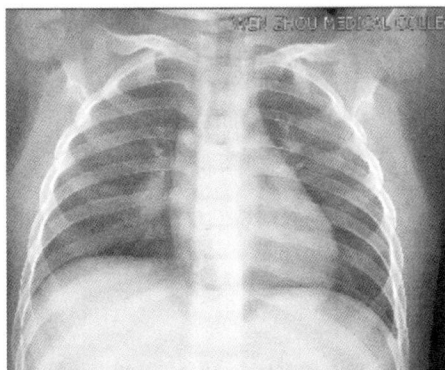

图 4.4 胸部 X 线影像

入院后医生给予诺诺进一步检查,包括血沉、PPD、结核感染 T 细胞检测(结核感染 γ 干扰素释放试验)、胸部 CT 等。结果回报:血沉 50 mm/h;PPD(72h) 18mm× 15mm;结核感染 T 细胞检测:阳性;胸部 CT:右肺门见肿大淋巴结,边界尚清,其内见一点状钙化影,最大层面大小约 20mm×10mm,右肺下叶外基底段见可见结节状、粟粒状密度增高影,边界尚清,诊断结果:右肺原发综合征,请结合临床(图 4.5)。

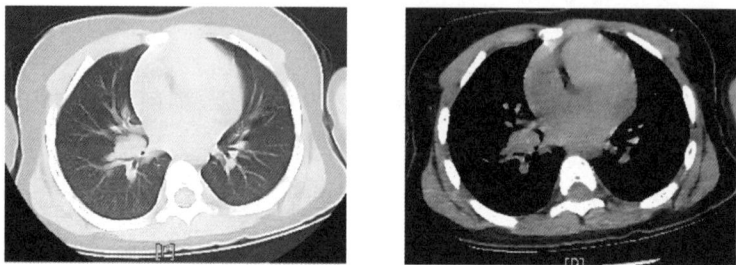

图 4.5　胸部 CT 影像

引导学生讨论:

(1)儿童结核病的临床特点是什么?需要与哪些疾病鉴别?

(学生发言)

结核病俗称"痨病",因为肺脏最常受累,过去民间都称为"肺痨",中医还称之为"痨瘵"。中国最早的字典《正字通》对"痨"字的解释是"今俗以积劳瘦削为痨疾",可以看出结核病的两个特点:一是常在过于劳累的情况下发生,二是常以消瘦为主要表现。MTB 主要通过呼吸道传播。结核病儿童常有开放性结核病人接触史。学龄前期儿童的接触史常来自开放性肺结核家庭成员。儿童感染 MTB 后是否致病,取决于细菌毒力和机体免疫力的相互"博弈"。介绍结核病的临床特点,在 19 世纪的小说和戏剧中,不乏这样的描写,"面色苍白、身体消瘦、一阵阵撕心裂肺的咳嗽……"造成如此景况的,就是当时被称为"白色瘟疫"的肺结核。

(2)儿童结核病的分型,儿童结核病的最常见类型。

(3)结核菌素试验原理、方法、结果判断标准及临床意义。

(4)鼓励学生将既往所学影像学知识运用到诺诺的胸部影像学资料,对胸片和肺 CT 进行阅片。

(学生发言)

介绍肺结核的病理和影像学的特点。结核的英文是 tuberculosis,源自结节"tubercle",是因为这些病人的肺部病理和胸部 X 线上常有"结节"病灶而得名。

通过提问、讨论的方式,使学生掌握儿童结核病的临床特点、鉴别诊断。强调儿童结核病早期诊断是及早治愈的前提,并减少日后发展为成人结核病的机会。

根据世界卫生组织《结核病报告 2022》,全球范围内 2020—2021 年结核病发病率上升了 3.6%,改变了过去 20 年每年下降约 2% 的趋势,提示新冠疫情对结核病也产生了影响,结核病带给我们的威胁持续存在,结核病防控任重道远。

(二)案例2:防治肺结核,你我共参与

1.知识点:儿童肺结核的预防原则。

2.思政目标:通过古代中国最早人痘的尝试到卡介苗的研发运用,再到新冠疫苗研制,在增强文化自信的同时,培养学生责任感和使命感。

3.教学过程

结核分枝杆菌细胞壁含有大量脂质,抵抗力很强,在干燥的自然环境中可以存活,黏附在尘埃上保持传染性 8～10 天,在干燥痰内可存活 6～8 个月。随地吐痰等不文明的行为,会造成环境污染,疾病传播。所以,文明礼仪不容忽视,要从自身做起,从每一件小事做起,做一个讲文明有道德的人。

结核病在中国曾被称为"痨病",有十痨九死之说。20 世纪 50 年代开始,科学家研制出有效的抗结核药物,疫情得到一定控制。世界卫生组织提出,在 2035 年消除结核病的宏伟目标。目前,全国范围内推行的三位一体结核病防治模式,即定点医院、结核病防治机构、基层社区或村级医疗机构共同防治,以最大限度发现结核病患者,并使他们得到规律、有效的治疗。国家免费为传染性肺结核病人提供抗结核病药品和主要检查。在课程教学中融入时事政策解读,让学生了解当前国家对疾病防治所做的工作。

接着,提出问题,预防一种疾病最简单、安全、有效的方法是什么?

(学生发言)

疫苗接种是一种简单、安全和有效的方法,在你接触有害疾病之前为你提供保护,使你免受这些疾病的危害。《黄帝内经》指出上医治未病,疫苗接种即是一种治未病的方式。一旦接种一剂或多剂疫苗,我们免疫系统也会存在记忆功能,通常会在数年、数十年甚至一生中保持对疾病的抵御能力。说到疫苗,在历史上最早发明的还是中国。早在明朝隆庆年间,中国人采用"鼻苗法"预防天花已有记载。他们从天花痊愈者皮肤痘痂中制备干粉,将干粉用银管吹入健康人鼻腔,或将干粉用水调和塞入鼻孔,预防轻度感染,达到免疫的效果。这种采用痘痂粉的人痘接种法对防治天花十分有效,被认为是人类历史上进行人工免疫的首次大规模实践。这一技术很快传入周边国家,并于 1721 年被英国驻土耳其大使夫人带入欧洲进行推广,使人痘接种在世界范围得到普及,18 世纪法国思想家伏尔泰对此有高度评价。

疫苗的发明是人类最伟大的公共卫生成就。疫苗接种的普及,避免了无数儿童残疾和死亡。我国通过实施国家免疫规划,有效地控制了疫苗针对传染病发病。通过口服小儿脊髓灰质炎糖丸,2000年实现了无脊髓灰质炎目标。普及新生儿乙肝疫苗接种后,近20年来5岁以下儿童乙肝病毒表面抗原携带率由10%降至1%以下。2006年后,我国已无白喉病例报告,麻疹、流脑和乙脑的发病人数也逐年下降,这些疾病几近消除。

卡介苗的发明同样对人类带来巨大影响。卡介苗是将减毒的牛型结核菌株制成菌苗接种于人体,使身体对结核菌产生免疫力,是我国儿童计划免疫中接种的第一针疫苗。1909—1921年法国医学家Calmette和兽医学家Guérin用13年的时间才分离成功卡介苗。1921年,儿科医师Weil-Halle为婴儿接种卡介苗,这是第一次为人类接种卡介苗。卡介苗诞生已经100多年了,尽管卡介苗不能预防所有结核病的发生,但能减少重症结核病发生和结核病死亡率,因此仍广泛应用。

由此也可见,疫苗的研发是多么不容易。大家对我国新冠疫苗研制也有很深的体会,我国抗击新冠疫情取得重大胜利,涌现出千千万万"抗疫"勇士,疫苗研制也是走在国际前列。

诺诺的家庭成员进行结核病筛查后发现,4岁的弟弟目前无发热、咳嗽、体重下降、盗汗等表现,PPD皮试(72h):16mm×18 mm,胸部影像学未见明显异常。

提出问题:弟弟是结核病吗? 需要进行治疗吗?

(学生发言)

通过讨论,解释潜伏结核感染的概念:由结核分枝杆菌感染引起的结核菌素试验阳性,除外卡介苗接种后反应,X线胸片或临床无活动性结核病证据者。介绍药物预防的方法,哪些人群需要进行预防治疗,以及进行潜伏结核感染预防治疗的重要性。

二、特色与创新

通过案例引导提问、演练、讨论,将该节理论知识点与思政目标串联起来,融会贯通,使学生在学习儿童结核病诊治的同时锻炼了医患沟通能力;以及作为一名医务人员,除了对患者进行医疗技术的帮助,还须肩负社会责任感,担负起疾病防控的重任,对同学进行生命观教育,对患者家属进行人道主义帮助都是我们的必修课。通过课程教学与爱国主义教育、职业素养教育、医患沟通教育、生命观教育和时事政策等相结合,丰富课堂教学内容;通过案例教学、经典人物事迹、医学史介绍、情景模拟、角色转换教学等多种教学方法,将理论知识与思政目标串联起来,提高学生学习积极性,使其在学习专业知识和技能的同时,提高思想道德水平和职业素养,形成知识传授与价值引领的协同效应。通过该课程的学习,同学们可以形成更准确的人生和社会定位,更能深刻理解和认识对所学知识的应用,使学生学习目标性更强,独立思考能力得到锻炼,医患沟通方法得到实践。整个课程将医学理论与医学实践相结合,将医学知识与医学人文相联合,有利于培养学生成长为德才兼备、全面发展的医学人才。

三、教学总结和反思

儿童结核病课程关注知识点与思政要素相结合,依托案例模拟演练教学,通过经典人物事迹、医学史介绍、情景模拟、角色转换教学等方式,帮助学生掌握相关知识,引导学生将所学知识和技能转化为内在的道德和素养,帮助学生解决思想困惑、价值困惑和情感困惑,激发其为国家学习、为民族学习的动力和热情,帮助他们在创造社会价值的过程中明确自身价值和社会定位。课程思政的实施对提高学生的学习兴趣,起到积极作用,但仍有不足之处:结核病章节内容多,课时短,结核病作为一种古老的疾病,德育元素相对较多,教师如何适度把握课程思政和专业理论内容的时间分配是上好本章节的关键。只有课前充分做好相应教学准备,包括教案精密设计、课前提前下发课内讨论资料、学生课前预习等,才能使结核病课程教学与思政教育同向同行,形成协同效应。

第五章　儿童保健学

爱,让生命更精彩——绪论

学校	温州医科大学	课程	儿童保健学
章节	绪论	撰写教师	留佩宁
教学目标及知识点	1.知识目标:能详细阐述儿童保健学的特点和任务,简要描述儿童保健学的发展历程以及儿童保健的工作目标和内容的时代变迁。 2.技能目标:能利用儿童保健学的学科特点认识新时代儿童保健工作任务转变的必要性。		
课程思政目标	1.通过介绍我国儿童保健事业的发展历程,生长发育调查的数据,使同学们认识到儿童保健学科与国力的发展、国家医疗卫生政策息息相关。 2.通过"壹星酿"的故事,让学生体会到"将人民健康放在首位"的社会实践,也真切感受到儿童保健专业医生对特殊健康儿童要付出更多的爱心和责任心。		
育人元素	模块三:政治认同;模块五:慈善文化。		
教学方法	政策导读,案例分析,生讲生评。		

一、典型教学案例

(一)案例1:历次全国9省市儿童体格发育调查

1.知识点:近40年来我国儿童体格发育的变化趋势,以及其与经济发展的关系。

2.思政目标:国家经济的发展助力儿童保健事业的发展,培养学生的政治认同感。

3.教学过程

开场提问:同学们知道什么是儿童保健学,儿童保健专业都干什么事情呢?

（学生讨论，教师点评）

记得 30 年前我们医院刚开设儿童保健科时，很多同道都认为儿童保健工作就是量身高、称体重，没有技术含量可言，都不愿意选择这个专业作为自己今后的事业。近 30 年发展下来，现在我们科室成了很多年轻医生向往的科室，并且也认识到了儿童保健工作是非常有技术含量的。

对"儿童保健"的认识历史悠久。《黄帝内经·素问》上古天真论道："女子七岁，肾气盛，齿更发长；二七而天癸至，任脉通，太冲脉盛，月事以时下，故有子……""丈夫八岁，肾气实，发长齿更；二八，肾气盛，天癸至，精气溢泻，阴阳和，故能有子……"它描述了女孩男孩青春发育开始到性成熟的规律，这个内容是儿童保健学的工作之一。

再来看现代关于儿童保健学的定义，1998 年《儿童保健学》教材这样描述：它属于预防医学的范畴，又是一个交叉性的学科，与妇产科学、优生遗传、营养学等密切相关。2020 年最新一版的《儿童保健学》，它的定义是：研究胎儿至青春期儿童生长发育的规律、营养、疾病的防治、健康管理、环境卫生、信息管理等内容的综合性临床学科。也就是说"儿童保健学"既属于预防医学又属于临床医学，所以现在儿童保健医生分两种：预防类和临床类，两类的工作性质和内容是不同的。从临床医学范畴看，儿童保健专业属于三级学科，是儿科学颇具特色的亚专业之一。从预防医学范畴看，儿童保健专业则属于二级学科，是少儿卫生与妇幼保健的主干学科之一。

提问：对儿童保健专业是否有新的认知？

（学生发言）

同学们听了这些，虽然对儿童保健专业有了一点认识，但还是一头雾水，到底儿童保健工作都干些什么事呢？我们通过一个实例来说明：体格生长是反映儿童营养状况的指标，我国自 1975 年起开始这方面的研究，当时卫生部组织中国医学科学院儿科研究所进行了九省市儿童生长发育的调查，以后每隔 10 年一次，调查年龄为 7 岁以下。总结 1975—2005 年体格生长的变化，显示我国儿童的生长发育呈现较快的增长趋势，其中 5 岁组城区男童体重增长了 3.26kg，女童增长了 2.88kg，男童身高增长了 5.3cm，女童增长了 5cm，郊区男女童体重分别增长了 2.58kg 和 2.46kg，身高分别增长 7.4cm 和 7.7cm。2015 年进行了第 5 次调查，5～5.5 岁组男童体重、身高较上次分别增长了 0.99kg、1.7cm；女童体重、身高分别增长了 0.89kg、1.8cm。体格生长的大幅度改善依赖于我国经济的发展和医疗保健水平的提升。

之所以各国都非常重视儿童的体格生长指标，因为它是评价儿童营养状况的指标，并与婴儿死亡率有密切的关系。在中华人民共和国成立初期，我国的经济落后，导致一系列的卫生问题：如致死性传染病流行；腹泻、婴幼儿肺炎和重度营养不良的高发病率和病死率等。联合国千年发展目标将儿童死亡率和营养不良发生率的下降幅度设定为重点指标。我国政府分别于1992年、2001年、2011年和2021年四次发布《中国儿童发展纲要》,每次的纲要都结合我国的国情,以改善儿童卫生保健服务,提高儿童健康水平为目标,旨在促进我国儿童的健康成长和儿童事业的持续发展。该"纲要"的实施不仅帮助我国提前实现了千年发展目标,还极大提高了儿童保健水平。

根据第65届世界卫生大会通过的孕产妇和婴幼儿营养全面实施计划,我国将改善儿童营养提升为国家战略,纳入国家总体发展规划(第三次纲要)。卫生部和全国妇联自2012年起共同启动实施了"贫困地区儿童营养改善项目",政府出资为贫困地区0.6~2岁婴幼儿每天提供1包营养包,同时广泛开展儿童营养知识的宣传和健康教育。这是儿童重大公共卫生服务项目之一,也是儿童辅食营养补充品在全国范围的大规模推广应用。2013—2014年度监测评估数据显示,儿童贫血率从32.9%降至26.0%,生长迟缓率从10.1%降至8.4%,2周腹泻发病率从14.2%降至9.4%。截至2015年底,累计已有近150万名婴幼儿服用了营养包,贫困地区儿童的体格生长指标也进一步提高。截至2020年底,我国婴儿、5岁以下儿童死亡率分别从2010年的13.1‰、16.4‰下降到5.4‰、7.5‰;长期存在的城乡差别和地区差别也有显著改善。

提问:你认为当前我国儿童保健存在的问题是什么? 政府采取了什么措施?

(学生发言)

第四次《中国儿童发展纲要(2021—2030)》的重点是医疗模式的转变。依据此纲要,我国卫生健康委制订了关于"健康儿童行动提升计划",强调了将推动以"治病为中心"向以"健康为中心"转变、"保生存"向"促发展"转变,构建整合型儿童健康服务体系,推动儿童健康事业高质量发展。自此,虽然躯体疾病仍是临床保健门诊的常规内容,但新的形势又给儿保工作者提出了新的要求,儿童保健的工作方向也将由以躯体健康为重点向躯体健康和精神心理健康并重转变。

(二)案例2:"壹星酿"的故事

1. 知识点:特殊健康儿童的服务体系和康复服务提升。

2. 思政目标:仁心仁术,立德树人,对于特殊健康儿童,作为医生应有更多的耐心和爱心,随着大众的需求和国家健康政策的变化,儿童保健医生的工作方式亦应及时调整。

3. 教学过程

引入一则来自"人民日报客户端"的报道,了解一个我们身边平凡人的故事:在温州市区下吕浦温迪路上,有一家特殊的烘焙店。店内,一名服务员正对着玻璃窗练习"欢迎光临"这句话。他是"星星的孩子",孤独症患者。店里像他一样的孩子还有 11 人。这家来自"星星"的烘焙店,名叫"壹星酿"。创始人胡温中,是双胞胎孤独症孩子的父亲,他的初衷是为了让孩子生存下去,让他们学习像普通人一样生活。

让爱来,让碍走,有故事的面包在网上爆火。

温州的胡温中在 20 年前初为人父,当他还沉浸在做爸爸的喜悦,憧憬着一家人美好的未来时,可怕的事情发生了,双胞胎的儿子在 2005 年被诊断为孤独症,可想而知,当时夫妻俩的人生遭受了多么沉重的打击。那时,孤独症就是不治之症啊,这个晴天霹雳几乎击垮了这个家庭。当时,温州没有治疗孤独症的机构,全国也仅有几家机构治疗孤独症。胡温中经历悲痛之后带着两个孩子南下广州孤独症训练中心开启了漫长的治疗,妻子在家中经营企业以支付昂贵的治疗费用。孤独症孩子的治疗是以年记的,漂泊的治疗生涯实在是太苦了,父子 3 人在广州度过了 3 个月的艰难岁月。

关于孤独症接下来我们专门有一堂课来进行讲解,现在继续看胡温中的故事。他决定回到家乡,将广州的专家请到温州,在他们的指导下胡温中开设了温州首家孤独症治疗机构。他的机构建立后自己的孩子不再需要长途跋涉到遥远的他乡进行治疗,同时和他孩子一样的孤独症患者也可以在当地治疗了。在这些患者中,有和胡温中类似经历的家长又陆陆续续开设了几家机构,他们在自己孩子得到治疗的同时也帮助了更多患病的儿童。和温州的情况类似,在早期全国的孤独症治疗机构大多是由孤独症患者的家长创办的。随着孤独症发病率的增加,以及对孤独症的深入研究,证实了早期有效的干预可大大改善孤独症的预后,各地区在政府的支持下陆续开办了多家训练机构。同时,由于国家的经济实力不断提升,2010 年国家开始实施"贫困残疾儿童抢救性康复项目"和残疾孤儿手术康复"明天计划",浙江省积极全面对接此计划,浙江省残联、民政厅、财政厅和卫计委联合下发了《浙江省残疾儿童基本康复服务与补贴制度实施办法》(浙残联发〔2016〕11 号),形成了统一的残疾儿童康复与补贴的政策制度,除了公立机构外,在经认定的私立机构中进行康复训练均可享受一定比例的补贴。2021 年经修订的补助政策为:未满 7 周岁孤独症儿童康复服务补贴标准提高到每人每月最高 3000 元、每年最高 3 万元,将未满 7 周岁低保家庭残疾儿童康复生活补贴由每人每月 600 元、每年最高 6000 元,提高到每人每月 800 元、每年最高 8000 元。

从孤独症干预治疗的发展历程使同学们看到:我国在不断提高儿童营养状况的同时,对特殊健康儿童的服务体系在不断完善、康复服务水平在稳步提升,现阶段残疾儿童权益得到了有力维护,基本实现了残疾儿童"人人享有康复服务"的目标。

二、特色与创新

儿童保健学是非常有特色的学科,它既属于预防医学又属于临床医学,这就决定了它工作内容的范围广、跨度大。思政设计中涉及了宏观的政策、与经济发展的关系以及医疗模式的转变。通过师生的互动和学生之间的讨论,让同学们了解与儿科其他专业"治疗疾病"不同,儿童保健是治"未病"。另外,从我国儿童保健事业随时代变迁的发展可以看到:儿童保健是一门学科,也是一个国家文明程度的标志之一。并且直接或间接地影响国家宏观健康政策的制定。在教学中以故事的形式讲述了儿童保健的发展历程,引起学生的兴趣,激发学生对儿童保健课程以及儿童保健专业的喜爱,同时通过视频展示身边平凡人的故事,使同学们有更真切的体验。

三、教学总结和反思

总论课程不同于讲一个具体的疾病,往往内容比较散,相对枯燥,而加入思政元素有助于学生了解一门课程的精髓所在,激发学生的学习兴趣,甚至可能是学生投身该事业的向导。通过这堂课希望同学们认识到儿童保健需要爱,宏观政策体现了国家对老百姓、对儿童的大爱,即使非医学出身的普通百姓,只要有爱,一样可以参与到儿童保健事业中。有的同学可能认为宏观的政策跟自己关系不大,而且比较枯燥。因此,在教学中每一个政策结合一个实例,便于学生理解,同时,通过提问、讨论、互动,提高学生的注意力,提升课堂的教学效果。

医者仁心——儿童全面发育迟缓

学校	贵州医科大学	课程	儿童保健学
章节	生长偏离与发育障碍	撰写教师	吴朝霞、艾戎
教学目标及知识点	1.知识目标:能清楚阐述儿童全面发育迟缓的临床表现、诊断标准和治疗原则,了解Rett综合征的临床特点以及基因检测是诊断该疾病的重要方法。 2.技能目标:能描述儿童发育里程碑,熟悉发育迟缓问诊内容,能根据临床表现进行诊断和鉴别诊断,学习医患沟通技能。		
课程思政目标	1.通过案例学习,激励学生提高学习意识,培养学生对医生的职业认同和责任感、使命感。 2.通过讨论,培养学生的沟通技能和仁爱之心,当一名有温度的医学生。		
育人元素	模块六:敬业精神,沟通技能。		
教学方法	案例教学,研讨辩论。		

一、典型教学案例

(一)案例1:"贵人语迟"能否等待?

1.知识点:全面发育迟缓的基本概念、诊断标准及流程。

2.思政目标:培养学生对医生的职业认同和责任感、使命感。

3.教学过程

介绍案例:

小洁,女,4岁8月龄,因语言发育落后就诊。1岁10个月独走,喊妈妈,2岁时说4~5个词,语言发育落后于同龄儿,有需求时会开口。家长认为是"贵人语迟",未重视。随后患儿逐渐出现语言减少,无主动语言,偶有仿说词语,能理解伴手势的简单指令,对名字呼唤常无反应,大小便不会示意,不能区分生熟人,喜欢独自玩耍。能牵手上下楼梯,不会齐脚跳,手部动手能力逐步下降,目前不能用小勺吃饭,不会握笔。喜欢搓手。无其他刻板性行为和特殊兴趣。饮食睡眠无异常。G_1P_1,足月平产,出生体重2.95kg,身长50cm,出生时无窒息。母亲19岁,父亲23岁生育,母孕产期无特殊,父母非近亲婚配,家族中无癫痫、精神疾病等家族史。生后未定期进行儿童保健随访。

体格检查　体重 14.5kg(中下),身长 101.2cm(中下),头围 48.1cm(中下),神清,头颅五官无畸形,频繁过度换气和搓手,心肺腹(一),四肢肌力肌张力正常,巴氏征(一)。

辅助检查　血常规、血生化无异常。

根据上述临床表现初步诊断:全面发育迟缓。

小洁因"语言发育落后"就诊,引导学生讨论以下问题:

(1)语言发育迟缓和全面发育迟缓的区别是什么?

(2)小洁的语言落后属于语言发育迟缓还是全面发育迟缓,如何鉴别?

(3)如何诊断全面发育迟缓? 需要进行哪些检查呢?

(学生发言)

通过提问、讨论的方式,使学生掌握语言发育迟缓和全面发育迟缓的基本概念、诊断标准及流程。

对学生的讨论进行点评和总结,在第一步骤基础上需要进一步做哪些评估,哪些重要辅助检查?

①全面发育迟缓(global developmental delay,GDD)是指儿童在 2 个及以上发育领域中出现明显迟缓,主要指儿童发育里程碑的相应时间落后于同龄儿;语言发育迟缓(language developmental delay,LDD)是指儿童语言发育遵循正常儿童的顺序,但比正常速度慢,未达到与年龄相应的水平。②全面发育迟缓用于 5 岁以下的儿童,因此时的智商测定不可靠,儿童的发育潜能未完全发挥出来,并存在个体差异等原因;早期发育迟缓并不一定将来持续智力减低,此时用 GDD 来诊断旨在强调儿童发育具备潜能。③介绍全面发育迟缓诊断流程:包括整体发育评估、语言专项评估、象征性玩耍能力评估、行为观察及孤独症谱系障碍筛查进行综合评估后明确诊断。

整体全面发育评估是诊断全面发育迟缓的重要依据,神经影像学检查有助于病因诊断,其他检查包括血生化、内分泌代谢检查(串联质谱)、遗传学检查(染色体和基因)、神经电生理学检查(如脑电图)、听力和视力检查等。

小洁的语言倒退史和双手刻板动作,引导学生讨论:

(1)根据上述情况,可否用全面发育迟缓解释疾病的全貌?

(2)还须考虑哪些疾病? 接下来还须进一步进行哪些主要检查?

(3)为什么小洁出现语言发育落后没有及时就诊呢?

(学生发言)

入院后对小洁进行全面发育评估、听力检查、神经影像学检查、血生化及基因检测。

①盖塞尔发育诊断量表结果提示:粗大运动 DQ:33,精细运动 DQ:24,应物能

DQ:18,言语能 DQ:22,应人能 DQ:17;

②早期语言发育进程量表:语音和语言表达 12 月龄,听觉感受和理解 10～11 月龄,与视觉相关的理解和表达 5～6 月龄,全量表 9～10 月龄;

③象征性玩耍能力:小于 12 月龄;

④婴儿－初中生社会生活能力量表:6 分(重度异常);

⑤孤独症谱系障碍筛查(CHAT):阳性;

⑥血常规及血生化未见异常;

⑦双耳道听力检查及中耳 MRI 结果显示未见异常;

⑧头颅 MRI:脑实质未见异常,双侧上额窦、筛窦及蝶窦炎(图 5.1、图 5.2);

⑨全外显子基因测序:MECP2 基因变异(图 5.3)。

根据小洁的临床表现和上述检查结果:Rett 综合征诊断明确。

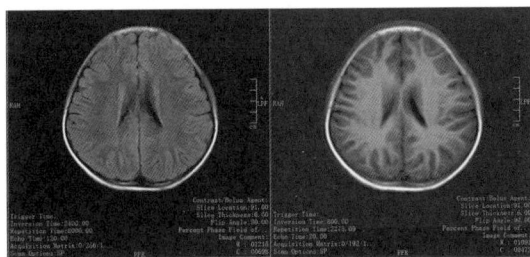

图 5.1　头颅 MRI 图像

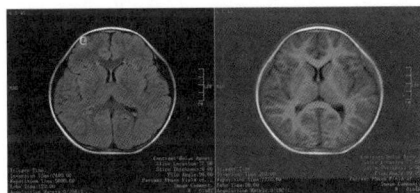

图 5.2　头颅 MRI 图像

图 5.3　全外显子基因测序结果

小洁诊断为 Rett 综合征，引导学生讨论：如何诊断 Rett 综合征？

（学生发言）

结合本病例讲解 Rett 综合征的诊断标准，了解诊断标准和排除标准。

Rett 综合征（Rett syndrome，RTT）多发生在儿童早期，是 X 染色体显性遗传的神经系统退行性疾病，主要发生于女性。

2010 年国际 RTT 临床研究协会提出修订版诊断标准：包括 4 条主要标准、2 条排除标准及 11 条支持诊断。

讨论过程中通过鉴别诊断介绍伴有语言发育倒退史的神经发育障碍疾病。

①孤独症谱系障碍（autism spectrum disorders，ASD）：是一类以不同程度的社会交往和交流障碍、狭隘兴趣和刻板行为为主要特征的发育行为障碍性疾病。在婴幼儿发育早期出现"五不"行为标志：不看、不应、不指、不语、不当行为，及任何年龄出现语言功能的倒退或社交技能倒退，须警惕早期 ASD 的可能性。

②Landau-Kleffner 综合征（Landau-Kleffner syndrome，LKS）：又称获得性癫痫性失语，表现为语言能力倒退，发病高峰 5～7 岁，同时伴有癫痫发作，语言损害以感受性语言障碍为主，后期继发语言表达障碍。

③脆性 X 综合征（Fragile X syndrome，FXS）：是最常见 X 连锁智力低下遗传病，通常是 FMR1 基因突变导致。通常男性纯合子发病，有特殊面容，面长耳大，眉骨突出，大睾丸。本病主要表现为智力低下，有语言发育迟缓或孤独症样表现。可做脆性 X 染色体 DNA 检测确诊。

如何告知家属患儿病情及预后和当前治疗原则呢？

（学生发言）

通过本病例学习，培养医学生的医患沟通技能。儿童的语言发育是儿童全面发育的标志，语言发育迟缓常常提示全面发育迟缓或智力障碍，常有家族遗传背景。所以"贵人语迟"是特例，很多家长会有等等看心态，殊不知可能错过早发现、早诊治的关键期。小洁 2 岁时发现语言发育落后，家长以为"贵人语迟"未及时就诊和干预，当出现语言倒退和手部刻板动作后才得以确诊。分析原因如下：①家长未定期随访儿童保健门诊，也缺乏基本的儿童养育知识，说明基层儿童健康教育宣传和儿童保健管理工作亟待加强；②基层医生对于儿童发育迟缓相关疾病认识不足，接受培训不足。说明儿童发育迟缓相关疾病存在诊断和干预不及时情况，故对于全面儿童发育迟缓的早诊早治工作任重道远。儿童是祖国的未来，儿童强，国家强。鼓励同学们努力学习儿童保健学和儿科学，掌握儿童生长发育规律和疾病诊疗技能，为儿童健康保驾护航，为全民健康做积极贡献。通过病情分析引导学生掌握 Rett 综合征诊断过程的第二步骤，强调基因检测是诊断 Rett 综合征的重要方法，强调 Rett 综合征目前虽无法根治,但早期诊断、早期治疗,能改善患儿的生存质量,激励学生提高学习意识,培养学生对医生的职业认同和责任感、使命感。

(二)案例2:喜欢"玩手"的沉默宝宝

1. 知识点:Rett综合征临床特点和治疗原则;全面发育迟缓治疗原则。
2. 思政目标:培养学生沟通技能;以仁爱之心关爱病患,当一名有温度的医师。
3. 教学过程

语言发育倒退史,手的目的性和精细操作技能丧失,运动能力受损对于儿童神经系统疾病诊断的意义。全面发育迟缓患儿,有刻板"玩手"和语言倒退史对于Rett综合征的诊断有重要提示(图5.4)。

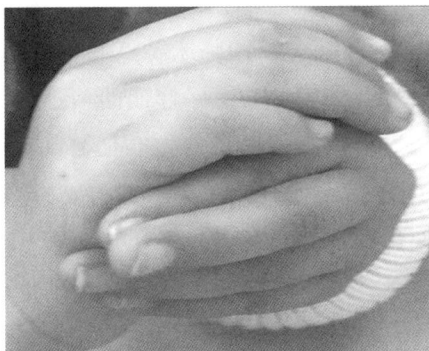

图5.4 Rett综合征手部特征

引导学生讨论:

强化生长发育是儿童不同于成人的重要特点。儿童生长发育是连续的动态过程,小儿神经系统疾病诊断时应关注生长发育里程碑。

Rett综合征因Xq28区的MECP2基因突变所致。女性发病率为1/8000～1/10000,出生后6～9个月前通常发育正常,9～16个月发育进程出现受阻,可伴有癫痫发作,发病年龄通常6～24个月,最具有特征性表现是丧失手的目的性和精细操作技能,出现手的无目的刻板动作,如搓手、拍手、扭曲手指等动作。头围增长缓慢,可出现头围增长速度减慢,甚至小头畸形。2～3岁时丧失已获得的有目的的手的技能,出现手部无目的的刻板动作,出现孤独症样表现,丧失语言能力、社会交往能力。5～7岁时症状会相对稳定,表现为严重智力低下和身体姿势异常。5～15岁及成年后主要表现躯干运动共济失调和失用。目前在治疗方面主要以对症支持治疗为主。

提出问题:全面发育迟缓是否有特效治疗药物呢?

(1)据目前医学发展水平的实际情况,多数发育迟缓患儿尚无有效药物治疗。对于病因明确、有治疗方式的患儿应早诊尽治,如苯丙酮尿症、甲状腺功能减低症等遗传代谢疾病和内分泌疾病是能够早筛早诊,并通过早期治疗以最大程度改善预后的疾病。

(2)康复训练。发育迟缓患儿因大脑尚处于发育关键期,康复训练应根据发育评估结果和家庭条件安排特定训练,制订近期和长期训练计划,有序实施。

(3)儿童保健随访门诊是对于发育迟缓患儿早发现、早诊断、早干预的最佳途径。帮助父母提升养育技能和识别能力,定期评估监测发育指标,对发育有偏离的孩子早诊早治,最大程度激发儿童脑发育潜能,促进最大程度康复。

(4)Rett 综合征目前尚无特异性治疗方法,主要以对症支持治疗为主。目前基因治疗相关研究仍在进行中。

通过本病例典型 Rett 综合征的诊治过程,分两个部分学习全面发育迟缓的基本概念、诊断标准和流程,进一步通过渐进式讨论和阶段总结,使学生掌握全面发育迟缓的治疗原则,并初步认识 Rett 综合征的临床特点和精准诊断方法。

通过介绍全面发育迟缓的诊断和 Rett 综合征的治疗原则,让同学们了解医学的局限性并非能将每个孩子病痛治愈,但医者的仁心仁德却能给患者带来温暖和希望,引导同学们去感悟"有时去治愈,常常去帮助,总是去安慰"的医学人文精神,以仁爱之心关爱病患,培养学生医患沟通的技能。

二、特色与创新

本课程运用案例教学法,将儿童全面发育迟缓诊治与儿童保健基础知识进行融合,使学生在学习理论知识的同时加强学生对医生行业的职业认同和使命感,教学过程始终以学生为主体,让学生主动思考、讨论,将理论基础与临床实践相结合,提高医学生临床思维能力;通过案例讨论学习特殊患儿人文关怀需求特点,设置沟通场景帮助学生们领会与特殊患儿家长沟通要点,培养学生的仁爱之心。以多种形式检验学生对新知识的掌握程度,分析教学效果,促使高效课堂的形成。以小组为单位进行讨论,培养团队协作精神,增强集体荣誉感。

三、教学总结和反思

将教学目标与思政目标相结合,通过案例讨论、场景模拟进行人文关怀教育,培养学生职业认同感和医患沟通意识,不畏艰难、勇于探索,提升职业责任感和使命感。不足之处是课程内容较多,理论知识多,学生难以全面掌握。以后将进一步探索课程思政与专业理论知识如何有效分配,如何深入浅出地将理论知识和思政元素更好融合,如果能在课前进行预习,提供一些思考题和教学视频等,将有助于提高课堂的教学效率和课程思政的效果。

来自星星的孩子——孤独症

学校	杭州医学院	课程	儿童保健学
章节	生长偏离与发育障碍	撰写教师	马卫银
教学目标及知识点	\multicolumn{3}{l}{1.知识目标:能清楚阐述孤独症的临床表现、诊断标准和治疗方案。 2.技能目标:能识别孤独症的各种临床特点,制订相应的治疗方案。}		
课程思政目标	\multicolumn{3}{l}{1.从孤独症患儿家属的角度讲述亲身体验,让同学们从中体会孤独症给一个家庭所带来的精神上的痛苦,增强同学们的同情心、责任感和使命感,同时也让同学们看到爱和坚持的力量。 2.介绍孤独症相关的公益组织及个人,参与孤独症公益活动,让社会更多人能了解、接纳、关注和支持孤独症儿童,同时也让同学们从中体验社会担当。}		
育人元素	\multicolumn{3}{l}{模块一:人文情怀;模块五:公益慈善。}		
教学方法	\multicolumn{3}{l}{案例分享,生讲生评,社会实践。}		

一、典型教学案例

(一)案例1:来自孤独星球的孩子

1.知识点:孤独症患者的临床表现、诊断、鉴别诊断。

2.思政目标:从孤独症患儿家属的角度讲述《当一位孤独症儿童的妈妈是什么体验》,让同学们从中体会孤独症给一个家庭所带来的精神上的痛苦,增强医学生的医学人文素养、职业责任感和使命感,同时也让同学们看到爱和坚持的力量,努力为祖国医学事业钻研奉献。

3.教学过程

介绍案例:

乐乐,男孩,2岁6个月,运动发育基本与同龄儿相仿,但走路姿势不协调,手的活动也有些笨拙。他喜欢爬高,经常爬上桌子凳子等,对危险情况不知道规避,有时从桌子上直接"走"下来,埋头跑的时候不知道躲避前方障碍物,因此经常摔跤磕碰,但即使磕破了哪里,也不怎么哭。他与人的目光交流很少,总是一个人玩,而且玩的是基本没什么意义的东西,如最喜欢听玩具汽车轮子滑动的声音,不停地用手拨动汽车轮子,从不厌烦。他基本无语言,叫他也没有反应,需要很大动作才能引起他的注意,他有什么需要时,就"啊啊啊"大叫,不会自己表示大小便,还经常尿裤子。

磊磊,男,2岁10个月,基本不说话,甚至不会叫爸爸妈妈。与其他人之间没有眼神的交流,逗他的时候也没有任何回应,无论别人说什么,好像什么都没听见。经检查,他的听力并没有问题。他平时爱听音乐,还会跟着音乐节奏扭动身体。当他有要求的时候,就会拉着大人,去他要去的地方或去拿他想要得到的东西。他从不与他人一起做游戏,也不爱玩正式的玩具,只对铅笔、玩具汽车轮胎、碎纸片等物感兴趣,经常拿在手里,反复摆弄,甚至能玩2~3个小时。孩子运动发育及健康状况良好。孩子平时和父母及爷爷奶奶一起生活,父母平时忙于工作,孩子由爷爷奶奶照看,但很少与孩子进行语言沟通,经常让孩子自己玩。

提出问题并讨论:

(1)这两个孩子有什么异常的临床表现?

(2)你认为最可能的疾病是什么?

(3)需要与哪些疾病相鉴别?

(学生发言)

通过提问、讨论、总结的方式,提高同学们发现问题、分析问题、解决问题的能力,掌握儿童孤独症临床表现、诊断、鉴别诊断的关键知识点。

(播放视频《当一位孤独症儿童的妈妈是什么体验》)

我有一个儿子,今年8岁了,正在读小学一年级,他在2岁半的时候被诊断出孤独症。2岁半了,因为他还不会说话,按喇叭的声音他似乎听不见,他完全不知道危险。在超市里面,埋头跑的时候,前面有一个购物车,他就会直接冲撞上去了,所有能力都停留在0~6个月。我的世界都变得灰暗了,孩子需要终身干预,我患上了抑郁症。我记得那段时间每天上班没有心思,骑车也是哭。去幼儿园面试的时候,七八家基本上都是拒绝,终于在一个家长的引荐之下找到了现在的幼儿园。我自己也在不断地学习。进入小学第一个星期也发生了很多状况,一开始他坐不住,把一整支铅笔都卷没了,弄得地上全都是纸屑。我们就找了个画本,告诉他,如果你真的很无聊的话,你可以快速地拿一个画册出来,画一个电梯。我们在家表演给他看,孩子当时露出了笑容,就觉得爸爸妈妈很懂他,就这样,一个很艰难的时期安全地度过了。孩子的音乐才能给生活带来了一缕亮色。6岁的时候,我们发现他似乎对音乐的节奏很敏感,就想是不是应该给他学一个乐器。老师建议学个架子鼓,没想到他学得还挺快,在家庭干预和专业康复治疗师的指导下,应该说在稳态发展。之前很多自闭症(孤独症)孩子的典型症状他都有,现在基本上都没有了,最重要的是他的行为问题没有了,情绪也很稳定。

(家长:这是我最欣慰的。自闭症没有那么可怕,起码在我看来没有那么夸张。

视频来源新华社《温度》栏目)

视频播放后提出问题引发学生思考：

(1)孤独症对患儿、家庭及社会有什么影响？

(2)社会上对孤独症有哪些错误的认知？

(3)你知道哪些"孤独症天才"的故事？

(学生发言)

从一个孤独症患者妈妈的角度分析孤独症患儿的生活状态(临床表现)、孤独症给一个家庭带来的巨大影响,但是在母爱的坚持陪伴及专业康复治疗师的指导下慢慢变得越来越好,增强同学们的同情心、责任感和使命感,也让同学们更全面地理解孤独症,增强对医学事业的自信心,更好地为医学事业努力钻研奉献。

(二)案例2:孤独星球的孩子并不孤独:星星孩子的守护者

1.知识点:孤独症的治疗。

2.思政目标:通过介绍孤独症相关公益组织及个人,让社会更多人能了解、接纳、关注和支持孤独症儿童,鼓励同学们积极参与公益慈善、体验社会担当。

3.教学过程

介绍星星孩子的守护者——包孟娜,舟山市彩虹堂特殊儿童关爱中心创始人。

包孟娜毕业于华东师范大学心理学专业,心理学专业的学习经历,使她接触到了"星星的孩子",患儿和他们所在家庭的爱与痛、快乐与悲伤、希望与绝望,都深深牵动着包孟娜的心。大学毕业回到家乡,从事早教行业的包孟娜再次遇到了孤独症患儿,强烈的使命感和责任感促使她投身于孤独症基础知识普及的行动中去。2012年4月2日开始,包孟娜自费组织开展舟山地区"爱在蓝天下,相伴不孤独"的孤独症基础知识普及行动,让越来越多的家长了解孤独症相关症状,越来越多患儿病症被及时发现,让更早接受系统性康复训练成为了可能。为了让舟山的孩子能够在家门口享受到专业的孤独症康复服务,包孟娜排除万难筹建了舟山市彩虹堂特殊儿童关爱中心。八年来,她将全部的精力都投入到与孤独症的战斗中去,普及孤独症知识的"蓝丝带"、帮助患儿康复的"彩虹堂"、探索大龄孤独症人士就业的"彩虹桥",倾注了她全部的心血。"从心出发、用爱起航",这不仅是彩虹堂的口号,更是包孟娜的精神。大其心,容天下之物,其爱亦无疆。包孟娜就是这样一个人,所做的每一件事,都是让孩子幸福,让家庭幸福,让社会美好(信息来源于 2022.03.08 澎湃新闻【巾帼如花 不负韶华——"三八"国际劳动妇女节专辑】)。

提出问题并讨论：

(1)孤独症的治疗措施有哪些？

（2）作为医学生的我们能为孤独症患儿做些什么？

（3）你还知道哪些孤独症相关公益组织，说说他们的故事。

（学生发言）

通过提问、讨论、总结的形式使同学们掌握孤独症的主要治疗方法，并鼓励学生积极参与公益实践，如孤独症基础知识科普，让更多的市民了解、接纳孤独症儿童及家庭，并能从实际出发帮助、支持、走进这个特殊群体。课后体验做一次星星孩子的月亮妈妈，感受星星孩子的守护者是如何帮助这些星星孩子走出孤独世界，将理论转化为实践的。

二、特色与创新

本课程运用案例教学法，并从孤独症患儿母亲自述的角度来阐述孤独症患者的临床表现及孤独症给患儿及家属带来的影响，更能引起学生情感上的共鸣，增强同学们的同情心、责任感和使命感，让学生对孤独症的临床表现印象更加深刻，将理论知识与思政内容完美融合。

以小组为单位进行课后实践，将抽象的理论知识转化为临床实践。让学生参与孤独症相关公益组织，进社区进行孤独症基础知识的科普、体验做一次星星孩子的月亮妈妈，将理论转为实践，不仅掌握了理论知识，更让学生体验社会担当，同时培养学生的团队合作精神，增强集体荣誉感。

三、教学总结和反思

教学过程中发现学生对于思政案例教学的兴趣比较高，尤其是视频类案例，课堂气氛活跃，在讨论的过程中，大家积极性更高，印象更深刻，因此后期的思政教学中会继续挖掘思政案例并融入教学中。

课后鼓励学生积极参与公益实践，如孤独症基础知识科普，体验做一次星星孩子的月亮妈妈，旨在将理论转化为实践，但是课后作业学生普遍选择进行孤独症科普视频制作或进入社区进行孤独症基础知识科普宣传，而选择去康复机构体验做星星孩子的月亮妈妈这一主题的同学相对较少，后期可以将课堂转移至孤独症相关康复机构，理论结合实践，使同学们印象更深刻，情感冲击更强烈。

"袖珍人"的梦想——体格生长偏离

学校	温州医科大学	课程	儿童保健学
章节	生长偏离与发育障碍	撰写教师	曹瑞雪、周永海
教学目标及 知识点	1.知识目标:能清楚阐述头围、身高(身长)、体重及性四项发育指标异常的诊断标准及影响因素。 2.技能目标:能够结合出生史、喂养史、生长速率及实验室检查来诊断矮小和体重指标异常并分析病因。		
课程思政 目标	1.了解生长发育偏离对患儿心身造成的危害,充分理解患儿及家长的需求,培养学生关爱意识,学习如何用通俗的语言与患者及家长沟通,并树立重在预防的理念。 2.通过介绍《健康儿童行动提升计划(2021—2025)》,突出国家对于儿童的关爱和照顾,增强国家认同和制度认同。		
育人元素	模块一:儿科精神;模块三:时代精神。		
教学方法	案例演示,生讲生评。		

一、典型教学案例

(一)案例1:关爱袖珍儿童

1.知识点:身材矮小的定义,诊断标准及影响因素。

2.思政目标:通过案例讲解,了解儿童保健医师的职责及意义,使同学们更加认同儿童保健科的岗位;通过对《健康儿童行动提升计划(2021—2025 年)》的讲述,突出国家对于儿童的关爱和照顾,增强国家认同和制度认同。

3.教学过程

开场提问:同学们对自己当前的身高满意吗? 大家的期望身高是多少?

(学生发言)

教师对学生的讨论进行点评和总结。随后请同学看一段视频"BTV 生活面对面:采访袖珍人联谊会"(https://tv.sohu.com/v/dXMvMjAxOTA0MzIzLzY4Nzg2 MTgxLnNodG1s.html),并读几段相关报道(家庭医生在线)——矮小症患者的心声:

A:"每天都要仰视着看周围的人,那是一种什么感觉?"

B:"我最大的遗憾就是失去了治疗的机会,不能再长高。哪怕再长高 1 厘米,生活质量都会有所不同。"

C:"我想长高,不是变得多帅气,只是想成为一个正常的人。"

D:"我只是想找到一份工作养活自己,不再让妈妈伤心。"

再次提问:"听了这些心声,同学们有何感想?"

(学生发言)

身材矮小是指身高(长)小于同年龄、同性别儿童身高(长)正常均值减 2 个标准差($< \bar{X} - 2SD$)或低于第三百分位者。原因包括特发性矮小、小于胎龄儿、严重营养不良、内分泌疾病和染色体异常等。特发性矮小是指病因不明的身材矮小,是儿童期身材矮小最常见的原因,包括家族性矮小和体质性发育延迟(此处需讲解家族性矮小和体质性发育延迟的定义)。内分泌疾病包括生长激素缺乏症和甲状腺功能减退症(此处须重点讲解生长激素缺乏症的定义、实验室检查、诊断及鉴别诊断)。提出矮小症的危害,在矮小症患者中,90%以上患有自卑、抑郁等心理障碍。身材矮小直接影响了他们的就业、婚姻和生活的幸福指数。

这一切其实是可以预防或者治疗的。如果家长能每年监测孩子的生长速度,如果在发现孩子每年生长速度小于 5cm 的时候就来医院就诊、检查病因,找出病因并开始治疗。大多数矮小症患者的治疗效果相当不错!尤其是生长激素制剂的问世,给这一人群带来了福音。但是,为什么有这么多如果?因为很多家长对于矮小症认识不足,他们存在许多误区,比如只要营养跟上了,孩子就能长了;比如孩子还没有到发育期,等发育了孩子自然就会长了;再比如我们夫妻俩身高都这么高,孩子也不会矮的……以致错过了孩子的最佳治疗时机。

那么,如何提高家长对矮小症的认识,提高矮小症患者的就诊率,使更多的矮小症患者得到救治?

我们国家政府在《健康儿童行动提升计划(2021—2025 年)》已经给出了答案,即覆盖城乡的儿童健康服务体系更加完善,基层儿童健康服务网络进一步加强,儿童医疗保健服务能力明显增强,儿童健康水平进一步提高。这是我们儿童保健科医生的责任、义务,也是我们从事儿童保健科的意义所在。通过我们对家长的科普宣传,对儿童生长发育的定期随访追踪,对矮小症这一类疾病早预防、早发现、早治疗,使得袖珍儿童能获得自己理想的身高。

(二)案例 2:贫困地区儿童营养改善项目

1.知识点:体重指标异常的诊断标准及影响因素。

2.思政目标:在党的领导下,我们国家经济水平飞速发展,人民生活水平逐渐提高,营养不良的发生率逐渐降低,突出国家对于儿童的关爱和照顾,增强国家认同,制度认同。

3.教学过程

之前有一个梗:有一种冷叫奶奶觉得你冷。同时,也有一种饿叫奶奶觉得你饿。在我的记忆中,每次吃饭,妈妈或者外婆都觉得我没有吃饱,不断地催促我多吃一点,但是我真的吃不下呀,不知道在座的各位同学有没有相似的经历,有的可以举个手。

观看电影《1942》片段(https://m. iqiyi. com/v_19rzkq2t3s. html)。

他们生活的年代,过的都是吃不饱、穿不暖的日子,甚至有长辈经历过大饥荒,几乎人人都是营养不良,他们深知挨饿的滋味,生怕我们也饿着,所以才会每顿都催着我们多吃一些。对于这一点,我们要感恩。

那么大家知道营养不良的定义吗? 我们俗话说的营养不良,其准确的定义应该是低体重,即是体重低于同年龄、同性别儿童体重正常参照值的均值减2个标准差 ($<\overline{X}-2SD$)或低于第三百分位者。其病因包括身材矮小、营养不良、疾病因素和精神因素等(此处展开详细讲解病因)。所以营养不良只是造成低体重的一种病因。至于营养不良的危害,这里便不展开了。相信大家都知道马斯洛需求层次理论,生理的需要,包括食物、水分、空气、睡眠性等,是最重要、最有力量的需要。其他需要,包括安全需要、归属和爱的需要、尊重需要和自我实现的需要。

为了改善儿童营养,我们国家开展了为贫困地区中小学提供免费的营养午餐项目。从2012年开始,国家开展贫困地区儿童营养改善项目,为国家特殊困难地区的6～24月龄的婴幼儿每天提供1包营养包,这个营养包作为辅助的营养补充品富含蛋白质、维生素和矿物质。同时国家依托妇幼系统,开展儿童营养知识和科普知识宣传教育。截至2021年,该项目已完成对832个原国家级贫困县的全覆盖,累计受益儿童人数达到1365万。6～24月龄婴幼儿平均贫血率和生长迟缓率与2012年基线调查相比,分别下降了66.6%和70.3%。效果非常显著。

随着人民生活水平的日益改善,低体重的患者逐渐减少,但超重和肥胖的患者逐渐增加。根据2014年中国学生体质与健康调研结果,我国7～18岁城市男生和女生的肥胖检出率分别为11.1%和5.8%,农村男生和女生的肥胖检出率分别为7.7%和4.5%。体重/身长在同性别、同年龄儿童参考值的在P_{85}～P_{97}之间为超重,超过P_{97}为肥胖。或者用年龄的体重指数评价,指体重(kg)/身高的平方(m²),BMI在同性别、同年龄儿童参考值的P_{85}～P_{95}为超重,超过P_{95}为肥胖。营养失衡和一些疾病因素都会导致肥胖。

那么如何才能科学地控制体重呢? 简单地概括起来,便是6个字"管住嘴、迈开腿"。《健康中国行动(2019—2030年)》也对此进行了解答,提出了合理膳食行动及健身行动,针对超重和肥胖人群给出膳食指导建议包括减少能量摄入,增加新鲜蔬菜和水果在膳食中的比重,适当选择一些富含优质蛋白质(如瘦肉、鱼、蛋白和豆类)的食物;避免吃油腻食物和油炸食品,少吃零食和甜食,不喝或少喝含糖饮料;进食有规律,不要漏餐,不暴饮暴食,七八分饱即可。健身行动则指出单纯性肥胖患者,控制体重每天要进行45分钟以上的中低强度的运动。在减低体重过程中,建议强化肌肉力量锻炼,以避免肌肉和骨骼重量的下降。

大家要牢记"不治已病治未病"的理念。类似上述的体格发育偏离,通过我们儿保科医师的宣教、科普,大部分都是可以预防的,即使不能完全预防,也可以做到定期监测,早期诊断,早期治疗,促进儿童健康成长! 这也是我们作为儿保科医师的职责和意义所在。

二、特色与创新

本课程的思政设计,首先通过提问引出身材矮小及低体重的主题,并通过观看视频了解上述人群所遭受的苦难,让学生更加重视这方面的疾病,并产生进一步了解该疾病的想法。在此基础上讲解相关体格生长偏离的概念、定义和影响因素,引入国家在改善身高、体重等方面所做的努力和政策。通过与大饥荒时期的政策对比,让学生更加体会到当前国家的好政策,产生国家认同和制度认同。最后,通过讲解我们儿童保健科医师的职责、义务、意义,提出"不治已病治未病"的概念,使学生更好地认同儿童保健科医师的职业使命感和荣誉感,实现自我价值提升。

三、教学总结和反思

体格发育偏离是一个大的概念,包括许多内容,其中身高、体重、性发育的偏离都是非常重要的内容,在临床非常常见。本课程的设计由于时间有限,无法做到每个疾病都详细地讲解,所以性早熟相关内容会相对简略带过。但是,相信同学在详细了解了矮身材和低体重之后,对性早熟这个疾病也会有更深刻的认识。

母爱之源,天赐营养——母乳喂养

学校	成都医学院	课程	儿童保健学
章节	儿童营养	撰写教师	黄　莉、张　璨
教学目标及知识点	1.知识目标:能清楚描述人乳成分、阐述母乳喂养优点。 2.技能目标:能指导产妇进行正确哺乳(产妇正确的喂奶姿势和婴儿含接姿势)。		
课程思政目标	1.通过对"爱婴医院""母乳库"等项目的介绍,使学生了解国家有关母乳喂养出台的相关政策,激励学生不断通过学习促进母乳喂养率的提高,增强学生在推广母乳喂养的使命感。 2.通过介绍"母乳热线""袋鼠护理"等相关项目,使学生在母乳喂养推广上能将理论运用于实践活动,培养学生的人文情怀、语言表达能力,促和谐医患关系构建。		
育人元素	模块一:人文情怀;模块三:国家认同。		
教学方法	案例分享,提问讨论,视频观看。		

一、典型教学案例

(一)案例1:"彤彤的营养"

1.知识点:人乳成分。

2.思政目标:通过对"爱婴医院""母乳库"等项目的介绍,使学生了解国家有关母乳喂养出台的相关政策及在推广母乳喂养保证儿童健康上做出的各种努力,提高对国家认同感。同时,学生也了解到母乳喂养存在的困难,如部分产妇母乳喂养知识的欠缺、各地母乳库建设参差不齐等,激励学生不断通过学习促进母乳喂养率的提高,增强学生推广母乳喂养的使命感。

3.教学过程

介绍案例:

彤彤妈妈是一位38岁高龄产妇,婚后多年一直未能怀孕,通过辅助生殖技术终于顺利怀上了彤彤。妈妈在怀孕期间有"妊娠期糖尿病""妊娠期胆淤症",怀孕过程颇为艰辛。彤彤在家人们的期盼下出生了,正当大家在为这来之不易的宝贝高兴时,医生却告诉他们"孩子才33周,有早产、低血糖等问题需要住院治疗"。妈妈百般不愿,一刻也舍不得和孩子分开,担心孩子吃不好、睡不好,在家人的劝说下,彤彤住进了新生儿科。

体格检查 反应欠佳,刺激哭声弱,面色及口唇红润,呼吸平稳,未见三凹征,前囟平软,大小约 2cm×2cm,全身皮肤巩膜无黄染,双肺呼吸音清,未闻及干湿啰音,心率 138 次/分,律齐,未闻及杂音,腹平软,脐带结扎处未见渗血及渗液,肝脾不大,四肢肌力及肌张力均正常,原始反射可引出。

辅助检查 血常规:白细胞计数(WBC) $18.5×10^9$/L,中性粒细胞比率 0.63,淋巴细胞比率 0.30,血红蛋白(Hb) 148g/L,红细胞计数(RBC) $5.3×10^{12}$/L,血小板计数(PLT) $225×10^9$/L,血糖 1.6mmol/L。

入科后予以保暖、补含糖液维持血糖、监测血糖、生命体征、胆红素等。彤彤奶奶问医生"彤彤吃什么,她妈妈暂时没奶"。

引导学生讨论:你认为彤彤的喂养方式最好选择什么?

(学生发言)

(1)人乳成分营养丰富:人乳中必需氨基酸含量丰富;人乳所含酪蛋白为 β-酪蛋白,含磷少,凝块小,易被消化吸收。人乳中不饱和脂肪酸及乙型乳糖含量丰富,利于脑发育。人乳中电解质浓度低,适宜婴儿不成熟的肾发育水平。人乳中钙、磷比例适当,含乳糖多,钙吸收好。人乳中含低分子量的锌结合因子-配体,易吸收,锌利用率高。人乳中铁吸收率高,有利于预防贫血。

(2)生物作用:人乳 pH 对酸碱的缓冲力小,不影响胃液酸度,有利于酶发挥作用。人乳含不可替代的免疫成分(营养性被动免疫):初乳含丰富的 SIgA,可保护消化道黏膜免受多种病毒、细菌侵害。人乳中含有大量免疫活性细胞,初乳中更多,可释放多种细胞因子从而发挥免疫调节作用。人乳中的催乳素可促进新生儿免疫功能的成熟。人乳含较多乳铁蛋白,初乳中含量更丰富,是人乳中重要的非特异性防御因子。人乳的乳铁蛋白能抑制细菌的生长。人乳中的溶菌酶能水解革兰氏阳性细菌胞壁中的乙酰基多糖,使之破坏并增强抗体的杀菌效能。人乳的补体及双歧因子含量也远远多于牛乳,后者能促进双歧杆菌生长。人乳富含生长调节因子(如牛磺酸、上皮生长因子、酶),对细胞增殖、发育有重要作用。

(3)母乳不仅经济、方便、温度适宜,还能通过母乳喂养增强母婴间情感交流,有益于婴儿心理健康。同时可加快母亲产后子宫复原,减少再受孕的机会,减少乳腺癌及卵巢癌的发生。

引导讨论:母亲在没有母乳的情况下,有无好的替代方案?

(学生发言)

"母乳库"是为特别医疗需要而配置的一项重要设施,是招募母乳捐献者、收集捐献母乳,并负责母乳的加工、消毒、筛查、储存、分配工作的专业机构。1909年,世界上第一家母乳库在奥地利建立。经过100多年的发展,欧洲和北美成立了上百家母乳库。我国的母乳库起步稍晚,内地首家母乳库是2013年3月在广州市妇女儿童医疗中心成立的,随后在南京建立第二家,此后在上海、北京、重庆、西安等各大城市也陆续建立并发展,目前国内各地还在努力扩张。

母乳被人们称为"黄金液体",它对早产儿、病患婴儿来讲,不仅是食物,更是一种治疗的药物,是降低死亡率的重要干预手段之一。母乳是婴儿最天然的食物,对于早产儿来讲,母乳更是至关重要的健康保障。然而,大部分早产儿的妈妈,在生理上没有准备好泌乳,再加上一些妈妈因为疾病、服药等原因不具备哺乳条件,母乳供应就成为一大问题。建立公益性的、安全的"母乳库",将安全、健康的母乳提供给有需求的患儿,是非常有必要的。

引导提问:谈谈你知道的我国在母乳喂养方面的相关政策及措施。

(学生发言)

提示《中华人民共和国劳动法》规定哺乳假、成都医学院第一附属医院"爱婴医院"的知识手册、促进母乳喂养成功的十项措施、"母乳库"的建立等。图片法:展示成都医学院第一附属医院宣传"爱婴医院"及母乳喂养的相关措施,如提供免费母乳喂养知识手册、病区墙面张贴母乳喂养知识、母婴室设置等。

通过讲授法、提问讨论等方式,使学生掌握人乳成分及母乳喂养对新生儿的重要性。中间穿插介绍国家在母乳喂养的相关政策(《中华人民共和国劳动法》规定哺乳假、剖宫产哺乳假期的延长)、"母乳库"的建立、国际促进母乳喂养成功的十项措施,同时以图片形式展示成都医学院第一附属医院宣传"爱婴医院"及母乳喂养的相关措施(免费知识手册、病区墙面母乳喂养知识、母婴室设置),使学生更直观地了解,增强医生推广母乳喂养的使命感。

(二)案例2:"焦虑的彤彤妈"

1.知识点:影响母乳分泌的因素。

2.思政目标:通过介绍"母乳热线""袋鼠护理"等相关项目,使学生在母乳喂养推广上能将理论运用于实践活动,培养学生的人文情怀、语言表达能力,促和谐医患关系构建。以小组为单位进行讨论并完成课后作业,培养学生团队合作能力,增强集体荣誉感。

3.教学过程

介绍案例:

医生告诉家长,彤彤病情在好转观察中。彤彤妈在开心的同时,又向医生说出了自己最近一直担心的事,说自己在网上看到低血糖可能引起脑损伤,部分有可能影响智力。想到彤彤刚出生时也说有低血糖,这几天总是没什么胃口,睡眠也不好,泌乳也在明显减少,焦虑的情绪越发严重。彤彤爸来医院送母乳时,咨询医生"妈妈奶不好,有没有什么办法"。

引导学生讨论:影响母乳分泌的因素有哪些?

(学生发言,可从母亲有无疾病、营养、情绪、环境等方面考虑)

引导学生讨论:你会给彤彤家长什么建议?

促进母乳喂养成功的措施;产妇正确的喂奶姿势和婴儿含接姿势;可通过"母乳热线"从医生专业角度通过有效言语沟通达到缓解母亲焦虑情绪的目的;可尝试"袋鼠护理",既可促亲子交流缓解母亲焦虑情绪,同时亲子间的情感交流可促进孩子神经系统发展。

介绍"袋鼠护理"项目,观看袋鼠妈妈和孩子之间的亲子互动与交流。这样使学生有直观印象,更生动具体,理解更深刻。

通过案例展示、图片展示、提问讨论、视频观看,引导学生思考人文关怀如何践行。

最后,以问卷星的形式对本节课的重难点进行考核,同时调查学生对该门课程满意度。课后以小组为单位完成作业。

课后作业:请以小组为单位制作一个有关母乳喂养的短视频。

二、特色与创新

本课程引入案例,将母乳喂养相关知识融入其中,让学生有情景感。教学过程始终以学生为主体,教师引导提问、讨论、答疑、总结。课堂讨论过程中,适时、适度地引入课程思政内容,使学生对国家相关政策及在推广母乳喂养上提高保障儿童健康方面做出的努力有所了解,增强学生对国家认同感。通过授课,不仅对理论知识的掌握更牢固,还对医学人文关怀有了更深刻的理解,培养学生能够成为有温度的儿科医生,在以后从医过程中对患儿始终怀抱仁爱之心。以小组为单位完成课后作业短视频拍摄,使学生在母乳喂养推广上能将理论运用于实践活动,做到学以致用。同时,在这过程中可以培养学生的人文情怀、语言表达能力,促和谐医患关系构建,培养学生团队合作能力,增强集体荣誉感。

三、教学总结和反思

本课程教学过程中发现相较于传统理论讲解母乳喂养课堂,学生主动参与性更高,融入案例情景,使得兴趣更高,课堂氛围较活跃,师生间有良好互动,以问卷星的形式检验学生对新知识的掌握程度,分析教学效果,促使高效课堂的形成。课堂中学生结合案例带着问题思考、参与讨论,除掌握了人乳成分及母乳喂养优点、影响泌乳因素、促进母乳喂养的相关措施等,在母乳喂养的人文关怀方面("母乳热线""袋鼠护理")理解得更细致,且也使口语表达能力得到了锻炼,侧面提升了学生在日常母乳喂养宣传能力,全方位提升了学生综合素质,激发了医学生的使命感。通过对相关国家母乳喂养政策"爱婴医院""母乳库"等方面的介绍,增强了学生对国家认同感及自豪感。

课堂教学过程中也存在一些问题,部分同学只是做到了上课认真听,没有重视课前预习,主动参与讨论仍有待提高;由于课堂时间有限,故在讨论过程中,不能听取所有学生发言。因此,今后如时间允许可考虑分小组讨论方式,不仅有利于所有同学均可参与讨论,提高参与度,还有利于教师对同学掌握情况的全面了解,并可针对不同同学提出的反馈意见促进后续提升。后续还可思考是否可辅助使用网络教学手段(如学习通),进一步优化课程设计,提高学生的课堂参与度和课堂教学效果。课后可利用学习通、微信群、QQ 群等方式促师生间后续交流指导。

"预防为主"的中国特色社会主义健康观
——维生素 D 缺乏性佝偻病

学校	新疆医科大学	课程	儿童保健学
章节	儿童常见的营养相关疾病	撰写教师	罗燕飞、热衣兰木·包尔汉
教学目标及 知识点			

学校	新疆医科大学	课程	儿童保健学
章节	儿童常见的营养相关疾病	撰写教师	罗燕飞、热衣兰木·包尔汉
教学目标及 知识点	1.知识目标:能描述维生素 D 缺乏性佝偻病及维生素 D 缺乏性手足搐搦症的临床表现,分析其诊断标准和需要鉴别的疾病。 2.技能目标:能通过临床表现和辅助检查等来诊断维生素 D 缺乏性佝偻病及分期,并制订其治疗方案;能根据出生情况及年龄指导预防措施,并进行健康宣教;能识别维生素 D 缺乏性手足搐搦症并进行抽搐的急救处理。		
课程思政 目标	1.通过介绍"小儿四病防治"同时引出"乡村医生"故事,展现一代代医者牢记使命保持初心,践行仁心与耐心,增强职业认同感。 2.通过引入健康中国战略,融入"以人民健康为中心、预防为主"的中国特色社会主义健康观念,增强学生政治认同。		
育人元素	模块三:政治认同;模块五:责任使命。		
教学方法	讲授法、讨论法、直观演示法、任务驱动法、自主学习法等融合应用。		

一、典型教学案例

(一)案例 1:"以农村为重点,预防为主,中西医并重,依靠科技与教育,动员全社会参与,为人民健康服务,为社会主义现代化建设服务"的新时期健康事业方针

1.知识点:维生素 D 缺乏性佝偻病的概述。

2.思政目标:将佝偻病后遗症图片作为引课,介绍"小儿四病"防治同时引出"乡村医生"故事,展现一代代医者牢记使命保持初心,践行仁心,引发学生职业共鸣,增强职业认同感。

3.教学过程

通过佝偻病后遗症典型图片引入课程内容(图 5.5 至图 5.8):

营养性维生素 D 缺乏是引起佝偻病最主要的原因,由于儿童体内维生素 D 不足导致钙和磷代谢紊乱,导致长骨干骺端生长板和骨基质矿化不全,表现为生长板变宽和长骨的远端周长增大,在腕、踝部扩大及软骨关节处呈串珠样隆起、软化的骨干受重力作用及肌肉牵拉出现畸形等表现。维生素 D 除对骨质矿化有重要作用外,还对全身其他脏器有营养作用。

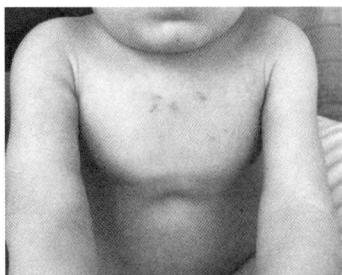

图 5.5　漏斗胸

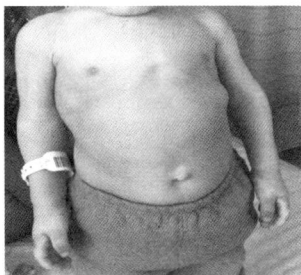

图 5.6　肋外翻

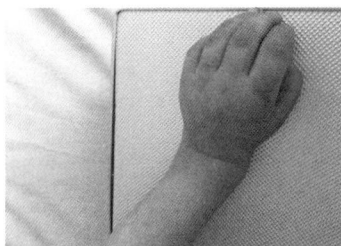

图 5.7　手镯征

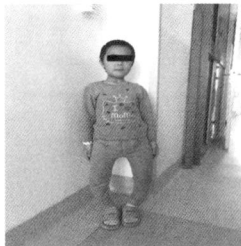

图 5.8　O形腿

营养性维生素 D 缺乏性佝偻病曾经是我国儿童保健重点防治的"四病"之一,许多患儿存在不可逆骨骼畸形。婴幼儿特别是小月龄婴儿是高危人群,北方发病率高于南方。近年来,随着我国社会经济水平的提高,该病发病率逐年降低,病情也趋于变轻。

介绍小儿"四病"防治的历史,引导学生讨论:在艰难的社会环境下我们如何实现"四病"的防治呢?

(学生发言)

中华人民共和国成立初期,百废待兴,人才匮乏,医疗人才更是紧缺,有限的医疗资源大都集中在城市,儿童健康水平城乡不均衡的现象也比较突出。但党和政府一向重视农村医疗卫生工作,提出把医疗卫生工作的重点放到农村去。从此,乡村医生背着红十字药箱行走在田间地头。这种低投入、广覆盖的基础防疫和医疗救助体系,在医疗资源匮乏的年代,承担着农民健康守护者的角色,给百姓带来温暖和希望。引入"乡村医生"的重要作用及预防需全社会共同参与的理念。

中华人民共和国成立初期,我国经济破坏严重,国民营养状况差,公共卫生事业落后,营养性疾病患病率高,极大危害广大人民健康,"预防为主"被确立为新中国卫生工作的三大原则之一;20世纪六七十年代,乡村医生组成了保护农牧民健康的第一道防线,这也是中国特色的合作医疗模式的体现。此后"预防为主,动员全社会参与，为人民健康服务"一直是重要的工作内容。正是有了这些基层医生的经验积累，才有了 1986 年卫生部发布的"小儿四病防治方案"，随着人民预防意识的提高，在全社会的共同努力下，作为重点防治的"四病"之一，佝偻病目前发病率明显降低，因骨骼畸形致残的患儿也基本见不到了。

通过图片演示、讨论的方式，使学生掌握维生素 D 缺乏性佝偻病的概述，对主要临床特点有一定的认识，为后期讲述临床表现做铺垫。通过介绍我国"小儿四病防治"及"乡村医生"的故事，引发学生职业共鸣，增强职业认同感和使命感。同时引入"预防为主的理念"，呼吁同学们成为健康中国的参与者。

(二)案例 2："人民至上"的中国特色社会主义健康观

1.知识点：维生素 D 缺乏性佝偻病的预防。

2.思政目标：在学习佝偻病的概述、机制、病因及临床表现基础之上，通过学生讨论引出预防的重要性，通过引入健康中国战略，融入"以人民健康为中心、预防为主"的中国特色社会主义健康观念，增强学生政治认同感。

3.教学过程

在前期所学知识：维生素 D 的来源、转化途径及维生素 D 缺乏性佝偻病的病因等内容的基础上提出问题：维生素 D 缺乏性佝偻病应该如何预防？

（利用所学内容，分小组进行组内讨论，并由 1 名成员阐述本组观点。）

维生素 D 缺乏及维生素 D 缺乏性佝偻病的预防应从围生期开始，以婴幼儿为重点对象并持续到青春期。

（1）胎儿期的预防

①孕妇应经常到户外活动，多晒太阳。

②饮食应含有丰富的维生素 D、钙、磷和蛋白质等营养物质。

③防治妊娠并发症，对患有低钙血症或骨软化症的孕妇应积极治疗。

④可于妊娠后 3 个月补充维生素 D800～1000IU/d，同时服用钙剂。

（2）0～18 岁健康儿童的预防

①户外活动：多晒太阳是预防维生素 D 缺乏及维生素 D 缺乏性佝偻病简便而有效的措施，保证儿童的体育运动特别是户外活动时间。

②维生素 D 补充：

母乳喂养或部分母乳喂养婴儿，应从出生数天即开始补充维生素 D 400IU/d，除非断奶并且配方奶或者强化牛奶的摄入量＞1L/d；

人工喂养婴儿，当配方奶摄入量＜1L/d，应注意通过其他途径保证 400IU/d 维生素 D 的摄入量，比如维生素 D 制剂的补充；

大年龄及青春期儿童,应维生素 D 强化饮食(维生素 D 强化牛奶、谷物等)和维生素 D 制剂补充相结合,400IU/d 维生素 D 制剂补充仍作为推荐。夏季阳光充足,可暂停或减量服用维生素 D。一般可不加服钙剂,当乳及乳制品摄入不足和营养欠佳时可适当补充微量营养素和钙剂。

(3)早产儿的预防

对于早产儿,尤其是出生体重 <1800～2000g 的小早产儿,母乳强化剂或者早产儿专用配方奶的使用对维持骨骼正常矿化、预防佝偻病的发生十分重要。

总结维生素 D 缺乏性佝偻病的预防,维生素 D 缺乏性佝偻病是可防可治的疾病,防重于治,提出问题:在我们所学习的儿科学疾病中还有哪些疾病是可防可治的疾病?

通过学生思考及讨论引导学生认识预防的重要性,引出健康中国战略。

实施健康中国战略,坚持预防为主,深入开展爱国卫生运动,课程教学中向学生传递"预防为主"的优化生命全周期,健康全过程的理念,动员全社会落实预防为主方针,实施健康中国行动,提高全民健康水平。课程融入"以人民健康为中心、预防为主""推行健康生活方式,减少疾病发生"等"人民至上"中国特色社会主义健康观念,增强政治认同感。

通过讲述、提问及分组讨论的方式,使学生掌握维生素 D 缺乏性佝偻病的预防,提高学生初步运用理论知识分析问题及解决问题的能力,通过引入健康中国战略,融入"以人民健康为中心、预防为主"的中国特色社会主义健康观,增强学生政治认同感。

课后任务:以小组为单位完成课堂微故事:挖掘"乡村医生"相关素材,在见习课课堂汇报,并阐述感想。

二、特色与创新

通过采用讲授法、讨论法等教学方法,从"小儿四病"防治方案引发学生思考,讲述"乡村医生"故事,在我国健康事业发展历程中始终将中国特色社会主义健康观念的形成贯穿始终。着重融入时代精神、政治认同、家国情怀、职业精神等思政元素,将"初心使命、仁心仁术、恒心持久"设计其中,将知识传授与价值引领相结合。通过融合应用直观演示法、任务驱动法、自主学习法等多种教学方法,使学生思考及讨论,引导学生认识疾病预防的重要性,引出健康中国战略,融入"以人民健康为中心、预防为主"的中国特色社会主义健康观念,增强学生政治认同。

三、教学总结和反思

本课程由"四病防治"引入我国健康事业的发展进路,融入"乡村医生""四病防治方案",通过时代精神的融入使学生掌握维生素 D 缺乏性佝偻病的概述、主要临床特点,增强职业认同感和使命感。引入"健康中国 2030 战略",融入"人民至上,生命至上"新时代中国特色社会主义人民健康观等多种元素,通过讨论、思考、归纳总结的方式,使学生掌握维生素 D 缺乏性佝偻病的预防,熟悉病因和发病机制,了解维生素 D来源、体内转化,生理功能;同时增强了学生的政治认同感。

  本课程融合应用了讲授法、讨论法、直观演示法、任务驱动法、自主学习法等多种教学方法,使学生对知识点直观认识的同时提高学生思考讨论、归纳总结、分析问题及解决问题的能力。在教学过程中运用"健康中国 2030 战略",但短暂的课堂时间无法让学生对相关内容达到深刻的认识和理解,须通过向学生发送相关资料,安排相关任务,使学生在课堂之外对"健康中国 2030 战略"有更为深刻和全面的认识。同时教师应运用更加通俗易懂的方式将健康中国战略、爱国主义等元素润物细无声地渗透于教学中。

少年强则国强——维生素 D 缺乏性佝偻病

学校	温州医科大学	课程	儿童保健学
章节	儿童常见的营养相关疾病	撰写教师	刘金荣
教学目标及 知识点	1.知识目标:能熟练运用病理生理知识分析维生素 D 缺乏性佝偻病及维生素 D 缺乏性手足搐搦症的临床表现。 2.技能目标:能通过临床表现和辅助检查等来诊断维生素 D 缺乏性佝偻病及维生素 D 缺乏性手足搐搦症,并制订其治疗方案;能根据出生情况及年龄指导预防措施,并进行健康宣教。		
课程思政 目标	1.通过学习使医学生认识到维生素 D 对儿童骨健康的重要性,引申出少年强则国强,儿童健康的骨骼、强健的体魄是国家强盛、民族兴旺的根基。 2.结合医学生自身的生活习惯和饮食习惯,让医学生认识到自身也是维生素 D 缺乏的高危人群,需要重视自身的维生素 D 水平和骨骼健康,学以致用。		
育人元素	模块三:政治认同,文化自信。		
教学方法	研讨辩论,生讲生评。		

一、典型教学案例

(一)案例 1:第 16 个全民健康生活方式日主题为:"三减三健"健康相伴

1.知识点:营养性维生素 D 缺乏性佝偻病的定义、发病率、生理功能和代谢。

2.思政目标:少年强则国强,儿童健康的骨骼、强健的体魄是国家强盛、民族兴旺的根基。

3.教学过程

首先为同学介绍我国为促进全民健康生活方式而制定的一系列政策文件:为贯彻落实《"健康中国 2030"规划纲要》具体要求,2017 年 4 月,原国家卫生计生委联合多部门共同印发了《全民健康生活方式行动方案(2017—2025)》,启动以"三减三健"为主要内容的全民健康生活方式行动。

提问:同学们知道什么是"三减三健"吗?

(学生发言)

2022 年 9 月 1 日是第 16 个全民健康生活方式日,国家有关部门以此为契机引领全国开展主题宣传月活动。2022 年的宣传主题为:"三减三健"健康相伴(减少盐类、糖类、油脂摄入，健康口腔、健康体重、健康骨骼)，针对"三减"倡导公众口味清淡、控制盐油糖，提出"每日盐不过 5 克""控制烹调油用量""食品饮料要少糖"；针对"三健"，倡导全生命周期关注，提出"早晚两次、正确刷牙""测体重、算指数、量腰围""强健骨骼、爱护关节"，每一项都跟慢病防控息息相关。

"健康骨骼"专项行动是"三健"专项行动之一。婴幼儿期的骨骼健康不仅影响生长发育，对成年后骨质疏松的发生也有很大关系。少年强、青年强则中国强。少年强、青年强是多方面的，既包括思想品德、学习成绩、创新能力、动手能力，也包括身体健康、体魄强壮、体育精神。青少年是国家的未来和民族的希望，促进青少年健康是建设体育强国、健康中国的重要内容。

引导学生讨论：跟骨骼健康相关的最主要的营养素包括哪些？

(学生发言)

维生素 D 和钙是影响儿童骨骼健康最重要的两个因素。

首先，讲解营养性维生素 D 缺乏性佝偻病的定义：营养性维生素 D 缺乏是引起佝偻病的最主要的原因，是由于儿童体内维生素 D 不足导致钙和磷代谢紊乱，以致骨骼发生病变，影响骨骼健康。婴幼儿期的骨骼健康不仅影响生长发育，对成年后骨质疏松的发生也有很大关系。

引导学生讨论：我国哪些人群是佝偻病的高发人群？为什么？我国地域广袤，发病率有无地区差异？为什么？

(学生发言)

维生素 D 缺乏性佝偻病的发生与日光照射、季节、气候、地理、喂养方式、出生情况、生活习惯、环境卫生、遗传等因素有关。婴幼儿，特别是小婴儿是高危人群，北方佝偻病患病率高于南方。近年来，随社会经济文化水平的提高和我国公共预防措施的加强、科普知识的推广，我国婴幼儿维生素 D 缺乏的情况明显减少，但是学龄儿童和青少年以及成年人，维生素 D 缺乏的情况仍然比较严重。据温州医科大学附属育英儿童医院儿童保健科、儿童体检中心统计，学龄儿童和青少年血清 25-羟维生素 D_3 水平较婴幼儿呈断崖式下降。随后介绍我国佝偻病防治工作的进展情况。

1961 年在黑龙江召开的全国儿科学术会议制订了佝偻病的诊断标准，以后在 1977 年和 1980 年两次全国佝偻病防治科研协作组会议作了修订。全国佝偻病防治科研协作组在原卫生部领导下 1986 年制订了"婴幼儿佝偻病防治方案"，规范了佝偻病防治工作。2007 年《中华儿科杂志》编辑委员会、中华医学会儿科学分会儿童保健学组及全国佝偻病防治科研协作组重新修订了维生素 D 缺乏性佝偻病的防治建议。2015 年全国佝偻病防治科研协作组和中国优生科学协会小儿营养专业委员会拟定了维生素 D 缺乏及维生素 D 缺乏性佝偻病防治建议。通过 60 多年的努力，我国营养性维生素 D 缺乏性佝偻病发病率逐年降低,病情也趋向轻度。在 20 世纪,北欧和美国佝偻病发病率很高,后来作为公共卫生问题,常规给婴幼儿补充维生素 D,不仅提供维生素 D 制剂,在婴儿的米粉、配方奶、面条、零食等食物中均有不同程度的强化维生素 D,多管齐下,使其发病率明显下降。但目前在其他发展中国家仍然是一个重要问题。

通过讲解我国、欧美国家的维生素 D 预防补充策略和佝偻病的下降趋势,认识到我国在促进儿童骨骼健康方面所做的巨大努力和取得的伟大成就,体会到预防医学在预防和控制疾病方面所发挥的重要作用。

(二)案例 2:今天你摄入奶制品了吗? 补充维生素 D 了吗?

1. 知识点:营养性维生素 D 缺乏性佝偻病的预防。

2. 思政目标:培养学生"预防营养性维生素 D 缺乏,促进儿童骨骼健康"的意识;树立疾病重在预防的理念;倡导合理补充维生素 D。

3. 教学过程

先提出两个问题:

(1)每天有喝一瓶(通常是 250ml)或更多牛奶的请举手?

(2)每天有补充维生素 D 和/或钙剂的请举手?

这两个问题的提出,是为了了解大学生们的奶制品摄入情况、对自身的维生素 D和钙营养的知晓情况。通常这时候举手的比例是非常低的,在正式上课前给学生输入一个观念:学好"营养性维生素 D 缺乏性佝偻病"这节课,不仅仅是掌握这个疾病的知识,还需要注意到作为成年人的大学生们,其自身的维生素 D 缺乏情况其实也很普遍,要重视自身的维生素 D 补充及奶制品的摄入,在奶制品摄入不足的情况下,可以适当补钙,促进骨骼健康,学以致用。

维生素 D 和钙是影响儿童骨骼健康最重要的两个因素。那如何来保证获得充足的维生素 D 和钙呢? 获得充足的维生素 D 的关键在于日光浴与适量维生素 D 的补充。这里强调,维生素 D 的补充应从孕期贯穿到成年期。孕妇应多户外活动,食用富含钙、磷、维生素 D 以及其他营养素的食物。妊娠后期适量补充维生素 D(800 IU/d)有益于胎儿贮存充足的维生素 D,以满足生后一段时间生长发育的需要。出生 1 个月后可让婴儿逐渐坚持户外活动,冬季也要注意保证每日 1~2 小时的户外活动时间。有研究显示,每周让母乳喂养的婴儿户外活动 2 小时,哪怕仅暴露面部和手部,可维持婴儿血 25-羟基维生素 D_3 浓度在正常范围的低值(>11 ng/dl)。早产儿、低出生体重儿、双胎儿生后 1 周开始补充维生素 D 800 IU/d,3 个月后改预防量;足月儿生后 2 周开始补充维生素 D 400 IU/d。按照 2016 版"营养性佝偻病防治全球共识"

建议,12月龄以上儿童至少需要补充维生素 D 600 IU/d。由于自然界富含维生素 D 的食物极少,维生素 D 的补充往往需要持续终生。

在座的大学生,奶制品摄入少,户外活动时间不充足,是维生素 D 缺乏的高危人群,要强调学生重视自身骨骼健康,监测体内 25-羟基维生素 D_3 水平,注意补充维生素 D 及钙剂。通过"营养性维生素 D 缺乏性佝偻病"这节知识点的学习,培养学生"预防营养性维生素 D 缺乏,促进骨骼健康从儿童做起"的意识;树立疾病重在预防的理念;倡导合理补充维生素 D。

二、特色与创新

本疾病课程思政案例的设计,主要是在医学理论知识学习中融入国家倡导的健康生活理念,将所学知识应用于促进儿童健康。儿童和青少年是国家的未来和民族的希望,促进儿童和青少年健康是建设体育强国、健康中国的重要内容。通过这堂课的学习,不仅让学生掌握书本的知识,如营养性维生素 D 缺乏性佝偻病的定义、发病率、生理功能和代谢、病因及预防等,更重要的是培养学生"预防营养性维生素 D 缺乏,促进儿童骨骼健康"的意识,树立疾病重在预防的理念。于课前以发放问卷星的形式,检验学生的预习效果,对本课知识的掌握程度,有利于促进学生自主学习,提高学习效率。

三、教学总结和反思

课程思政的实施,不照本宣科,插入时政元素,充分调动了学生课堂参与的积极性,提高了学生们的学习兴趣。同时课前预习相关知识,通过问卷星平台发放相关知识点的选择题,对于发挥学生主观能动性有积极的意义。维生素 D 的缺乏不仅发生于儿童和青少年,成年人也普遍缺乏,倡导合理补充维生素 D,不仅有助于促进儿童骨骼健康,对预防成人骨质疏松也具有深远意义。虽然课堂上大多数同学都能做到认真听讲,但是课程设置同学参与的机会仍较少,仅少数同学能参与讨论,如果能采用 TBL 的形式展开课堂讨论,学生的参与度会更高,学习效果将更好。

茜茜的不能承受之"重"——肥胖

学校	杭州医学院	课程	儿童保健学
章节	儿童常见的营养相关疾病	撰写老师	潘珊珊
教学目标及知识点	1.知识目标:能清楚阐述儿童单纯性肥胖的诊断步骤,能说出需要跟哪些疾病进行鉴别诊断;可以对儿童单纯性肥胖拟定合理的干预措施。 2.技能目标:能熟悉儿童体格检查,如体格生长常用指标的测量,可以进行关于儿童单纯性肥胖预防的健康宣教。		
课程思政目标	1.通过关爱并帮助遭受校园霸凌的肥胖儿童减肥后重拾信心的故事介绍,让学生体会到当一名有温度的医生的重要性,培养学生的社会责任感,深化职业认同;同时培养学生的医患沟通技能,并嵌入正确的审美观。 2.以小组为单位讨论单纯性肥胖如何进行干预,培养学生团队合作精神,增强集体荣誉感;课后让学生开展相应的社会活动,了解国情、科普群众。		
育人元素	模块五:社会实践;模块六:沟通技能,敬业精神。		
教学方法	研讨辩论,案例演示。		

一、典型教学案例

(一)案例1:儿童肥胖——生命不能承受之"重"

1.知识点:肥胖的诊断、鉴别诊断。

2.思政目标:增强医学生的职业认同感和社会责任感,培养学生的医患沟通技能,并嵌入正确的审美观。

3.教学过程

(观看肥胖儿童被校园霸凌的短视频)

介绍案例:

8岁的茜茜从小跟着老家的爷爷奶奶一起生活,老人家平时比较溺爱茜茜,经常给她买各种零食吃,所以从小茜茜就长得肉嘟嘟的,是个小胖妞,家里老人也没重视,还说"小孩子就要胖乎乎的才可爱""胖一点好,有劲,健康",到后来上学,茜茜体重更是直线飙升,现在才8岁的女孩,体重已经45kg。在学校里,同学们都嫌弃茜茜的体型,平时围在她身边嘲笑她、奚落她,有集体活动时也不愿意跟她一组,茜茜慢慢变得自卑起来,更加地暴饮暴食进行自我安慰,陷入一个恶性循环的境地。不仅如此,前 2 个月,妈妈帮着茜茜洗澡的时候发现她的胸部已经开始发育,妈妈这下慌了,想起胖姑娘容易早熟,所以赶紧带来医院看看。

门诊体格检查 身高 137.1cm,体重 45kg,BMI 23.9,身材匀称,咽充血,扁桃体 Ⅱ 度肿大,无渗出,背部无畸形,心肺无殊,双乳房 B2 期,外阴 PH1 期。

辅助检查 血糖 4.34mmol/L,总胆固醇 3.92mmol/L,甘油三酯 1.45mmol/L,高密度脂蛋白胆固醇 0.88mmol/L,低密度脂蛋白胆固醇 2.68mmol/L;B 超提示脂肪肝。

现今社会人以瘦为美,很多体型匀称的人也被认为肥胖,茜茜因"肥胖"就诊,学生讨论并回答以下问题:

(1)茜茜是真肥胖还是假肥胖,如何正规诊断肥胖?

(2)体瘦如柴不是美,体重超标也不能算美,如何定义真正的健康之美?

(3)儿童肥胖需要跟哪些疾病鉴别?

通过提问、讨论的方式,使学生掌握肥胖的诊断、鉴别诊断的关键问题。

茜茜在门诊也显得格外胆小自卑,不愿跟门诊医师交流,医患沟通困难。

学生继续讨论:

(1)对于因肥胖导致自卑的小儿,如何进行医患沟通?

通过讨论,加强医学生医患沟通能力的培养。

(2)肥胖患儿在心理及融入社会生活等方面有哪些注意事项?

通过这个问题,可以更好地培养学生的爱伤观念,培养有温度的医学生。

茜茜最终诊断为肥胖症,这一天刚好是 5 月 11 日,是"中国肥胖日"。门诊医师借机跟茜茜还有家长进行"中国肥胖日"的宣教:2018 年,中国医师协会外科医师分会肥胖和糖尿病外科医师委员会一致倡议,将每年的 5 月 11 日设立为中国肥胖日。5·11 的谐音是"我要1",最后的那个"1"代表苗条,通俗地讲就是"我要瘦"。通过肥胖日的设立,每年开展大型的卫生宣教活动,使人们对肥胖症有进一步的深刻认识,并促使全民积极参与对肥胖症的预防和治疗。2022 年 5 月 11 日是第 5 个"中国肥胖日",主题是"击溃负重,享瘦健康人生"。随后门诊医师制定了符合茜茜自身情况的健康饮食及让她加强运动锻炼,并鼓励她多参加集体活动,努力改变孤僻、自卑的心理,帮助她建立健康的生活方式,经过几次复诊,茜茜终于恢复了正常的体重,茜茜又变成了一位活泼开朗、身材匀称的健康小女孩。

(二)案例 2:"知食"就是力量

1. 知识点:肥胖症的干预及预防。

2. 思政目标:以小组为单位讨论单纯性肥胖如何进行干预,培养学生团队合作精神,增强集体荣誉感,课后让学生开展"'知食'就是力量"的社会活动,了解国情、科普群众,为儿童谋取福利。

3.教学过程

介绍"'知食'就是力量"活动的相关背景:

当今社会,儿童超重肥胖呈现快速上升的趋势,已成为威胁我国儿童身心健康的重要公共卫生问题。儿童超重肥胖问题的出现,不仅与吃得多有关,更与饮食结构有关,尤其是小卖部货架上的食品及饮料,成为孩子们超重肥胖的罪魁祸首。为了应对这一局面,2022年5月联合国儿童基金会发起了一项公益活动——"知食"就是力量:设立知"食"小卖部,"知食"小卖部类似于普通小卖部——陈列了几十种膨化食品、糖果、含糖饮料和其他常见的零食仿制品。然而,这里的"商品"标签并不显示价格,而是说明此"商品"是否为高脂肪、高糖或高盐食品,并标示其总能量。在"知食"小卖部里可以通过互动、展示等方式,让儿童及家长了解经常食用这些过度加工的食品与超重等不良健康状况之间的关联。

《中国居民营养与慢性病状况报告(2020年)》显示,2020年,6～17岁儿童超重率和肥胖率分别为11.1%和7.9%。6岁以下儿童超重率和肥胖率分别为6.8%和3.6%,已经呈现流行趋势。而当今社会糖、盐、脂肪摄入过多,是造成儿童肥胖的重要原因,损害了儿童获得充足营养、健康成长的权利。儿童时期的超重肥胖所产生的负面影响将伴随一生,对个人、家庭和社会都会造成影响。超重肥胖群体罹患相关慢性疾病的风险更高,更容易出现情绪与行为问题。所以这个"'知食'就是力量"的活动可以让儿童及家长有能力做出充分知情、健康的食物选择。"充分知情",是指要让孩子们了解常见食品中糖、盐和脂肪的含量;"有能力",是指要让孩子真正理解不健康食品与超重之间的关联,鼓励儿童做出积极的行为改变。

通过"'知食'就是力量"这个活动的讲解并收集"知食"就是力量的相关资料文案,结合专业知识,让同学们明白儿童肥胖如何去进行干预,并且课后让同学们在社区、幼儿园等场所开展"'知食'就是力量"公益活动,通过互动实验、知识问答、公开课等形式,为大家揭秘孩子们最常选择的零食和含糖饮料的成分,并鼓励儿童作出积极的行为改变(信息来源于2022.05.20中国营养学会官方科普号"中国好营养"的文章《2022全民营养周|知食小卖部成都首次亮相》)。

通过这个活动提升学生的社会责任感,保障儿童获得营养食品和健康未来的权利,重塑食物环境,尽早扭转儿童超重肥胖的发展趋势。

最后,以"中国肥胖日"为主题,录制3分钟左右的科普小视频;以问卷星的形式对本节课的重难点进行考核,同时调查学生对该门课程满意度。课后以小组为单位完成社会实践活动"'知食'就是力量"。

二、特色与创新

本课程运用案例教学法,将肥胖的诊治与基础阶段所学的知识进行融合。课堂讨论过程中,适时、适度地引入课程思政内容,培养学生的社会责任感,加强学生对医生行业的职业认同。教学过程始终以学生为主体,教师辅助答疑,提升了学生参与性,树立了以学生为中心的教学理念。以小组为单位让学生完成社会实践活动,引导学生真正走出学校,走进社会,走近人民群众。培养学生的团队合作精神,增强集体荣誉感,同时在实践活动中了解国情、科普群众,为儿童谋取福利。

三、教学总结和反思

本课程教学过程中发现学生对于思政案例的兴趣比较高,课堂气氛活跃,学生从单一听讲做笔记转移到积极思考、热烈讨论中。因此后期的思政教学中会继续挖掘体现医生责任、医生使命、医生担当的实际案例并融入教学课件。但课堂教学过程中也存在一些问题,比如学生在课前对学习内容没有做好充分的预习,导致思考讨论的话题深度广度不够,因此今后将采用翻转课堂的形式,进一步提高学生学习的主观能动性,优化课程设计,改进教学方式,以期获得满意的教学成果。

小胖墩瘦形记——食物过敏

学校	贵州医科大学	课程	儿童保健学
章节	食物不良反应	撰写老师	熊　妍、蒙文娟
教学目标 及知识点	1.知识目标:能清楚阐述食物过敏定义、临床表现及食物过敏的诊治流程。 2.技能目标:熟悉食物过敏的问诊,能初步判读食物过敏相关辅助检查结果。		
课程思政 目标	1.通过一例过敏宝宝的诊疗过程,培养学生对医生行业的职业认同感和使命感。 2.通过牛奶蛋白过敏的治疗过程,激发学生勇于探索,传承创新精神。		
育人元素	模块一:人文情怀;模块四:创新精神。		
教学方法	案例讨论,情景模拟。		

一、典型教学案例

(一)案例1:小胖墩的进食烦恼——牛奶蛋白过敏宝宝的求医路

1. 知识点:食物过敏的临床表现、辅助检查及诊断流程。

2. 思政目标:培养学生的仁爱之心,加强学生对医生行业的职业认同感和使命感。

3. 教学过程

介绍案例:

3月龄的小杰是一个可爱壮实的小胖墩。1个月前妈妈的母乳不够小杰吃了,看着宝宝嘬着小嘴到处找吃的,有时还津津有味地啃自己的小拳头,小杰妈妈很着急,看着市面上令人眼花缭乱的配方奶,她精心挑选了一款进口配方奶,小杰吃完母乳,就大口大口地吸吮起配方奶来。第二天,小杰妈妈发现宝宝的面颊部皮肤出现散在的几颗小红疹子,看着胖乎乎的小家伙精神好、吃奶好,妈妈没在意。随后小杰吃完奶总要吐上几口,大便变稀了,次数增多了,平均 6～8 次/日,脸上的小疹子逐渐增多,而且宝宝食欲也下降了,似乎吃奶成了宝宝的烦恼,近 1 个月体重没有增长,圆圆的小脸越来越瘦。1个多小时前宝宝的大便里出现了鲜血,小杰妈妈急坏了,立刻带孩子到医院就诊。

个人史:39 周足月顺产,出生体重 3.3kg,身长 50cm,生后 1 月纯母乳喂养,生后 2 月因母乳不足混合喂养至今。

家族史:患儿爸爸有过敏性鼻炎病史。

入院后查体 体温 37℃,体重 5.1kg,身长 60cm,神志清,精神反应可,颜面及躯干可见密集分布、大小不一红色斑丘疹,伴抓痕,面色稍苍白,心肺(一),腹部稍胀,未见胃肠型及蠕动波,未扪及包块,肝脾未扪及肿大,肠鸣音 7 次/日。

辅助检查 血常规:白细胞计数(WBC)15.09×10⁹/L,中性粒细胞比率 0.426,淋巴细胞比率 0.403,嗜酸性粒细胞比率 0.13,血红蛋白(Hb)93g/L,红细胞计数(RBC)3.78×10¹²/L,血小板计数(PLT)718×10⁹/L。

学生讨论:

小杰因皮疹、呕吐、腹泻、血便就诊,伴吃奶减少。体格检查发现生长发育欠佳,颜面及躯干可见红色皮疹,血常规提示嗜酸性粒细胞升高。

(1)你认为最可能的疾病是什么? 什么疾病可以同时累及皮肤及消化系统?

(2)你认为此病有哪些临床表现,它和食物不耐受有什么不同?

(3)你认为需要进行哪些检查来明确诊断?

通过提问和讨论学习,使学生掌握牛奶蛋白过敏的临床表现及实验室检查。对学生的讨论进行点评和总结。

第 2 天小杰的变应原+IgE 检查结果回示:总 IgE 404IU/ml,变应原结果:牛奶阳性,sIgE>0.35 kUa/L,过敏原皮肤点刺试验:牛奶(++++)。

病史总结:入院后医生通过仔细询问病史,注意到孩子全部症状均在生后 2 月添加配方奶后逐渐出现皮疹、腹泻、呕吐、食欲下降及血便等,故须高度警惕食物过敏可能。血清总 IgE 及 sIgE 均高于正常,过敏原皮肤点刺试验提示:牛奶(++++),小杰爸爸有过敏史,故诊断 IgE 介导的牛奶蛋白过敏。

学生分组讨论:

(1)食物过敏的定义;

(2)食物过敏的临床表现;

(3)食物过敏的实验室检查;

(4)食物过敏的诊断流程。

以分组抢答并讨论的方式回答上述提问,同时进一步讨论:如果通过实验室检查不能明确诊断食物过敏,在这种情况下,还有什么方法可以进行诊断? 若实验室检查均为阴性,怎么和家长沟通患儿仍然要考虑食物过敏? 从而加强医学生医患沟通能力的培养。

食物过敏分为 IgE 介导、非 IgE 介导及混合介导。食物蛋白过敏常常是非 IgE 介导及混合介导。目前尚没有明确的实验室检查可快速有效地进行诊断,故诊断常常需要详细询问病史、家族过敏史以及必要的实验室检查。总 IgE 及特异性 IgE 检查可初步判断有无 IgE 介导的食物过敏,检查结果阴性仍不能排除非 IgE 介导的食物过敏,在有条件的医疗机构,可进行口服激发试验,该试验是诊断食物过敏的金标准。

(二)案例2:小胖墩重新爱上吃奶的治疗过程

1.知识点:食物过敏的治疗原则及预后。

2.思政目标:树立正确的职业价值观,培养学生勇攀医学高峰的创新精神。

3.教学过程

观看游离氨基酸配方奶治疗牛奶蛋白过敏宝宝的视频。激发医学生的科学探索精神。并分组讨论,培养学生独立思考和灵活运用知识的能力。游离氨基酸配方奶起初并不是专门为牛奶蛋白过敏宝宝设计的,一次偶然的机会,一位荷兰医师在别无他法的情况下,试用游离氨基酸配方奶喂养便血的婴儿,由此发现了牛奶蛋白过敏的治疗方法。

提出问题:

(1)食物过敏儿童是否需要避食和饮食替代? 饮食替代的时间是多久?

介绍我国儿科医师在诊治儿童牛奶蛋白过敏方面的积极贡献,同时对儿童食物过敏的认识仍存在问题,如诊断和治疗方面不足和过度并存,激发同学们不断探索和勇攀医学高峰的科学精神。

合理的饮食回避是食物过敏治疗最主要的方法,应回避明确过敏的食物。长期进行饮食回避的食物过敏患儿应进行营养咨询,在专科医师和营养师指导下进行饮食替代,保证营养素的摄入,并定期监测儿童的生长情况。

(2)食物过敏是否会自愈?

IgE介导的牛奶、鸡蛋、大豆、小麦等过敏随着年龄增长会出现一定程度的耐受甚至完全耐受;花生、坚果类过敏往往持续到成人,非IgE介导的食物过敏更容易更早出现耐受。

(3)如何救治食物所致严重过敏反应?

严重过敏反应不仅会导致生长发育迟缓,甚至会危及生命,故准确判断、及时治疗显得尤为重要。食物严重过敏反应的一线治疗为肌注肾上腺素。未使用和延迟使用肾上腺素治疗与不良结局相关。

(4)食物过敏儿童的辅食添加应该早添加还是晚添加?

对牛奶蛋白过敏儿童,不应早于4月龄、不晚于6月龄添加固体食物。早于4月龄或晚于6月龄不仅无预防食物过敏作用,反而有增加食物过敏风险,建议辅食从富含铁的泥糊状食物开始,如婴儿营养米粉、瘦肉等,逐渐增加食物种类及进食量。引入新食物时,应密切观察是否有过敏现象发生。每周引入一种食物,且不能在转奶同时添加新辅食。新添加的食物应遵循由少到多的原则,必要时高温烘焙以去除过敏源性。添加辅食过程中,若出现过敏症状,则退回到上一次添加的食物成分。食物过敏儿童的父母普遍存在焦虑状态,合理有效地指导喂养,能最大限度地避免过敏带来的危害并诱导免疫耐受,帮助家长顺利渡过难关。通过这个问题,可以更好地培养学生的爱伤观念,培养有温度的医学生。

(5)食物过敏儿童饮食回避的时间及对过敏食物再引入的流程是什么?

对食物过敏而言,饮食回避是治疗的主要手段。对于不能母乳喂养的婴儿来说,牛奶蛋白作为其唯一的营养来源,饮食回避不能解决其生长发育需求,如何选择配方奶,以及过敏食物何时引入,怎样再引入等问题均是一系列挑战。因此要求学生在课后完成查阅文献和自由讨论,一方面可提高学习积极性,另一方面也培养了他们的团队合作精神。

小杰妈妈在回避进食牛奶后继续母乳喂养,不足部分添加游离氨基酸配方奶喂养,小杰宝宝又开心地大口吃奶了。不久,肉嘟嘟的小胖墩又回来了。最后,提供小杰治疗前后的照片进行对比,给学生留下深刻印象,激发学生不断探索医学知识,勇攀医学高峰的精神。

以雨课堂形式对本节课的重点和难点进行考核,同时调查学生对该门课程满意度。课后以个人为单位完成作业。引导学生对食物蛋白过敏的进一步探索。

二、特色与创新

本课程运用案例教学法,将牛奶蛋白过敏儿童的诊治与基础阶段所学的知识进行融合。教学过程始终以学生为主体,教师辅助答疑。课堂讨论过程中,逐步引入课程思政内容,培养学生的仁爱之心,增强学生对医生行业的职业认同感和使命感,同时激发学生不断探索的科学精神和勇攀高峰的创新精神。整个教学过程中,培养学生临床思维能力,做到举一反三、触类旁通,通过对牛奶蛋白过敏相关诊疗的学习,全面掌握不同类型的食物过敏的诊治流程。

三、教学总结和反思

本课程教学过程中发现学生对于案例讨论学习的兴趣比较高,课堂气氛活跃,因此后期针对教学过程中出现的问题,不断改进教学方法,完善和提高教学质量。

但课堂教学过程中也存在一些问题,分析讨论仍不深入,课前准备不充分,对国内外的新进展关注不够,绝大多数同学只是做到了掌握老师上课时的重点内容,没有进一步的思考。老师课间、课后与学生的交流时间并不多。因此今后将进一步优化课程设计,同时利用先进的课堂辅助软件,如雨课堂等,做好课前预习及文献导读,提高学生的课堂参与度和监测课堂教学效果,加强对课前重点内容介绍,课中抢答,以小组为单位进行辩论分析及课后答题,自由讨论等多种形式对学生进行监督、检查和指导。

健康生活的"保护伞"——免疫规划

学校	大理大学	课程	儿童保健学
章节	疾病预防与健康促进措施	撰写教师	和艳红
教学目标及知识点	1.知识目标:能清晰描述儿童免疫规划的内容及程序,清楚判断接种疫苗的禁忌证。 2.技能目标:能熟练准确指导家长按规划接种疫苗,能处理常见的疫苗接种不良反应。		
课程思政目标	1.通过介绍人民科学家顾方舟在脊髓灰质炎活疫苗研制方面的贡献,启发学生的科学精神、培养文化自信。 2.通过介绍我国免疫规划的发展历史及取得的成就,培养民族自豪感、爱国情怀。		
育人元素	模块三:文化自信;模块四:科学精神。		
教学方法	案例演示,生讲生评。		

一、典型教学案例

(一)案例1:"人民科学家""中国脊髓灰质炎疫苗之父""糖丸爷爷"顾方舟

1.知识点:疫苗对守护儿童健康的重要性。

2.思政目标:启发科学精神、培养文化自信、激发民族自豪感和爱国情怀。

3.教学过程

开场设问:作为一名医学生,大家知道什么是预防感染性疾病最有效、最经济的措施吗? 还记得童年时候吃过的"糖丸"吗?"糖丸"预防的是哪种传染病? 你们知道是谁研发的吗?

(生讲生评,让学生回答,并展开讨论)

预防接种是最有效、最经济的感染性疾病的预防措施,许多传染性疾病进行预防接种后发病率大大降低,其中最显著的成就是通过多年的预防接种,于 1979 年世界范围内消灭了天花。天花也许离我们很遥远,但脊髓灰质炎大家可能比较熟悉,我们每个人都服用过那甜甜的"糖丸"。"糖丸"预防的就是脊髓灰质炎,这里不得不提顾方舟教授。

顾方舟,1926 年 6 月 16 日出生于浙江宁波,著名医学科学家、病毒学家,1955 年毕业于苏联医学科学院病毒学研究所,获医学博士学位。1957 年顾方舟从脊髓灰质炎患者的粪便中分离出脊髓灰质炎病毒。1959年前往苏联学习脊髓灰质炎疫苗研制方法和生产工艺。1959年存在着"灭活疫苗"与"减毒疫苗"两派之争,"灭活疫苗"安全、低效但价格昂贵而"减毒疫苗"便宜、高效但安全性有待研究,顾方舟以科学家的胆识和理性的判断选择了未被证明安全、没有成熟生产工艺的减毒活疫苗并亲自把毒种从苏联带回国进行研究。顾方舟团队制订了疫苗两步研究计划:动物试验和临床试验。在动物试验成功后,进入临床试验,谁来第一个做人体试验呢?顾方舟决定自己先试用疫苗,他喝下了疫苗后没有出现异常反应。然而,临床试验面临着一个更大的难题:疫苗对成人是安全的,但必须证明对儿童也是安全的。谁愿意拿自己的孩子做试验呢?顾方舟抱来他当时唯一的孩子做临床试验,随后实验室同事的孩子都加入试验,Ⅰ期临床试验顺利通过,Ⅱ期临床试验结果表明疫苗安全有效,随后Ⅲ期临床试验顺利通过,1960年研制出首批脊髓灰质炎活疫苗。然而,脊髓灰质炎疫苗口服率要达到95%才能形成免疫屏障,那时没有冷链,让疫苗有效地在全国短期内流通非常困难。怎样才能研制出方便运输、孩子又爱吃的疫苗呢?顾方舟团队经过一年多的研究于1962年又成功研制出脊髓灰质炎减毒活疫苗糖丸,糖丸疫苗延长了保存期。随着糖丸疫苗大规模生产及接种,我国进入全面控制脊髓灰质炎流行的历史阶段。2000年10月世界卫生组织证实中国本土脊髓灰质炎病毒野生株的传播已被阻断,在"中国消灭脊髓灰质炎证实报告签字仪式"上,顾方舟作为代表郑重签名,标志着我国成为无脊髓灰质炎国家。由于顾方舟为我国消灭脊髓灰质炎作出的巨大贡献,他被誉为"中国脊髓灰质炎疫苗之父",也被孩子们亲切地称为"糖丸爷爷"。他把毕生精力都投入到消灭脊髓灰质炎这一儿童急性传染病的战斗中。2019年1月2日,顾方舟去世。2019年9月29日中华人民共和国国家勋章和国家荣誉称号颁授仪式在北京人民大会堂隆重举行,顾方舟被授予"人民科学家"国家荣誉称号。

开放式讨论:请同学们谈谈对科学精神的理解。

(学生发言)

顾方舟以国家需求为使命,为脊髓灰质炎的防治奉献一生,最终实现我国全面消灭脊髓灰质炎并长期维持无脊髓灰质炎状态,造福亿万儿童,这就是科学精神的体现。

(二)案例2:我国免疫规划的发展历史及取得的伟大成就

1.知识点:儿童免疫规划的内容及程序、接种疫苗的禁忌证及接种反应的处理。

2.思政目标:培养民族自豪感、爱国情怀及体会到社会主义制度的优越性。

3.教学过程

（观看 2020 年全国抗击新冠疫情表彰大会片段）

2020 年初新冠疫情暴发,为控制新型冠状病毒流行,国家投入大量人力、物力研发新冠疫苗。2020 年 1 月 24 日中国疾控中心成功分离出中国首株新型冠状病毒毒种,2020 年 3 月 16 日重组新冠疫苗获批启动临床试验,2020 年 4 月 13 日中国新冠病毒疫苗进入Ⅱ期临床试验。2020 年 12 月 15 日中国正式启动了重点人群新冠疫苗免费接种工作,此后全国 3 岁以上人群均免费接种新冠疫苗,构建国人免疫屏障,达到控制新冠疫情的目的。纵观人类发展史,天花、脊髓灰质炎、结核 、麻疹、乙肝等传染病都是依靠普遍的疫苗接种来实现对传染病的消灭和控制的。我国自 20 世纪 70 年代开始实施免疫规划,为我国控制传染病、为人们健康生活做出了巨大贡献。

设问:同学们知道我国的免疫规划吗? 我国的免疫规划为控制传染病创造了哪些伟大成就?

（生讲生评,让学生回答,并展开讨论）

接下来介绍中国免疫规划工作发展历程及伟大成就,可以把它分成几个期。

计划免疫前期　1950—1977 年,20 世纪 50 年代全国开展普种牛痘、鼠疫、霍乱等疫苗的接种运动。1963 年卫生部首次发布《预防接种工作实施办法》,逐步在全国开展卡介苗、脊髓灰质炎疫苗、百白破疫苗和麻疹疫苗的预防接种工作。 主要成绩:20 世纪 60 年代中国在全球率先消灭了天花,研制成功脊髓灰质炎疫苗和麻疹疫苗,疫苗针对的传染病发病率大幅下降。

计划免疫时期　1978—2000 年,1982 年卫生部颁布并实施《全国计划免疫工作条例》把普及儿童计划免疫纳入国家卫生计划,主要内容为 4 苗防 6 病:卡介苗、脊髓灰质炎疫苗、百白破疫苗、麻疹疫苗。 主要成绩:先后于 1988 年、1990 年、1995 年实现以省、县、乡为单位儿童免疫接种率达到 85％的目标,实现世界卫生组织提出的普及儿童免疫规划目标。2000 年完成无脊髓灰质炎证实工作并经世界卫生组织确认,中国达到了无脊髓灰质炎区的目标。

免疫规划时期　2001—2007 年,2002 年将乙肝疫苗纳入儿童免疫规划,5 苗防 7 病:在 4 苗防 6 病基础上增加了乙肝疫苗。 主要成绩:继续保持无脊髓灰质炎状态、乙肝疫苗纳入免疫计划、加速麻疹控制步伐、安全注射引入计划免疫。

扩大国家免疫规划时期　2008 年至今,2008 年 3 月卫生部等 5 部门联合印发《关于实施扩大国家免疫规划的通知》,其中儿童接种的 11 种疫苗预防 12 种传染病,在现有的国家免疫规划疫苗基础上将甲肝疫苗、流脑疫苗、乙脑疫苗、麻腮风联合疫苗纳入国家免疫规划。通过扩大免疫规划疫苗接种,甲型肝炎、流行性乙型脑炎、流行性脑脊髓膜炎报告病例数明显减少。2006 年全国调查乙型肝炎表面抗原携带率为 7.18％,比 1992 年的 9.57％下降 26.36％,2006 年 1～4 岁儿童乙肝表面抗原携带率 0.94％,达到我国《2006—2010 年全国乙型病毒性肝炎防治规划》提出的 5 岁以下儿童乙肝表面抗原携带率<1％的目标。我国免疫规划工作也得到国际社会的高度评价,1991 年联合国儿童基金会为我国颁发儿童生存银质奖章,表彰我国在儿童免疫规划工作中取得的巨大成绩。2014 年,世界卫生组织表彰我国乙肝防控工作,我国乙肝防控被誉为 21 世纪公共卫生领域的伟大成就,是其他发展中国家的典范。

设问:同学们知道我国的免疫规划疫苗和非免疫规划疫苗的内容及免疫规划程序吗? 接种疫苗的禁忌证有哪些? 如何处理接种反应?

(生讲生评,让学生回答,并展开讨论)

教师对学生的讨论进行点评和总结。介绍免疫规划内容及程序,一类及二类疫苗的接种,接种疫苗的禁忌证及接种反应的处理。

(1)我国将疫苗分为几类进行管理?

2019 年 2 月实施的《中华人民共和国疫苗管理法》将疫苗分为免疫规划疫苗和非免疫规划疫苗。免疫规划疫苗为免费疫苗,即一类疫苗,是指居民应当按照政府的规定接种的疫苗;非免疫规划疫苗为自费疫苗,即二类疫苗,是指由居民自愿接种的其他疫苗。

(2)国家免疫规划疫苗儿童免疫程序是怎样的?

(3)疫苗接种的禁忌证有哪些? 如何处理接种反应?

疫苗接种禁忌证:急性疾病、过敏体质、免疫功能不全、神经系统疾病。

接种反应的处理:全身反应、局部反应的处理。

最后,用问卷星对本节课的重难点进行考核,考核学生对新知识的掌握程度,分析教学效果。课后学生完成作业,巩固本节课的知识点。

二、特色与创新

本课程运用案例教学法,教学过程始终以学生为主体,生讲生评,让学生回答,并展开讨论,教师适当介绍、教师对学生的讨论进行点评和总结,课堂讨论过程中适时、适度地引入科学家顾方舟事迹、新冠疫苗的研发及免费接种、我国免疫规划取得的伟大成就,启发科学精神、培养文化自信,同时激发民族自豪感和爱国情怀。

三、教学总结和反思

医学专业课程思政教学不是独立于专业知识传授之外的教学模式,而是知识传授和价值引领有机统一的过程,我们在医学专业课教学的环节中采用多种形式有机融入思政教育,让专业教学更有温度、思政教育更有亲和力。在免疫规划教学中通过融入人民科学家的故事和我国免疫规划发展历史及取得的伟大成就,培养学生的科学精神、民族自豪感、爱国情怀及体会到社会主义制度的优越性。但如果思政元素融入的内容较多及融入时机不恰当很容易成为以思政为主的课堂。因此,教师在保证教学专业性和科学性的前提下,将提炼出的思政元素自然地融入教学中,使学生喜闻乐见,达到以情动人、以理服人、润物细无声的目的。课前要求学生预习教材、查阅相关资料提高学生课堂的参与度、提高课堂教学效果。

保驾护航——新生儿筛查

学校	贵州医科大学	课程	儿童保健学
章节	新生儿筛查与遗传病	撰写教师	陈茂琼、熊 伟
教学目标及 知识点	1.知识目标:能清楚阐述新生儿筛查内容、筛查方法;熟悉新生儿筛查疾病的诊断标准及治疗。 2.技能目标:能初步评估儿童体格测量指标,熟悉新生儿筛查的医患沟通技巧。		
课程思政 目标	1.疾病模式发展:预防重于治疗,新生儿筛查的意义。 2.细致观察,善于思考,透过现象看本质。 3.服务基层,惠及民生,新生儿筛查的相关政策。		
育人元素	模块一:人文情怀;模块五:服务基层。		
教学方法	研讨辩论,情景模拟,雨课堂等。		

一、典型教学案例

(一)案例1:聪明的棒小伙

1.知识点:先天性甲状腺功能减退症(congenital hypothyroidism,CH)。

2.思政目标:新生儿筛查的意义——预防重于治疗。

3.教学过程

介绍案例:

小勇(化名),男,第一胎,第一产,胎龄 37^{+5} 周,于基层医院平产分娩,出生体重 3600g,出生史无特殊,生后母乳喂养,吃奶好,日龄 3 天,常规完善新生儿疾病筛查。1 周后筛查结果告知异常,遂就诊于贵州医科大学附属医院儿科门诊。体格检查:体温 36.0℃,心率 140 次/分,呼吸 40 次/分,血压 60/38mmHg(1mmHg≈0.133kPa),体重 3800g。神志清楚,反应好,营养良好,无特殊面容,心肺腹查体无异常。筛查结果:促甲状腺激素(TSH)高于正常,其余检查均正常;甲状腺功能(就诊后):总三碘甲状腺原氨酸(TT3) 2.85nmol/L,总甲状腺素(TT4) 62.8nmol/L,促甲状腺激素(TSH) 81.4mIU/L,游离三碘甲状腺原氨酸(FT3) 6.38pmol/L,游离甲状腺素(FT4) 8.2pmol/L。诊断:先天性甲状腺功能减退症。经口服左旋甲状腺素片治疗,门诊系统随访,现患儿 3 岁 6 个月,体格、智力及运动发育与同龄儿童相符。

学生讨论：

（1）甲状腺激素合成及生理功能；

（2）先天性甲状腺功能减退症临床表现、诊断标准及分类，预后；

（3）儿童体格生长指标的测量：体重、身高、头围、胸围的测量；

（4）甲状腺功能减退症的实验室检查，检验报告的解读；

（5）先天性甲状腺功能减退症治疗及随访管理。

（二）案例2：皮肤变黑的宝宝

1. 知识点：先天性肾上腺皮质增生症（congenital adrenal hyperplasia，CAH）。

2. 思政目标：细致观察，善于思考，透过现象看本质。

3. 教学过程

介绍案例：

小晨（化名），女，第一胎、第一产，胎龄 39 周，平产娩出，出生体重 3800g，出生时否认窒息，全身皮肤黝黑，唇、乳头、脐部及会阴显著，外生殖器异常，难以辨别男女。吃奶、睡眠可，多次血气分析提示氧分压正常。于出生第三天常规完善新生儿疾病筛查，返家后家属未发现小晨有异常。日龄 1 周新生儿疾病筛查结果：17-羟孕酮升高。日龄 17 天就诊于贵州医科大学附属医院儿科门诊。体格检查：体温 36.0℃，心率 136 次/分，呼吸 35 次/分，血压 65/40mmHg（1mmHg≈0.133kPa），体重 3600g，神志清楚，反应好，全身皮肤黝黑，唇、乳头、阴唇显著，心肺腹查体无特殊，四肢肌张力可，各原始反射存在，双侧阴唇色深，于肛门前融合似阴囊，未触及睾丸，阴蒂肥大，似阴茎，其上端未见尿道开口（图 5.9）。肛门无异常。因小晨皮肤颜色黝黑，外生殖器异常，体重较出生时下降，立即完善相关检查。辅助检查：血细胞分析：未见异常；电解质：K^+ 6.2mmol/L，Na^+ 128mmol/L，Cl^- 103mmol/L，Ca^{2+} 2.5mmol/L，Mg^{2+} 0.82mmol/L，HCO_3^- 12.6mmol/L；促肾上腺素皮质激素（ACTH，随机）1038ng/L；皮质醇（Cor，随机）9.3μg/dl；基因检测报告：第 6 号染色体上，exon 3，CYP21A2 基因存在 1 个纯合突变，c.293－13A/C＞G（splicing），父、母亲为该位点杂合突变，ACMG 致病性分析为致病变异；染色体核型分析：46，XX。

根据小晨皮肤颜色、外生殖器及辅助检查，诊断：先天性肾上腺皮质增生症。经口服氟氢可的松和注射氢化可的松治疗后，电解质恢复正常，促肾上腺素皮质激素（ACTH）29ng/L；皮质醇（Cor）29.3μg/dl。门诊治疗后随访至今，皮肤颜色恢复正常，体格、运动、智力发育与同龄儿童相符（图 5.10）。

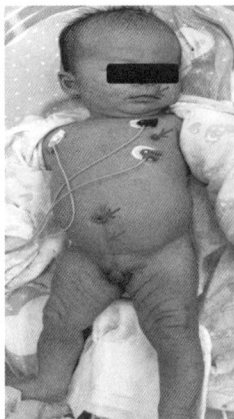

图 5.9　小晨出生时的照片

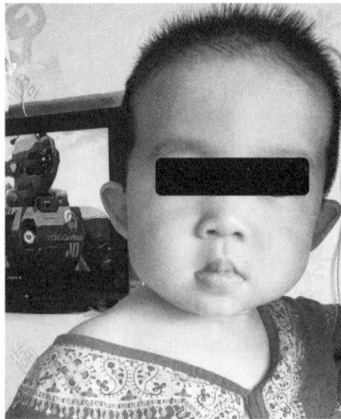

图 5.10　小晨近照

学生讨论：

(1)肾上腺结构及其激素的生理功能和代谢；

(2)肾上腺激素代谢的调节；

(3)先天性肾上腺皮质增生症的临床表现及实验室检查；

(4)全面体格检查：重点为皮肤颜色、外生殖器检查,体格检查时体现人文关怀、保护患儿隐私；

(5)先天性肾上腺皮质增生症的治疗、系统随访及预后。

讨论和总结

小勇经新生儿疾病筛查发现促甲状腺激素(TSH)异常,于临床表现出现之前明确诊断:先天性甲状腺功能减退症,立即予以左旋甲状腺素片口服,由于早诊断、早治疗,父母依从性好,定期随访、系统管理,现 3 岁 6 个月,体格、智力、运动发育正常,成长为"棒小伙"。先天性甲状腺功能减退症又称克汀病或呆小病,因甲状腺缺如、发育不良或甲状腺激素合成障碍,导致先天性甲状腺激素水平不足,临床表现:体格和精神发育障碍、面色苍黄、黏液性水肿、便秘、腹胀等,未经治疗者遗留身材矮小、智力低下,称呆小病。若小勇未经疾病筛查,出现临床症状后再行检查、诊断及治疗,通常在病程数月至数十月,往往遗留体格、运动、智力发育落后,产生完全不同结果,增加家庭和社会负担,影响人口素质。结合小勇诊治经过,体现预防重于治疗,新生儿疾病筛查承载提高人口素质的重要意义。

小晨,出生时虽有一些临床表现:皮肤颜色黝黑,唇、乳头、脐部着色深,外生殖器异常,体重下降,但缺乏特异性,未能及时做出诊断,经新生儿疾病筛查发现异常,结合医生细致观察,进一步完善电解质、促肾上腺素皮质激素(ACTH)、皮质醇(Cor)、染色体核型分析及基因检测,明确诊断:先天性肾上腺皮质增生症(CAH)。CAH 又称肾上腺生殖器综合征,由于肾上腺皮质激素合成过程中所需酶的先天性缺陷所导致的一组疾病,为常染色体隐性遗传病,新生儿发病率 1/16000～1/20000,因肾上腺皮质激素合成过程复杂,需要多个酶参与,故临床表现取决于酶的阻断部位及严重程度,大多数患儿有不同程度的性征异常和肾上腺皮质功能减退。该疾病如不及时治疗,可因高钾血症导致心脏骤停而死亡,或发生肾上腺皮质危象,危及生命。该患儿因及时诊断、早期治疗,维持正常肾上腺皮质激素水平,短期内纠正电解质紊乱,皮肤颜色恢复正常,体格、智力、运动发育与同龄儿童相符,生殖器异常未再加重,但未恢复正常,目前继续治疗、随访中。由此提醒临床医生,中国人出生时皮肤黝黑,需要警惕 CAH,务必完善新生儿疾病筛查,必要时做基因检查。教会学生透过现象看本质,临床医生务必细致观察、善于思考、勤学乐学。

2 个案例总结后给出对比案例:临床工作中常有未完善新生儿筛查的病人,待临床表现异常,常遗留不可逆损害,如先天性甲状腺功能减退症(智力、体格发育落后)、苯丙酮尿症(智力发育落后)、先天性肾上腺皮质增生症(肾上腺皮质危象)、红细胞葡萄糖磷酸脱氢酶缺乏症(严重贫血、黄疸)。通过案例对比凸显新生儿疾病筛查的重要性。

介绍新生儿疾病筛查发展历程

新生儿疾病筛查(neonatal screening)是指在新生儿早期通过快速、简便、敏感的实验检测方法对危及儿童生命、影响生长发育、导致智能障碍的一些先天性疾病、遗传性疾病进行群体筛检,进行早期诊治,预防残疾的系统服务。

1961 年,美国 Guthrie 医师成功建立了细菌抑制法对血液样本中苯丙氨酸进行半定量测定,尤其是创立了干血滤纸片血样采集法。1973 年,Dussault 等用放射免疫方法测定干血滤纸片中甲状腺素(T4)水平,进行先天性甲状腺功能减退症筛查。1982 年,于日本东京召开的第二届国际新生儿筛查大会,提出了适合大规模常规筛查的四种疾病,分别为:苯丙酮尿症(PKU)、先天性甲状腺功能减退症(CH)、先天性肾上腺皮质增生症(CAH)与半乳糖血症。

我国的新生儿疾病筛查于 1981 年起始于上海,当时筛查疾病为:苯丙酮尿症和先天性甲状腺功能减退症。中国新生儿疾病筛查真正进入快速发展阶段是在 20 世纪 90 年代中期以后。

新生儿筛查是一个系统工程。我国新生儿疾病筛查由国家卫生健康委员会组织领导,各省(市、自治区)卫生健康委妇幼处负责实施,组建各级新生儿疾病筛查管理中心,形成筛查网络,开展辖区内所有医疗保健机构中活产新生儿的筛查和管理。

新生儿疾病筛查包括先天性甲状腺功能减退症(CH)、苯丙酮尿症(PKU)、先天性肾上腺皮质增生症(CAH)。由于红细胞葡萄糖-6-磷酸脱氢酶缺乏症主要见于长江流域及其以南各省,故南方省市将该疾病纳入新生儿疾病筛查范畴。2003 年,上海市儿科医学研究所开始应用串联质谱技术开展新生儿遗传代谢病筛查。2005 年后,浙江、广州等地相继开展串联质谱技术用于新生儿遗传代谢病的群体筛查。

除上述开展的新生儿疾病筛查项目,其他先天性遗传代谢性疾病种类繁多,包括糖、氨基酸、尿素循环、有机酸、线粒体、核酸等代谢异常。新生儿期多发病来势凶猛,临床诊断十分困难,鉴别有一定难度。随着医学科学及检测方法的发展和应用,串联质谱技术已成为先天性遗传代谢性疾病筛查和诊断的技术。受各地疾病谱及不同经济水平影响,各地于国家相关政策基础上制定适合本地区检测,扩展检测项目,将多项先天性遗传代谢性疾病筛查纳入普筛范畴。对有家族病史孕妇应及时进行产前诊断。

新生儿筛查除疾病筛查外,现普及听力筛查、先天性心脏病筛查、眼底检查等。例如贵阳市为全面推动和加强出生缺陷综合防治,在自愿、知情同意的基础上免费为目标人群开展无创胎儿染色体非整倍体检测(无创 DNA),实现胎儿染色体疾病的早发现、早诊断和早干预的防治目标,不断提升出生人口素质。

拓展:新生儿筛查相关法律法规。

1994 年 10 月颁布的中华人民共和国《母婴保健法》中第二十四条明确提出了在全国逐步推广新生儿筛查。随着时代和医疗技术发展及人民群众对医疗服务的迫切需要,逐渐增加筛查疾病项目。2001 年国务院颁布了《中华人民共和国母婴保健法实施方案》,第二十五条强调医疗保健机构应当按照国家有关规定开展新生儿疾病筛查,再次强调了必须推广新生儿疾病筛查的重要性。2009 年公布了《新生儿疾病筛查管理办法》,同年制定了《全国新生儿疾病筛查工作规划》。2010 年国家卫生健康委颁布《新生儿疾病筛查技术规范》。

新生儿筛查是一个集组织管理、实验技术、临床诊治及宣传教育于一体的系统工程。我国新生儿疾病筛查有法律约束、非强制性,应遵循自主性(知情选择)、有益性(良好效益)、无害性(避免伤害)及公平性(公正平等)的规则。加强新生儿疾病筛查宣传,通过新生儿疾病筛查宣传手册让父母了解新生儿疾病筛查的意义、筛查疾病种类及方法,产前孕妇宣教内容必须加入有关新生儿疾病筛查知识,使每一位产妇和家庭都具备新生儿疾病筛查的理念。

在疾病诊治中,预防重于治疗。因此,我国在医疗资源尚不充足情况下不惜投入大量资金,启动新生儿筛查项目。该项目意义在于早诊断、早治疗,提高人口素质。新生儿筛查从城市到农村,普及乡镇,惠及民生。筛查范围从起初 2~3 种疾病发展到数十至百种。对筛查管理从规章制度到技术规范,到如今纳入法律、法规,让广大人民获得实惠。通过以上政策学习及案例总结,使学生明白在学习医学专业理论知识的同时,也要了解国家相关法律法规、惠民政策服务基层。

二、特色与创新

本课程运用案例教学法,将新生儿疾病筛查的重要性融入案例教学中。教学过程以学生为主体,教师辅助答疑。从新生儿筛查的发展史,了解国际和我国开展疾病筛查的内容。随着我国综合国力的不断提升,国家对于妇幼卫生的重视,逐步增加筛查疾病的种类,提高出生人口素质。课堂讨论过程中,适时、适度地引入课程思政内容,培养医学人文精神,了解国家相关政策法规,加强医学生医疗服务于基层的理念。

采取线上、线下混合式教学模式,课前推送预习课件、课中互动、课后习题;利用手机 App、微信小程序等线上教学模式检验学生对新知识的掌握程度。以小组为单位让学生完成课后作业,培养学生的团队合作精神,增强集体荣誉感。

三、教学总结和反思

本课程教学过程中课堂气氛活跃,但课程中引入较多的法律法规等规章制度,内容稍显枯燥,学生学习兴致不高,因此后期的思政教学中会继续挖掘医者仁心、医患沟通等实际案例作为思政元素融入教学。通过案例的学习,将学生带入案例情景中,产生同理心,既能达到教学目标,也能体现医疗行为中的人文关怀,了解国家政策的改革、发展,知晓国家政策与人民利益息息相关。教学期间多与学生交流,采用线上、线下相结合的方式,进一步优化课程设计,提高学生的课堂参与度和课堂教学效果,课后推送习题,巩固强化课间所学知识,加强课后学生和教师的交流。

第六章　新生儿学

呵护早到的天使——新生儿窒息与复苏

学校	温州医科大学	课程	新生儿学
章节	新生儿复苏和围产期处理	撰写教师	麦菁芸
教学目标及知识点	1.知识目标:能清楚阐述新生儿窒息的病因及病理生理,阐述 Apgar 评分的意义并运用。 2.技能目标:能熟练进行新生儿复苏流程操作,通过查阅文献和案例学习,培养自主学习的能力,提高医患沟通能力。		
课程思政目标	1.通过介绍我国新生儿医学经过 70 年发展,显著降低新生儿死亡率及窒息发生率的案例,激发学生对新生儿医学的学习热情、爱国情怀和民族自豪感。 2.通过 28 周早产儿的产前、产时、产后案例情景模拟,培养学生团队协作能力、医患沟通能力、遵守规则行为能力。 3.通过介绍"水晶宝宝救助"公益慈善项目,培养学生社会责任感、使命感。		
育人元素	模块三:文化自信;模块五:责任使命;模块六:规则意识。		
教学方法	案例演示,视频演示,生讲生评。		

一、典型教学案例

(一)案例1:我国医学发展显著降低新生儿死亡率及窒息发生率

1.知识点:新生儿窒息的定义、病因及病理生理。

2.思政目标:通过介绍我国新生儿医学经过 70 年发展,显著降低新生儿死亡率及窒息发生率的案例,激发同学们的爱国情怀和民族自豪感。

3.教学过程

首先,观看《东方朝阳》中国新生儿医学纪录电影。1979 年,中国出生了 1715 万新生儿,其中夭折了接近 100 万;2018 年,1523 万新生儿出生,夭折数量降到 5.9 万。其中新生儿窒息是导致新生儿死亡、脑瘫和智力障碍的主要原因之一。

设问:新生儿窒息的定义是什么?哪些原因会导致新生儿窒息?新生儿窒息发生后会产生哪些病理生理改变呢?

(学生讨论)

新生儿窒息是出生后无自主呼吸或呼吸抑制而导致低氧血症、高碳酸血症和代谢性酸中毒。70 年来,随着医疗技术的进步,中国疾病谱的变迁,新生儿窒息的病因也随之改变。以前,中国农村孕妇,甚至一些城市孕妇,习惯请来"接生婆"在家中分娩,孕产妇和新生儿死亡率居高不下。分娩引起的大出血、产褥期感染,成为孕产妇死亡的主要原因。如今,无论在城市还是农村,到医院生孩子,国家给予医疗保险和补贴,全国孕产妇产前检查率和住院分娩率均超过 90%,孕产妇死亡率大大降低。以前孕妇营养不良导致胎儿宫内发育不良,而现在因孕期营养过剩导致妊娠期糖尿病而致胎儿体重过大,也是产时新生儿窒息的高危因素。同时,随着辅助生殖技术不断发展,双胞胎、多胞胎的诞生,同样是产时新生儿窒息的高危因素之一。

我国从 20 世纪 50 年代开始,在少数大城市的个别医院儿科病房内开设了新生儿病室;到了 70 年代,尤其是在改革开放的 1978 年后,多数发达省市开设了新生儿病房。在开创和建设新生儿学科的历程中,我们不会忘记诸多新生儿学科的教授、专家所作出的开创性贡献:其中包括金汉珍、冯树模、秦振庭、黄德珉、宋杰、黄中、李助萱、许植之、何馥贞、官希吉、周秦玉、张家骧、洪文澜、藉孝诚、吴圣楣、唐泽媛等,他们为我国新生儿医学的进一步发展奠定了很好的基础;还有陈自励、刘婉君、樊绍曾、刘义、孙眉月、魏克伦、韩玉昆、冯泽康、陈克正、虞人杰、叶鸿瑁、孙庆懿、张宇鸣、邵肖梅等一大批知名专家、教授,他们在近 30 年新生儿医学快速发展阶段身体力行,为学科建设也同样做出了很大的贡献。1982—1989 年,世界卫生组织、联合国人口基金会与我国计划生育委员会和卫生部先后签署了 P01 和 P06 项目,浙江大学儿童医院在洪文澜教授等组织下,与美国 HOPE 基金会合作进行新生儿专业的建设;1985 年前后,在沈阳、上海、杭州等地分别建立了具有呼吸支持和心肺监护条件的新生儿重症监护病房(NICU)。温州医科大学附属育英儿童医院新生儿科成立于 1988 年,拥有国内一流设施的新生儿重症监护病房(NICU)。2003 年在省内率先开展新生儿转运工作,已在浙南及闽北地区建立以 NICU 为核心的宫内、新生儿医疗救护转运网,开展介入产房抢救的全方位、全过程综合医疗服务,大大降低了围产期死亡率和患病率。从 2000 年开始,我国新生儿医学进入全面发展期,从大城市向地区级和县级医院发展,对专业人才的培训更加迫切。近 20 年来,各地均开展了多种形式的继续教育项目,培养了大批新生儿专业人才。叶鸿瑁、虞人杰等教授组织的新生儿复苏项目,为降低新生儿窒息死亡率做出了贡献。

通过提问、回顾、讨论,使学生知道该视频透过对 1000 个新生儿患者的拍摄,从个体来说,是一个"生人与人生"的过程,但对于国家来说,是 14 亿多中国人生命的成长,是国家繁荣昌盛的希望;一个行业的发展,可以窥见一个国家的抱负。中国新生儿死亡率在短短 40 年内,从 58‰ 降到 3.9‰,是一代又一代新生儿科医护人员昼夜不息奋斗的结果。新生儿科开拓者领路人等几代人的努力激励着我们谱写更加美丽动人的篇章,作为新一代的新生儿专科医师需努力担负起学科发展的重任,在学科向更高层次的发展、国际化,以及在践行循证医学、转化医学和精准医学方面做出新的贡献。通过该视频展现了中国一代代新生儿医学工作者的奋斗精神,让学生们深刻感悟到让脆弱的生命在我们的努力和守护下灿烂绽放是多么的自豪,激发同学们对新生儿医学的学习热情,培养爱国情怀和增强民族自豪感。

(二)案例 2:团队协作救治 28 周早产儿

1. 知识点:新生儿 Apgar 评分、新生儿复苏流程。

2. 思政目标:通过 28 周早产儿的产前、产时、产后案例情景模拟,培养学生团队协作能力、医患沟通能力、规范操作和遵守规则行为能力。介绍新生儿科公益项目"水晶宝宝救助"慈善项目,培养学生社会责任感、使命感。

3. 教学过程

介绍案例:

小梅结婚多年终于怀孕,家人都非常高兴,孕期都小心翼翼,定时产检,科学作息及饮食。一天晚上,小梅起床如厕,发现自己羊水破了,这时她才怀孕 26 周,于是立即前往医院就诊。产科医生建议住院保胎治疗。产科邀请新生儿科会诊,新生儿医师须告知孕妇及家属早产儿相关风险及做好新生儿复苏相关准备。

学生讨论:

(1)如何与家属沟通告知早产的相关事宜?

如胎龄 26 周预计住院时间需 8~10 周,相关早产儿并发症如颅内出血、支气管肺发育不良等须在住院期间进行监测评估。

(2)如何安慰及缓解孕妇的焦虑?

如告知孕妇及家属目前温州医科大学附属育英儿童医院的早产儿救治存活率已达 80% 以上,最低救治存活胎龄为 23 周等相关资料,有助于增强孕妇的信心及缓解焦虑。

在进行有效沟通后,小梅住院保胎治疗,并定期监测各项指标。

孕 28 周时,超声监测发现羊水已明显减少,经产科医师评估须终止妊娠娩出胎儿,于是给予足疗程糖皮质激素促胎肺成熟后进行分娩。分娩时,通知新生儿科医师来分娩室护台。如何做好复苏前的物品准备和人员准备? 须提前检查各种相关复苏物品,强调团队协作精神,time is life。只有有效的团队合作才能进行有效的新生儿复苏,帮助患儿自主呼吸,并发出他们人生的第一声啼哭,可有效降低并发症,尤其是神经系统后遗症。患儿出生后无自主呼吸,心率 90 次/分,全身发绀,肌张力低下,应进行正压通气复苏。

学生讨论:

(1)如何判断是否需要复苏?

评估四个问题:足月吗? 有呼吸或哭声吗? 肌张力好吗? 羊水清吗?

(2)如何进行初步复苏?

保暖,清理鼻腔口腔分泌物,摆好体位,擦干,刺激呼吸等。

(3)何时进行正压通气步骤?

心率<100 次/分,呼吸暂停或喘息样呼吸。

此处需至少 2 人一起配合复苏,观看正压通气复苏视频后邀请 2 名学生上台合作用模型练习正压通气复苏步骤。经过 1 分钟复苏后患儿无自主呼吸,口周发绀,肌张力低下,无哭声,心率 55 次/分,此时 Apgar 评分是多少分? 什么是 Apgar 评分?

Apgar 评分 1953 年由麻醉科医师 Apgar 博士提出,是国际上公认的评价新生儿窒息的最简捷、实用的方法。该评分方法是以出生后 1 分钟内的心率、呼吸、肌张力、喉反射及皮肤颜色 5 项体征为依据,每项为 0~2 分,满分为 10 分。对于缺氧较严重的新生儿,应在出生后 5 分钟、10 分钟时再次评分,直至连续两次评分均≥8 分。1 分钟评分是出生当时的情况,反映在宫内的情况;5 分钟及以后评分是反映复苏效果,与预后关系密切。

学生讨论:

(1)何时进行胸外按压?

30 秒有效正压通气后,心率<60 次/分。

(2)气管插管指征有哪些?

羊水胎粪污染新生儿无活力时须经气管导管吸引胎粪;气囊面罩正压通气数分钟不能改善通气或气囊面罩正压人工通气无效者;需做胸外按压前先气管插管、有利于正压通气和胸外按压更好地配合;脐静脉途径未建立前;需通过气管导管内给肾上腺素;极度早产;需给表面活性物质;怀疑膈疝。

(3)如何进行有效的复苏?

强调团队合作可保障有效的复苏,在进行复苏时须注意遵守复苏仪器使用规范操作,保护贵重仪器,以及遵守复苏指南流程规则。此处老师需重点讲解演示各项复苏仪器的使用,然后一个一个矫正。培养学生规范操作、遵守规则以及自我约束的意识和习惯。

(4)如何评估复苏是否有效?

评估肤色、呼吸、心率。

此处需至少2人一起配合复苏,观看胸外按压、气管插管复苏视频后邀请2名学生上台合作用模型练习胸外按压及气管插管复苏技能。30秒后,患儿的心率上升至125次/分,肤色转红润,气管插管下胸廓抬动良好,四肢肌张力正常,血氧饱和度维持正常范围,复苏成功。

此时,须将患儿转入NICU继续治疗,小梅家庭经济并不富裕,她自己住院保胎已经花了不少钱,宝宝又是28周早产,家属考虑预后、经济问题,欲放弃治疗。

组织讨论:应如何与家属沟通,并在合理合法范围内帮助患儿?

采用分组讨论3分钟后扫描手机二维码进入答题界面,提供多选题答案进行回答,答题结束后进入答案分析界面与大家进行分析讨论。

多选题答案有:①告知家属需巨额医疗费用,长时间住院,费用只能自己想办法;②告知目前医保政策,办理患儿医保,患儿可以随母亲报销;③客观告知病情,可能相关并发症,同时告知温州医科大学附属育英儿童医院新生儿科早产儿救治相关数据及成功率;④介绍温州医科大学附属育英儿童医院新生儿科"水晶宝宝"救助项目,符合条件者可协助申请;⑤出院后可在温州医科大学附属育英儿童医院新生儿科新生儿随访中心门诊随访干预,早期发现,及早干预;⑥不想过多浪费口舌,同意家属要求,放弃治疗。

介绍"水晶宝宝"公益救助项目:

"水晶宝宝"是一群特殊的群体,他们或因早产或因一出生就患危急重症疾病,他们有如巴掌般大小,他们皮肤透明、血管清晰可见,如水晶般珍贵又易碎,需要特殊的关爱跟呵护。温州医科大学附属第二医院、育英儿童医院新生儿科早在2004年就已经开始早产儿关爱行动,2011年在各方努力和支持下,正式成立"水晶宝宝"救助项目,由原九三学社温州医科大学附属儿童医院支社主委暨新生儿科主任牵头,联合九三温州市委会、温州商报、温州市慈善总会组成。开展项目有慈善捐助、公益的家长课堂、早产儿之家、早产儿日、拍摄微电影,开通公众号、微信群、感恩母亲节、暖爸成长记等活动,联合温州医科大学学生开展档案成长建立,全程志愿帮扶。该公益活动除每年开展常规的关爱活动之外,还将每年的6月跟11月定为"水晶宝宝"救助月,6月1日跟11月17日定为水晶宝宝日。项目开展至今,从医院走进社区,从市内走到市外,从省内走向省外,项目延伸至新疆阿克苏、贵州织金、云南玉溪等地,我们定期派驻医疗志愿服务队实地帮扶,提高帮扶医院对水晶宝宝的救治水平。项目开展至今受益人群已达上万人,现场义诊及上门家访600多户家庭,其中救助行动在发起方和爱心人士的一起努力下共募集善款120余万元,救助危重"水晶宝宝"181位。项目荣获浙江省首届十大慈善项目大奖、2022年省卫生系统志愿项目大赛银奖、省青年志愿服务项目大赛铜奖、市志愿者服务项目大赛十大优秀项目第一名、市优秀慈善救助项目奖、市3A级春芽计划志愿者项目奖等荣誉。

通过案例引导提问、演练、讨论,将该节理论知识点与思政目标串联起来,融会贯通,使学生在学习新生儿复苏流程的同时锻炼了医患沟通能力,团队协作精神,培养学生规范操作、遵守规则的意识和习惯。作为一名医务人员,除了对患者进行医疗技术的帮助,还须肩负社会责任感,如何对患者家属进行更多的人道主义帮助也是我们的必修课。

二、特色与创新

在"润物细无声"的知识学习中融入理想信念的精神指引,坚持知识传授与价值引领相结合,全面提高医学生缘事析理、理论与实践相结合、基础与临床联合,成为德才兼备、全面发展的人才。通过案例引导提问、模型演练、讨论,将该节理论知识点与思政目标串联起来,融会贯通,并运用现代化网络如"问卷星"进行手机二维码扫描答题,来提高同学们课堂参与度及积极性,提高课堂上学生主动思考、讨论、回答问题兴趣,互动交流增强,可极大提高课堂气氛及活跃度。

三、教学总结和反思

通过该案例的课程思政融合教学,依托案例模拟演练,在教学过程中回顾新生儿医学70年历程,模拟演练医患沟通、团队合作过程,引导学生树立正确的世界观、人生观、价值观,为医学生成为一名合格的医务工作者打下良好的基础。绝大部分医学生认为该课程有助于培养独立思维能力,理解医患沟通的重要性,对于参与公益活动产生极大的热情及动力,有效达到了课程思政目标。但也有不足之处,如课程思政与专业理论课时间分配问题,如何能有效进行合理分配,有时候会因为学生的激烈讨论而延长时间。如果教师能在课前发布案例及问题,提前预习及讨论,将有助于提高课堂学习及讨论效率。

王女士的"喜"和"愁"——新生儿呼吸窘迫综合征

学校	杭州医学院	课程	新生儿学
章节	新生儿呼吸系统疾病	撰写教师	章 樱
教学目标及 知识点	1.知识目标:能清楚阐述新生儿呼吸窘迫综合征(NRDS)的病因、发病机制、临床表现;能解读分析 NRDS 典型胸片表现及分级。 2.技能目标:能通过案例的临床表现和检查结果识别 NRDS 并进行必要的鉴别诊断。		
课程思政 目标	1.通过临床案例介绍,让学生了解随着生殖医学技术的进步,越来越多的不孕妇女有了生育的可能,让学生认识到作为医生的价值感和成就感。 2.介绍国家近 20 年来对妇幼健康的重视,危重新生儿及早产儿的存活率逐年增高,说明我国改革开放取得巨大成就,医学水平得到了迅猛发展。 3.以小组为单位进行案例分析与讨论,培养学生分工协作、共同进步的团队合作精神。		
育人元素	模块三:政治认同;模块六:敬业精神。		
教学方法	情景模拟,案例讨论。		

一、典型教学案例

(一)案例1:早产宝宝的呼吸关

1.知识点:新生儿呼吸窘迫综合征的临床表现诊断及鉴别诊断。

2.思政目标:通过教师自己亲身经历,讲述参加工作 10 年来,产前救治技术逐渐成熟,生后新生儿救治技术的发展迅速,大大提高了早产儿呼吸窘迫综合征的治愈率,减少后遗症的发生率,说明我国重视妇幼健康,也加大了投入,使新生儿救治技术越来越接近国际水平。

3.教学过程

介绍案例:

38 岁的周女士,卵巢功能下降,已濒临"绝经"状态,无法自然受孕。经历了药物治疗后结合辅助生殖技术终于确认怀孕。但怀孕过程十分艰辛,周女士有复杂的免疫问题,同时还患上了妊娠期高血压。在孕 28 周的时候,高血压已经发展到了危重状态,胎儿的生长也受到了影响。通过全院会诊,决定让周女士提早结束妊娠,大家都清楚这个孩子来之不易,周女士一家也要求尽全力救治宝宝。

产科立即给周女士使用了促胎儿肺成熟的针(地塞米松),用完 4 剂全疗程后行剖宫产术。孩子出生,Apgar 评分 7 分,体重 1200g,生后很快出现了呼吸急促、呻吟的情况,立即送入新生儿重症监护室。

入院后体格检查 体温 36℃(耳温),呼吸 70 次/分,脉搏 134 次/分,体重 1.2kg,血压 51/24mmHg(1mmHg≈0.133kPa),早产儿貌,反应可,哭声响,尚婉转,前囟平软,皮肤巩膜无黄染,全身未见皮疹及出血点,呼吸运动对称,可见明显吸气性三凹征,两肺呼吸音低,未闻及干湿啰音,心律齐,未闻及明显病理性杂音,腹平软,肝脾肋下未及,肠鸣音活跃,脐部包扎,未见渗血渗液,四肢肌力肌张力可,四肢动作多,原始反射可未引出。

辅助检查 血气检测:酸碱度 7.171,血氧分压 45mmHg,二氧化碳分压 49.5mmHg,碳酸氢根 17.7mmol/L,实际碱剩余 -11.0mmol/L,乳酸 2.60mmol/L,葡萄糖 3.00mmol/L;胸部 X 线:双肺透亮度明显降低,呈毛玻璃样改变,肺门处见充气支气管,双侧心缘模糊。

播放视频,通过视频直观感受:气促、呻吟、吸气性三凹征这三个临床表现,加深印象,同时感受到早产宝宝的弱小和医生责任的重大,增强使命感。

提出问题:

(1)通过视频中患儿的临床表现,思考其发生的病理生理机制。

(2)面对这种临床表现可能的疾病有哪些?

(3)如何来进行鉴别诊断?

学生讨论:

患儿为何出生就发生气促、呻吟、吸气性三凹征:①肺功能及其代偿机制的回顾和复习;②早产宝宝出现症状可能的疾病及原因分析;③如果初步诊断是新生儿呼吸窘迫综合征,请问主要原因是什么? 除早产儿外还有哪些原因? 为什么?

通过提问、讨论的方式,使学生掌握新生儿呼吸窘迫综合征的诊断、鉴别诊断的要点。通过老师亲历案例的讲述和多个视频的播放,培养学生的责任使命感,对医生行业的职业认同感。

面对早产患儿,我们需要与家属进行充分的沟通,告知紧急的救治方案取得家属的知情同意并签字,同时要告知住院过程较长,病情变化快,经济费用高。并且要充分告知预后。

患儿有几个基本情况:试管婴儿;早产儿(非常早产儿);妊娠高血压母亲婴儿。综合这些情况,学生讨论:

(1)我国对试管婴儿相关法律规定是什么?

(2)如何从以上几个方面和家属谈论患儿可能发生的情况?

(3)如何简明易懂地和家属讨论最终的治疗结局(预后)?

进一步讨论:"如果家长要求确保不发生脑功能的影响,如有影响就可能放弃的态度,你如何与家属进行沟通,若放弃抢救,需遵循的伦理",从而加强医学生医患沟通能力的培养。

(二)案例2:困难的抉择

1. 知识点:新生儿呼吸窘迫综合征的治疗。
2. 思政目标:通过案例学习激发学生仁心仁术,加强学生沟通技能。
3. 教学过程

介绍案例:

28岁孕妇小王,外来务工者,自然受孕,孕期未规律产检,有妊娠期糖尿病,血糖控制不佳,一直在理发店从事洗头工作。现孕36周,突发羊膜破裂,急诊入院待产。孩子出生,一分钟Apgar评分8分,体重3300g,生后很快出现了呼吸急促,呻吟的情况,立即送入新生儿重症监护室。

入院后体格检查 体温36℃(耳温),呼吸80次/分,脉搏150次/分,体重3.3kg,血压58/26mmHg(1mmHg≈0.133kPa),早产儿貌,反应一般,哭声可,尚婉转,口唇微绀,前囟平软,呼吸运动对称,可见明显吸气性三凹征,两肺呼吸音低,未闻及干湿啰音,心律齐,未闻及明显病理性杂音。

辅助检查 血气检测:酸碱度7.2,血氧分压450mmHg,二氧化碳分压57mmHg,实际碱剩余 -10.0mmol/L,乳酸2.0mmol/L;胸部X线:双肺透亮度明显降低,未见正常肺纹理,其内可见含支气管影。

提出问题:

(1)早产原因如何考虑?

(2)出生后孩子可能出现哪些情况?

(3)如出现出生窒息须进行抢救如何与家属沟通?

(4)生后可能出现呼吸窘迫综合征,需积极救治,费用高,如何与家属谈话?

学生讨论:在家属不能及时缴纳救治费用又有强烈救治意愿的情况下,我们如何与家属沟通,如何完善病历谈话记录,如何向上级汇报,最终决定如何处理?

通过讨论,激发学生的仁心仁术,并正确运用于临床问题处理中。

介绍"向阳花救治基金"项目:向阳花少儿医疗救助基金(向阳花基金)成立于2012年10月27日,是浙江广播电视集团107城市之声和浙江省青少年发展基金会合作的公益项目。旨在帮助遭遇意外伤害或身患大病(重症)、家庭经济困难的18周岁及以下的儿童和青少年,为他们的治疗提供帮助。

最后,讲解呼吸窘迫综合征的治疗:①一般治疗;②氧疗;③PS替代治疗;④并发症的治疗。重点讲解 PS 替代治疗应用指征,使用时间,使用剂量及使用方法,介绍最新的 MIST 和 LISA 技术等,通过对新技术的了解,激发学生善于从临床实际出发,提出问题,敢于创新的精神。

二、特色与创新

新生儿科医师在临床工作中面对的是患儿,产妇以及刚迎接新生儿宝宝的家庭。需要我们进行精细规范的诊疗,认真、细心、耐心地做好家属的沟通工作,对沟通的技能有更高的要求。

1.本课程运用案例教学法结合视频,将新生儿呼吸窘迫综合征的临床表现和相关知识点进行融会贯通,回顾病理生理学基础加深理解和记忆。适时、适度地引入课程思政内容,切实提高大学生的思想政治素养,培养学生的责任使命感,加强学生对医生行业的职业认同,同时激发学生的学习热情,学好知识,利国利民的爱国情怀。提高大学生参与性,树立以大学生为中心的教学理念。把大学生的参与感、主体感作为衡量思政课教学效果的重要标准,引导大学生真正走出学校,走进社会,走近人民群众。

2.以小组为单位,以制作 PPT 的形式对学生进行考核,培养学生的团队协作精神,以及胸怀全局、心系整体的观念,检验学生的学习成果,培养有温度、有责任心、有使命感的医学生。

三、教学总结和反思

通过思政案例教学,学生的注意力从单一听讲做笔记转移到积极地思考、不断交流观点、反复讨论中,课堂气氛更加活跃,实现了互相学习、共同提高的目的。后期的思政教学中会继续以讲好中国故事、培养家国情怀、敬业精神等实际案例,培养学生的学习主动性和积极性、科学缜密分析问题的能力。

但课堂教学过程中也存在一些问题,比如学生对于之前的课堂内容没有做好复习,本节课堂内容没有做好预习。在讨论的时候就缺乏理论内容的支撑,部分学生医学基础理论薄弱,不能很好地跟上上课的节奏,相对学习效果会差。今后将采用翻转课堂,利用超星学习通等相关学习软件,进一步优化课程设计,提高学生学习的主观能动性,开展多渠道师生之间的交流,改进教学,以期获得满意的教学成果。

"奇奇"闯关记——新生儿呼吸窘迫综合征

学校	温州医科大学	课程	新生儿学
章节	新生儿呼吸系统疾病	撰写教师	麦菁芸
教学目标及知识点	1.知识目标:能清楚阐述新生儿呼吸窘迫综合征(NRDS)的病因、发病机制、临床表现;能解读分析 NRDS 典型胸片表现及分级;能明确 NRDS 使用肺表面活性物质的指征、方法及注意事项。 2.技能目标:能通过案例的临床表现和检查结果识别 NRDS 并进行必要的鉴别诊断;通过查阅文献和案例学习,培养自主学习的能力。		
课程思政目标	1.通过介绍肺表面活性物质的发现、应用的历程,引导学生学习科学家刻苦钻研、严谨治学的态度,以及开拓创新、持之以恒的科学精神。 2.通过"奇奇"宝宝生后波折的闯关之路,锻炼应急能力、医患沟通能力以及激发医者仁心,勇于承担社会责任的精神。		
育人元素	模块三:文化自信,爱国情怀;模块五:责任使命;模块六:规则意识。		
教学方法	案例演示,视频演示,生讲生评。		

一、典型教学案例

(一)案例1:肺表面活性物质(PS)的前世今生

1.知识点:NRDS 的病因、发病机制。

2.思政目标:通过介绍肺表面活性物质的发现、应用的历程,引导学生学习科学家刻苦钻研、严谨治学的态度,以及开拓创新、持之以恒的科学精神。

3.教学过程

介绍案例:

早产儿宝宝"奇奇"因"新生儿呼吸窘迫综合征(NRDS)"住院,经历重重难关治愈出院。

设问:早产儿 NRDS 的病因是怎么被发现的? 发病机制及病理表现是怎么样的?

(学生讨论)

1950 年,George Anderson 和 Peter Gruenwald 在 Johns Hopkins 医学院提出早产儿第一天肺疾病常见死因是肺不张和透明膜病,由于高表面张力的存在,必须有足够高的压力才能使肺泡撑开,使空气像瑞士奶酪那样聚集于肺中。英国的 Richard

Pattle 也在 1950 年提出推断新生儿肺内有降低表面张力的物质,可能来自肺泡;可保持低的液体表面张力;缺乏时可能导致肺不张。1959 年,Avery 和 Mead 首次报道,新生儿 RDS 为肺表面活性物质(PS)缺乏所致。由于肺表面活性物质的缺乏导致肺泡进行性萎陷,致缺氧、酸中毒、高碳酸血症,肺泡毛细血管损伤、肺泡蛋白渗出,肺透明膜形成。

设问:肺表面活性物质对早产儿肺发育的重要意义是什么?

(学生讨论)

升华问题。1980 年,Fujiwara 等首次报道外源性 PS 治疗新生儿 RDS 显著改善临床预后,我国于 1989 年第一次报道应用 PS 治疗新生儿 RDS,1990 年,美国 FDA 批准 PS 药物用于治疗新生儿 RDS。2001 年,猪肺磷脂注射液进入中国,我国正式开始使用 PS 药物治疗新生儿 RDS。在发现 RDS 的病因及发病机制后,外源性 PS 的研发上市,成功救治了大量的早产儿,极大提高了最低救治胎龄,目前最低救治胎龄 22 周左右。从 1950 年发现 RDS 病因到 1990 年外源性 PS 正式上市,再到 2001 年正式进入中国市场用于我国新生儿 RDS 治疗历经 50 余年时间的历程,借此案例引导学生学习科学家刻苦钻研、严谨治学的态度,以及开拓创新、持之以恒的科学精神。

进一步讨论到 PS 的价格问题。PS 最初进入中国市场时价格极高,大部分家庭难以承受,现在 PS 已经进入医保乙类目录,可部分报销,极大缓解了家庭经济压力。这归结于我国国力的日益强大,国家政府对于国民健康更加重视,对医保投入日益增多,激发同学们的民族自豪感和文化自信。可举例医保局与药企的谈判视频("灵魂砍价"),引导学生明白始终要秉持以人民至上的原则,这也是党的十九届六中全会通过的《决议》中的"十个坚持"中的重要一项,医学生应将人民利益放在第一位,为新时代党和国家事业发展,为推进中华民族伟大复兴作出贡献,激发同学们的爱国情怀。

通过提问、讨论的形式,使学生掌握 NRDS 的病因、发病机制。通过介绍肺表面活性物质的发现、应用的历程,引导学生学习科学家刻苦钻研、严谨治学的态度,以及开拓创新、持之以恒的科学精神。

(二)案例 2:早产小天使"奇奇"的闯关记录

1. 知识点:NRDS 的临床表现、诊断与治疗。

2. 思政目标:通过"奇奇"宝宝生后波折的闯关之路,锻炼应急能力、医患沟通能力以及激发医者仁心,勇于承担社会责任精神。

3. 教学过程

介绍虚拟仿真临床案例,运用现代化网络进入学校虚拟仿真网站(http://xnfzwz.wmu.edu.cn/virexp/login)(图 6.1),打开 NRDS 临床救治案例,结合案例进行教学。

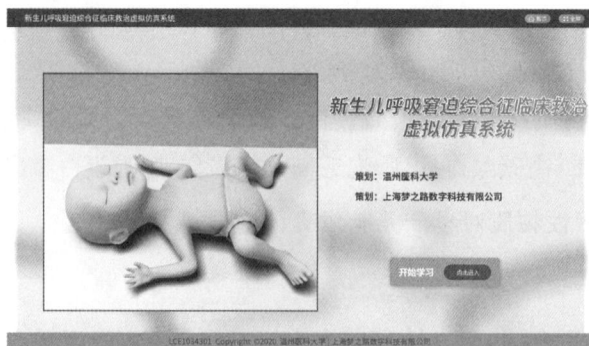

图 6.1　NRDS 虚拟仿真案例界面

王女士,今年 35 岁,第 2 次自然怀孕,现孕期 32 周,1 天前晚上王女士在家不明原因出现腹痛伴阴道流液,遂急诊到医院就诊,产科医生检查后考虑胎膜早破,宝宝可能会早产,建议王女士住院进一步观察与处理。入院后产科医生立即予王女士胎心监护及抗生素预防感染。但入院不到 6 小时,王女士顺产分娩一男婴,体重1.8kg,出生时呼吸费力、呻吟伴气促、发绀,生后经绿色通道转入新生儿重症监护室进一步诊疗。王女士及家属非常担心,迫切想了解奇奇宝宝的病情变化。

学生讨论:

(1)根据患儿出生史及生后表现新生儿 RDS 的临床表现是怎样的?

(2)与发病机制的关联以及诊断,胸片的阅读及分级。

(3)如何与家属沟通告知早产儿的相关事宜(如住院时间,预后,并发症等)?

(4)如何安慰及缓解孕妇的焦虑?

可让学生分别扮演家属及医生进行对话,老师在结束后可给予评价指导,学习进行有效的医患沟通及人文关怀,这也是医学生非常重要的技能。

奇奇宝宝在使用 PS 替代治疗及机械通气治疗后病情逐渐好转,但是在住院第 36 小时出现了病情变化,夜班责任护士反映宝宝时有烦躁,并再次出现呼吸费力,吸入氧浓度渐上升至 40%,查体呼吸浅促,三凹征(+),两肺呼吸音不对称,右侧呼吸音偏低,未及湿啰音。

学生讨论:

(1)此时你作为值班医生应如何紧急应对?

(2)值班医生立即通知复查床边胸片及完善相关检查。同时患儿病情有反复,再次通知家属。王女士家属很着急,一直追问医师为什么会这样,不是用过肺表面活性物质了,怎么还会这样呢? 还需要第二次使用肺表面活性物质还是有其他疾病?

(3)医师安排急诊复查床边胸片提示右侧气胸,肺压缩约 50%,那么这个时候应如何紧急处置? 是立即进行床旁紧急胸腔穿刺抽气还是呼叫小儿心胸外科医师会诊?

通过上述讨论,不仅锻炼医师应急能力,还再次锻炼了紧急情况下的医患沟通能力。

奇奇宝宝在进行紧急床旁胸腔穿刺抽气后复查胸片提示肺部扩张,病情逐渐稳定,家属也放心了。此后宝宝进行一系列有序治疗,如母乳喂养、呼吸支持等,进行新生儿 RDS 治疗方案等相关知识点的讲解。然而,由于宝宝病情危重需要长时间住院,费用较高,家属经济压力巨大,而且母亲长期与宝宝分离非常焦虑和抑郁。

学生讨论:我们如何在能力范围内帮助他们呢?

(学生们分组讨论后每组代表发言)

帮助的方法很多,包括:①办理宝宝医保;②慈善捐助,温州医科大学附属育英儿童医院慈善捐助项目,包括温州医科大学附属育英儿童医院新生儿科的"水晶宝宝"救助项目,该项目通过公益活动共募集善款 100 多万,已救助"水晶宝宝"120 余名,获浙江省首届十大优秀慈善项目;③家庭参与式病房护理,告知奇奇宝宝妈妈在确保自身身体健康情况下,可进入病房和护士一起参与宝宝的各项日常护理工作,如喂奶、换尿布、洗澡,还可学习紧急情况下的抢救如呛奶等,以及宝宝被动操抚触等,这样有助于缓解母婴分离的焦虑,有助于宝宝及母亲的良好亲子关系建立。

奇奇宝宝在经历 60 天的各种勇敢"闯关",终于顺利出院回家,王女士一家非常感谢医护人员,还送来了锦旗和鲜花表达感谢。

通过讨论让学生们明白不仅要拥有过硬的医学知识技能,包括应急能力及医患沟通能力,还应拥有上善若水、大爱无疆的医者仁心,勇于承担社会责任,力所能及地去帮助他人。

二、特色与创新

运用现代化网络虚拟仿真网站打开 NRDS 临床救治案例,通过设计动态的 3D 虚拟新生儿呼吸窘迫综合征患儿,让学生从疾病的发生、临床症状及进展、气管导管的选择、气管插管技术、呼吸机的使用和肺表面活性物质药物的处理全面接触新生儿呼吸窘迫综合征患儿的诊治过程,通过引导提问、情景模拟表演、分组讨论,将该节理论知识点与思政目标串联起来,融会贯通,增强学生之间的互动性,使教学活动变得生动、安全、规范、完整,提高同学们课堂参与度及积极性,提高课堂上学生主动思考、讨论、回答问题兴趣,互动交流增强,提升了课堂气氛及活跃度。通过该案例的课程思政融合教学,正面宣传我国社会主义制度的优越性,医保政策的不断改进调整始终以人民至上为原则,激发同学们的爱国情怀及文化自信。

三、教学总结和反思

通过该案例的课程思政融合教学,绝大部分医学生认为有助于培养独立思维能力,理解医患沟通的重要性,对于参与公益活动产生极大的热情及动力,有效达到了课程思政目标。但也有不足之处,部分学生课前线上未认真学习,线下课堂讨论不积极,课后缺乏交流,未能达到较好的教学效果。因此,应完善线上慕课设计,促进学生自觉进行课前线上学习、课后线上答疑,以提高教学效果,达到教学目的。

守护生命，从"心"出发——完全性大动脉转位

学校	温州医科大学	课程	新生儿学
章节	新生儿循环系统疾病	撰写教师	肖秀漫
教学目标及知识点	1.知识目标：能清楚地阐述完全性大动脉转位的血流动力学特点、临床表现、诊断和治疗原则。 2.技能目标：能认识中心性青紫的体征并对其可能的病因进行鉴别诊断；通过案例学习提高医患沟通能力。		
课程思政目标	1.从危重的复杂先天性心脏病案例入手，让学生认识到生命的可贵，医生职业的崇高，医者应该怀有仁心，不轻易放弃，培养医学生的人文情怀。 2.通过体外膜肺的发展史及在危重新生儿的应用过程让学生认识到医学是不断发展进步的，不断探索、开拓创新才能创造生命的奇迹，培养学生的创新精神。		
育人元素	模块一：人文情怀；模块四：创新精神。		
教学方法	本次授课采用 QCDS 模式的教学策略，依序为：提问（quiz），案例演示（case display），讨论（discuss），总结（summary）的教学模式。		

一、典型教学案例

(一)案例1：豆豆为什么这么"黑"?

1.知识点：完全性大动脉转位的血流动力学特点、临床表现与诊断，医患沟通技巧。

2.思政目标：从危重的复杂先天性心脏病案例入手，让学生认识到生命的可贵，医生职业的崇高，医者应该怀有仁心，不轻易放弃，培养学生的人文情怀。

3.教学过程

设问：假如你是新生儿医师，在产房护台时发现患儿豆豆出生时全身青紫、发绀，经抢救后收治 NICU。家人的疑问："医生，豆豆为什么这么黑?"你要如何回答呢? 大家知道什么是青紫吗? 新生儿青紫病因有哪些?

（学生发言）

教师讲解：青紫是指毛细血管血液中还原血红蛋白超过一定水平所致，一般认为超过 50g/L 时，肉眼能够看到青紫。新生儿青紫病因主要包括周围性青紫、中心性青

紫、血液原因所致的青紫,周围性青紫表现为皮肤是青紫的,口唇黏膜是粉红的;中心性青紫是因全身性疾病引起的动脉血氧饱和度降低所致,皮肤、口唇黏膜均青紫;血液原因所致青紫指高铁血红蛋白水平超过血红蛋白总量的 10%。

接着播放青紫患儿视频,让同学们认识中心性青紫的体征。豆豆,男,出生 30 分钟后不久即出现全身青紫,经复苏后收住温州医科大学附属育英儿童医院新生儿科,气管插管、100% 氧浓度复苏囊加压给氧,经皮氧饱和度维持在 65% 左右。

设问:这个孩子考虑哪种类型青紫?可能的病因是什么?需补充哪些病史?体格检查重点是什么?有哪些鉴别诊断?完善哪些检查及判读?

组织课堂讨论,理论联系实际,基础结合临床,帮助学生建立新生儿中心性青紫的临床诊疗思维。

(学生分组讨论并发言)

教师对学生的讨论进行点评和总结。新生儿中心性青紫主要见于呼吸系统疾病,如新生儿窒息、新生儿呼吸窘迫综合征、肺炎、气胸、新生儿持续性肺动脉高压;心血管系统疾病如各种青紫型先天性心脏病和新生儿持续性肺动脉高压。

教师补充病例的病史、重点体格检查及辅助检查结果:患儿豆豆,男,胎龄 39 周,30 分钟前在温州医科大学附属育英儿童医院产科阴道分娩出生,羊水、胎盘、脐带(一),出生体重 3kg,患儿生后全身青紫,哭声弱,给予复苏,Apgar 评分 7-8-8 分。母亲孕 2 月时有急性上呼吸道感染病史,不定期外院产检,无特殊发现,否认围产期发热病史。

入科体格检查 左上肢 76/40mmHg(1mmHg≈0.133kPa),右上肢 80/42mmHg,左下肢 74/39mmHg,右下肢 75/38mmHg(讲解为何测四肢血压),神志清,反应一般,呼吸尚平稳,全身青紫,两肺呼吸音粗,未闻及干湿啰音,心率 140 次/分,心音中等,未闻及病理性杂音,腹部软,四肢肌张力符合胎龄。

辅助检查 血常规:白细胞计数(WBC)20.8×10^9/L,中性粒细胞比率 0.62,血红蛋白(Hb)165g/L,红细胞计数(RBC)5.5×10^{12}/L,红细胞压积 0.55,血小板计数(PLT)160×10^9/L;C 反应蛋白(CRP)<8mg/L。血糖 4.0mmol/L。动脉血气分析:酸碱度 7.30,二氧化碳分压 48mmHg,氧分压 30mmHg,碳酸氢根 20.4mmol/L,碱差 -7mmol/L,乳酸 4.0mmol/L。胸部 X 线(图 6.2);高氧试验结果:吸入高浓度氧 10 分钟青紫无改善。心脏 B 超:先天性心脏病,完全性大动脉转位,房间隔缺损 3mm,动脉导管未闭 3mm。豆豆最后诊断:复杂先天性心脏病,完全性大动脉转位。

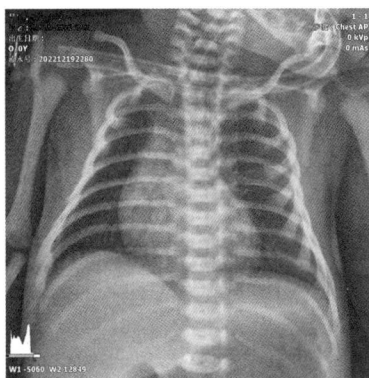

图 6.2　豆豆胸部 X 线

设问：如何与新生儿持续性肺动脉高压进行鉴别？为何心脏 B 超检查放最后？那为何这个疾病会导致豆豆全身青紫呢？

（学生展开讨论）

总结该病血流动力学特点，让学生从根本上理解该疾病，强调存活必须伴有两套循环间的分流交通（图 6.3）。

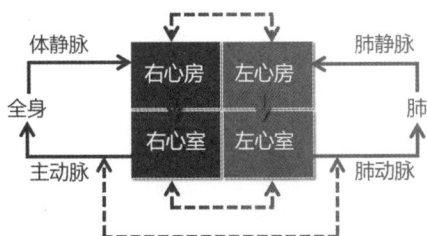

图 6.3　完全性大动脉转位血流动力学示意

设问：豆豆父母初步了解病情后考虑预后差、费用高，决定放弃对豆豆的治疗。豆豆随时可能死亡，面对这种情况，你作为当时主管医生如何谈话？

（学生分组讨论并发言）

告知学生医患沟通的重要性，良好的医患沟通，除了沟通技巧，更重要的是坚持以患儿为中心，同时要有扎实的专业知识及对疾病的精准医疗。医者谈话的内容和方式很可能决定病人的生死。学生谈话时可以告知家属完全性大动脉转位并非绝症，治疗有存活的希望，然而放弃希望就是零。以温州医科大学附属育英儿童医院为例，医院有多学科联合救治中心，由小儿心胸外科、新生儿科、麻醉科、儿童重症监护室团队等组成，可以全力进行治疗。当然此类手术风险极大，难度很大，费用也比较高。温州医科大学附属育英儿童医院还成立了"益启爱"新生儿慈善救助项目,可以为经济困难的危重症患儿提供一定的经济支助,希望大家坚定信心,携手共进。

最终豆豆的家长没有放弃对豆豆的治疗,在经过1周的内科保守治疗后实施了根治性手术(Switch术),术后恢复良好,豆豆家长给医生送了锦旗表示感谢。

(二)案例2:邢邢的"人工心脏"——ECMO

1.知识点:完全性大动脉转位的治疗原则,重点介绍ECMO体外膜肺的应用。

2.思政目标:通过ECMO体外膜肺的发展史及在危重新生儿的应用过程让学生认识到医学是不断发展进步的,不断探索,开拓创新才能创造生命的奇迹,培养学生的创新精神。

3.教学过程

播放中国首部新生儿医学纪录电影——《东方朝阳》里一段完全性大动脉转位患儿视频,让同学们对这个疾病有一个感性认识,触动心弦,"邢邢"病情危重,情况比豆豆还糟糕,已经徘徊在死亡边缘。医者不畏艰难,不辞辛劳,长途跋涉,争分夺秒,长达7余小时将"邢邢"从山东临沂转运到有救治能力的心脏中心——北京解放军总医院,通过多学科紧密合作,最终康复,现在已经是一个健康活泼的白胖小子。

前一节介绍了完全性大动脉转位的血流动力学特点、临床表现和诊断,那么它有何治疗方案呢?视频中的患儿"邢邢"为何会随时死亡?

(学生展开讨论)

教师从血流动力学特点入手,分析内科治疗及外科治疗的具体治疗方案及目的,重点介绍ECMO体外膜肺的应用:体外膜肺氧合(ECMO)的核心部分是膜肺(人工肺)和血泵(人工心脏),它是在体外循环基础上发展起来的体外生命支持技术,其原理是将体内的静脉血引出体外,经过特殊材质人工心肺旁路氧合后,泵入动脉或静脉系统,起到部分心肺替代作用,可为危重症的抢救赢得宝贵的时间。1971年Hill医生首次用ECMO救治1例24岁的男性患者,该患者因多发性创伤导致呼吸衰竭进行性加重,经过75小时ECMO救治,最终脱离危险。很多医院相继也开展了ECMO技术的临床应用,但由于成功率较低而告一段落。1975年Bartlett医生首次成功地用ECMO救治1例持续性肺动脉高压的新生儿,至此开启了ECMO用于新生儿的历程。我们的前辈不断探索,开拓创新,已经给我们树立了良好的榜样。国内广州妇女儿童医学中心、北京解放军总医院、上海复旦大学附属儿童医院相继开展ECMO体外膜肺技术的培训推广,为新生儿患者提供更为高级的生命支持,为危重症复杂先心患儿手术争取了时间。

视频中患儿"邢邢"病情危重,已经徘徊在死亡边缘,北京解放军总医院儿童心脏中心主任及重症监护室主任不畏艰难、不辞辛劳,长途跋涉将 ECMO 技术应用于"邢邢",有了 ECMO 技术"邢邢"才能经受住长达 7 小时余的转运路程,最终安全到达北京解放军总医院,为手术的顺利开展争取时间。

ECMO 的应用需要一个团队的熟练合作,需要经验的不断积累,国内很多医院已常规开展儿童(体重≥8kg)患儿 ECMO 治疗,因新生儿这个人群的特殊性,普及 EC-MO 在新生儿领域仍具有极大的挑战,相信在座的各位一定可以用你们的智慧开拓创新,将这项技术在新生儿科领域的应用提高到更高的台阶,普及到各大医院,提高更多危重新生儿病人的抢救成功率。

二、特色与创新

本课程采用提出问题、案例演示、学生讨论的教学模式,帮助学生建立新生儿青紫及中心性青紫的临床诊疗思维。通过案例演示更加直观地展现复杂青紫性心脏病:完全性大动脉转位的临床表现,将其诊治与基础知识进行融合,加深对该疾病的认识和理解。教学过程中坚持学生为主体,教师辅助答疑。课堂讨论中适时引入课程思政内容,让学生认识到生命的可贵,医生职业的崇高与神圣,医者应该怀有仁心,不轻易放弃,培养学生的人文情怀。此外,通过 ECMO 体外膜肺的发展史及在危重新生儿中的应用过程让学生认识到医学是不断发展进步的,我们的前辈们开拓创新,将这项技术应用于新生儿,挽救了许多危重新生儿的生命。但目前 ECMO 在新生儿领域仍未普及,存在很大的发展空间,鼓励医学生学习前辈开拓创新精神,将这项技术在新生儿科领域的应用提高到更高的台阶,普及到各大医院。另外,以小组为单位进行分组讨论,培养学生团队合作精神。

三、教学总结和反思

复杂青紫型先天性心脏病:完全性大动脉转位(TGA)融合现代教学理念和手段,通过"提出问题、案例演示、学生讨论"的教学模式将 TGA 的基础知识与临床实践有机结合来完成课程教学目标。传统的课堂教学教师以填鸭式灌输知识,学生被动地接受且只注重知识的记忆而缺乏理解思考。因此,本教学过程采用以问题为基础的教学方式,通过临床上典型案例,抛出问题,从而启发诱导激发学生的参与度和兴趣,调动课堂积极性,避免平铺直叙的填鸭式教学。同时将课程思政贯穿教学过程,医者应学习前辈不断开拓创新,为生命奋斗不息的精神,同时应怀有仁心,不辞辛苦,不畏艰难才能不断创造生命的奇迹。不足之处是对知识点的巩固不够,也无法检测学生对上课内容的掌握程度,因此今后可增加问卷星答题环节,通过课前一测和课后一测检验学生对新知识的掌握情况,分析教学效果,不断优化课程设计,进一步提高教学效果。

写给林巧稚的一封信——新生儿溶血病

学校	新疆医科大学	课程	新生儿学
章节	新生儿高胆红素血症	撰写教师	朱洪涛、王　晓
教学目标及知识点	1.知识目标:能清楚阐述新生儿胆红素代谢的特点,描述新生儿溶血病的病因、发病机制和临床表现。 2.技能目标:能通过临床表现和检查结果,识别新生儿溶血病并制定治疗原则。		
课程思政目标	1.通过介绍一代名医林巧稚的故事,让医学生理解"初心、仁心、创新、合作"等医学大家的职业精神和优秀品质。 2.通过对换血治疗知识点的讲解,让医学生认识到知识扎实、本领过硬来源于持续学习、终身学习,医生要了解学科前沿,不断发展新技术,丰富治疗手段,提高救治率,承担起造福百姓、挽救生命的社会责任。		
育人元素	模块二:大医精诚;模块四:创新精神。		
教学方法	CBL 教学、情景模拟。		

一、典型教学案例

(一)案例1:一封写给 1962 年协和医师林巧稚的信

1.知识点:新生儿溶血病的临床表现、并发症。

2.思政目标:由一封求助信将学生带入沉浸式课堂。通过身份代入,学生选择,了解学生基础医学素养,通过林巧稚教授委婉拒绝到决定接诊的案例让学生感受"初心使命、仁心仁术"的职业精神。

3.教学过程

首先以信件配合音频引入情景模拟:

一封写给林巧稚的求助信:

我是怀了第五胎的人了,前四胎都没活成。其中的后三胎都是出生后发黄夭折的。求求您,求求您拯救还没出生的第五胎。求您伸出热情的手,救救我这腹中的婴儿。

互动小问题,引导学生思考:穿越到 1962 年的你,收到这封信,会如何选择?

(学生互动讨论)

视频播放:林巧稚纪录片。

在接诊前,林巧稚通过产妇的这封信,分析出引起该产妇之前几胎死亡的原因是新生儿溶血,这种疾病在国内尚无存活的先例,国际上也罕有痊愈的记录,虽然一开始建议产妇在当地生产,但这位母亲后续接二连三的来信,一个个死去的婴儿,都深深刺痛了林巧稚的心。作为一名医生,面对这个绝望的母亲,她查遍医学著作,决定让这位母亲到北京生产,最终婴儿顺利出生,但是,几个小时之后,婴儿就出现了全身黄疸。

将临床案例与林巧稚医师的纪录片相结合:

病例资料:

患儿,男,4 小时

收治时间:1962 年 ＊ ＊月 ＊ ＊日

主诉:进行性皮肤黄染 1 小时。

现病史　患儿系 5 胎 2 产,足月儿,出生体重 2900g。生后 3 小时出现颜面部皮肤黄染,逐渐加重,达躯干、手心及脚心,呈橘黄色,且患儿多睡、吃奶吸力弱,哭声低。急诊收住入院。无发热、惊厥,无呕吐、腹胀。精神反应差,未排初尿及胎便。

个人史　患儿系 5 胎 2 产,母孕 39 周自然分娩,产前无宫内窒息,无胎膜早破,羊水清,Apgar 评分 1 分钟 10 分,5 分钟 10 分,其母血型为 O 型。第 1 胎胎死腹中后引产,第 2 胎至第 4 胎均出生后 24 小时内黄染夭折。

入院后体格检查　体温 36.5℃,脉搏 140 次/分,呼吸 44 次/分,血压 90/35 mmHg(1mmHg≈0.133kPa),体重 2900g。一般情况欠佳,营养良好,嗜睡,反应差,无呻吟,皮肤黄疸达四肢,头颅无血肿,前囟 1.0cm×1.0cm,平软,巩膜黄染。双肺呼吸音清,未及明显干湿性啰音。心率 142 次/分,律齐,心音有力,未闻及杂音。腹软,肝脏肋下 3cm,脾脏肋下 2cm,质地均中等。脐部无渗血,四肢肌张力低,觅食、吸吮、拥抱、握持反射减弱。

新生儿黄疸诊断思路如图 6.4 所示。

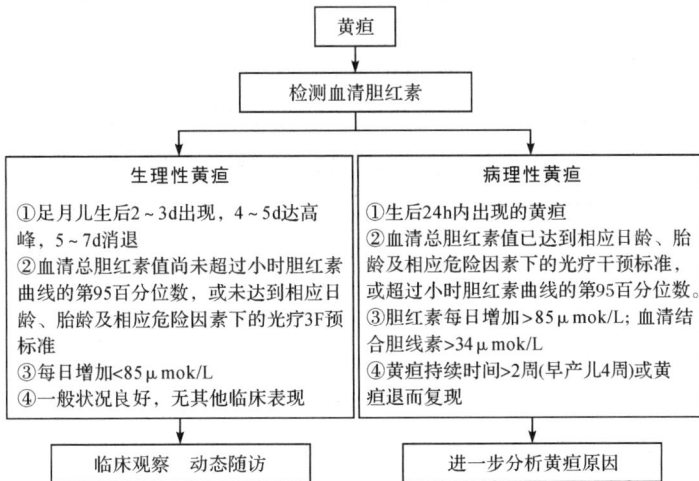

图 6.4　新生儿黄疸诊断思路

学生讨论并回答以下问题：

(1)通过病史特点概括新生儿黄疸诊断思路；

(2)该患儿最主要的临床问题有哪些？

(3)该患儿的体格检查要点有哪些？

(4)首先要做的实验室检查有哪些？

经皮测胆红素:14.3mg/dl(246μmol/L)。

初步诊断:(1)新生儿高胆红素血症;(2)新生儿溶血病。

为明确诊断进一步的实验室检查:

(1)母子血型检查；

(2)溶血检查；

(3)致敏红细胞和血型抗体测定。

实验室检查结果:

(1)血常规:白细胞计数(WBC)15.7×10^9/L,血细胞(Hb)109g/L。

(2)血生化:血清总胆红素 330μmol/L,结合胆红素 31μmol/L。

(3)Coombs 试验:直接抗人球蛋白试验(+),抗体释放试验(+)。

(4)孩子血型:A 型,RH (+)。母亲血型:O 型,RH (-)。

通过提问、讨论、总结的形式,帮助同学掌握本病的临床表现,熟悉诊断及鉴别诊断。

在导入和治疗相关内容处有机融入林巧稚教授接到女工来信后纠结再三、委婉拒绝,最终查阅资料找到一线生机后决定接诊的案例,让同学们学习前辈的职业精神。

(二)案例2:中国首例新生儿溶血病换血手术治愈患儿的诊治过程

1.知识点:新生儿溶血病的治疗,换血治疗。

2.思政目标:在初步诊断后,须在明确诊断与积极治疗中做出选择的设定,融入"方法科学的艺术"的思政元素。通过对换血治疗知识点的讲解,让医学生们认识到知识扎实、本领过硬来源于持续学习、终身学习,医生要了解学科前沿,不断发展新技术,丰富治疗手段,提高救治率,承担起造福百姓、挽救生命的社会责任。

3.教学过程

互动小问题,引导学生思考:

(1)作为主诊医师现在第一时间应该做什么？明确诊断？积极治疗？

在初步诊断后,须在明确诊断与积极治疗中做出选择的设定,融入"方法科学的艺术"的思政元素。

根据学生课前作业完成情况,选择 1 名同学进行新生儿溶血病治疗思维导图汇报。

(2)你认为该患儿最适合的治疗方案是什么?

A. 光照疗法

B. 白蛋白

C. 5% 碳酸氢钠

D. 苯巴比妥

E. 换血疗法

通过学生作答情况,了解学生对于该重点及难点内容掌握情况。针对存在问题进行补缺纠错并制订该患儿治疗方案。

换血疗法:换出部分血中游离抗体和致敏红细胞,减轻溶血;换出血中大量胆红素,防止发生胆红素脑病;纠正贫血,改善携氧,防止心力衰竭。换血种类,换血方法,换血量,换血途径。

视频播放:中国首例新生儿溶血病换血手术纪录片。

通过提前准备,查阅大量国内外资料,同时进行团队配合,终于成功进行中国首例新生儿溶血病换血手术。

文献回顾:这一篇论文是对中国首例新生儿溶血病换血手术的总结。

通过总结林巧稚教授"委婉拒绝—决定接诊—查阅资料—团队讨论—充分准备—救治成功"完成我国第一例新生儿溶血病换血手术的过程,引导学生将"初心使命、仁心仁术、创新攀高"等思政元素内化于心。

结合该案例引导学生总结本病的治疗,让学生们认识到知识扎实、本领过硬来源于持续学习、终身学习,医生要了解学科前沿,不断开展新技术,丰富治疗手段,提高救治率。

二、特色与创新

本课程运用案例教学法,将临床案例与林巧稚医师的纪录片相结合,以问题导入为引领,让学生模拟自己在面对当时场景,进行哪些思考及选择,融入新生儿溶血病的病理生理、发病机制、诊断及鉴别诊断、治疗等多方面内容中,建立新生儿溶血病临床诊疗思维,具有独立病例分析的能力。课前发放导学案例,以小组形式进行汇报,同时让学生提前进行治疗部分思维导图绘制,培养学生总结归纳能力。在诊治过程中感受林巧稚教授团队的"初心使命、仁心仁术、恒心持久、耐心沟通、创新攀高"等职业精神及科学品质。

三、教学总结和反思

通过课中互动、课后提问,学生在充分掌握新生儿溶血病的临床表现、并发症、治疗等核心内容的基础上,以林巧稚"接到来信—决定接诊—查阅资料—团队讨论—换血治疗"的诊治经过为课程主线贯穿全程,融入"方法科学的艺术"思政元素,处处体现"初心、仁心、创新、合作"等职业精神和科学品质。让学生们认识到知识扎实、本领过硬来源于持续学习、终身学习,医生要了解学科前沿,不断开展新技术,丰富治疗手段,提高救治率,真正践行"敬佑生命、救死扶伤、甘于奉献、大爱无疆"的职业精神,承担起造福百姓,挽救生命的社会责任。但是本次课程仅围绕一个案例元素进行思政挖掘,元素不够丰富,后续须继续进行思政元素挖掘,同时本次课程中仅在课后进行问卷星课堂质量问卷调查,不能充分检验人才培养效果,后续继续探索更加系统、客观、可持续的思政评价体系。

不可小觑的"黄"宝宝——新生儿黄疸总论

学校	温州医科大学	课程	新生儿学
章节	新生儿高胆红素血症	撰写教师	胡小娅、朱将虎
课程思政目标	1.知识目标：能清楚阐述新生儿胆红素代谢的特点、新生儿黄疸的分类、病因及发病机制、新生儿黄疸的治疗及进展。 2.技能目标：能通过案例的临床表现，让学生应用情景模拟，对接诊的新生儿黄疸病人进行鉴别诊断，区分病理性黄疸和生理性黄疸。		
教学目标及知识点	1.通过引入多个网络新闻报道举例，介绍新生儿黄疸的危害，引导学生正确认识黄疸的分类，用科学的角度和思维去认识事物的真相。 2.通过介绍光疗治疗手段的发现，光疗的治疗进展，认识到科学是在不断进步的，激发学生学会观察和认识新事物，不断探索、创新的科学精神。		
育人元素	模块四：求真务实，批判思维。		
教学方法	QCDS教学模式：提问（quiz），案例展示（case display），讨论（discuss），总结（summary）的教学模式。		

一、典型教学案例

（一）案例1：黄疸是不是"病"？

1.知识点：新生儿胆红素代谢的特点、新生儿黄疸的分类。

2.思政目标：通过引入多个网络新闻报道举例，介绍新生儿黄疸的危害，引导学生正确认识黄疸的分类，用科学的角度和思维去认识事物的真相，培养严谨认真、实事求是的科学精神。

3.教学过程

介绍多个网络新闻案例：

1.奶奶迷信"黄疸不用治"，让宝宝成脑瘫！

2.宝宝生黄疸，父母却相信迷信"驱邪"，后果十分严重。

众所周知，10个宝宝8个黄，正如新闻中报道那样，奶奶辈的老人家们觉得黄疸不是个事，晒晒太阳就好了，也有年轻的新手爸妈，误入"迷途"，耽搁了黄疸宝宝的治疗，最后酿成了悲剧。

通过这几个新闻案例的报道,提出问题,引发学生思考:

(1)为什么新生儿会出现黄疸?

(2)新生儿黄疸的病因有哪些?

(3)如何判断黄疸的轻重?

通过讨论,引发学生对黄疸的病因及鉴别诊断产生思考。

接下来,教师通过提问,结合案例讨论,揭示新生儿黄疸产生的原因及发病机制。

设问:什么是黄疸? 它是怎么产生的?

人体内的红细胞是会衰老死亡的,新的红细胞一代代产生,老的红细胞一批批死去。大量红细胞被破坏,就会产生一种叫胆红素的东西。新生儿由于毛细血管丰富,当血清胆红素超过 5mg/dl,则会出现肉眼可见的黄疸。

设问:既然胆红素是红细胞破坏后造成的,那就是说我们所有人,包括新生儿,只要有红细胞的新生代谢,就会产生胆红素,而胆红素的异常增高,会导致我们肉眼所见的黄疸,那么新闻中报道的那些新生儿为什么黄疸越来越高(即分析新生儿胆红素的代谢特点)?

(学生发言,组织课堂讨论,理论联系实际,帮助学生建立对新生儿黄疸产生原因有初步的认识)

新生儿红细胞寿命相对较短,死亡比较多,产生胆红素多(要了解胆红素的代谢特点,就要清楚胆红素这种物质自身的特性,它是一种脂溶性的物质,被肝细胞摄取后,需要搭载转运蛋白才能在胞内运输)。肝脏是处理胆红素的重要场所,新生宝宝肝脏功能发育不成熟,尤其是肝脏内结合胆红素的葡萄糖醛酸转移酶活性低下(每分子胆红素需要结合两分子的葡萄糖醛酸,才能形成水溶性的结合胆红素),不能及时处理和排泄这些胆红素,造成血液中胆红素浓度增高,等高到一定程度,皮肤、眼睛黄得肉眼可见了,新生儿宝宝就出现黄疸了。胆红素最后会通过尿、便才能代谢出去,新生儿生后前几天吃奶量不足,胆红素到了肠道最后一道关卡,由于大小便排量少,在肠道内排不出去,又被肠道黏膜重吸收入血,即胆红素经历了再次的"肠肝循环"过程,加重了血里胆红素的浓度。这里对胆红素的代谢特点进行总结:肝脏是处理胆红素的重要器官,所以胆红素的代谢过程可以划分为三个阶段,即肝前性、肝性、肝后性,这三个阶段的每个环节出现问题,多会引起胆红素的异常增高。接着提问学生,针对这三个阶段的黄疸类型,可以联系到有哪些具体的疾病可以导致黄疸?分别列举几个具体的疾病加深印象(如新生儿同族免疫性溶血、G-6-PD 酶缺乏、感染败血症、新生儿肝炎、先天性胆道闭锁等)。

设问:我们已经知道了胆红素从哪里来,到哪里去的过程,那我们怎么区分哪些是异常的增高,哪些是可以接受的升高(即病理性黄疸与生理性黄疸的鉴别)呢?

（学生发言，并展开讨论）

新生儿时期约85%的足月儿及绝大多数早产儿会出现暂时性的胆红素增高，其中大多数为生理性的，仅少部分是病理性，而这部分病理性黄疸，需要我们临床上去早期识别，早期干预与治疗，从而减轻黄疸的危害。

教师通过复述新闻案例的具体内容，让学生总结案例中新生儿黄疸的特点，并使学生通过总结比较病理性黄疸与生理性黄疸的区别，包括黄疸出现的时间点，黄疸的具体数值，黄疸上升的快慢等，加深对这个疾病的印象。

通过新闻案例的复述，就案例本身，家长对新生儿黄疸缺乏正确的认识，最终酿成了悲剧，引导学生在面对新事物的时候，要用辩证的角度和科学的思维方法去认清事物的本质，不盲从，不迷信，培养严谨认真、实事求是的科学精神。

（二）案例2：黄疸治疗的利器——光疗

1. 知识点：新生儿黄疸的治疗与进展。
2. 思政目标：通过介绍光疗治疗手段的发现，光疗的治疗进展，认识到科学是在不断进步的，激发学生学会观察和认识新事物，不断探索、创新的科学精神。
3. 教学过程

前一节课我们通过新闻案例了解到，新闻里报道的几位新生儿黄疸病人由于早期治疗的不及时，到黄疸后期达到了换血指征，甚至出现了严重的并发症——"脑瘫"（神经系统损坏），给家庭带来了沉重的负担。换个角度，大家思考一下，如果在黄疸发生的早期进行干预，是不是就可以避免或减少黄疸的危害？

设问：那么新生儿黄疸的治疗手段有哪些呢？我们该怎么去选择这些治疗手段呢？

（学生发言、展开讨论）

一般来说，黄疸的治疗包括药物、光疗和换血。根据胆红素代谢的特点，药物的治疗目的主要是通过改善机体的内环境、维持水电解质平衡，结合游离胆红素（白蛋白），提高肝酶活性（苯巴比妥），封闭抗体（丙种球蛋白），减少肝肠循环（妈咪爱等益生菌类）等。但是药物本身也有局限性，存在个体差异，所以在20世纪60年代，在光疗被发现之前，欧洲的儿科医生对于那些重症的黄疸病人，采取的是换血疗法。此法对于重症的黄疸是个重要的治疗手段，但也存在一些弊端，毕竟它是一种有创的治疗手段，也只适用于黄疸较重并且达到换血指征的宝宝，对于大多数新生儿黄疸病人，临床上目前使用得最普遍、最有效的治疗手段是蓝光治疗。

设问：那么你们知道光疗是怎么被发现吗？又经历了怎样的发展历程呢？

通过介绍光疗的发现历史，启示学生在学习和生活中要善于观察和思考，激发学生探索新事物、勇于创新的科学精神。

1956年,英国一家医院的儿科医生们在查房时发现,一位早产儿整体皮肤呈淡黄色,其中有一块三角形的皮肤比周围皮肤要黄得多。经过询问,原来一位叫Jean ward的修女曾把这位婴儿带出去晒太阳,偏黄色的那部分皮肤是被布的一角盖住了。仅仅几周后又一件奇怪的事情发生了,一位黄疸婴儿接受换血后,阴差阳错放在窗台的血样中的胆红素含量远远低于预期值。这两件事情引起了儿科医生Cremer的兴趣,他大胆指出黄疸婴儿血清里的胆红素含量降低与在日光下的暴露有关。随后,儿科医生Cremer和生物化学家Perryman通过8个40瓦的"淡蓝色"荧光管的自制光疗装置,证实阳光和蓝光均能降低黄疸新生儿的胆红素水平,并发表了这项颇具开创意义的研究结果。随后,欧洲其他国家的儿科医生大胆地进行Cremer的实验。1960年,智利医生Ferreira等人发表了对77个黄疸婴儿的光疗研究观察结果,并首创了"光疗"一词。但是此时,在大洋彼岸的美国儿科学会建议,6个月以下的婴儿要避免太阳直射! 另外由于这些论文只有1篇是英文版,导致美国的儿科医生们对光疗了解甚少。转折出现在20世纪60年代后半期,美国儿科医生Lucey在葡萄牙参加了一个会议,在那里遇到了年轻的智利医生Ferreiro,并让他来佛蒙特州做新生儿研究。这位新来的研究员对新生儿重症监护室没有光疗感到非常好奇,因为在智利光疗已经被使用多年。紧接着,Lucey让Ferreiro去查找相关的光疗参考资料,并通过这位智利医生的翻译,很快意识到这一疗法的重要性。Lucey随后构建了一个光疗装置,并在第一个随机对照试验中证明,光疗对于预防早产儿高胆红素血症非常有效。Lucey因此被称为美国"光疗之父"。一次的偶然发现,引发临床医师们对光疗的不断研究和探索。

接下来通过图片展示:光疗所用的各种类型的蓝光治疗仪的发展历程(包括卤素聚光灯、荧光光疗仪、LED光疗仪)。

设问:光疗是通过什么原理来发挥作用的呢? 它的副作用又有哪些呢?

(学生发言、展开讨论)

光疗通过转变胆红素产生异构体,使胆红素由脂溶性转变为水溶性,不经过肝脏的处理,直接经胆汁和尿液排出。光疗的患儿可出现发热、腹泻和皮疹等副作用,但多不严重,可继续光疗。光疗发展至今,临床已证实早期光疗可以减少重症新生儿黄疸换血率,并成为治疗新生儿黄疸最简单、便宜且有效的方式。

通过学习了胆红素的代谢特点、新生儿黄疸的分类以及黄疸的治疗,再次回到最初的新闻案例,案例中的黄疸宝宝生后多久开始出现了黄疸? 是病理性黄疸还是生理性黄疸? 根据黄疸数值和宝宝日龄,如果你是接诊医师,你该给宝宝开具什么样的医嘱? 做哪些检查来进行黄疸的鉴别? 此外,如果家属拒绝住院治疗,你该怎么去劝说?

通过新闻案例展示,让学生设置分组进行角色代入,通过情景模拟,让学生把理论知识联系到实践,加深印象。

这部分的情景模拟让学生能够以医生的代入感,理论联系实际,总结病例特点,进入诊断和鉴别疾病当中来,在更好掌握书本知识的同时,学会处理好医患沟通,医者仁心,更好地为病人服务。

二、特色与创新

通过课程的整体规划设计,改变传统线下教学模式,将科技创新、医学人文等多角度的课程思政素材,通过案例分析、"故事"讲授的教学方法,融入知识点中,激发学生学习兴趣和求知欲,引导学生发现问题、解决问题。在教学实施过程中,以讨论模式、扮演模式、实战模式进行师生互动和学生间的互动,让学生真正动起来,把知识内化吸收。同时,注重引导学生积极参与和实践,着重自我体验和感悟,引起学生的情感共鸣,既要有效促进学生对课程知识的理解和深化,又要让学生得到情感上的升华。

三、教学总结和反思

首先,通过新闻案例报道的介绍引入新生儿黄疸的知识点,激发学生对黄疸产生原因的探究,培养学生独立思考能力,用科学的角度和思维去认识事物的真相。其次,通过介绍光疗治疗发现的历史进程,激发学生勇于探索、科学创新的精神,有效地达到了课程思政的目标。目前,专业课程思政没有统一和规范的配套教材,缺乏针对性、体现专业及学校人才培养特点、方便可及的课程思政教育资源,为帮助学生高质量完成学习内容,我们需要不断优化思政案例内容,提高案例质量,以专业课程知识承载思政素材,将课程知识与思政素材有机融合,多讲身边事、关注社会热点,让学生在学到专业知识的同时,懂得蕴含于知识之上的家国情怀、科学精神、爱婴观念、医者仁心等。

天天的"生命速递"——新生儿缺氧缺血性脑病

学校	温州医科大学	课程	新生儿学
章节	新生儿神经系统疾病	撰写教师	陈 思
教学目标及知识点			

学校	温州医科大学	课程	新生儿学
章节	新生儿神经系统疾病	撰写教师	陈 思
教学目标及知识点	1.知识目标:能正确阐述新生儿缺氧缺血性脑病(HIE)的定义,总结HIE的临床表现和诊断标准;能解释HIE的发病机制,叙述HIE的治疗原则。 2.技能目标:能解读相关化验单和特检单,并结合临床表现,判断HIE分度;能运用所学知识,设计个体化治疗方案。		
课程思政目标	1.通过了解HIE诊断标准的制定过程,明白实践检验真知的科学道理,培养严谨认真、实事求是的科学精神。 2.通过发病机制学习,树立发现问题、追本溯源的科学意识;通过新生儿科前辈亚低温技术研发过程的艰辛,培养质疑能力、开拓创新的精神。		
育人元素	模块四:科学精神;模块五:仁爱之心。		
教学方法	本次授课采用BOPPPS模式的教学策略,依序为:热身暖场(Bridge-in),学习目标(Objective),前测(Pre-assessment),参与式学习(Participatory learning),后测(Post-assessment),总结(Summary),最后,布置拓展知识内容,拓宽学生的视野,提高自主学习能力。		

一、典型教学案例

(一)案例1:天天的"生命速递"

1.知识点:新生儿缺氧缺血性脑病(HIE)诊断标准、临床表现。

2.思政目标:通过了解HIE诊断标准的制定过程,让学生认识到实践检验真知的科学道理,培养严谨认真、实事求是的科学精神。

3.教学过程

首先,播放新生儿惊厥及救护车转运的视频,通过情景—冲突—疑问的教学方式提出问题:

出生4小时的新生儿天天因惊厥收住当地医院,由于当地医院缺乏相应的治疗设备,需紧急转运至温州医科大学附属育英儿童医院进一步治疗。当地医院提供的现病史:患儿天天,胎龄40周,因"胎儿宫内窘迫"在当地医院紧急剖宫产出生,羊水Ⅲ度污染,胎盘、脐带(一),出生体重4250g,患儿生后反应差,给予复苏,Apgar评分3—3—7。考虑新生儿缺氧缺血性脑病。

这里回顾已学知识点：复苏流程、Apgar 评分。

设问，根据视频播放以及相关病史所示，你是否认同这位医生的诊断？ HIE 的诊断标准是什么？ 为什么天天要紧急转运？

结合案例讨论以下问题：还需补充哪些病史？ 体格检查重点是什么？ 鉴别诊断有哪些？ 完善哪些检查及如何判读？ HIE 的临床分度？

（学生讨论）

根据临床表现可将 HIE 分为轻、中、重度。轻度 HIE 患儿表现为易激惹，肌张力正常或稍增加，原始反射正常或增强，可有肌阵挛，病程往往在 72h 内消失，预后良好；中度 HIE 表现为嗜睡、反应迟钝，肌张力减低，原始反射减弱，常有惊厥发作，有中枢性呼吸衰竭，出现呼吸暂停，须辅助通气支持，瞳孔缩小伴对光反射减弱，脑电图显示低电压或痫样放电，症状多在 14 天内消失，可能有后遗症。重度 HIE 患儿昏迷、四肢松软，原始反射完全消失，有惊厥发作或呈持续状态，明显中枢性呼吸衰竭，瞳孔不对称或扩大，脑电图提示爆发抑制或等电位等重度异常，患儿往往在数天至数周死亡，多有后遗症。

其次，通过 HIE 诊断标准的制定过程，使同学们了解实践检验真知的科学道理：

在国际上不同国家不同时期有多个关于新生儿 HIE 诊断标准发表，基本原则无异。我国于 1989 年济南会议制定了新生儿 HIE 的临床诊断标准，以后又做过 2 次修订使该病的诊断更具科学性、实用性，与国际接轨。HIE 诊断标准参考中华医学会儿科学分会新生儿学组 2005 年发表的指南。患儿临床表现是诊断 HIE 的主要依据，同时还要具备以下 4 条可确诊，第 4 条暂时不能确定者可作为拟诊病例。①有明确的可导致胎儿宫内窘迫的异常产科病史，以及严重的胎儿宫内窘迫表现（胎心＜100 次/min，持续 5min 以上；和/或羊水Ⅲ度污染），或者在分娩过程中有明显窒息史；②出生时有重度窒息，指 Apgar 评分 1min≤3 分，并延续至 5min 时仍≤5 分，和/或出生时脐动脉血气 pH≤7.00；③出生后不久出现神经系统症状，并持续至 24h 以上，如意识改变（过度兴奋、嗜睡、昏迷），肌张力改变（增高或减弱），原始反射异常（吸吮、拥抱反射减弱或消失），病重时可有惊厥，脑干征（呼吸节律改变、瞳孔改变、对光反应迟钝或消失）和前囟张力增高；④排除电解质紊乱、颅内出血和产伤等原因引起的抽搐，以及宫内感染、遗传代谢性疾病和其他先天性疾病所引起的脑损伤。

HIE 诊断标准的制定经历了从表象的认识到依靠影像学表现，到最后强调病因、临床表现及辅检相结合，在此基础上还须进行鉴别诊断。然后回到导入中的视频，通过这样一步步的逻辑推导帮助学生构建对 HIE 的理性认识，并理解 HIE 的定义。通过学习 HIE 的病理改变认识到脑细胞在原发性能量代谢损伤发生后，如未能恢复组织供氧，仍处于缺氧缺血状态，6～24h 出现"继发性细胞能量衰竭"，也称"第二次细胞能量代谢衰竭"。经历了第 2 次能量代谢衰竭的细胞,病理性结构形态及功能难以恢复,进入急性坏死过程,部分未完全坏死的细胞则进入加快的细胞凋亡程序,可持续数天至数周,形成"迟发性"神经损伤过程。因此,天天须在发生"第二次细胞能量代谢衰竭"的时间段内(即生后 6 小时内)转运至有救治能力的医院进一步治疗,以最大程度保卫大脑,守护健康。

最后,组织课堂讨论,理论联系实际,基础结合临床,达到核心知识点的内化,建立 HIE 的临床诊疗思维;借此案例,认识到 HIE 的诊断需要严谨认真的科学态度。

(二)案例 2:大脑保卫战——亚低温治疗

1. 知识点:HIE 的发病机制和诊疗方案的制订。

2. 思政目标:通过发病机制学习,树立发现问题、追本溯源的科学意识;通过新生儿科前辈亚低温技术研发过程的艰辛,培养质疑能力和开拓创新的精神;新生儿期后治疗注意人文关怀,培养仁爱之心。

3. 教学过程

通过案例学习后,提问:患儿急性脑损伤的过程是怎么发生的呢? HIE 的发病机制及病理生理是怎样的? 帮助学生探究疾病本质,树立发现问题、追本溯源的科学意识,并养成良好的科研思维习惯。

只有了解 HIE 的发病机制及病理生理过程,才能在这场"大脑保卫战"中占得先机,最大限度降低患儿神经系统后遗症发病率。HIE 发病机制总共分三方面,包括脑血流改变、脑血管自主调节功能障碍、脑组织代谢改变。①脑血流改变:介绍潜水反射、脑血流分布不平衡及选择性易损区。②脑血管自主调节功能障碍:病理状态下压力被动性脑循环的致病机理。③脑组织代谢改变:无氧酵解增加,能量衰竭发生,钠钾泵功能不足导致脑水肿的发生。以上机制解释了为什么患儿出现乳酸堆积,脑影像学上出现脑水肿表现。脑损伤的发病机制研究仍在进展当中,鼓励学生查阅文献、了解研究进展。

HIE 的病理生理改变:早期是脑细胞水肿,若损伤没有逆转,则发生急性坏死或诱发凋亡的加速进行。HIE 脑损伤的部位有什么特征呢? 如果缺血是急性完全性的会出现基底节丘脑损伤,也有人说基底节丘脑的损伤可能跟该部位兴奋性氨基酸受体分布有关。而根据选择性易损区,足月儿容易发生大脑矢状旁区损伤,早产儿容易发生脑室周围白质软化。另外,脑动脉缺血还会造成脑梗死。

后来,人们发现,缺氧缺血后数天至数周可能发生延迟的神经元损伤,也就是未完全恢复供氧的组织 6~24h 后出现"继发性细胞能量衰竭",发生急性坏死或启动凋亡程序。

教师从发病机制入手,分析三支持、二对症、一保护的具体治疗方案。三支持包括通气支持、循环支持及血糖支持。二对症包括降低颅内压及控制惊厥的发生,以及一保护,即"大脑保卫战的重要法宝"——亚低温疗法。其中重点介绍亚低温的研发历程,及温州医科大学附属育英儿童医院林振浪教授参与的指南制定,认识到科学是在探索中不断进步的,未来还要继续开拓创新。

20 世纪 60 年代首次应用——低体温有害,做法被完全制止——亚低温动物模型中观察到神经元功能恢复,开展人类研究——2005 年儿童健康发展组织(National institute of Child Health and Human Development,NICHD)在讲习班中警告与会者不要再使用亚低温——国际上 6 个大型的多中心 RCT 完成证实亚低温治疗的有效性和安全性——2011 年亚低温治疗方案制订——亚低温在国内得到广泛开展。在亚低温研发历史中,我们医院在林振浪教授带领下也是国内最早开展亚低温疗法的单位之一。并且,林教授带领他的研究生在 HIE 的诊疗方面做了大量的基础研究,为降低温州地区 HIE 发病率、改善预后作出贡献。亚低温治疗指征(亚低温治疗专家共识 2022):出生胎龄≥35 周,出生体重≥2000g 的中重度 HIE 患儿,并且同时存在下列情况:①有胎儿宫内窘迫的证据;②有新生儿窒息的证据;③有新生儿 HIE 或 aEEG 脑功能监测异常的证据,在起始于发病 6h 内、越早越好,治疗持续 72h 维持体核温度 34℃(33～35℃)。治疗结束复温后至少严密临床观察 24h,出院后至少随访至生后 18 个月。

2024 年,随着后亚低温时代的到来,我们的目标仍是不断优化亚低温治疗及患者选择,同时开展叠加新的有潜质的神经保护剂。高压氧、EPO、神经干细胞、中药等用于治疗 HIE 的疗效如何? 能否联合亚低温治疗 HIE? 我们期待你的发现。从而在板书的设计上,显示主干:质疑—探索—求证—拓展的思路。

新生儿期后治疗注意人文关怀,培养学生的仁爱之心:

新生儿期后治疗主要是智能及体能的康复训练,患儿天天治疗好转后出院,加入新生儿随访干预中心长期随访,后期出现脑瘫的后遗症。在随访过程中,对脑瘫患儿的家庭要做到人文关怀,有同理心和同情心,注意医患沟通,避免决断性言论和冷漠态度。随访过程中,要注意治疗的科学性及遵循循证医学证据,对浮夸的治疗效果要带着质疑的目光去看,不要盲目听信什么封针疗法对脑瘫患儿的治愈率达到 97%,实际情况值得追问。

在 HIE 的预防方法部分,因为产科急救水平的提高,以及中国新生儿复苏项目在国内的广泛开展,基层医院医生的新生儿复苏水平得到显著提高,新生儿窒息发生率显著下降,直接降低了 HIE 的发病率。

二、特色与创新

本课程运用BOPPPS教学法,将新生儿缺氧缺血性脑病的诊治与基础阶段所学的知识进行融合。教学过程始终以学生为主体,教师辅助答疑。课堂讨论过程中,适时、适度地引入课程思政内容,培养学生严谨认真、实事求是的态度,以及质疑、探索、求证、拓展的科学思路。秉持以病人为中心的理念,通过对脑瘫患儿的随访,培养仁心仁术的品质和细心耐心的素养,实现自我价值提升和社会担当。

三、教学总结和反思

新生儿缺氧缺血性脑病部分融合现代教学理念和手段,采用"BOPPPS"模式的教学策略,将HIE的基础知识与临床实践有机结合来完成课程教学目标。目前许多医学课程,课堂教学依然是最重要的教学方式。考虑到新生儿HIE理论知识相对枯燥,传统的课堂教学为教师在课堂上以填鸭式灌输知识,学生被动地接受且只注重知识的记忆而缺乏思维训练。因此,教学过程采用以问题为基础的教学方式,通过启发诱导调动学生的参与度和兴趣,避免平铺直叙的填鸭式教学。同时将课程思政贯穿教学过程,培养严谨细致的临床思维,接受科研精神熏陶,学习医学前辈开拓创新的精神等开启育人途径。整个教学过程进行良好,课堂讨论气氛活跃,学生学习兴致较高。不足之处是,老师课间、课后与学生的交流时间并不多。网络时代,可以增加线上交流的机会。

无声杀手——新生儿败血症

学校	贵州医科大学	课程	新生儿学
章节	新生儿感染性疾病	撰写教师	王　鉴、杨春霞
教学目标及知识点	1.知识目标:能清楚阐述新生儿败血症的诊断步骤、分类标准和治疗原则。 2.技能目标:熟悉新生儿神经系统查体方法,能分析感染指标的临床意义,制订相应的检查和治疗方案。		
课程思政目标	1.培养学生不断探索的科学精神,加强学生对医生行业的职业认同和使命感。 2.通过案例学习,提升学生问题意识,培养批判性思维。		
育人元素	模块一:学习意识;模块四:批判思维。		
教学方法	研讨辩论,CBL,PBL,情景模拟。		

一、典型教学案例

(一)案例1:新生天使的惊险之旅

1.知识点:新生儿败血症的诊断和治疗。

2.思政目标:培养学生不断探索的科学精神,加强学生对医生行业的职业认同和使命感。

3.教学过程

开场设问:作为一名医学生,大家知道衡量一个国家国民健康水平的主要指标是什么吗?

课堂思考2分钟后通过雨课堂扫描手机二维码进入答题界面,提供多选题进行回答,选项有:①人均期望寿命;②婴儿死亡率;③生命质量指数;④孕产妇死亡率。答题结束后进入答案分析界面,随后引入5岁以下儿童死亡率概念。

5岁以下儿童死亡率是国际上公认反映一个国家和地区国民健康水平和社会文明程度的综合指标。根据世界卫生组织发布《2021年世界卫生统计》报告指出,2019年全球5岁以下儿童死亡率为37.1‰,全球新生儿死亡率为17.9‰,引起5岁以下儿童死亡的5个主要原因依次为:新生儿疾病(37.3%),下呼吸道感染(13.3%)、腹泻病(9.9%)、先天性出生缺陷(9.4%)和疟疾(7.1%),降低新生儿死亡率是降低5岁以下儿童死亡率的关键。新生儿主要死于早产,与分娩相关的并发症(如出生窒息),

感染(如败血症、脑膜炎和肺炎),积极治疗感染性疾病可降低新生儿死亡率从而降低5岁以下儿童死亡率,提高人均寿命。

我国于1991年建立覆盖全国的5岁以下儿童死亡监测网,数据显示,1991年新生儿死亡率为33.1‰,2021年降至3.1‰(图6.5)。新生儿死亡率逐年下降,感染性疾病的有效控制起到不可忽略的作用。

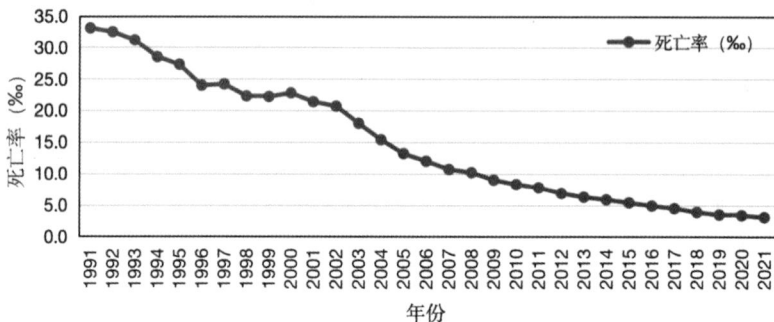

图6.5 1991—2021年新生儿死亡率变化趋势

注:数据来源于中国卫生健康统计年鉴(2003—2022年)。

介绍案例:

王妈妈在经历39周4天的孕周后经阴道娩出体重3500g的王小宝,母子平安,全家人正沉浸在迎来新成员的喜悦中。然而仅出生1天的王小宝在毫无征兆的情况下出现发热,体温为38.4℃,除此之外无气促、发绀、抽搐,无呕吐、腹胀、出血等其他异常表现,出生医院医生建议王爸爸用退热贴给王小宝进行退热处理,但体温始终未降至正常,并出现奶量减少、精神差的表现,遂于出生2天20小时就诊于贵州医科大学附属医院。

入院后体格检查 体温38.4℃,心率166次/分,呼吸48次/分,血氧饱和度(SPO₂)92%,血压72/42(45)mmHg(1mmHg≈0.133kPa),易激惹,目测皮肤黄染＋＋＋,前囟2.5cm×2.5cm,平软,骨缝分离3mm,无鼻扇,口唇红润,颈软,三凹征阴性,双肺呼吸音粗,未闻及干湿性啰音,心律齐,心音有力,各瓣膜听诊区未闻及杂音,腹软,肝脾未扪及肿大,肠鸣音3次/分,毛细血管再充盈时间3秒,股动脉搏动有力,双侧腕关节、踝关节以下冰凉,吸吮、觅食、拥抱、握持反射存在。

辅助检查 血细胞分析:白细胞计数(WBC)6.20×10⁹/L,中性粒细胞比率0.51,淋巴细胞比率0.38,血红蛋白(Hb)157g/L,血小板计数(PLT)133×10⁹/L;C反应蛋白(CRP)273.17mg/L;降钙素原(PCT)4.5ng/ml。

学生讨论:

(1)最可能的疾病是什么?

（2）新生儿败血症须进行哪些检查？

通过提问、讨论的方式，使学生掌握新生儿败血症诊断、鉴别诊断的关键问题。对学生的讨论进行点评和总结，通过病例学习，培养学生的仁爱之心，加强学生对医生行业的职业认同和使命感。

入院后医生给王小宝完善血培养和脑脊液检查。脑脊液常规：白细胞 1556×10^6/L，单个核细胞占28%，多个核细胞占72%；脑脊液生化：葡萄糖1.38mmol/L，氯121.66mmol/L，总蛋白1729.00mg/L。血培养结果提示检出革兰阳性球菌β－溶血性链球菌，药敏试验显示对青霉素G、头孢吡肟、头孢噻肟、万古霉素、左氧氟沙星、利奈唑胺敏感。

王小宝经血培养检查诊断新生儿败血症，脑脊液检查明确诊断为细菌性脑膜炎，学生讨论：

（1）新生儿败血症的定义及分类。

（2）新生儿败血症的诊断标准。

通过病情分析引导学生掌握新生儿败血症诊断过程的第二步骤——明确病原。根据一系列检查，王小宝确诊感染病原菌为β－溶血性链球菌，也称为B族链球菌（group B streptococcus，GBS）、无乳链球菌。引导学生查阅相关文献、书籍，随机抽取同学回答以下问题：什么是GBS？孕妇感染GBS对新生儿的影响有哪些？国内外新生儿GBS感染的历史及现状如何？新生儿通过哪些途径感染GBS？如何防治新生儿GBS感染？强调早期诊断、早期治疗能显著提高患儿的治愈率，减少后遗症、提高生存质量，树立治病首先是治人的理念，培养学生对医生职业的使命感和荣誉感。王小宝入院予抗生素治疗31天后痊愈出院。根据《新生儿败血症诊断及治疗专家共识（2019年版）》，引导学生讨论新生儿败血症的治疗，如何选择抗生素，抗生素疗程，同时可以更进一步讨论："家属对新生儿败血症不了解，抵触使用抗生素，如何沟通？"由于新生儿重症监护室为隔离非陪护病房，如何缓解家属与宝宝的分离焦虑情绪？从而加强学生医患沟通能力的培养。

通过本案例让学生掌握新生儿败血症的诊治，了解有效控制感染能改善预后、降低死亡率。同时介绍与新生儿感染相关方针政策，其中以《健康儿童行动提升计划（2021—2025年）》最为密切。该计划主要目标之一就是将新生儿死亡率和5岁以下儿童死亡率分别控制在3.1‰、6.6‰以下，重点内容之一是新生儿安全提升行动，具体举措包括加强危重新生儿救治网络建设、提升新生儿医疗救治服务能力及强化新生儿生命早期基本保健等。这既是国家对我们的要求，亦是我们医务工作者的使命。

（二）案例2：把无声杀手扼杀在摇篮里——识别及预防早发败血症

1.知识点：早发败血症的识别及预防。

2.思政目标:加强学生问题意识,培养精益求精的工匠精神。以小组为单位进行讨论并完成课后作业,培养学生团队合作精神,增强集体荣誉感。

3.教学过程

课前通过雨课堂发布预习课件(新生儿败血症的临床表现,新生儿败血症实验室检查)。然后介绍金汉珍教授及新生儿医学专业前辈为新生儿事业所做出的贡献(图6.6)。

图 6.6　金汉珍教授及其主编的《实用新生儿学》

1920 年,金汉珍教授出生于湖北汉口,1945 年毕业于国立上海医学院临床医学专业。1953 年,金汉珍创建复旦大学附属儿科医院新生儿科,任第一任主任。她从 1960 年开始培养研究生,一共带出数十名硕士和博士。金汉珍教授 1979 年在我国率先创办"全国新生儿医学学习班",后来这些学员成为全国各地新生儿医学的骨干力量和学科带头人,为我国新生儿医学的发展起到开拓性奠基作用。1985 年,中华医学会儿科学分会新生儿学组,金汉珍任组长。在她的带领下由吴仕孝教授执笔于 1986 年 9 月制订了《新生儿败血症诊断标准初步方案》,为临床医生提供诊治依据。1987 年 9 月,她筹划了第一次全国新生儿学术会议,并于此会上制订了《新生儿败血症诊断标准修订方案》(吴仕孝教授执笔)。随着时间进展,由于病原学及耐药性已发生了很大的变化,诊断技术也不断提高,因此于 2003 年对新生儿败血症诊疗方案进行修订,并对其治疗的规范化提出建议。在国内外研究进展的基础上,于 2019 年修订了《新生儿败血症诊断及治疗专家共识》,这一版区分了早发与晚发败血症的诊治。

从 1986 年制订《新生儿败血症诊断标准初步方案》到 2019 年发表的《新生儿败血症诊断及治疗专家共识》,更详细和系统地描述了新生儿败血症从预防到识别、诊断、治疗的过程,体现了医学的不断进步。那么早发型败血症怎么识别?怎么预防?通过一环接一环的问题,使学生掌握新生儿败血症相关知识。通过课前发布的预习课件,让学生们回答早发败血症的临床表现有哪些,并指出本案例中该患儿具备哪些临床表现。在本病例中,首先,患儿出生1天即出现发热,并伴有喂养差、精神反应差等临床表现,出生医院医务人员未引起足够重视,未能早期识别出早发型败血症,故作为医者,应以一种批判性思维去看待问题,反思不能及早识别危急重症的原因。其次,该例患儿母亲产前未行GBS筛查,这也是以后工作中需改进的。

另外,简要介绍一下"降消项目(提高孕产妇分娩率实施卫生项目)",该项目自2000年开始实施,通过健康教育普及妇幼保健知识、培训妇幼保健人员通过提高救治能力、住院分娩救助等措施提高住院分娩率,住院分娩的新法接生能有效降低败血症的发生率。

以雨课堂的形式对本课程的重点和难点进行考核,同时调查学生对该门课程满意度。课后以小组为单位完成作业。

(1)如何预防早发败血症?

(2)并发颅内感染的患儿随访过程有哪些注意事项?

(展示王小宝随访过程中的照片及视频)。

二、特色与创新

本课程运用案例教学法(CBL)、问题为导向教学法(PBL),结合雨课堂教学的混合教学模式,将新生儿败血症的诊治与基础阶段所学的知识进行融合。教学过程始终以学生为主体,教师辅助答疑。教学过程中的案例主体为新生儿这一脆弱群体,注重培养学生的爱伤观念,培养有温度的医生。课堂讨论过程中,适时、适度地引入课程思政内容,培养学生的仁爱之心,加强学生对医生行业的职业认同和使命感,同时激发学生不断探索的科学精神。

要求学生查阅文献,以小组为单位进行讨论,培养学生自主学习能力和团队合作精神。整个教学过程中,将学习诚信纳入个人表现与团队表现考核,考核内容包括考勤签到的真实性、是否按时完成作业等方面。让学生明白,诚信应该从小事做起,从点滴做起。

三、教学总结和反思

本课程教学过程中发现学生对于科学精神、批判思维以及同情同理的沟通技能等思政元素兴趣比较高,课堂气氛活跃,感受到同学们的学习意识和探究精神被激发,因此后期的思政教学中会继续挖掘医者仁心、敬佑生命、同情同理等实际案例融入教学。

课堂教学过程中存在一些问题,如学生仍然习惯于老师讲授,学生听学的传统教学模式,对老师课前发布的内容重视不足,自主学习积极性不高,查阅文献、拓展学习的主观能动性不强,对于β—溶血性链球菌的相关知识学生相对陌生,查阅文献资料时间及途径有限。在以问题为导向的教学过程中,存在学生提炼知识、整合知识能力不足,分组讨论时部分学生回避问题、依赖他人,老师有时候引导过度等,因此今后在采用混合教学模式的基础上,需借力现代教育技术进一步优化课程设计,提高学生的课堂参与度和课堂教学效果,同时可通过微信群等加强学生和教师的课后交流和指导。

参考文献

[1]才海燕,苗晓霞,高彩云,等.母乳库建立对早产儿在院期间母乳喂养率和远期预后的影响[J].新疆医科大学学报,2020,43(10):1345-1348.

[2]曾海丽,杨华彬.儿童急性肾损伤诊断标准的解读[J].中华实用儿科临床杂志,2015,30(5):334-336.

[3]曾文娟.医学健康类科普动画叙事策略研究——以《头脑特工队》《工作细胞》《终极细胞战》为例[J].科普研究,2020,15(3):99-107,114.

[4]常宇南,许红梅.儿童病毒性肝炎的诊治进展[J].中华肝脏病杂志,2021,29(1):16-20.

[5]陈超,杜立中,封志纯.新生儿学[M].北京:人民卫生出版社,2020.

[6]崔富强,庄辉.中国建国以来防控病毒性肝炎工作进展[J].中华肝脏病杂志,2021,29(8):725-731.

[7]《儿童肥胖预防与控制指南》修订委员会.儿童肥胖预防与控制指南(2021)[M].北京:人民卫生出版社,2021.

[8]儿童急性感染性腹泻病诊疗规范(2020年版)[EB/OL].(2020-09-18)[2020-11-18].http://www.nhc.gov.cn/yzygj/s7659/202009/5c03bafd1db74fb68e2a74afa2ed08c1/files/67400070881e472c91e8abb995795b5d.pdf.

[9]儿童再生障碍性贫血诊疗规范(2019年版)[EB/OL].(2019-09-04)[2019-11-04].https://www.gov.cn/zhengce/zhengceku/2019-11/15/5452452/files/b29c857050a84dfa81d66451982c40da.pdf.

[10]范松,刘彩霞,张羡,等.临床诊断与实验室确诊细菌性痢疾流行特征及病原学分析[J].现代仪器与医疗,2019,25(2):45-48.

[11]房红芸,于冬梅,郭齐雅,等.2013年中国0～5岁儿童贫血现状[J].中国公共卫生,2018,34(12):1654-1657.

[12]高凤香.两弹元勋邓稼先的伟大爱国情操[J].兰台世界:上旬,2011(3):18-19.

[13]国务院办公厅.要深入开展爱国卫生运动,推进城乡环境整治,完善公共卫生设施,提倡文明健康、绿色环保的生活方式[N].人民日报,2020-04-10(1).

[14]国家卫健委发布健康儿童行动提升计划[EB/OL].(2021-11-05)[2021-12-24].
https://www.gov.cn/xinwen/2021-11/05/content_5649196.htm.

[15]韩宪洲.以课程思政推动立德树人的实践创新[J].中国高等教育,2019(23):
12-14.

[16]胡盛寿.《先天性心脏病外科治疗中国专家共识》述评[J].中国胸心血管外科临
床杂志,2021,28(1):1-3.

[17]华北理工大学关于开展2022年度课程思政优秀教学案例评选的通知[EB/OL].
(2022-10-05)[2022-10-21]. https://yjsxy.ncst.edu.cn/col/1413011036991/
2022/10/05/1664935979943.html.

[18]籍孝诚,周华康,姜梅.新生儿交换输血的技术和经验[J].中华妇产科杂志,
1963,9(6):362-368.

[19]健康中国行动(2019-2030)[EB/OL].(2019-07-15)[2019-08-15].https://www.
gov.cn/xinwen/2019-07/15/content_5409694.htm? eqid=f4bd9bec00061010000000
0066458b87a.

[20]江载芳,申昆玲,沈颖.诸福棠实用儿科学(第8版)[M].北京:人民卫生出版社,2015.

[21]姜德友,赵术志,李俊,等.痢疾源流考[J].中国中医急症,2020,29(6):1098-1101.

[22]教育部.教育部关于印发《高等学校课程思政建设指导纲要》的通知[EB/OL].
(2020-06-01)[2020-06-12]. https://www.gov.cn/zhengce/zhengceku/2020-
06/06/content_5517606.htm.

[23]教育部.教育部关于加强新时代高校"形势与政策"课建设的若干意见[EB/OL].
(2018-04-12)[2018-05-02]. https://www.gov.cn/xinwen/2018-04/27/content_
5286310.htm.

[24]孔军,许明月,赵珏.课程思政的思想源泉、理论遵循与方法依据[J].北京联合大
学学报,2022,36(1):7-12.

[25]李昌崇.儿童支气管哮喘基础与临床[M].北京:人民卫生出版社,2010.

[26]李菊梅,曾亚莉,裴晓迪,等.四川省儿童艾滋病病例特征分析[J].中国艾滋病性
病,2020,26(12):1301-1304.

[27]李秀兰,吴艳,钟晓云,等.新生儿重症监护室早产儿母乳喂养促进策略研究[J].
北京大学学报(医学版),2019,51(4):711-715.

[28]梁劲.新时代高校课程思政融入专业教学的现实困境及机制创新[J].职业,2022
(4):33-36.

[29]林波,何强.儿童急性肾损伤诊治进展[J].实用医学杂志,2017,33(21):
3504-3507.

[30]刘佳欣,赵梓伶,张芝娇,等.四川省贫困农村地区儿童营养改善项目对儿童生长发育的促进作用[J].现代预防医学,2020,47(23):4225-4229.

[31]刘洋,徐政,朱卫立,等.诺氏疟原虫的研究进展[J].中国国境卫生检疫杂志,2018,41(1):62-65,70.

[32]刘珍,周阳文,李小洪,等.出生缺陷防控健康教育专家共识[J].中国妇幼保健,2022,37(5):775-779.

[33]陆道坤.新时代课程思政的研究进展、难点焦点及未来走向[J].新疆师范大学学报(哲学社会科学版),2022,43(3):43-58.

[34]毛萌,江帆.儿童保健学(第4版)[M].北京:人民卫生出版社,2020.

[35]毛萌.中国儿童保健专科:特色与发展[J].中华儿科杂志,2015,53(12):881-883.

[36]牛瑞青,冯文化.苯丙酮尿症及相关治疗方法研究进展[J].中国新药杂志,2018,27(2):154-158.

[37]钱家麒.腹膜透析中需要关注的几个问题[J].中华肾脏病杂志,2005(5):240-241.

[38]裘莹.医学课程思政实施路径探析[J].南京医科大学学报(社会科学版),2022,22(1):88-92.

[39]茹喜芳,冯琪.新生儿呼吸窘迫综合征的防治——欧洲共识指南2019版[J].中华新生儿科杂志(中英文),2019,34(3):239-240.

[40]司开卫,王渊,张旭,等."医学寄生虫学"课程思政的实践——以疟原虫为例[J].中国医学教育技术,2021,35(6):779-781,789.

[41]万笑影.顾方舟:一生做一事的"糖丸爷爷"[N].人民资讯.2021-07-19.

[42]汪健.新生儿坏死性小肠结肠炎研究新进展[J].临床小儿外科杂志,2022,21(4):301-305.

[43]汪婧怡,张钦.脑积水宫内治疗的患者选择标准发展历程[J].中华围产医学杂志,2022,25(8):631-634.

[44]王丹华.关注早产儿的营养与健康——国际早产儿喂养共识解读[J].中国当代儿科杂志,2014,16(7):664-669.

[45]王蕾,苏潇歌,王超,等.我国中西部4省(自治区)农村3岁以下儿童贫血状况及其影响因素分析[J].中国健康教育,2013,29(5):390-393.

[46]王丽艳,秦倩倩,丁正伟,等.中国报告15岁以下儿童艾滋病病例流行特征分析[J].疾病监测,2017,32(3):227-231.

[47]王卫平,孙锟,常立文,等.儿科学(第9版)[M].北京:人民卫生出版社,2018.

[48]王星烨,何璐,杜亚娟,等.嵴内型室间隔缺损介入治疗中远期随访及评价[J].心

脏杂志,2021,33(4):396-402.

[49]吴如俊.人类抗击疟疾中产生的诺贝尔奖[J].生物学教学,2016,41(3):61-62.

[50]吴霆.中国防制麻疹的历史和现状[J].中华流行病学杂志,2000,21(2):143-146.

[51]习近平.青年要自觉践行社会主义核心价值观——在北京大学师生座谈会上的讲话[N].人民日报,2014-05-05(2).

[52]习近平在北京大学师生座谈会上的讲话[N].人民日报,2018-05-03(2).

[53]习近平在全国高校思想政治工作会议上强调:把思想政治工作贯穿教育教学全过程 开创我国高等教育事业发展新局面[N].人民日报,2016-12-09(1).

[54]习近平在中国人民大学考察时强调:坚持党的领导传承红色基因扎根中国大地走出一条建设中国特色世界一流大学新路[N].人民日报,2022-04-26(1).

[55]谢晓恬.儿童骨髓衰竭性疾病诊治研究进展[J].中国小儿血液与肿瘤杂志,2021,26(4):193-197.

[56]阎雪,韩笑,张会丰.2016版"营养性佝偻病防治全球共识"解读[J].中华儿科杂志,2016,54(12):891-895.

[57]杨静丽,王建辉.2022版美国儿科学会新生儿高胆红素血症管理指南解读[J].中国当代儿科杂志,2023,25(1):11-17.

[58]杨青,朱宗涵,张德英,等.我国儿童保健工作的挑战和对策[J].中国儿童保健杂志,2008,16(1):3-4.

[59]杨仕贵.消除病毒性肝炎公共卫生威胁,机遇与挑战并存[J].中华疾病控制杂志,2021,25(7):749-752.

[60]杨思源,陈树宝.小儿心脏病学(第4版)[M].北京:人民卫生出版社,2012.

[61]虞丽娟.从"思政课程"走向"课程思政"[N].光明日报,2017-07-20(14).

[62]张凤云,张琳琪,张晓玲,等.张金哲院士"八字诀"在小儿肿瘤外科护理中的应用效果研究[J].中国小儿血液与肿瘤杂志,2021,26(3):166-168,172.

[63]《中华儿科杂志》编辑委员会,中华医学会儿科学分会儿童保健学组,全国佝偻病防治科研协作组,等.维生素D缺乏性佝偻病防治建议[J].中华儿科杂志,2008,18(3):190-191.

[64]张清平.林巧稚传[M].天津:百花文艺出版社,2012.

[65]赵瑞,郑珊,肖现民.胆道闭锁基因表达谱特点及生物信息学分析[J].中华小儿外科杂志,2009,30(7):447-450.

[66]中共教育部党组.中共教育部党组关于印发《高校思想政治工作质量提升工程实施纲要》的通知[EB/OL].(2017-12-04)[2017-12-28].http://www.moe.gov.cn/srcsite/A12/s7060/201712/t20171206_320698.html.

[67]中华人民共和国国家健康委员会,国家中医药局.儿童社区获得性肺炎诊疗规范(2019 年版)[J].中华临床感染病杂志,2019,12 (1):6-13.

[68]中国儿童颅缝早闭症诊治协作组.儿童颅缝早闭症诊治专家共识[J].中华小儿外科杂志,2021,42(9):769-773.

[69]中国抗癌协会小儿肿瘤专业委员会,中华医学会小儿外科学分会肿瘤外科学组.儿童神经母细胞瘤诊疗专家共识[J].中华小儿外科杂志,2015,36(1):3-7.

[70]中国抗癌协会小儿肿瘤专业委员会,中华医学会小儿外科学分会肿瘤学组,等.儿童神经母细胞瘤诊疗专家共识 CCCG-NB-2021 方案[J].中华小儿外科杂志,2022,43(7):588-598.

[71]中国新生儿复苏项目专家组,中华医学会围产医学分会新生儿复苏学组.中国新生儿复苏指南(2021 年修订)[J].中华围产医学杂志,2022,25(1):4-12.

[72]中国医师协会儿科医师分会先天性心脏病专家委员会,中华医学会儿科学分会心血管学组,《中华儿科杂志》编辑委员会.儿童常见先天性心脏病介入治疗专家共识[J].中华儿科杂志,2015,53(1):17-24.

[73]中华人民共和国国家卫生和计划生育委员会.中华人民共和国卫生行业标准肺结核诊断 WS288—2017[S].北京:中华人民共和国国家卫生和计划生育委员会,2017.

[74]中华医学会儿科分会呼吸学组,《中华儿科杂志》编辑委员会.儿童社区获得性肺炎管理指南(2013 修订)(上)[J].中华儿科杂志,2013,51(10):745-752.

[75]中华医学会儿科学分会儿童保健学组,中华医学会围产医学分会,中国营养学会妇幼营养分会,等.母乳喂养促进策略指南(2018 版)[J].中华儿科杂志,2018,56(4):261-266.

[76]中华医学会儿科学分会感染学组,中国儿童免疫与健康联盟,徐翼,等.儿童轮状病毒胃肠炎诊疗预防路径[J].中国实用儿科杂志,2021,36(5):321-323.

[77]中华医学会儿科学分会呼吸学组,《中华儿科杂志》编辑委员会.儿童支气管哮喘诊断与防治指南(2016 年版)[J].中华儿科杂志,2016,54(3):167-181.

[78]中华医学会儿科学分会内分泌遗传代谢学组,中华医学会儿科学分会儿童保健学组,中华儿科杂志编辑委员会.儿童体格发育评估与管理临床实践专家共识[J].中华儿科杂志,2021,59(3):169-174.

[79]中华医学会儿科学分会肾脏学组.儿童激素敏感、复发/依赖肾病综合征诊治循证指南(2016)[J].中华儿科杂志,2017,55(10):729-734.

[80]中华医学会儿科学分会心血管学组,中华医学会儿科学分会风湿学组,中华医学会儿科学分会免疫学组,等.川崎病诊断和急性期治疗专家共识[J].中华儿科杂

志,2022,60(1):6-13.

[81]中华医学会儿科学分会新生儿学组,《中华儿科杂志》编辑委员会.新生儿高胆红素血症诊断和治疗专家共识[J].中华儿科杂志,2014,52(10):745-748.

[82]中华医学会儿科学分会新生儿学组,中华儿科杂志编辑委员会.亚低温治疗新生儿缺氧缺血性脑病专家共识(2022)[J].中华儿科杂志,2022,60(10):983-989.

[83]中华医学会儿科学分会新生儿学组,中华儿科杂志编辑委员会.中国新生儿肺表面活性物质临床应用专家共识(2021版)[J].中华儿科杂志,2021,59(8):627-632.

[84]中华医学会结核病学分会儿童结核病专业委员会,中国研究型医院学会结核病学专业委员会,国家呼吸系统疾病临床医学研究中心,等.儿童肺结核诊断专家共识[J].中华实用儿科临床杂志,2022,37(7):490-496.

[85]中华医学会小儿外科学分会肛肠学组.先天性巨结肠症围手术期管理专家共识[J].中华小儿外科杂志,2018,39(6):404-410.

[86]中华医学会小儿外科学分会肝胆外科学组,中国医师协会器官移植医师分会儿童器官移植学组.胆道闭锁诊断及治疗指南(2018版)[J].中华小儿外科杂志,2019,40(5):392-398.

[87]中华医学会小儿外科学分会肛肠学组、新生儿学组.先天性巨结肠的诊断及治疗专家共识[J].中华小儿外科杂志,2017,38(11):805-815.

[88]中华医学会小儿外科学分会泌尿学组.尿道下裂专家共识[J].中华小儿外科杂志,2018,39(12):883-888.

[89]中华医学会医学遗传学分会遗传病临床实践指南撰写组,黄尚志,宋昉.苯丙酮尿症的临床实践指南[J].中华医学遗传学杂志,2020,37(3):226-234.

[90]朱国鼎,曹俊.全球消除疟疾进展及面临的挑战[J].中国血吸虫病防治杂志,2019,31(1):19-22,52.

[91]Davy G,Unwin K L,Barbaro J,et al. Leisure, employment, community participation and quality of life in caregivers of autistic children：A scoping review[J]. Autism：The International Journal of Research and Practice,2022,26(8):1916-1930.

[92]Denning NL,Kallis M P,Prince J M. Pediatric robotic surgery[J]. The Surgical Clinics of North America,2020,100(2):431-443.

[93]Esposito C，Masieri L，Castagnetti M，et al. Robot-assisted vs laparoscopic pyeloplasty in children with uretero-pelvic junction obstruction (UPJO)：Technical considerations and results[J]. Journal of Pediatric Urology,2019,15(6):667. e1-667. e8.

［94］Global Initiative for Asthma. Global Strategy for Asthma Management and Prevention，2023［EB/OL］.（2023‐05‐23）［2024‐01‐19］. htep：//ginasthma. org/2023‐gina‐main‐report/.

［95］Hong J，Bao Y，Chen A，et al. Chinese guidelines for childhood asthma 2016：Major updates，recommendations and key regional data［J］. The Journal of Asthma：Official Journal of the Association for the Care of Asthma，2018，55（10）：1138‐1146.

［96］Howlader N，Noone A M，Krapcho M，et al. SEER Cancer Statistics Review，1975‐2009（Vintage 2009 Populations）［M］. Bethesda：National Cancer Institute，2012.

［97］Hsu P D，Lander E S，Zhang F. Development and applications of CRISPR‐Cas9 for genome engineering［J］. Cell，2014，157（6）：1262‐1278.

［98］Knell J，Han S M，Jaksic T，et al. Current status of necrotizing enterocolitis［J］. Current Problems in Surgery，2019，56（1）：11‐38.

［99］Shimano K A，Narla A，Rose M J，et al. Diagnostic work‐up for severe aplastic anemia in children：Consensus of the North American Pediatric Aplastic Anemia Consortium［J］. American Journal of Hematology，2021，96（11）：1491‐1504.

［100］Dennis Y M Lo，Corbetta N，Chamberlain P F，et al. Presence of fetal DNA in maternal plasma and serum［J］. Lancet，1997，350（9076）：485‐487.

［101］Maahroo M，Shahroo M，Hadiel K，et al. Incidence of adhesive small bowel obstruction and outcome of management［J］. Hamdan Medical Journal，2021，14（3）：112‐114.

［102］Munns C F，Shaw N，Kiely M，et al. Global consensus recommendations on prevention and management of nutritional rickets［J］. The Journal of Clinical Endocrinology and Metabolism，2016，101（2）：394‐415.

［103］Sweet D G，Carnielli V，Greisen G，et al. European consensus guidelines on the management of respiratory distress syndrome ‐2019 update［J］. Neonatology，2019，115（4）：432‐450.

［104］Liu XJ，McGoogan JM，Wu ZY. Human immunodeficiency virus/acquired immunodeficiency syndrome prevalence，incidence，and mortality in China，1990 to 2017：A secondary analysis of the Global Burden of Disease Study 2017 data［J］. Chinese Medical Journal，2021，134（10）：1175‐1180.

［105］Zuo E，Huo X N，Yao X，et al. CRISPR/Cas9‐mediated targeted chromosome elimination［J］. Genome Biology，2017，18（1）：224.